LETTRES
DE

JEAN CALVIN

RECUEILLIES POUR LA PREMIÈRE FOIS
ET PUBLIÉES D'APRÈS LES MANUSCRITS ORIGINAUX

PAR

JULES BONNET

LETTRES FRANÇAISES

—

TOME PREMIER

PARIS
LIBRAIRIE DE CH. MEYRUEIS ET COMPAGNIE
Rue Tronchet, 2.
—
1854

L'Éditeur de cet ouvrage se réserve le droit de traduction.

LETTRES
DE
JEAN CALVIN

PARIS. — IMPRIMERIE DE CH. MEYRUEIS ET COMPAGNIE
Rue Saint-Benoît, 7. — 1854.

AUX

ÉGLISES RÉFORMÉES

DE FRANCE

RESPECTUEUX HOMMAGE.

ERRATA.

TOME PREMIER.

Pages 45, note 1, ligne 1, *Partenay;* lisez : Parthenay.
» 112, » 1, ligne 4, *Les fondemens;* lisez : Le fondement.
» 126, » 3, *Des Pays bas;* lisez : de Besançon.
» 192, » 2, *Professeur à l'université de Bâle;* lisez : retiré à Bâle. Idem. p. 365, note 2.
» 200, » 1, *Amédée Perrin;* lisez : Amy Perrin. *Idem*, p. 203, note 2 ; p. 211, note 1 ; p. 220, note 2.
» 270, ligne 26, *que nous n'ayons;* lisez : Que nous ayons.
» 291, » 5, *Je ne vous tiens;* lisez : Je vous tiens.
» 294, en note, *Charles de Jonvilliers;* lisez : de Jonvillers.
» 432, en note, ligne 2, *Saint Beat;* lisez : saint Benoît.

TOME SECOND.

» 10, en note, ligne 14, *Repris* M. de la Vau ; lisez : Blâmé.
» 61, note 1, ligne 6, *Berne elle-même;* lisez : Berne même.
» 181, » 1, *Trente mille écus d'or;* lisez : Trente mille écus.
» 213, » 2, ligne 1, *dans l'Eglise réformée de Paris*; lisez : Par les ministres de l'Eglise de Paris.
» 494, en note, ligne 7, (1567) ; lisez : (1566).
» 501, en note, ligne 11, *Les Châtillon;* lisez : Les Châtillons.
» 513, en note, ligne 14, *Repris* ses faiblesses; lisez : Blâmé.

N. B. Les ministres Racham et Macar, désignés comme deux personnages distincts, ne sont qu'un seul et même personnage. Voir ces deux noms à l'index.

PRÉFACE

[Une étude sur Calvin, formant une histoire du Réformateur d'après les documents originaux et authentiques, sera ultérieurement publiée, comme complément de sa Correspondance.]

Peu de jours avant sa mort, dans un des derniers entretiens dont le souvenir nous a été conservé par Théodore de Bèze, Calvin montrant d'une main défaillante ses meubles les plus précieux, c'est-à-dire les manuscrits de sa bibliothèque et les archives de la vaste correspondance qu'il avait entretenue durant un quart de siècle avec les plus grands personnages de l'Europe, demanda que ces documents fussent recueillis par des mains amies, et qu'un choix de ses lettres fût offert aux Eglises réformées comme un témoignage de la sollicitude et de l'affection de leur fondateur [1].

[1] « Migraturus ad Deum Johannes Calvinus, quum de commodis Ecclesiæ ne tunc quidem cogitare desineret, sua mihi κειμήλια, id est schedarum ingentem acervum commendavit, ut si quid in iis invenissem quo juvari possent Ecclesiæ, id quoque in lucem ederetur. » Th. de Bèze à l'Electeur Palatin, 1ᵉʳ février 1575. Lettre qui sert de préface à la Correspondance latine imprimée de Calvin.

Ce vœu du réformateur mourant, gravé dans la mémoire de ses disciples, n'obtint cependant qu'une réalisation tardive et imparfaite au XVIᵉ siècle. Les temps étaient rigoureux, et l'œuvre difficile. La peste qui parut pour la troisième fois à Genève et y compta des milliers de victimes, de grandes catastrophes publiques et privées, le contre-coup des événements douloureux qui se succédèrent en France depuis l'explosion des guerres civiles jusqu'au massacre de la Saint-Barthélemy, les scrupules de l'amitié elle-même accrus par les périls de la cité réformée, tout parut conspirer à l'ajournement du vœu légué par Calvin à ses amis. — « Sans parler, dit Bèze, des secours étrangers qui m'étaient nécessaires pour le dépouillement d'une correspondance aussi étendue, et du temps qu'exigeait un pareil travail, les calamités qui fondirent sur notre ville, les bouleversements qui survinrent dans un pays voisin du nôtre, interrompirent plus d'une fois l'œuvre commencée. De graves difficultés étaient d'ailleurs attachées au choix des lettres en un temps où les esprits inclinent si aisément à l'injustice et à la malignité. Il y a des choses qui peuvent se dire ou s'écrire familièrement dans le commerce d'esprits ingénus et sincères, comme l'était Calvin, qui ne sauraient sans inconvénients être livrées à la publicité. Il fallait tenir compte à la fois dans notre travail des personnes, des temps et des lieux [1]. » — Ces scru-

---

[1] « Et habenda quoque nobis fuit non modo personarum, verum etiam temporum et locorum ratio. » Lettre déjà citée.

pules d'un disciple respectueux et sincère, préoccupé à la fois des ménagements dus aux contemporains et des égards réclamés par une grande mémoire, paraîtraient déplacés aujourd'hui. Mais leur expression était légitime en un siècle de révolutions et de combats où la parole était un glaive, et où la lutte, souvent cruelle, des opinions, survivant aux hommes, se perpétuait dans leurs écrits.

Toutefois, il faut le reconnaître, malgré tant de difficultés réunies, les amis du réformateur ne faillirent pas à leur devoir. Par leurs soins, les originaux ou les copies d'un grand nombre de lettres adressées en France, en Angleterre, en Allemagne et en Suisse, furent réunis à Genève, et vinrent s'ajouter au précieux dépôt qui leur était confié. Les archives de la cité calviniste reçurent ce trésor, et le gardèrent fidèlement à l'abri de l'orage plus que séculaire qui s'abattit sur les Eglises de France, et détruisit ou dispersa dans l'exil tant de pages de leurs annales. Par un éclatant privilége, Genève, la cité sainte du protestantisme français, l'école de ses docteurs et de ses martyrs, après lui avoir donné ses croyances et son culte, devait lui conserver encore les titres de son histoire. Ces titres sont glorieusement inscrits dans la belle collection de lettres que l'on doit aux soins pieux de quelques réfugiés du XVIe siècle, dont le nom s'est comme perdu dans la gloire de Calvin et de Bèze, mais dont les services ne sauraient être oubliés sans ingratitude. Nommons du moins, avec reconnaissance et respect, Jean de Budé, Laurent de Normandie et surtout Charles de Jonvillers.

C'est à ce dernier qu'appartient principalement l'honneur de la formation du beau recueil épistolaire qui fait aujourd'hui l'ornement de la Bibliothèque de Genève. Issu d'une famille noble des environs de Chartres, poussé au delà des monts par l'irrésistible besoin de confesser les croyances dont il avait accepté l'empire, Charles de Jonvillers trouva dans l'affection de Calvin un dédommagement au sacrifice qu'il venait d'accomplir par le volontaire abandon de sa fortune et de sa patrie. Admis dans l'intimité du réformateur avec les jeunes patriciens, ses compatriotes, qui composaient l'élite du parti réformé, il voua un respect filial, un attachement sans bornes à l'homme puissant dont la foi et le génie façonnant un peuple rebelle, transformaient une obscure cité des Alpes en une des métropoles de l'esprit humain. Il devint son secrétaire, après le jurisconsulte François Baudouin et le ministre Nicolas des Gallars. Il put dès lors l'assister dans les travaux de sa correspondance, le suivre à l'auditoire et à l'académie, et recueillir pendant ses leçons ses lumineux commentaires dédiés aux plus illustres personnages du siècle, et que la théologie moderne n'a point surpassés.

Tel était l'homme que l'affection de Calvin et la confiance de Bèze devaient particulièrement désigner pour l'importante et laborieuse tâche de préparer les matériaux de la publication des lettres du réformateur. Il y porta le zèle d'un disciple et la sollicitude d'un fils qui s'oublie lui-même dans l'accomplissement d'une tâche sacrée, entreprenant de lointains voyages pour obtenir la communication d'une pièce, transcrivant de sa main de nombreuses lettres, et soutenu dans ses recherches par le sentiment d'un devoir fidèlement rempli [1]. Ce travail commencé de bonne heure, et continué durant vingt années sous le contrôle vigilant de Théodore de Bèze, fut l'origine du recueil de la Correspondance latine de Calvin, publiée pour la première fois en 1575, hommage incomplet mais véridique rendu au réformateur par ses disciples, monument imparfait qui put suffire à la piété d'une génération contemporaine de la Réforme, mais qui ne suffit plus à la curiosité de la nôtre [2].

Trois siècles se sont presque entièrement écoulés, sans rien ajouter à l'œuvre de Jonvillers et de Bèze. Les lettres publiées par leurs soins, sont devenues la source à laquelle ont inégalement puisé les apologistes ou les adversaires de la Réforme, tandis que les

---

[1] « Ad eam rem unius præcipue Caroli Jonvilæi studiosissimi istarum rerum custodis fidem, diligentiam, operam denique operosam et sumptuosam nobis appositissimam fuisse profitemur. » Th. Bezæ admonitio ad lectorem.

[2] C'est le recueil intitulé *Calvini epistolæ et responsa, quibus interjectæ sunt insignium in Ecclesia Dei virorum aliquot etiam epistolæ*, publié pour la première fois en 1575, à Genève, réimprimé l'année suivante à Lausanne, et inséré avec quelques additions dans la collection des Œuvres de Calvin, *Calvini opera omnia*, T. IX, édit. d'Amsterdam, 1671. Cette dernière édition comprend 284 lettres de Calvin dont 27 traduites du français en latin.

nombreux documents inédits conservés à la Bibliothèque de Genève, ou réunis ultérieurement dans les Bibliothèques de Paris et de Gotha, demeuraient oubliés. Il était réservé à nos jours de les tirer d'un injuste oubli, en ouvrant à l'histoire une source féconde et si longtemps ignorée.

C'est ici le lieu de rappeler avec une juste reconnaissance ce que la Correspondance inédite de Calvin doit aux investigations récentes de plusieurs écrivains dont le protestantisme s'honore. Mentionnons particulièrement la Vie de Calvin, par le docteur Paul Henry de Berlin, monument pieux élevé à la gloire du réformateur par un fils du Refuge, et enrichi de nombreuses lettres empruntées aux collections de Genève et de Paris [1]; citons ensuite, après les doctes recherches du professeur Bretschneider, éditeur des lettres conservées à Gotha [2], l'important ouvrage de Ruchat, réédité par l'habile continuateur de Jean de Müller, M. le professeur Vulliemin de Lausanne [3], avec des appendices étendus qui contiennent de précieux fragments de la Correspondance française de Calvin, reproduits dans la *Chronique* de M. Crottet [4]. C'est à ce dernier écrivain qu'est due la découverte et la publication des lettres de Calvin à Louis du Tillet. Ces

---

[1] *Das Leben Calvins*, 3 vol. in-8°. Hambourg, 1835, 1842.

[2] *Johannis Calvini, Bezæ, aliorumque litteræ quædam nondum editæ.* 1 vol. in-8°. Lipsiæ, 1835.

[3] *Histoire de la Réformation en Suisse.* 1838. 7 vol. in-8°.

[4] *Petite Chronique protestante de France*, XVIe siècle. 1 vol. in-8°. Paris, 1846.

réserves faites, il doit nous être permis de revendiquer pour nous-même le privilége d'offrir pour la première fois au public un recueil général et complet de la Correspondance de Calvin dont la majeure partie est essentiellement inédite.

Ce recueil est le fruit de cinq années d'études et de recherches assidues dans les Bibliothèques de la Suisse, de la France et de l'Allemagne. Chargé par le gouvernement français, sous l'administration de Messieurs de Salvandy et de Falloux, d'une mission scientifique qui nous a permis de réunir les premiers matériaux d'une Correspondance dont les plus riches dépôts étaient placés à l'étranger, soutenu dans nos recherches par les plus hautes et les plus bienveillantes sympathies, nous n'avons rien épargné pour compléter une collection qui doit répandre tant de lumières sur l'histoire de la grande révolution religieuse du XVIe siècle.

La Correspondance de Calvin commence dès sa jeunesse, et ne se termine que sur son lit de mort. (Mai 1528—mai 1564.) Elle embrasse donc toutes les phases de sa vie depuis l'obscur écolier de Bourges et de Paris se dérobant par l'exil au bûcher, jusqu'au réformateur triomphant qui peut mourir puisqu'il a vu son œuvre accomplie. Rien ne surpasse l'intérêt de cette Correspondance où se reflètent dans une série de documents aussi variés que sincères une époque et une vie d'une saisissante grandeur, où les effusions familières de l'amitié se mêlent aux graves préoccupations de la science, et aux inspirations magnanimes de la foi. De son lit de souffrances et de labeurs continuels, Calvin suit attentivement le drame de la Réforme dont il marque les triomphes et les revers dans tous les Etats de l'Europe. Investi par le droit du génie d'un apostolat presque universel, il exerce une influence multiple comme son activité. Il exhorte la noble sœur de François 1er, Marguerite de Valois, et le jeune roi d'Angleterre Edouard VI ; il s'entretient avec Bullinger et Mélanchthon, inspire Knox, anime Coligny, Condé, Jeanne d'Albret, la duchesse de Ferrare. Le même homme, usé par les veilles et la maladie, mais s'élevant par l'énergie de l'âme au-dessus des défaillances du corps, terrasse le parti des libertins, pose les fondements de la grandeur de Genève, affermit les Eglises étrangères, fortifie les martyrs, dicte aux princes protestants les conseils de la politique la plus prévoyante et la plus habile, négocie, combat, enseigne, prie, et laisse échapper avec son dernier soupir de grandes paroles que la postérité recueille comme le testament politique et religieux de sa vie.

Ces traits suffisent sans doute à faire apprécier tout l'intérêt qui s'attache à la correspondance du réformateur, héritage commun des peuples émancipés par la Réforme, et que n'a pas cessé de vivifier son esprit ; monument également imposant de l'histoire et de la littérature de la France au XVIe siècle. Formé à la double école de l'antiquité profane et sacrée, de l'Eglise et du monde, Calvin écrit en latin comme un contemporain de Cicéron et de Sénèque dont il reproduit sans effort la phrase élégante et concise ; il écrit en français comme un des créateurs de cette langue qui lui doit ses plus beaux traits avant Montaigne, comme le précurseur et le modèle de cette grande école du XVIIe siècle qui ne l'a combattu qu'en lui empruntant ses propres armes, et ne l'a point surpassé par la hauteur de la pensée et la majesté sévère du style. Les lettres françaises de Calvin, dignes sœurs de l'immortelle préface de l'*Institution chrétienne*, offrent d'admirables pages que la France ignore, et que l'éloquence a marquées du sceau le plus glorieux. Elles devaient à ce titre composer un recueil distinct. Détachées de la Correspondance latine qui sera l'objet d'une publication séparée, elles présenteront dans une langue accessible à tous, une série d'études littéraires et morales sur l'écrivain et sur l'homme, une véridique image du réformateur peint par lui-même dans les documents originaux et inédits que nous restituons pour la première fois à l'histoire [1].

---

[1] Nous avons le droit de le dire pour la portion la plus considérable de la Correspondance française de Calvin. Il faut excepter toutefois les *Lettres de Calvin à Jacques de Bourgogne, seigneur de Falais*, publiées en 1744, par le libraire Wetstein à Amsterdam. Elles sont au nombre de 50. Si l'on y joint les lettres publiées intégralement par MM. Henry et Vulliemin, ou insérées par Crespin dans l'*Histoire des Martyrs*, le nombre des pièces inédites qui figurent dans notre recueil est d'environ 170 sur 278.

L'opportunité d'une telle publication ne saurait être contestée. Le grand débat toujours pendant entre le Catholicisme et la Réforme se réveille de nos jours avec une vivacité nouvelle. L'attaque provoque la défense, et dans la mêlée des opinions, les droits de la justice et de la vérité sont trop souvent méconnus. Pendant que de nobles esprits, éclairés par les méditations de l'histoire ou par la comparaison attentive des dogmes qui règlent la vie morale des peuples soumis à l'empire de l'un ou de l'autre culte, s'élèvent à une impartialité supérieure et formulent un jugement plein de lumière qui prépare celui de l'avenir [1], les adeptes d'une école tristement connue par la glorification des excès que réprouvent également la religion et la philosophie, n'ont pas assez de malédictions et d'outrages pour la glorieuse révolution à laquelle demeurent inséparablement unis les noms de Luther et de Calvin. Jamais peut-être le dénigrement et l'injure n'ont été prodigués avec plus de fureur à ces héros de la conscience; jamais leurs intentions n'ont été plus méconnues, leurs actes plus audacieusement dénaturés. Aux mensonges d'un parti qui ne recule

---

[1] Guizot, *Notice sur Calvin*, dans le *Musée des Protestants célèbres*, T. II, 2ᵉ partie.

Mignet, *Etablissement de la réforme religieuse et constitution du calvinisme à Genève*, dans la nouvelle édition des *Mémoires historiques*, Paris, 1854.

Charles de Rémusat, *De la Réforme et du Protestantisme*, à propos du bel ouvrage de M. Merle d'Aubigné, *Histoire de la Réformation du XVIᵉ siècle*.

pas devant les plus odieuses calomnies[1], opposons le témoignage impartial de l'histoire. Apprenons de la bouche même de ces grands hommes ce qu'ils ont pensé, voulu, poursuivi, et ne cherchons qu'en eux seuls le secret de la révolution dont ils ont été les instruments dans le monde.

La correspondance de Calvin répandra, nous l'espérons, une clarté nouvelle sur ces graves questions que la science digne de ce nom se pose de nos jours avec un besoin de justice et d'impartialité qui l'honore. Ce sentiment, nous osons le dire, a été le nôtre dans le cours des longues recherches par lesquelles nous avons préparé la composition du recueil dont nous offrons les premiers volumes au public. Guidé par un seul désir, celui de la vérité, et ne reculant devant aucune révélation, pourvu qu'elle fût contrôlée par des pièces authentiques, nous n'avons négligé aucune source de renseignements, omis aucun témoignage. Notre ambition était de faire revivre Calvin tout entier avec son âme austère et ses persuasions inflexibles, qui n'étaient pas sans indulgence dans le commerce de l'amitié ou dans l'intimité domestique; avec cette âpre immolation de sa vie au devoir, qui peut seule expliquer sa puissance, et amnistier ses erreurs; avec les infirmités qu'il tenait de son temps et celles

---

[1] On peut en juger par les *fausses* lettres de Calvin à M. du Poët que l'on trouvera réfutées dans l'Appendice de cet ouvrage. Il est d'autres calomnies dont la réfutation trouvera plus naturellement sa place dans l'*Histoire* même de Calvin.

qu'il tenait de lui-même. L'histoire interrogée dans les documents originaux, n'est pas un panégyrique. Elle ne jette pas un voile complaisant sur les imperfections de ses héros; mais elle se souvient qu'ils sont hommes, et puise d'égales leçons dans le spectacle de leur faiblesse et de leur grandeur.

Nous ne saurions terminer cette préface sans offrir l'expression de notre gratitude sincère aux amis qui ont facilité nos recherches, soit en France, soit à l'étranger. Il nous est particulièrement doux de nous rappeler les nombreux témoignages de bienveillance et de sympathie qui nous ont été accordés dans le cours de nos travaux à Genève. Nous avons dû beaucoup à la science éclairée de l'ancien archiviste de la république, M. Sordet, et de son digne collègue, M. Heyer; nous n'avons pas contracté moins d'obligations envers M. le pasteur Archinard, qui nous a si libéralement ouvert les archives de la Compagnie, et envers les conservateurs de la Bibliothèque, MM. les professeurs Chastel et Privat, qui nous ont communiqué avec tant d'empressement les belles collections manuscrites confiées à leur garde. Enfin, nous avons beaucoup reçu de M. le colonel Henri Tronchin, dont les archives presque royales nous ont livré la plus belle pièce de ce recueil[1], les adieux de Calvin aux ministres de Genève, et dont le nom s'unit dans nos souvenirs les plus reconnaissants à celui de l'élo-

---

[1] T. II, p. 573-579.

quent historien de la Réformation, M. Merle d'Aubigné.

A Paris, nos travaux ont été suivis durant plusieurs années, avec le plus constant intérêt, par plusieurs des membres de l'ancien comité des monuments historiques, MM. Le Bas, Paul Lacroix et de la Villegille ; ils nous ont valu de précieux encouragements de l'homme d'Etat et de l'écrivain illustre que les sciences morales, la politique et les lettres réclament avec le même orgueil, M. Guizot; en même temps, par un privilége dont nous sentons tout le prix, nous leur avons dû les conseils, la persévérante sollicitude d'un historien non moins célèbre, dont l'influence inspire ou soutient tant de travaux qui trouvent en lui le plus noble protecteur et le plus pur modèle.

En nommant M. Mignet, auquel appartient l'initiative de ce recueil, destiné d'abord à faire partie de la collection des documents inédits de l'histoire nationale, et qu'une bienveillante décision de M. le Ministre de l'instruction publique nous a permis de publier à part, nous en sentons plus vivement les imperfections, et nous éprouvons le besoin de solliciter l'indulgence, non pour l'œuvre de Calvin, mais pour son faible et inhabile interprète.

INDEX

INDEX

DE LA CORRESPONDANCE FRANÇAISE DE CALVIN.

A

ADRETS (François de Beaumont, baron des) s'empare de l'autorité à Lyon, II, 467; invité à réprimer les excès commis dans cette ville, 468 et suivantes.

AIX (Eglise d') en Provence. Son histoire, II, 392 en note. Conseils qu'elle reçoit de Calvin au milieu des persécutions, 392 et suiv.

ALBA (Martial), martyr à Lyon, I, 340, 374, 377, 383.

ALBIAC (sieur d'), I, 489, 498.

ALEXANDRE (Pierre), missionnaire de la Réforme à Heidelberg, I, 143; ministre de l'Eglise française à Strasbourg, II, 238. Déposé, 238 et suiv.

AMBOISE (Edit d'), II, 348.

AMBOISE (Conjuration d'), II, 377, 382 et suiv. Désavouée par Calvin, *ibidem*.

AMBOISE (Traité d'), défavorable aux réformés, II, 495, 497, 508.

ANDELOT (François de Chatillon, sieur d') fait profession de la Réforme à la cour, II, 194, en note; prisonnier à Melun, *ibidem*; résiste aux instances de sa femme et de son frère, 203, en note; rend témoignage de sa foi aux ministres de Paris et au roi Henri II, *ibidem*; menacé d'une captivité perpétuelle, 213, 214; faiblit dans ses résistances, 220, en note; assiste à la messe, *ibidem*; sévèrement blâmé par Calvin, 220 et suiv.; reconnaît sa faute, 264, en note; va solliciter des secours en Allemagne, 474; demande à Calvin une confession de foi, 540, 537.

ANDRÉ, ministre du Wurtemberg, II, 422, en note.

ANDUZE (seigneur d'), ministre à Genève, II, 406.

ANGERS (Eglise d'). Son origine et son histoire, II, 70, en note; reçoit un ministre de Genève, 71, 72.

ANJOU. Troubles causés dans cette province par la persécution, II, 90, en note; conseils de Calvin, 90 et suiv.

ANGLAIS (Exilés) à Genève et à Francfort, II, 23, 229.

ANVERS (Eglise d'), II, 140, en note; obtient un ministre, *ibid.* Ses épreuves et ses vicissitudes, *ibid.*

ANVILLE (Frédéric d'), martyr à Paris, II, 484, en note.

ARRAN (comte d'), fondateur de l'Eglise de Chatelleraut, I, 226, en note; protecteur de la Réforme en Ecosse, 228; demande Knox, *ibid.*

AUBETERRE (Du Bouchard, sieur d'), retiré à Genève, I, 387, en note; écrit à son père, 387 et suiv.

AUBETERRE (Eglise d'), I, 387, en note.

AUGSBOURG (Confession d'). Jugement de Calvin sur cette confession, II, 428, 437, 512.

AUGUSTIN (Saint). Citations diverses, I, 72, 344, 345.

AUXERRE (Evêque d'), II, 459.

B

BABINOT (Albert), I, 431, en note.
BADE (Diète de), II, 106, 135, 136.
BALE (Eglise française de), I, 199, en note.
BALLESAN (M. de), I, 256.
BARBERY, II, 20.
BARBEVILLE (Jean), martyr à Paris, II, 253, en note.
BARNOT (Pasquier), ministre en Piémont, I, 444, en note.
BATAILLE (Bertrand), martyr à Chambéry, II, 63, 77.
BAUDOUIN (François), jurisconsulte célèbre, se retire à Genève, I, 248; trompe la confiance de Calvin, *ibid.*, en note; accueilli par le roi de Navarre, II, 423; précepteur de Charles de Bourbon, 438; soutient une vive controverse contre Calvin et Bèze, 439, et en note.
BAVIÈRE (Le duc de), arbitre à la conférence de Haguenau, I, 25.
BAYSIUS, ambassadeur du roi de France, I, 28.
BEAULIEU, ministre, écrit à Farel, II, 436, en note.
BERGIER (Pierre), martyr, I, 370.
BERNARD (Jacques), ministre à Genève, I, 44.
BERNE (Seigneurs de), peu favorables à Calvin et à Farel, I, 9; font des armements, 177; négocient avec le roi de France, 238; intercèdent vainement pour les écoliers de Lausanne, 377; mécontents de Calvin et de l'Eglise de Genève, II, 7, 28; interdisent tout débat sur la prédestination, 39, 40, en note; menacent de brûler tout écrit contraire à leur édit de réformation, 44; se prononcent contre Michel Servet, 47; de plus en plus indisposés contre Calvin, 50, 57; donnent asile aux bannis de Genève, 104; interviennent en leur faveur, 106, en note; ferment les yeux sur les excès des réfugiés, 126, en note; condamnent les Genevois, 127 et suiv.; leur accordent un sursis, 133; traitent avec eux à l'amiable, 344, en note; intercèdent une dernière fois en faveur des réfugiés, *ibid.*; négocient avec le prince de Condé, 471; envoient des secours aux protestants de Lyon, 472, 473, en note.
BERNE (Eglise de), diffère de celle de Genève par les cérémonies, I, 44; II, 28 et suiv.; opposée à Calvin dans la question des sacrements, II, 579.
BERTHELIER, banni de Genève, II, 104.
BEUREN (comte de), I, 164.
BÈZE (Théodore de) se retire à Genève, I, 338; professeur à l'académie de Lausanne, *ibid.*, en note; en procès avec M. de Sunistan, 338 et suiv.; son éloge par Calvin, 339; traducteur des Psaumes, 340; député en Suisse et en Allemagne, II, 150; se rend au colloque de Poissy, 424; retenu à Paris par la reine de Navarre, 438, 460; s'unit à Calvin dans un message sévère au roi de Navarre, 441, 447; exécuteur testamentaire de Calvin, 567; élu modérateur de la Compagnie de Genève, 577.
BIDENBACH (Balthazar), théologien de Tubingue, II, 428, en note.
BLANDRATA (George), médecin anti-trinitaire, II, 210; s'enfuit de Genève, *ibid.*; meurt en Pologne, *ibid.*, en note.
BOISSIÈRE (Claude de), ministre à Aix, II, 392, en note.

BOLSEC (Jérôme), médecin de M. de Falais, I, 364, en note; banni de Genève, *ibid.*; retiré à Thonon, 444; diffame Calvin, II, 14, 38, 52, en note.
BONNEVILLE, pseudonyme de Calvin, I, 394.
BOQUIN (Jean), théologien allemand, II, 428, en note.
BORRHÉE (Martin), professeur à Bâle, favorable à Servet, II, 17, en note.
BOUCART (le sieur de), II, 495.
BOURDICK, capitaine, II, 228.
BOURGOING (François), ministre à Genève, I, 445; auparavant ministre de l'Eglise de Corbigny, II, 320, en note.
BOURJAC, sénéchal de Valence, II, 332, en note.
BRANDEBOURG (marquis de), I, 28.
BREDAN (Mlle de), sœur de M. de Falais, I, 250.
BRENTIUS, théologien allemand, II, 442, en note.
BREVASSIS (M. de), I, 247.
BROSSE (Mathurin de), ministre à Sens, II, 436.
BRUSLÉ (Pierre), ministre à Valence, II, 334, en note.
BUCER (Martin), critiqué par Calvin, I, 3, 4; se rend à la Diète de Spire, 105.
BUCLIN (Jacques), théologien allemand, II, 428, en note.
BUDÉ (Mme de), se retire à Genève d'après les conseils de Calvin, I, 180, en note; 207.
BUDÉ (Catherine de), épouse Guillaume de Trie, I, 184.
BUDÉ (Jean de), sieur de Vérace, ami de Calvin et de Bèze, I, 180, en note; recommandé à M. de Falais, 203, 217; en deuil d'un de ses frères, 240; député en Allemagne, II, 150; porteur d'un message à la duchesse de Ferrare, 545.
BUDÉ (Louis de), sieur de la Motte, I, 240.
BUDÉ (Mathieu de), I, 339, en note.
BURE (Idelette de), femme de Calvin, I, 123, 127; gravement malade, 134; se rétablit, 137; devient mère, 146; mentionnée dans les lettres de Calvin à M. et à Mme de Falais, *passim*.
BUSANTON (David de), 97, 100, 105, 110; sa maladie et sa mort, 120; son testament, *ibid.*, en note.

C

CALVIN (Jean), retenu à Genève par les prières de Farel, I, 1, en note; en controverse avec Louis du Tillet, 4, 8, 19; exilé de Genève, 8, en note; se retire à Strasbourg, 11; se souvient de son ancienne Eglise, 11 et suiv.; réduit pour subsister à vendre ses livres, 10, 22, 23; assiste aux conférences de Haguenau, 24; se rend à l'assemblée de Worms, 32; rappelé à Genève, *ibid.*; travaille à pacifier l'Eglise de Neuchâtel, 38, 39 et suiv.; entreprend un voyage à Strasbourg, 80, 84, 89; ne peut obtenir l'entrée de Metz, *ibid.*; revient à Genève, 92; accusé d'irrévérence envers la reine de Navarre, 114 et suiv.; se justifie auprès de cette princesse, *ibid.*; visite M. de Falais à Strasbourg, 117, 124; rompt toute correspondance avec Michel Servet, 139, 141; occupé de marier le ministre Viret, 157, 159, 168, 169; attentif aux événements de l'Allemagne, 154, 164, 171, 172; dénonce aux seigneurs de Berne les pratiques du roi de France, App. 2, II, p. 583; blâme la neutralité des cantons suisses, 177, 178; se plaint de quelques ministres du pays de Vaud, 186; habite une maison du Bourg-de-Four, 187; déplor la conduite des princes allemands, 203; confiant en Dieu dans l'adversité, 211, 213; soutient une lutte très vive contre les libertins, 211, 212, 213, 220, 229, 232; partisan de l'alliance entre Berne et la France, 215; se rend à Bâle, 244; donne des conseils au comte de Sommerset pour la réforme de l'Angleterre, 261, 305, 332; fait un rapport sur le livre de Gruet, 311; offre deux de ses Commentaires au roi Edouard VI, 325; d'une inflexible rigueur envers l'hérésie, 336; recommande Théodore de Bèze à Mme de Cany, 338; fait hommage de quatre sermons au roi d'Angleterre, 345 et suiv.; attaqué par Trolliet au sujet de la prédestination, 354 et suiv.; diffamé par quelques-uns des ministres bernois, 441; demande justice aux seigneurs de Berne, II, 7, 28, 39, 43, 50; réfute les calomnies de La Vau, 11 et suiv.; apaise les troubles de l'Eglise française de Francfort, 114, en note; organe de la seigneurie de Genève dans ses démêlés avec celle de Berne, 106, 117, 126, etc.; exhorte les martyrs de l'Eglise de Paris, 139, 145, 253; adresse au roi de France la Confession des Eglises réformées, 151; plaide la cause des protestants français auprès du duc de Wurtemberg, 182 et suiv.; attristé par les querelles sacramentaires, 187; insulté par Zébédée, 192; recueille les contributions des Eglises de France, 224, 225; blâme le mariage de Farel, 240 et suiv.; affligé par la maladie, 257; fortifie les fidèles de France durant la persécution, 274, 297, 311; dicte un programme politique pour le roi de Navarre, 345; exprime son avis sur la tenue d'un concile, 350; justifie les seigneurs de Genève auprès du roi de France, 373; envoie des instructions à l'Eglise de Paris, 378; désavoue la conjuration d'Amboise, 377, 382; apôtre de la soumission passive, 392; recommande Genève, 372, 398, 512; blâme les excès commis à Sauve et à Lyon, 446, 465 et suiv.; réprouve l'occupation des temples catholiques par les réformés, 420; exhorte, après la violation de l'édit de janvier, les Eglises à contribuer aux frais de la guerre, 474; mécontent du traité d'Amboise, 495, 497, 501, 508; souffrant d'une cruelle maladie, 520; sollicite de la reine de Navarre l'acquittement d'une dette, 521; censure les faiblesses du prince de Condé, 539; se réjouit de la mort du duc de Guise, 551, 553; dicte son testament, 563; fait ses derniers adieux aux seigneurs et aux ministres de Genève, 568, 573; jugement qu'il porte sur son œuvre et sur sa vie, *ibid.*

Camus (Alexandre), ministre à Lyon, I, 57, en note.
Camus, I, 134, 174.
Cantons (suisses) réformés gardent la neutralité, I, 177; négocient avec François Ier, 238; interviennent en faveur des protestants français, II, 164; inclinent à l'alliance avec le roi Charles IX, 429; secourent la ville de Lyon, 475.
Cany (Mme de) embrasse la Réforme, I, 281, en note; chargée d'annoncer à M. de la Vacquerie la mort de sa fille, 295 et suiv.; protectrice de Théodore de Bèze à la cour, 338 et suiv.; persécutée par son mari, 394 et suiv.; délibère de se retirer à Genève, 426.
Capiton, ministre de Strasbourg, I, 3, 9; absent aux conférences de Haguenau, 29; dédie un

écrit à Henri VIII, 54, 56, en note.

CARME, de Lyon, I, 57 et suiv.

CARMEL (Gaspard), ministre de l'Eglise de Paris, II, 124, 150, en note.

CAROLI (Pierre), à Metz, I, 83; son histoire, *ibid.*, en note.

CASSANDER; son livre, II. 439, en note.

CASTALION (Sébastien), I, 69, en note; retiré à Bâle, 192; adversaire de la doctrine de la prédestination, 365; condamné pour un de ses écrits, II, 47; prend parti pour Servet, *ibid.*; publie le livre *De Hæreticis*, 48, et en note; traducteur de la Théologie germanique, 259, en note.

CAVENT (Jean), diacre à Lausanne, I, 420.

CHALONÉ, pseudonyme de Bèze, II, 366.

CHAMBÉRY (Eglise de), I, 79; II, 542.

CHAMPAGNE (Mlle de), II, 145, en note.

CHAMPEREAU (Aymé), ministre à Genève, I, 41.

CHANDIEU (Antoine de la Roche), ministre à Paris, II, 3; son histoire, 174, en note; délivré par le roi de Navarre, 198, en note.

CHARLES V (L'empereur), a de graves embarras en Allemagne, I, 27; fait la guerre au duc de Clèves, 87, 88, 90; préside la diète de Worms, 148; paraît à la diète de Ratisbonne, 154; en lutte avec les princes protestants, 164; feint de battre en retraite, 171; souffrant de la goutte, 194; vainqueur à Muhlberg, 199; triomphant en Allemagne, 210, 211; en rivalité avec Henri II, 249.

CHARLES IX, roi de France, menace les seigneurs de Genève, II, 393, en note; sacré à Reims, 398; semble favorable au parti réformé, 427, 428.

CHASSAGNON (Jean), ministre à Montpellier, II, 419, en note; en correspondance avec Calvin, *ibid.*

CHATELLERAUT (Eglise de), II, 73, 226.

CHAUVET (Raymond), ministre à Genève, I, 445; témoin testamentaire de Calvin, II, 567.

CHENALAT, notaire à Genève, II, 563; écrit le testament de Calvin, *ibid.*

CHERPONT, ministre à Loudun, II, 407, en note.

CHEVALIER, ministre à Poitiers, II, 67, en note.

CHIRÉ (Curé de), ministre du Poitou, II, 464.

CHRESTIEN, ministre à Poitiers, II, 67, en note.

CHRISTOPHE, ministre à Turin, I, 414, en note.

CLAIRAC (Gérard Roussel, abbé de), I, 146, et en note.

CLERVANT (Baron de), partisan de la Réforme à Metz, II, 236, en note; exilé de cette ville, 294; fait prêcher l'Evangile dans son château, 295, 296; se retire à Strasbourg, *ibid.*

COCHLEUS, théologien catholique, I, 26.

COIGNET, ambassadeur du roi de France, II, 388.

COLIGNY (Gaspard de Châtillon, amiral de), prisonnier à l'Ecluse en Flandre; entre en correspondance avec Calvin, II, 230; rendu à la liberté à la paix de Cateau Cambrésis, 262; affermi dans les nouvelles croyances, 263, 264; en fait profession publique à Paris, 371; s'intéresse à la sûreté de Genève, 372, 398; demande un ministre, 397; demeure étranger à la conspiration d'Amboise, 382; persévère dans son attachement à l'Eglise réformée, 412, 426; prémuni contre les intrigues tendant à faire adopter en France la confession d'Augsbourg, 428; donne congé au ministre Merlin, 429; blâme le traité conclu par le prince de Condé, 495, en note; se disculpe de l'assassinat du duc de Guise, 528, 531; tenu en grande estime auprès de la duchesse de Ferrare, 557.

COLIGNY (Charlotte de Laval, dame de), reçoit les consolations de Calvin durant la captivité de son époux, II, 233; trompée par de fausses nouvelles de sa délivrance, 262; se montre fermement attachée à la foi évangélique, 431; reçoit, après une grave maladie, de pieuses exhortations du réformateur, 532 et suiv.

COLLADON (Nicolas), témoin testamentaire de Calvin, II, 567.

COLOGNE (Archevêque de), prélat réformateur, I, 28, 87, 90.

COLOGNE (Pierre de), ministre à Metz, I, 295.

COMPIÈGNE (Edit de), II, 186.

CONDÉ (Louis de Bourbon, prince de), recouvre la liberté à la mort de François II, 325; chef secret de la conjuration d'Amboise, 384; sollicite les secours des princes allemands et des cantons réformés de la Suisse, 471; signe la paix d'Amboise, 495; averti de se tenir en garde contre les intrigues des Guises, 512, 528; censuré pour ses galanteries, 539.

CONSTANCE (Ville de), prise par les Impériaux, I, 238.

COP (Nicolas), témoin testamentaire de Calvin, II, 567.

CORBEIL (Louis), diacre de Morges, diffamateur de Calvin, II, 48, 55; sollicite le titre de ministre à Lyon, 449; avis de Calvin, 450.

CORBIGNY (Eglise de), II, 320; demande un ministre à l'Eglise de Genève, ibid. en note; atteinte par la contagion des doctrines des Libertins, 529.

COURAULT, missionnaire de la Réforme à Genève, I, 23; II, 574; loué par Calvin, ibid.

COURLIEU (Giraud de), ministre à Troyes, II, 436, en note.

CRANS (Seigneur de), I, 443.

CRUSSOL (Antoine de), duc d'Uzès, un des chefs du parti protestant, II, 500; soumet ses scrupules à Calvin, 525; déserte la foi réformée, ibid., en note.

CRUSSOL (Mme de), rappelée à la cour, II, 503; reçoit les directions de Calvin, ibid.

D

DALLEIN, I, 156.

DAMVILLE (Le maréchal), II, 381, en note.

DANIEL (François), avocat à Orléans, II, 284, en note; contrarie le goût d'un de ses fils pour la théologie, ibid.; censuré par Calvin, 284 et suiv.

DAVID (Pierre), prédicateur du roi de Navarre, II, 163; a des démêlés avec le ministre Bois-Normand, 247; jugé sévèrement par Calvin, 248; trahit son maître, 443, en note; sollicite vainement le titre de ministre, ibid.

DESBORDES, II, 567.

DESPLANS (Pierre), accuse Calvin d'hérésie, II, 39.

DIAZIUS (Jean), Espagnol réformé, I, 446; assassiné par son frère, 453.

DIEPPE (Eglise de), compte parmi ses pasteurs le célèbre Knox, II, 177, en note; reçoit plusieurs ministres de Genève, ibid.

DIESBACH, bailli de Lausanne, envoie des secours aux protestants de Lyon, II, 472, 473.

DILLER (Michel), théologien allemand, II, 428, en note.

DIMONET (Mathieu), prisonnier à Lyon, I, 367; préparé au mar-

tyre par les exhortations de Calvin, 367 et suiv.
Dimonet (A.), frère du précédent, I, 426, en note.
Dommartin (Sieur de), partisan de la Réforme à Metz, II, 236, 237 ; se retire à Genève, *ibid.*
Dryander (François), I, 248, en note.

E

Ecouen (Lettres patentes d'), II, 274, en note.
Edouard VI, roi d'Angleterre, affectionné à la cause de l'Evangile, I, 310 ; reçoit l'hommage de divers écrits de Calvin, 325, 345 ; octroie le privilége de se réunir aux protestants étrangers de Londres, 330 ; invoqué en faveur d'un gentilhomme persécuté pour la religion, 374, 375.
Emmanuel Philibert, duc de Savoie, II, 266, en note ; ses projets hostiles contre Genève, 60, 372, 457, 473.
Emden (Eglise d'), II, 115.
Enoch (Louis), témoin testamentaire de Calvin, II, 567.
Escars (Le sire d') trahit le roi de Navarre, II, 459.
Escrivain (Pierre), martyr à Lyon, I, 340, 371, 377, 383.
Espagne (La Réforme en), II, 249, 250, et en note.
Etampes (Duchesse d'), I, 338, 339.
Etats-Généraux, II, 166, 546.
Eu (Comte d'), protecteur de l'Eglise de Nevers, II, 543 et suiv.
Evrard, ministre de l'Eglise d'Anvers, II, 110, en note.

F

Faber, théologien catholique, I, 26.
Fabri (Christophe), ministre à Thonon, I, 121 ; à Neuchâtel, II, 395.
Fabrice (Domeine), II, 344.
Falais (Jacques de Bourgogne, seigneur de) embrasse la Réforme, I, 93, en note ; délibère de quitter les Pays-Bas, 93, 104 ; se rend à Cologne, 104 ; demande un ministre, *ibid.*; arrive à Strasbourg, 117 ; tombe malade, 121, 124 ; songe à faire l'acquisition d'une maison à Genève, 124, 127 ; refuse de retourner dans les Pays-Bas, 129, et en note ; reçoit l'hommage d'un commentaire de Calvin, 139 ; prépare une apologie, 144 ; membre de l'Eglise française de Strasbourg, 145 ; voit ses biens confisqués, 148, 163 ; affaibli par le chagrin et la maladie, 156 ; perd une sœur, 175 ; en quête d'un logis à Genève, 187, 188 ; visité par Viret, 194 ; se fixe à Bâle, 191, en note ; a de longs démêlés avec Valeran Poulain, 194, 196, 234, 235 ; achète un domaine à Veigy, 246 ; renonce à la bourgeoisie de Bâle, 247 ; s'établit près de Genève, 254, 314 ; prend le parti de Bolsec, 363 ; se brouille avec Calvin, 363 et suiv. ; se retire à Berne, 366, en note ; obscurité qui couvre les derniers temps de sa vie, *ibid.*
Falais (Jolande de Bréderode, dame de), partage les sentiments de son époux, I, 98, en note ; le suit à Cologne et à Strasbourg, 104, 107 ; en correspondance avec Calvin, 127 ; patiente dans l'affliction, 131, 184 ; adresse une demande au réformateur, 162 ; devient mère, 212, 217, 223 ; accompagne son mari à Genève, 254 ; se retire avec lui à Berne, 366, 367, en note ; sa mort, *ibid.*
Fardeau (François, martyr à Angers, II, 70, en note.

FAREL (Guillaume), chassé de Genève, I, 23; lutte pour le maintien de la discipline ecclésiastique à Neuchâtel, 39 et suiv.; va prêcher la Réforme à Metz, 80; rejoint Calvin à Strasbourg, 80 et suiv.; le visite à Genève, 152; exhorte les prisonniers de Chambéry, II, 66; écrit à l'Eglise de Francfort, 95, en note; se marie à un âge avancé, 240; blâmé par Calvin, 240 et suiv.; mentionné dans les adieux de Calvin aux ministres de Genève, 574.

FAURE (Charles), martyr à Lyon, I, 340, 374, 377, 383.

FAVRE (François), I, 244.

FERDINAND, roi des Romains, I, 25.

FERRARE (Renée de France, duchesse de), gagnée à la Réforme, I, 43, en note; instruite des erreurs de la messe, 43 et suiv.; reçoit divers ouvrages de Genève, 56, 245; tourmentée par le roi de France son neveu, 428; obtient un ministre et une gouvernante pour sa maison, 429, 430; subit des persécutions domestiques, II, 4; se relève après une courte faiblesse, *ibid.* et suiv.; fortifiée par Calvin, 57, 245; devient veuve et quitte l'Italie, 337; espère exercer en France une influence utile au parti réformé, 339, 340; prend une attitude résolue à la cour; 368 et suiv.; avertie des menées de la maison de Guise, 457, 458; se montre généreuse et grande au milieu des guerres civiles, 543 et suiv.; assiste François Porto à Genève, 546; établit une règle sévère dans sa maison, 545 et suiv.; reçoit des étrennes de Calvin, 549; animée d'un esprit de tolérance supérieur à son siècle, 550 et suiv.; honorée des derniers témoignages de l'affection du réformateur, 558.

FERRARE (Cardinal de), arrive au colloque de Poissy, II, 427 et en note.

FIRMIN, I, 20.

FLASSANS (Sire de), persécuteur des réformés, II, 392, en note.

FONTAINE (Nicolas de la), I, 235.

FOURNELET (Pierre), ministre à Lyon, I, 57; à Neuchâtel, II, 394; à Châlons, 395, en note.

FRANCFORT (Diète de), I, 25; II, 510.

FRANCFORT (Eglise française de), ses commencements, II, 84, 82, en note; troublée par de longues discordes, 87, 95, 99, 444; envahie par des doctrines mystiques, 257 et suiv.

FRANÇOIS, prédicateur de la duchesse de Ferrare, I, 43, 45 et suiv.

FRANÇOIS Ier, roi de France, conclut une trêve avec Charles-Quint; I, 40; paraît favorable à une réforme de l'Eglise, II, 28; allié du duc de Clèves, 87; pressé par le roi d'Angleterre et l'empereur, 88, 90; comparé à Sardanapale, 491.

FRELLON (Jean), libraire à Lyon, I, 439; transmet à Calvin les lettres de Servet, *ibid.*; député en Suisse, II, 473, en note.

FRÉMY (Claude), ministre à Montpellier, II, 449, en note.

FRESNE (M. de), I, 462.

FROMENT (Antoine), missionnaire de la Réforme à Genève, II, 575.

FROMONT (Jean de), frère de M. de Falais, I, 423, 448.

G

GABANT (Pierre), martyr à Paris, II, 184, en note.

GALLARS (Nicolas des), secrétaire de Calvin et ministre à Genève, I, 173, en note; 476, 198, 202, 218; 235; présente au roi d'Angleterre les Commentaires de Calvin, 332, en note ; va servir volontairement l'Eglise de Paris, II, 143 ; retourne à Genève, 144 ; demandé par l'Eglise française de Londres, 375 ; aussi appelé M. de Saules, 532 ; désigné peut-être dans les adieux de Calvin aux ministres de Genève, 575.

GALLO (Nicolas), membre de l'Eglise italienne de Genève, II, 242.

GASPERNE (Catherine de), épouse de Spifame, ancien évêque de Nevers, II, 456.

GAUCHERIE (De la), précepteur du prince de Béarn, II, 408, en note.

GENÈVE (Eglise de), consolée par Calvin, I, 14 et suiv. ; diffère de celle de Berne pour les cérémonies, I, 441 ; II, 50, 117, 131, 133 ; d'accord avec celle de Zurich dans la question des sacrements, II, 42.

GENÈVE (Seigneurs de), rappellent Calvin, I, 29, 32 ; en opposition avec les seigneurs de Berne sur des points ecclésiastiques, II, 28, 36, 39, 43, 50 ; dénoncent un complot aux Bernois, 60 ; avertis des menées des réfugiés, 104, 105 ; portent leurs plaintes à l'assemblée des Ligues, 106 ; protestent contre les prétentions de Berne, 117 ; refusent de se soumettre à la sentence du bailli de Ternier, 126 ; envoient des députés à Bade, 133, 135 ; traitent à l'amiable avec les Bernois, 344 ; écrivent une lettre de justification au roi de France, 373 ; accordent Théodore de Bèze au roi de Navarre, 424 ; reçoivent les adieux de Calvin, 568 et suiv.

GENÈVE (Ville de), menacée par la ligue des princes catholiques, II, 283, 340, 373, 457 ; demande à être comprise dans le renouvellement de l'alliance entre la Suisse et la France, 398, 512 ; regardée comme un instrument des desseins de Dieu, 576.

GENTILIS (Valentin), antitrinitaire italien, II, 240, 242.

GIRARD (Michel), prisonnier à Lyon, I, 400, 401.

GORDES (M. de), II, 496, en note.

GRAMMONT (Mme de), demande des conseils à Calvin dans l'affliction, II, 291 et suiv. ; réponse qu'elle en obtient au sujet du divorce, ibid.

GRANVELLE (Cardinal de), I, 192.

GRAVEL (Jean), ministre à Troyes, II. 436, en note.

GRAVELLE (Taurin), martyr à Paris, II, 145, en note.

GRAVOT (Etienne), martyr à Villefranche, I, 400, en note.

GRUET (Jacques), condamné à mort, I, 212 ; jugement et condamnation de son livre, 311, 314.

GUAST (Marquis du), I, 154.

GUAY (François le), ministre du roi de Navarre, II, 464, en note ; 247, en note.

GUIOTIN (Alexandre), ministre à Turin, I, 414, en note.

GUISE (Anne d'Este, duchesse de), suspecte aux réformés, II, 457.

GUISE (François, duc de), en disgrâce à la mort de François II, II, 347 ; ses intrigues, 420, en note ; assassiné par Poltrot, 528 ; damné par les ministres, 550, 554 ; excusé par la duchesse de Ferrare.

H

HAGUENAU (Conférence de), I, 24 et suiv.

HAMELIN (Philibert), missionnaire en Saintonge, I, 408 ; loué par Calvin, ibid.

HEIDELBERG (La Réforme à), I, 143.

HENRI, ministre de la reine de

Navarre, II, 365, en note.
HENRI II, roi de France, allié aux princes allemands, I, 249, en note; refuse la grâce des écoliers de Lausanne, 373, 378; provoque des mesures de rigueur contre la duchesse de Ferrare, 428; persécuteur de ses sujets réformés, II, 150, 161, 274; sa mort, 282, en note.
HENRI VIII, roi d'Angleterre, en guerre avec François Ier, I, 88, 91, 139.
HESSE (Landgrave de), se soumet à l'empereur, I, 172, 210, 211.
HEU (Gaspard de), échevin de Metz, favorable à la Réforme, I, 86, en note.

I

IGNACE (Saint), citation de ses écrits, I, 321.
ILES (Fidèles des), I, 407.
INSTITUTION (Le Livre de l'), approuvé par les seigneurs de Genève, I, 363; condamné par ceux de Berne, II, 41, 54.

J

JAMET (Lyon), secrétaire de la duchesse de Ferrare, I, 428, et en note.
JANVIER (Edit de), restreint par le traité d'Amboise, II, 495, 508, en note.
JERSEY (Eglise de), II, 250.
JONVILLERS (Charles de), secrétaire de Calvin, I, 256; cité, II, 245.
JUILLET (Edit de), II, 421.
JUNIUS (François), ministre à Anvers, II, 440, en note.

K

KNOX (John), ministre à Dieppe II, 177; retiré à Genève, 228; retourne en Ecosse, 229, en note.

L

LABORIE (Antoine), martyr à Chambéry, II, 63, 64; sa mort, 77, en note.
LACTANCE (Citation de), I, 72.
LANCELOT, ministre à Valence, II, 394, en note.
LANGE (Jean), adversaire de Calvin, II, 37, 38, 46, 54.
LANGLOIS (Jacques), ministre à Poitiers, I, 432, en note.
LANGUEDOC (Eglises de), contribuent aux frais de la guerre, II, 474.
LASCO (Jean A.), modérateur de l'Eglise française de Londres, I, 351, 352; remplit les mêmes fonctions à Francfort, II, 82, 101, 102.
LAUSANNE (Eglise de), II, 44, 150; sa dissipation, 257.
LA VAU, disciple de Castalion, répand le trouble dans l'Eglise de Poitiers, II, 16 et suiv.
LE CÈNE (Nicolas), martyr à Paris, II, 184, en note.
LEFÈVRE (Richard), martyr à Lyon, I, 346.
LEGRANT (Augustin), diacre à Francfort, I, 264; censuré par Calvin, *ibid*.
LEVAIR (Denis), martyr à Rouen, II, 254, en note.
LIBERTINS (Secte des), I, 142 et suiv.; II, 329.
LIGUES (Assemblée des), II, 106, 135.
LINER (Jean), négociant à Lyon, s'intéresse au sort des écoliers de Lausanne, I, 348, 372.
LOCARNO (Réformés de), abandon-

nent leur patrie, II, 24, 25; accueillis à Zurich, *ibid*.

Londres (Eglise française de), I, 330, 350, 351.

Longemeau (Mlle de), captive à Paris, II, 145, 169.

Luther (Martin), I, 28; II, 462.

Longueville (Leonor, duc de), en correspondance avec Calvin, 265, 267, 296 ; allié à la maison de Lorraine, 398 ; fait profession de la foi réformée, 499, en note ; rentre dans l'Eglise catholique, *ibid*.

Lorraine (Cardinal de), pousse le roi à la persécution, II, 184 ; sacre Charles IX, 398 ; intrigue auprès du duc de Wurtemberg, 420.

Loser (Nicolas), I, 225.

Loudun (Eglise de), II, 273, 407.

Luns (Dame de), martyrisée à Paris, II, 145.

Lyon (Eglise de), I, 57 ; a ses premières assemblées publiques, II, 390 ; demande un avis à la compagnie de Genève, 449 ; construit deux temples, 496, en note.

Lyon (Ville de), tombe au pouvoir des réformés, II, 465 et suiv. ; fait sa soumission au roi, 547.

M

Macar (Jean), ministre de l'Eglise de Paris, II, 173, 174, 220, en note, 257.

Maçon (Jean le), dit la Rivière, fondateur de l'Eglise d'Angers, II, 70, en note ; élu ministre de l'Eglise de Paris, 122, en note ; se rend à Genève, 125.

Maillet (Antoine), ministre, I, 137, 166.

Maldonat, I, 126, 198, 225, 228.

Malines (Cour de), I, 163.

Malligny, vidame de Chartres, II, 521.

Manget (Guillaume), ministre de l'Eglise de Nimes, II, 403 ; en lutte avec le ministre Mutonis, 403 et suiv. ; fonde l'Eglise de Montpellier, 419, en note.

Marbach, ministre à Strasbourg, II, 244, en note.

Marc, Italien, II, 6.

Marie, sœur de Calvin, II, 565.

Marolles (M. de) désire se retirer à Genève, I, 378, 379.

Marsac (Louis de), martyr, I, 395, 399, 400.

Martinengo (Le comte Celso), ministre de l'Eglise italienne à Genève, II, 79, 81.

Maupeau (François), ministre à Montpellier, II, 419, en note.

Mayence (Electeur de), I, 28.

Mayer (Bernard), I, 197 ; II, 105.

Meaux (Eglise de), II, 175.

Mélanchthon (Philippe), absent des conférences de Haguenau, I, 28 ; joue le principal rôle aux conférences de Ratisbonne, 34, en note ; jugé par Calvin, 364, 562 ; auteur de la Confession d'Augsbourg, II, 422.

Merlin (Raymond), ministre de l'amiral de Coligny, II, 397 ; rappelé à Genève, 429 ; accordé à la reine de Navarre, 492 ; contribue à l'établissement de la Réforme dans le Béarn, 520 ; retourne à Genève, 521, en note.

Metz (Eglise de), son histoire, I, 80, 84, 85, 91, 92 ; II, 236, 294.

Montbrun (Charles de), II, 390, en note.

Montluc (le maréchal de), II, 491, en note.

Montmor (M. de), forme le projet de se retirer à Genève, I, 224, 225, 255.

Mutonis (Jean), ministre à Uzès, II, 404 ; élu à Nîmes, par opposition au ministre Manget, 404 ; 405.

Myconius (Oswald), ministre à Bâle, I, 196.

N

NAUSEA, théologien catholique, I, 26.

NAVARRE (Marguerite de Valois, reine de), protectrice des réformés, I, 211, en note; se plaint d'un écrit de Calvin, 214 et suiv.

NAVARRE (Antoine de Bourbon, roi de), se déclare pour la Réforme, II, 163, 164; obtient plusieurs ministres, *ibid*.; sollicité de faire profession publique de la foi réformée, 166, 167; prend parti pour un chapelain infidèle de sa maison, 246 et suiv.; reçoit, à la mort de François II, des conseils de Calvin, 345 et suiv.: trompe les espérances du parti protestant, 363; jugé sévèrement par Calvin, 399; se montre de plus en plus froid pour la cause de l'Evangile, 414; tombe dans les piéges que lui tendent les Guise, 420 et suiv.; appelle Bèze au colloque de Poissy, 424; flottant entre les deux partis, 426; trahit la cause des réformés, 441, 447; blessé à mort au siége de Rouen, 488, 489, en note; mis au rang des apostats, 554.

NAVARRE (Jeanne d'Albret, reine de), embrasse la Réforme longtemps après son époux, II, 365, en note; fait part à Th. de Bèze de ses nouveaux sentiments, 366; reçoit les encouragements de Calvin, 367; retient Bèze en France, 437, 438; avertie de se tenir en garde contre Baudouin, 439, 440; est douloureusement affectée de la conduite du roi de Navarre, 448 et suiv.; entreprend courageusement la réforme de ses Etats, 519 et suiv.; obtient douze ministres, 520; acquitte les dettes de son mari, 521, 522; proposée en exemple à la duchesse de Ferrare, 554, 555.

NAVIHÈRES (Pierre), martyr à Lyon, I, 340, 382, 383, en note.

NEMOURS (Jacques d'Armagnac, duc de), II, 518.

NEUCHATEL (Eglise de), I, 38, 78; II, 240, 394, 435.

NEVERS (Eglise de), II, 453.

NÎMES (Eglise de), II, 403. Troublée par des querelles ecclésiastiques, 403 et suiv.; invoque les conseils de Calvin, *ibid*.

NÆGUELI (Jean-François), I, 485 et suiv.

NORMANDIE (Laurent de), ami de Calvin, I, 196; recommandé à Mme de Cany, 339; nommé dans une lettre au roi d'Angleterre, 375; exécuteur testamentaire de Calvin, II, 366.

NORMANDIE (Mme de). Sa mort édifiante, I, 295 et suiv.

NOYON, patrie de Calvin, presque détruit par un incendie, I, 174, en note.

O

OCHINO (Bernardino), de Sienne, ministre de l'Eglise italienne de Genève, II, 209, en note; jugement sur ses discours, I, 145, 146.

OLBRAC (Guillaume) ministre à Francfort, II, 95, 103; à Strasbourg, 259, en note.

ORITZ (Nicolas), inquisiteur, I, 373.

ORLÉANS (Etats généraux d'), II, 346, 384, en note.

OUARTIS (dame d'), prisonnière à Paris, II, 145, en note.

P

Palatin (Comte), I, 25.
Palissy (Bernard de), I, 408, en note.
Pape, I, 27 ; 353, 354.
Parent (Nicolas), ministre à Neuchâtel, II, 395.
Parey (Sire de), I, 189, 204, 331.
Paris (Eglise de), II, 1, en note; élit un pasteur et se donne une organisation, 3, 122; reçoit plusieurs ministres de Genève, 124, 125; est plongée dans le deuil, 139; compte plusieurs martyrs, 145; puise un nouveau zèle dans les exhortations de Calvin, 171; obtient de nouveaux ministres, 173; décimée par la persécution, 253, 284; consulte Calvin sur plusieurs points de politique et de religion, 378 et suiv.
Parthenay (Anne de), I, 45.
Paule (Jean), I, 445; II, 210.
Peloquin (Denis), martyr, I, 386, 395, 399, 400, en note.
Perrin (Amy), chargé d'une mission en France, I, 200, 203; sa femme s'enfuit de Genève, 214.
Perrucel (François), I, 209, 234; fondateur de l'Eglise de Wezel, 449, en note; devient ministre de l'Eglise de Francfort, II, 83, 114, 115; en mésintelligence avec Olbrac, 529.
Philippe II, roi d'Espagne, II, 266, en note.
Picot (Nicolas), I, 225, 252.

Piémont (Egl. de), I, 414, en note.
Pierre, protonotaire apostolique, I, 234, 238.
Pinaut (Jean), ministre, recueille les dernières paroles de Calvin, II, 573.
Pocquet (Antoine), de la secte des Libertins, I, 112, 114.
Poet (Fausses lettres au marquis du), II, App. 589 et suiv.
Poitiers (Eglise de). Doit son origine au séjour de Calvin dans cette ville, I, 431, 432, en note; troublée par les calomnies de la Vau, II, 10 et suiv.; assaillie par la persécution, 67 et suiv.; recueille les contributions des Eglises, 224.
Poitou (Eglises de), I, 424, II, 73, 74, en note.
Pons (Mlle de), I, 410, 413.
Poulain (Valéran), I, 160, 164; recherche la main d'une parente de M. de Falais, 194, 196; a des démêlés avec ce seigneur, 198, 202, 220, 234, 235; se retire à Londres, 235, en note; devient ministre de l'Eglise française de Francfort, II, 82, en note; rejeté par une partie de l'Eglise, 83, 87, 95, 99; se démet de ses fonctions, 114; meurt, 261.
Poupin (Abel), ministre à Genève, I, 445.
Puinisson, ministre à Loudun, II, 73, 74.

Q

Quintin, de la secte des Libertins, serviteur de la reine de Navarre, I, 112, en note, 114.

R

Rabec (Jean), martyr à Angers, II, 90, en note.
Racham, pseudonyme de Macar, II, 159, 172, 220, 257.
Ratisbonne (Diète de), I, 34, 37, 154.

Rebesiers (François), martyr à Paris, II, 184, en note.
Renaudie (Godefroi de Barry, sieur de la), chef de la conspiration d'Amboise, II, 284; ses menées à Genève, 285 et suiv.

Repoussé par Calvin, *ibid.*
REU (Guillaume de), martyr à Angers, II, 70, en note.
RIEUX (Claude de), épouse de d'Andelot, II, 203, 213.
ROCHE (Denis de la), I, 167.
ROCHEFORT (Jean de), I, 142.
ROCHEPOSAY (Mme de), abbesse du Thouars, entretient une correspondance avec Calvin, I, 304, 305.
ROTHELIN (Jacqueline de Rohan, marquise de), professe la Réforme, II, 179; reçoit les directions de Calvin, 179, 265, 289; déploie le plus noble caractère au milieu des guerres civiles, 499; persévère dans la foi réformée, *ibid.*, en note.
ROUSSEAU (Guillaume du), martyr à Angers, II, 90.
ROYE (Madeleine de Mailly, comtesse de), II, 433, 497, en note.
ROYE (Charlotte et Eléonore de), II, 434.
RUFI (Jacques), ministre à Lyon, 466.
RUSLÉ, docteur, II, 220, en note.

S

SAINT-ANDRÉ, ministre à Genève. I, 126, 152, 348, 445; exilé par les seigneurs de Berne, II, 36.
SAINT-LAURENS (M. de), I, 290.
SAUNIER (Antoine), missionnaire à Genève, II, 575.
SAVOIE (Marguerite de France, duchesse de), incline à la Réforme, II, 559.
SAXE (Duc de), I, 28.
SAXE (Maurice de), trahit la cause de la Réforme I, 172.
SERINGER (Henri), II, 567.
SECHELLES (M. de), gentilhomme picard, retiré à Francfort, App. II, 586, en note; adversaire de Valéran Poulain, *ibid.*
SEGUIN (Bernard), martyr à Lyon, I, 340, 342, 382, 383.
SEPT (Balthasar), II, 64.
SERVET (Michel), correspond avec Calvin sous le couvert de Jean Frellon, I, 140; mentionné, II, 39, 47, 211.
SIEGLESSEN (Antoine), I, 153.
SMALKADE (Confédérés de). Leur réponse aux protestants de Metz, I, 85.
SOMMERSET (Edouard Seymour, comte de), protecteur d'Angleterre, I, 261; demande des conseils à Calvin pour la réforme de ce pays, 264 et suiv.; en reçoit des consolations dans la disgrâce, 305; présente ses livres au roi, 332; exhorté à réformer les universités et les cures, 334, 335.
SPIRE (Diète de), I, 105, en note.
STRASBOURG (Evêque de), I, 25.
STRASBOURG (Seigneurs de), retiennent Calvin et Farel, I, 89.
STRASBOURG (Ville de), fait sa soumission à l'empereur, I, 192.

T

TAILLY (M. du), gentilhomme français à Genève, I, 24; presse le retour de Calvin, *ibid.*
TARTAS, ministre iconoclaste de l'Eglise de Sauve, II, 406 et suiv.
TAURAN (Guiraud), martyr à Chambéry, II, 63, 77.
TELSEN (Peter), I, 160.
TEMPESTE, cordelier, prédicateur de l'Evangile à Montélimart, II, 332, en note.
TERNIER (Sentence du bailli de), II, 126, 127, 133, 344.
TILLET (Jean du) à Genève, I, 2, 8.
TILLET (Louis du), condisciple et ami de Calvin, quitte Genève, I, 4, et en note; rentre dans l'Eglise catholique, *ibid.*; engage une controverse avec Calvin

sur la légitimité du ministère dans les Églises réformées, 4, 8, 18.
TOURNON (Cardinal de), II, 201.
TREMELLIUS (Emmanuel), II, 297.
TRIE (Guillaume de), seigneur de Varennes, épouse Catherine de Budé, I, 63; mentionné, 77, 184; II, 215, 565.
TRIGALET (Jean), martyr à Chambéry, I, 63, 77.
TROLLIET, de Genève, attaque l'Institution chrétienne, 355 et suiv.; condamné par le magistrat, 363.
TROYES (Eglise de), II, 406, en note.
TURIN (Eglise de), I, 444, en note.

U

UTENHOVIUS (Jean), 234; en rapport avec M. de Falais, 233, 238, 465.

V

VAROD (Michel), I, 67.
VERAC (M. de), II, 528, 529.
VERGERIO (Paolo), II, 422.
VERNOU (Jean), disciple de Calvin à Poitiers, 430, en note; reçu ministre à Genève, II, 15; martyr à Chambéry, 63, 77.
VERON (Philippe), disciple de Calvin, I, 434, en note; missionnaire dans le Poitou, II, 74.
VICO (Marquis de), seigneur de Naples, réfugié à Genève, II, 206, en note; entreprend un dernier voyage en Italie, ibid.; ne peut décider sa femme à partager son exil, 208, 219; chargé d'une mission auprès de la duchesse de Ferrare, ibid.
VIEILLEVILLE (Maréchal de), II, 496, 517.

VILLEFRANCHE, pseudonyme de Genève, I, 7.
VILLEMONGIS (Seigneur de), prend part, malgré les avis de Calvin, à la conjuration d'Amboise, II, 386 et suiv.; sa mort, ibid.
VILLEROCHE, ministre, écrit à Calvin au sujet du roi de Navarre, II, 249.
VIRET (Pierre), ministre de Lausanne, prêté pour six mois à l'Eglise de Genève, I, 47; envoyé à Neuchâtel, 39; prolixe dans ses écrits, 144; visite Calvin et M. de Falais, 152, 155; songe à se remarier, 157, 159, 168; abandonne Lausanne, II, 227; à Lyon, 465; mentionné dans les adieux de Calvin aux ministres, 578.

W

WENDELIN, imprimeur, I, 138, 144, 174, 232.
WEZEL (Eglise de), I, 209, 222, 418; II, 115, 353, 484.
WILERGI (Mlle de), parente de M. de Falais, I, 494, 497, 218.

WORMS (Diète de), I, 34, 36; II, 150, 193.
WURTEMBERG (Christophe, duc de), intercède en faveur des protestants français, II, 182; trompé par les Guise, 420, 538.

Z

ZÉBÉDÉE, ministre à Nyon, adversaire de Calvin, I, 433; II, 36, 38, 47, 54, 55, 192.
ZOLLICOFFRE (Les frères Christophe et Thomas) s'intéressent au sort des écoliers de Lausanne, I, 376.
ZURICH (Eglise de) d'accord avec celle de Genève, II, 49.
ZWINGLI, II, 49.

Fac-Similé de l'écriture de Calvin.

Lettre à M. de Falais du 14 Juillet 1547.

Tome I p. 209–212.

Nous auons on nouuelles auctentiques depuis la prinse du Landgraff, qui a eu uy payement digne de sa lasheté. Les choses estant ainsi en congnois q mon seigner noz voulz du tout oster cest euangile meintenant, pour noz retraindre a seul estre soubz la croix de nre seigneur Jesus. Mais contentons nous quil fasse son promesse, assauoir de guarder son eglise miraculeusement par sa vertu, sans ayder des bras humain.

Signatures diverses.

Lettre à Mme de Budé, 1546.

Tome I P 185

Charles de spevillle.

Jean Cal.   J Cagny Caluin   I C

LETTRES DE CALVIN

1538—1554

A LOUIS DU TILLET *

Copie. Bibliothèque impériale de Paris. Mss. français. Baluze. 8069-5.

Monsieur, huit jours devant que je receusse les lettres qu'aviez laissé à vostre partement pour me estre

---

* Louis du Tillet, curé de Claix en Poitou, chanoine et archidiacre d'Angoulême. Il était frère de Jean du Tillet, le célèbre greffier au parlement de Paris, et de cet autre du Tillet qui devint évêque de Saint-Brieuc et de Meaux. Voué lui-même à la carrière ecclésiastique, ses premières inclinations le portèrent vers la Réforme. Il connut Calvin à l'université de Paris, se lia d'amitié avec lui, partagea ses périls, et le reçut, en 1534, à Angoulême, dans sa propre maison. Uni dès lors au jeune réformateur par la communauté des croyances, il résigna sa cure de Claix pour le suivre, sous le nom de Haulmont, à Strasbourg, à Bâle et en Italie. Il se trouvait à Genève (août 1536), lorsque Calvin y fut retenu par les véhémentes supplications de Farel. Mais les luttes auxquelles le réformateur fut dès lors condamné, convenaient peu à l'âme contemplative et douce de Louis du Tillet. En proie au doute, il quitta secrètement Genève, et se rendit à Strasbourg où ses incertitudes ne cessèrent que par son retour à la foi catholique. Il écrivit à Calvin pour l'informer de ce changement, et lui soumettre ses scrupules sur la légitimité du ministère dans les églises réformées. Calvin y répondit, et cette controverse, libre, sincère, mais tempérée par le respect, marqua les dernières relations de ces deux hommes, unis d'abord et trop tôt séparés par la révolution religieuse du XVIe siècle.

envoiées, Jéhan estoit arrivé[1]; tellement que quelques sepmaines devant que j'eusse eu aulcunes nouvelles de par vous, le bruict estoit volé jusques icy de vostre partement. Combien que telle incertitude me fust assez grande occasion de fascherie, néantmoins je tenois en suspend mon jugement le plus qu'il m'estoit possible. Ce qui me molestoit et tormentoit le plus, estoit la crainte que j'avois de vous avoir par mon imprudence offensé, comme je congnois et recongnois que je n'ay pas observé envers vous la modestie que je vous debvois. Bien est vray que je sentois tel fruict de vostre compaignie et conversation que l'absence ne me pouvoit estre joieuse; mais d'aultant que je vous voyois icy comme languissant, je portois patiemment ce qui me défailloit, estimant assez bonne récompense vostre soulagement. Finallement quant vos lettres sont venues des deux costés, par icelles j'ai congneu une partie de vostre intention. Pourtant combien que répute bien que ma compaignie ne vous pouvoit pas estre trop agréable, en telle incivilité et rudesse dont je usois envers vous, néantmoins je me confie que ceste cause ne vous a pas aliéné ne estrangé de nous, ce qui provient certainement plus de vostre prudence qu'avez eu à me supporter en cest endroict, que ce que je me suis porté comme il appartenoit.

Je ne vous puis dissimuler que je n'aye esté fort estonné après avoir entendu vostre intention, et mesmes

---

[1] Jean du Tillet, frère de Louis, élevé plus tard aux honneurs de l'épiscopat. Instruit dans les langues anciennes et dans l'archéologie sacrée, il avait été chargé de diverses missions scientifiques par François Ier, et avait visité Genève dans un de ses voyages.

les raysons qui sont avec la déclaration d'icelle insérées en vos lettres. Ce qui me cause la plus grande admiration est que je vous estimois tant confermé et résolu en cest affaire, qu'il ne feust nullement possible vous desmouvoir de propos, et quand vous n'eussiez pas eu, au train jà par vous commencé, fort solide rayson, si est-ce que ce changement tant subit m'a esté fort estrange, veu la constance et fermeté que vous démonstriez. Dieu veuille néantmoins qu'il soit prins aultant équitablement des aultres, comme je m'efforce de le prendre.

Quant aux raysons qui vous ont esmeu à ceste délibération, je ne les puis appercevoir fort péremptoires. Je scé bien que ma conscience est assez asseurée devant Dieu du contraire, et espère qu'elle sera jusques au jour qu'il fauldra comparoistre à rendre compte. Dadvantaige je suis bien abusé ou jay tellement déclairé le bon droict de ma cause, qu'un chascun s'en doibt contenter, n'estoit que les uns se pardonnent trop facilement, les aultres vouldroient bien donner entrée à Jésus-Christ par les voyes où il ne veult nullement cheminer. Je n'ay nullement doubté que les personnaiges dont vous faictes mention [1], n'eussent aucunement aidé, sans y penser, à vous faire prendre une telle conclusion, combien qu'en touschant ce propos par lettres à moy escriptes, ils le dissimulent. Et certes la grande doctrine et piété qui est en eulx a grande apparence pour donner authorité à leurs consultations. Mais je suis bien asseuré qu'en ceste matière, j'auré, oultre

---

[1] Bucer et Capiton, réformateurs de Strasbourg.

les vives raysons, plus de couleur qu'eulx, quand j'auray prins un masque pour me faire apparoistre semblable à eulx. Ils me contraingnent l'ung et l'aultre par leurs manières de faire, de désirer en eulx plus grand fermeté et constance. Quelque crédit qu'on ait, si ne faict-il jamais bon d'estre tant libéral à espandre le bien d'aultruy, et si nous avons à nous garder de faire largesse aux despens des hommes, quelle caution doibt estre au prix à despenser la vérité de Dieu, laquelle il ne nous commect pas pour en rien diminuer. Je prie le Seigneur qu'il nous vueille tant donner d'intelligence que nous entendions qu'il ne veult pas estre servy à demy, comme nostre folie luy veult diviser sa portion, mais entièrement selon sa volunté.

Si vous recongnoissez pour Esglises de Dieu celles qui nous ont en exécration, je m'en rapporte à vous. Mais nous serions bien mal en point, si ainsi estoit. Car certainement vous ne leur pouvez donner ce tiltre que vous ne nous teniez pour schismatiques, où il fault adviser comment vous accorderez vostre opinion avec la sentence de nostre maistre : *Quodcumque ligaveritis,* etc. Si vous entendez que tousjours il y demeure quelques reliques de la bénédiction de Dieu, comme sainct Paul afferme des Israélites, vous pouvez bien entendre que j'accorde avecques vous, veu que quelques fois je vous ay déclaré tel estre mon jugement, voire jusques aux Esglises grecques. Mais si ne s'en suit-il de cela qu'en l'assemblée il faille recongnoistre l'Esglise. Et si nous l'y recongnoissons, elle sera nostre, non pas de Jésus-Christ, lequel marque la sienne d'aultres enseignes, quand il dict : *Oves meæ vocem meam audiunt*, et sainct Paul quand il la nomme « *Columne de vérité.* » Vous me responderez qu'elle ne se trouvera nulle part, veu que partout y a ignorance: Mais ignorance est telle entre les enfans de Dieu qu'elle ne les empesche point de suivre sa volonté.

Quand il soit question de accomparer telles compaignies aux synagogues des Juifs, je craindrois de faire injure à cestes-cy en ne les préférant aux aultres, ou pour le moins en les postposant, car l'idolâtrie n'y est pas telle, ne les abominations tant horribles. Ce qu'on y peult voir de bien, il est commun entre les deux, sinon qu'il semble bien advis estre un grand advantaige que le nom de Jésus-Christ est advoué des uns, non des aultres. Mais la vertu n'est pas moins abolie. Ou si nous voulons trouver comparaison plus propre, c'est ung tel estat qu'il y avoit au peuple d'Israel, soubs Jéroboam, ou bien soubs Achab, du temps que les esperits par longue coustume estoient plus corrumpus. Je ne vous dits pas ces choses sans cause, car j'apperçoys combien plusieurs se commancent (?) à flatter soubz le tiltre de l'Esglise, condamnant hardiment tout ce qui ne leur ressemble, dont ils rendront compte. Qu'ils regardent de quel droict ils le font, car je scé bien que nostre asseurance est trop certaine pour céder à de vaines objections. Quant à vous je n'estime pas que vous nous teniez aultres que si vous conversiez avecques nous, mais c'est un degré pour se diviser de l'Esglise de Dieu, quand on se conjoinct à ce qui luy est contraire. Au surplus je pense congnoistre en vous une telle crainte de Dieu, qu'il me fauldroit voir de grands arguments pour m'oster la persuasion que j'en ay conceue. Pourtant soiez asseuré que les premiers légiers rapports n'auront pas telle puissance envers moy que de renverser l'expérience que j'ay eu de vous par si longues années. Mais combien que je vous supporte en ceste infirmité, ne vous résistant non plus que si vous estiez entre nous, si ne puis-je nullement consentir à ceste entreprinse. Et plus tost que je sois osté du monde par mort amère, que d'approuver vostre faict lequel je congnois estre damnable en soy, et oultre cela plein de ruine, ou pour le moins de merveilleuses offenses envers plusieurs, avec ce que je voy la promptitude que nous avons pour nous bien justifier, d'induire les aultres à faire le semblable. Toutesfois de ces choses dont par le présent estes résolu, je ne feré longue dispute. J'ayme mieulx prier le Seigneur que son plaisir soit vous deslivrer de tous scrupules, tellement que sa voye vous soit toute plaine et ouverte en cest endroict, en attendant l'opportunité quand elle vous sera offerte.

Du département de Loïs Dartois, je n'ay jamais eu suspition qu'il feust procédé de vous, d'aultant que j'ay esté dernièrement adverty du contraire. Mais ce a esté une pauvre cautèle à luy de se cacher de moy de choses esquelles il ne peult pas tromper Dieu, car ce n'est pas chose légière que de tenter Dieu, ce que font ceulx qui voluntairement, se rejectent en captivité. Les sacs mouillés dont nous avons coustume de nous couvrir devant les hommes, ne pourront pas porter la chaleur du jugement de Dieu.

Vous m'avez de longtemps donné à congnoistre que le vostre estoit mien de vostre grâce. Pleust à Dieu que je vous en peusse faire bonne recongnoissance. Mes compaignons se recommandent à vous, desquels le jugement est tel que le mien, combien que je me suis efforcé, sans monstrer vos lettres, d'obvier à toutes offensions. Je n'ay pas peu donner auitre conseil à Jéhan que celuy que ma conscience portoit, si je ne voulois estre traistre à la vérité de Dieu et au salut de luy, ce que ne prendrez en maulvaise part. Je vous supplie d'avoir singulière mémoire de nous en vos prières, à quoy, combien que la cognoissance que vous avez de nostre infirmité vous doibve assez inciter, néantmoins les difficultés que nous sentons vous doibvent encores plus enflamber, lesquelles sont plus grandes que jamais.

Après m'estre humblement recommandé à vostre bonne grâce, je prieré le Seigneur de vous conserver en sa saincte protection, et vous diriger tellement que ne décliniez pas en voye tant lubrique où vous estes, jusques à ce qu'il vous aura monstré la pleine délivrance.

Vous me pardonnerez si ceste présence est assez confusément escrite, car la briesveté du temps en partie m'en est cause, et en partie les troubles que nous avons, oultre que l'argument ne m'estoit pas fort propre à traicter. De Villefranche[1], ce dernier de janvier (1538[2]).

Vostre humble serviteur et frère,

CHARLES D'ESPEVILLE[3].

---

[1] Ville affranchie (Genève).

[2] L'année commençait à Genève le 25 décembre, jour de Noël, contrairement à l'usage alors suivi en France de compter l'année à partir de Pâques.

[3] Pseudonyme adopté par Calvin durant sa retraite à Angoulême et son voyage en Italie (1534, 1536).

A LOUIS DU TILLET [*]

Copie. Bibliothèque impériale de Paris. Mss. français. Baluze, 8069-5.

Monsieur, j'espère que vous n'aurez prins si non en bien que Jéhan est allé par devers vous sans mes lettres, car il me faisoit mal de vous escripre aiant tant de afaire à vous communiquer, que ne vous en touchasse une partie. D'autre part il m'estoit difficile de vous toucher à demy tels propos, sans les vous déclarer à plein. La déclaration ne m'estoit pas impossible, mais je craignois qu'elle ne vous feust guères plaisante. Pourtant j'avois mieulx aimé m'en abstenir du tout remettant la charge à Jéhan lequel, comme je pense, s'en sera fidèlement acquitté, si non qu'il ne vous aura peu bien descouvrir

---

[*] La première lettre de Calvin à du Tillet, ne demeura pas sans réponse : — « Si ma retraicte en ce païs vous a causé grande fascherie, comme je l'ay congneu par vostre lettre du dernier de janvier, aussy n'en avois-je jamais moins pensé, estimant que la rompture de nostre conversation et familiarité accoustumée...., ne pourroit ne vous engendrer point tel ennui. Mais quoy eussé-je peu faire, si estant par delà au sein de plus de deux années, ma conscience n'a jamais pu s'appaiser de ce que sans certaine vocation, je me estois retiré du lieu que je ne devois délaisser sans commandement de Dieu, dont j'ay esté mis en langueur que vous avez veu telle, et pour les grandes et continuelles affections que mon esperit en a eu, j'ay esté faict en ce temps-là inutile à toutes choses... » — Cette lettre, écrite de Paris (10 mars), ne parvint point à Calvin, et ce fut durant un voyage à Strasbourg que le réformateur, chassé de Genève (23 avril 1538) et retiré à Bâle, fit part à son ancien ami des événements qui le condamnaient à un nouvel exil.

la source et l'origine du mal qui n'est pas cogneue à beaucoup. J'ay esté tant sollicité par les deux de ceste ville[1], que pour les satisfère j'ay faict ici un voiage.

Touchant de nous il a esté résolu qu'il y a expédiant de faire encore une assemblée où Zurich, Berne, Basle, ceste ville, Biel[2] et l'un du dict lieu se trouvera, où il soit déclaré que deuement et fidèlement nous avons administré nostre charge après en avoir cogneu diligemment, afin que ce tesmoignage soit comme une sentence légitime pour fermer la bouche aux malings, et aussi en la confusion de ceulx qui ont osé entreprendre un tel acte. Par un mesme moien, ils espèrent que les schismes qui se pourroient dresser et desjà ont commencé, seront amortis. Quand je considère bien l'estat, la difficulté me semble surmonter tout ayde humain; pourtant je n'ay aultre chose que de recommander l'issue au grand médecin, lequel seul y peult provoir et donner ordre.

Les Bernois s'efforcent ou plutost persistent, tant qu'ils peulvent, de faire à croire que tout va bien, mais il n'y a nul qui n'estime le contraire[3]. Dieu par son juste jugement veuille envoyer un tel bien sur la teste et la famille de ceulx qui se mocquent ainsi iniquement du désordre de son Eglise, et que cela vienne à leur correction, afin qu'ils apprennent d'avoir aultre affection en choses de telle importance. Je me retireré à Basle, attendant ce que le Seigneur vouldra faire de moy. Il ne tient pas à ceulx de ceste ville que je ne

[1] Bucer et Capiton déjà nommés.
[2] Bienne.
[3] Adversaires déclarés de la discipline ecclésiastique que Farel et Calvin avaient voulu établir à Genève, les seigneurs de Berne se montraient peu favorables aux deux ministres bannis.

suis leur hoste, mais ils ont assez de charge sans moy, et je pourré vivre quelque temps en me aidant de ce que m'avez laissé, avec une partie de mes livres[1]. Cependant le Seigneur nous adressera. Je crains sur toutes choses de rentrer en la charge dont je suis délivré, réputant en quelles perplexités j'ay esté du temps que j'y estois enveloppé. Car comme lors je sentois la vocation de Dieu qui me tenoit lié, en laquelle je me consolois, maintenant au contraire je crains de le tenter si je reprens un tel fardeau lequel j'ay cogneu m'estre importable. Il y a autres raisons lesquelles je ne vous puis expliquer que de bouche, desquelles toutesfois je ne puis contenter ceulx auxquels j'ay à faire. Néantmoins je sçay que nostre Seigneur me conduira en ceste délibération tant ambiguë, d'autant que je regarderé plus tost ce qu'il m'en monstrera que mon propre jugement, lequel me tirant au contraire oultre mesure, me doibt estre suspect.

Il se remue pour le présent une afaire de merveilleuse conséquence, *nec sine conscientia Augusti et Cæsaris*[2], lequel je pense bien que Monsieur Firmin vous touchera; pourtant je m'en déporte. Il y a grand doubte qu'on ne tente le gué, sans intention de procéder, mais on recognoistra ce qu'il en est dedans deux mois.

Après m'estre humblement recommandé à vostre bonne grâce, je prieré nostre Seigneur de vous conduire

---

[1] La correspondance latine de Calvin (1538-1539) nous initie à la détresse du réformateur, réduit à faire des emprunts et à vendre ses livres pour subsister.

[2] Allusion à la trêve conclue, le 18 juin 1538, entre François Ier et Charles-Quint, et à l'attente d'une paix générale sur laquelle on fondait beaucoup d'espérances pour la réforme de l'Eglise.

tellement en sa voie, que vous soyez sainct et incontaminé à son jour. De Strasbourg ce 10 de juillet (1538).

Vostre humble serviteur et entier amy

Charles d'Espeville.

A L'ÉGLISE DE GENÈVE *

Copie. Archives de Genève. 1240.

La miséricorde de Dieu nostre Père et la grâce de nostre Seigneur Jésus-Christ vous soit tousjours multipliée par la communication du Sainct-Esprit.

Mes frères, je m'estois abstenu jusques icy de vous escrire, espérant que les lettres de nostre frère Farel qui avoit pris ceste charge pour tous deux, vous pourroient suffire; et aussi que je voulois oster tant qu'il m'estoit possible l'occasion de mesdire à ceux qui la cherchent. C'est qu'ils ne peussent calumnier que nous taschons en vous attirant à nous de vous tenir en quel-

* *En titre*: A mes bien aymés frères en nostre Seigneur qui sont les reliques de la dissipation de l'Eglise de Genève.

Chassé de Genève par une révolution, attiré à Strasbourg par les prières de Bucer (septembre 1538), Calvin avait été nommé ministre de l'Eglise française de cette ville, et professeur de théologie. Mais ses regards étaient toujours tournés vers l'Eglise dont il avait été le pasteur, vers « ces reliques de la dissipation, » qu'il exhortait du fond de son exil, et qu'il consolait par ses lettres.

que partialité. Toutes fois je ne me suis peu contenir de vous escrire pour vous certifier l'affection laquelle je garde tousjours envers vous, et la souvenance que j'ay de vous en nostre Seigneur, ainsi que mon debvoir le porte, et ne m'empeschera ceste crainte, laquelle m'a aucunement retenu jusques à présent ; d'aultant que je voy bien que la couleur que pourroient prendre les malings de détracter sur nous, seroit trop vaine et frivole. Dieu nous est tesmoing et vos consciences devant son jugement, que cependant que nous avons conversé entre vous, toute nostre estude a esté de vous entretenir tous ensemble en bonne union et concorde. Ceux qui se sont séparez de nous pour faire et mener leur faction à part, ont introduit division tant en vostre Eglise comme en vostre ville. Voians les commencemens de ceste peste, nous nous sommes emploiez fidèlement, comme devant Dieu auquel nous servons, d'y mestre remède, pour quoy le temps passé nous exempte de toutes leurs calumnies. Et maintenant si en communiquant avec vous, nous vous donnions matière de nous retenir en vostre mémoire, cela ne vous peult tourner en vitupère, car nostre conscience est bien asseurée devant Dieu, que ce a esté par sa vocation que nous avons esté une fois conjoincts avec vous. Par quoy il ne doibt estre en la puissance des hommes de rompre un tel lyen, et comme le temps passé, nous nous sommes pourtez, aussi espérons-nous par la direction de nostre Seigneur nous tellement conduyre, que nous ne serons object de trouble ne de division, sinon à ceux qui sont tellement bandés contre Jésus-Christ, et tout son peuple, qu'ils ne peulvent souffrir aulcune concorde avec ses serviteurs. Car à telle manière de gens si ce bon Saulveur est en scandalle et offense, que pouvons-nous estre, nous qui devons porter sa marcque imprimée en nostre âme et en nostre corps? mais nostre consolation est que nous ne leur en donnions point cause; comme nostre bon maistre n'est pas venu pour donner empeschement aux hommes, mais plus tost pour estre la voie où tous cheminent sans trébuscher.

Or mes frères bien aymés, pource que la main du Seigneur, à ce que je puis entendre, est tousjours dressée pour vous visiter, et que par sa juste permission le diable s'efforce incessamment de dissiper l'Eglise qui estoit commencée entre vous, il est mestier de vous admonester de vostre office. C'est que vous recongnoissiez et méditiez, quelque perversité qu'il y aict aux hommes qui vous troublent et griesvent, toutes fois que les assaultz ne vous sont pas tant donnés d'eux comme de Sathan, lequel use de leur malice comme d'instrument pour vous guerroier. A cela nous exhorte l'Apostre, quand il dict que nostre bataille n'est pas contre la chair ne le sang, c'est-à-dire contre les hommes, mais contre les puissances de l'air, et contre le prince de ténèbres. Vous sçavez combien il est nécessaire de congnoistre son ennemy pour sçavoir par quel moien il luy fault résister. Si nous nous arrestons à batailler contre les hommes, ne pensans qu'à faire vengance, et estre récompensez des torts qu'ils nous font, il est à doubter si nous les pourrons vaincre en ceste manière. Mais c'est chose certaine que cepandant nous serons vaincus du diable. Au contraire si n'aiant aultres combats contre les hommes, sinon d'autant que nous sommes contraincts de les avoir contraires, en tant qu'ils sont adversaires de Jésus-Christ, nous résistons aux machinations de cest ennemy spirituel, estans garnis des armures desquelles le Seigneur veult son peuple estre fortifié, il ne fault pas craindre que nous ne venions au-dessus. Pourtant mes frères si vous cherchez vraie victoire, ne combatez point le mal par semblable mal; mais estans despouillez de toutes mauvaises affections, soiez menez seulement de zèle de Dieu modéré par son Esprit selon la règle de sa parolle.

Davantage vous avez à penser que ces choses ne vous sont pas advenues sans la dispensation du Seigneur lequel besongne mesmes par les iniques, selon le conseil de sa bonne volunté. Or ceste cogitation vous destournera de vos ennemys, pour vous regarder et considérer vous-mesmes, et tellement considérer, que vous recongnoissiez combien de vostre part vous avez desservy à recevoir une telle visitation, pour chastier vostre négligence, le mespris ou bien la nonchallance de la parolle de Dieu qui estoit entre vous, la paresse à la suyvre et lui rendre sa droicte obéissance. Car vous ne vous pouvez excuser qu'il n'y ait eu beaucoup de faultes en toutes manières; et combien qu'il vous soit facile de vous justifier aulcunement devant les hommes, néantmoins devant Dieu vostre conscience se sentira chargée. De ceste manière ont faict les serviteurs de Dieu en leurs tribulations, c'est que quelque part qu'elles leur vinssent, ils ont tousjours converty leurs pensées à la main de Dieu, et à leurs propres vices, recongnoissans en eux-mesmes la cause estre assez suffisante pourquoy le Seigneur les deubt ainsi affliger. Daniel entendoit bien quelle avoit esté la perversité du roy de Babylone de destruire et dissiper le peuple de Dieu, seulement pour satisfaire à son avarice, arrogance et cruaulté; quelle estoit son iniquité en les opprimant injustement. Néantmoins voiant que la première cause estoit en eux-mesmes, d'autant que les Babyloniens ne pouvoient rien à l'encontre d'eux, sinon par la permission du Seigneur, pour suyvre et tenir un bon ordre, il commence par la confession de ses faultes et de celles des roys et du peuple d'Israël. Si le Prophète s'est ainsi humilié, advisez combien vous en avez plus grande matière, et s'il luy a esté nécessaire de faire cela pour obtenir miséricorde de Dieu, quel aveuglement ce seroit à vous de vous arrester en l'accusation de vos ennemys, sans aulcune recongnoissance de vos faultes, lesquelles passent de beaucoup celles du propheste.

Quant à nous, s'il est question de débattre nostre cause contre tous les iniques et calumniateurs qui nous vouldroient charger, je sçay que non-seulement nostre conscience est pure pour respondre devant Dieu, mais nous avons suffisamment de quoy nous purger devant tout le monde. Et ceste asseurance avons-nous assez testifié, quand nous avons demandé de respondre, voire devant nos adversaires, à toutes choses qu'on nous vouldroit imposer. Il fault qu'un homme soit bien garny de ses justifications, quant il se présente en telle manière, estant inférieur en toutes choses, sinon en la bonne cause. Toutesfois quant il est question de comparoistre devant Dieu, je ne fais pas de doubte qu'il ne nous ayt humilié en ceste sorte, pour nous faire recongnoistre nostre ignorance, imprudence, et les aultres infirmités que de ma part j'ay bien sentye en moy, et ne fais difficulté de les confesser devant l'Eglise du Seigneur. En cela faisant il ne nous fault craindre que nous ne donnions l'advantage à nos ennemis; car Daniel n'a pas justifié Nabuchodonosor en attribuant aux péchés des Israélites l'oppression qu'ils souffroient soubs la tyrannie, mais plus tost l'a confondu, monstrant qu'il estoit comme ung fléau de l'ire de Dieu, ainsi qu'est le diable et ses supposts. Non plus de danger y a-il que nous submections nostre cause à vitupère ou en opprobre. Car si nous nous sommes présentez de satisfaire devant toutes les Eglises, et remonstrer que nous avions deuement et fidèlement administré nostre office, et encores de jour en jour nous l'offrons, ce n'est pas signe que nous leur donnions à mordre ne détracter sur nous, et si nous ne les pouvons empescher de mesdire, comme aulcuns d'eux sont transportéz non-seulement d'intempérance mais de pure rage, nous sçavons quelle promesse nous est donnée que le Seigneur fera apparoistre nostre innocence comme l'estoile première du jour, et fera reluyre nostre justice comme le soleil. Ceste confiance pouvons-nous hardiment prendre, quant il est question de combatre contre les iniques, combien que nous soions de beaucoup redevables envers la justice du Seigneur.

Cependant en nostre humilité et déjection le Seigneur ne nous délaissera pas, qu'il ne nous donne consolation très ample pour nous maintenir et conforter, et mesmes l'avons-nous desjà toute présente quand il est dict en son Escriture, que les castigations qu'il envoie à ses serviteurs, sont pour leur bien et salut, moiennant qu'ils les puissent bien prendre. Pourtant, mes frères bien aymés, revenez tousjours à ceste consolation, combien que les iniques se soient efforcez de mettre une ruine en vostre Eglise, combien que vos faultes et offenses aient mérité plus que vous ne pourriez endurer, néantmoins que nostre Seigneur mettra telle fin aux corrections qu'il vous a envoyé, qu'elles vous seront salutaires. Son courroux envers son Eglise, d'aultant qu'il n'est que pour la réduyre à bien, se passe en ung moment, dict le prophète; sa miséricorde au contraire est éternelle, mesmes jusques aux générations futures; car des pères il l'estend aux enfans, et aux enfans des enfans. Regardez vos ennemys, vous trouverez évidemment que toutes leurs voyes tendent à confusion; et néantmoins il leur semble bien advis qu'ils sont au buct deleur entreprise. Ne vous desconfortez point doncques en ce qu'il a pleu à nostre Seigneur de vous abaisser pour ung temps, veu qu'il n'est pas aultre que l'Escriture le testifie estre; c'est qu'il exalte l'humble et contemptible de la poussière, le paulvre de la fiente; qu'il donne la couronne de joye à ceux qui sont en pleurs et larmes, qu'il rend la lumière à ceux qui sont en ténèbres, et mesmes qu'il suscite en vie ceux qui sont en l'umbre de la mort. Espérez doncq que ce bon Dieu vous donnera telle issue que vous aurez occasion de le magnifier et rendre gloire à sa clémence. Et en ceste espérance, consolez-vous, et vous fortifiez à endurer patiemment la correction de sa main, jusques à ce qu'il luy playra vous déclairer sa grâce qui sera sans doubte assez tost, moiennant que nous puissions le tout permettre à sa Providence, laquelle congnoist l'opportunité des temps, et veoit mieux ce qui nous est expédient que ne le pouvons concevoir.

Surtout advisez de veiller en prières et oraisons; car si toute vostre attente repose en Dieu comme elle doibt, c'est bien raison que vostre cueur soit assiduellement eslevé au ciel pour l'invoquer et implorer la miséricorde que vous espérez de luy. Entendez que le plus souvent ce qu'il diffère le désir de ses enfants, et ne leur monstre pas si tost son ayde au besoing, c'est qu'il les veult inciter et esmouvoir à requérir sa bonté. Tant y a que nous nous glorifions en vain d'avoir nostre confiance en luy, que nous ne le testifions en y cherchant nostre refuge par prières. Davantage c'est chose certaine qu'il n'y a pas une telle affection et ardeur en nos oraisons, comme il appartient, sinon que nous y persévérons sans cesse.

Je prie le Seigneur de toute consolation vous reconforter et soustenir en bonne patience, cependant qu'il vous veult esprouver en ces tribulations, et vous confermer en l'espérance des promesses qu'il faict à ses serviteurs. C'est qu'il ne les tentera point oultre ce qu'ils pourront endurer, mais avecques l'affliction qu'il donnera la force et issue salutaire. De Strasbourg, ce premier d'octobre 1538.

Vostre frère et serviteur en nostre Seigneur

JEAN CALVIN.

A LOUIS DU TILLET *

Copie. Bibliothèque impériale de Paris. Mss. français. Fonds Baluze. 8069-5.

Longtemps a que nostre Seigneur m'avoit tellement faict sentir en moy-mesmes les exhortations et remonstrances qui sont en vostre lettre, que je ne les eusse peu prendre que bien, si je ne voulois contredire à ma conscience. J'entens en ce que vous me exhortez qu'en ce que nostre Seigneur a besoigné envers moy, je prenne matière et occasion de recongnoistre mes faultes. Et ne me suis pas contenté de les réputer en moy-mesmes, mais, comme mon debvoir estoit, je n'ay faict difficulté de les confesser devant ceulx qui eussent esté plus contans de me justifier que de penser qu'il y eust à redire

---

* Dans une nouvelle lettre à Calvin (7 septembre 1538), Louis du Tillet avait cru devoir signaler les événements récents de Genève, comme un châtiment providentiel, destiné à rappeler son ancien ami de la voie du schisme : « J'estime bien, disait-il, que les choses qui vous sont advenues ont esté traictées et poursuivies par maulvaise affection de personnes qui tendent plus aux fins de ce monde qu'ils n'ont considération de Dieu. Mais, ce que je vous supplie ne prendre que bien, je croy que vous avez plus à considérer de vostre part si nostre Seigneur ne vous veult point advertir par là de penser s'il n'y a rien eu à reprendre en vostre administration, et de vous humilier envers luy, et que, par ce moien, les grans dons et grâces que nostre Seigneur vous a eslargis, soient droictement employés à sa gloire, au salut de ses eslus, et vous soient pour ceste cause toujours de plus en plus augmentées... » Calvin répond à cette objection, et en appelle de « la sentence des sages » au tribunal de Dieu.

en moy. Vray est que au regard de nos adversaires j'ay bien tousjours maintenu mon innocence, telle que je pouvois la testifier devant Dieu. Pareillement je n'ay pas tousjours accordé à ceux qui asseoient jugement téméraire, comme la plus part s'advancent de déterminer de l'espèce de la maladie, n'en congnoissant pas la racine. Mais si je n'ay-je pas laissé de dire ne en public ne en particulier qu'il nous falloit prendre ceste calamité comme en châtiment notable de nostre ignorance, et aultres vices qui en avoient mestier. Quelles sont mes faultes en particulier, combien que j'en aperçoive beaucoup, j'estime bien toutes fois que je ne voy les plus grosses, ne le plus grand nombre. Pourtant je prie le Seigneur qu'il me les vueille de jour en jour plus évidemment manifester; celles que vous notez, ne me sont point de mise. S'il estoit question de disputer de ma vocation, je crois que vous n'avez pas telles raysons pour l'impugner que le Seigneur ne m'en donne de plus fermes pour me confermer en icelle. Si elle vous est en doubte, ce m'est assez qu'elle me soit certaine, et non-seulement cela, mais que je la puisse approuver à ceulx qui vouldront submettre leurs censures à la vérité. Vous ne me admonestez pas sans cause qu'il est mal de se confier trop à son sens, car je congnois ma portée telle que je ne sçauroys si petit présumer de moy, que ce ne soit trop. Mais je désirerois que vous eussiez ceste opinion que les plainctes que vous avez aultrefois ouyes de moy, ne venoient pas de feintise, lesquelles testifioient qu'il s'en falloit beaucoup que je feusse capable de soustenir la charge que j'avois.

Vous vous arrestez beaucoup à ce point qu'il y a dangier qu'il ne nous fasse mal de rétracter avec quelque honte de légièreté, quand nous avons précipité nostre sentence devant le temps. De ma part comme j'entens bien que à bon droict je doibs craindre que ceste folle ambition me soit un bandeau pour m'empescher de voir droictement, aussy d'aultre part j'espère que nostre Seigneur ne me laissera tomber en cest orgueil que pour avoir mon honneur entier, je m'obstine voluntairement contre sa vérité. J'ai discuté de ceste matière avec quelques personnages que vous congnoissez. Je ne puis encores voir aultre chose que ce que j'en ay déclaré. Je ne scé si le tesmoing qui y estoit présent vous en aurait fait quelque rapport à travers champs, comme il a bonne coustume de renverser et brouiller.

Touchant de condamner aultruy, je suis contrainct de vous dire ung mot, qui ne vous plaira possible pas. Je vouldroys que vous prinssiez une partie de ces exhortations pour vous. Car en appelant *tenebras lucem* en toute vostre lettre, vous condamnez ceulx qui cheminent plus droictement que tous les vostres en cest endroit. Je n'entreré pas en dispute, pour ce aussi que ce n'est vostre intention, mais je vouldroys bien sçavoir quelle équité c'est qu'une personne face des arretz en un cabinet pour condamner tous ceux qui maintiénnent journellement leur doctrine devant tout le monde, et cependant estimer estre présumption à eulx d'oser condamner les ennemys manifestes de Dieu et de sa majesté. Je prens ce que vous dictes en ceste matière comme procédant d'un bon cueur, mais je l'attribue à un autre esperit que celluy de Dieu. Touchant de ma retraicte, je vous confesse que j'ay trouvé estrange le premier mot que vous en dites, chercher le moyen de rentrer où je serois comme en un enfer. La terre est au Seigneur, direz-vous. Il est vray, mais je vous prye de me permestre suivre la reigle de ma conscience laquelle je sçais estre plus certaine que la vostre. Quant est de reprendre charge, j'eusse bien désiré en estre creu, et si je ne eusse eu à fere que à ceulx que vous pouviez estimer estre trop aspres et inconsidérez à mettre les gens en besoigne, je m'en fusse encore aulcunement despesché; mais quand les plus modérés me menacent que le Seigneur me trouveroit aussi bien que Jonas, et quand ils viennent jusques à ces parolles : *Finge tua unius culpâ perditam Ecclesiam. Quœ tamen melior pœnitentiæ ratio, quam ut te Domino totum exhibeas? Tu istis dotibus præditus, qua conscientia oblatum ministerium repudies,* etc... Je n'ai sçeu que fere, sinon de leur proposer mes raisons qui me desmouvoient afin de suivre mon propos avec leur consentement. Après que cela n'a valu, j'ay pensé estre nécessaire en telle perplexité de suivre ce que je pensoys m'estre monstré par les serviteurs de Dieu. Je vous asseure bien que la solicitude du corps ne m'eust pas amené à ce poinct, car j'avoys bien délibéré tascher de gaigner ma vie en estat privé, ce que je pensoys ne m'estre du tout impossible ; mais j'ay jugé que la volunté de Dieu me menoit aultre part. Si j'ay failly, je vous prye me reprendre, mais que ce ne soit par simple et précise condamnation, à laquelle je ne pourroys donner authorité contre tant de raisons et tesmoignages de personnages qui ne sont pas contemptibles, et ne vous le doibvent estre.

Vous me faictes un offre dont je ne puis vous assez remercier, et ne suis pas tant inhumain que je n'en sente la gratuité si grande, que mesmes ne l'acceptant point, je ne pourrois jamais satisfere à l'obligation qui luy est deue de moy. Mais je m'abstiendray de charger tant que possible un chascung, mais principalement vous, lequel en avez eu trop de charge le temps passé. Pour le présent, ma nourriture ne me couste rien. Aux nécessitez qui sont oultre la bouche fournira l'argent des livres, car j'espère bien que vous daignerez m'en donner d'aultres au besoing. Si vous eussiez tellement adressé vos propos à moy, qu'il n'y eust eu note que sur ma personne, je l'eusse facilement enduré. Mais d'aultant que vous ne pardonnez à la vérité de Dieu, ne à ses serviteurs, il m'a esté nécessaire de vous respondre en peu de parolles, afin qu'il ne vous semblast advis que je voulsisse vous accorder. Je croy que vous avez estimé nostre affliction estre suffisante pour me mettre en perplexité extrême, jusques à despriser tout le précédent estat. Il est vray que j'ay esté grandement affligé, mais non pas jusques à dire : *Nescio ubi sint viæ Domini;* par quoy en vain ces tentations me sont objectées.

L'un de mes compagnons [1] est maintenant devant Dieu pour rendre compte de la cause que luy a esté commune avec nous. Quand nous viendrons là, on congnoistra de quel costé aura esté la témérité ou escartement. C'est là où j'appelle de la sentence de tous les sages, lesquels pensent leur simple parolle avoir assez de poix pour nostre condamnation. Là les anges de Dieu rendront tesmoignage, lesquels sont schismatiques.

[1] L'ancien moine Augustin Courault, zélé prédicateur de la Réforme à Paris et à Genève. Banni de cette dernière ville avec Calvin et Farel, il était mort à Orbe (4 octobre 1538).

Après m'estre humblement recommandé à vostre bonne grâce, je prieray notre Seigneur qu'il vous vueille maintenir et conserver en sa saincte protection, vous dirigeant tellement que vous ne décliniez de sa voie. De Strasbourg, ce 20 d'octobre (1538).

Vostre humble serviteur et amy entièrement
>> CHARLES D'ESPEVILLE.

A MONSIEUR DU TAILLY *

Copie. Archives de Genève. 1250.

Monsieur du Taillis, pource que je vous avois remis par mes dernières lettres jusques à ce que nous aurions

---

* M. du Tailly, gentilhomme français, réfugié à Genève, partisan déclaré de la Réforme et de Calvin, dont il pressait activement le retour, ainsi que le témoigne la lettre suivante tirée des Mss. de la Compagnie de Neuchâtel :

MONSIEUR DU TAILLY A FAREL.

Très cher frère, à la suasion des principaulx bons frères de par deçà, j'ay rescrit à nostre bon frère Calvin qu'il eust au besoin à subvenir à ses frères de Genève, sans avoir esgard à l'injure qui avoit esté faicte à Jésus-Christ en le deschassant, mais qu'il aye à considérer la désolation en quoy ils sont, et le debvoir à quoy il est tenu, par quoy lui ay rescrit qu'il m'en mandast son advis, avant que on envoyast ambassade par devers luy. Pourtant vous supplieray que de vostre part ayez à luy mander et persuader ce qu'il a à faire. Je ne vous en dis plus. — Vostre lettre a esté fort bien prise de ceux de par deçà, et croy qu'elle leur profittera grandement, et se tien-

plus certaines nouvelles de l'assemblée de Haguenau ¹, pour vous en mander, je n'ay voulu laisser aller ce pourteur sans mes lettres, combien que nous n'en ayons encores la fin. Je vous réciteray donc en brief ce qui en est jusques à ce jour. Vous sçavez que le roy Ferdinand avoit appellé les princes de sa part, quelque temps devant les nostres, afin de consulter avec eux par quel costé il nous fauldroit assaillir, après avoir tenu leur conseil, ils ont advisé d'eslire quatre arbitres à leur poste pour ouir les controverses d'une part et d'aultre, afin de venir à quelque bon appoinctement. Les arbitres estoyent le comte palatin, l'évesque de Trêves, électeurs; le duc de Bavière, et l'évesque de Strasbourg. Il n'y a eu nul de nos princes qui soit comparu pour ce qu'on les avoit appellez à trop brief terme, comme ils ont fait leur excuse à l'empereur; mais ils ont envoyé avec sauf-conduyt leurs ambassadeurs et conseillers avec gens de lettres, pour faire tout ce qui seroit de mestier. Iceux combien que à bon droit peussent récuser

nent grandement tenus à vous qui avez souvenance d'eux en leur nécessité, et à cela congnoissent qu'estes le vray pasteur, non pas ceux qui les laissent en danger. Au reste, le Seigneur a faict son plaisir du Sr Michel Baltasar. C'est un grand dommage pour la ville, à ce que peut considérer l'homme. Toutefois sa volunté soit faicte et non autre. Que Dieu vous doint persister comme avez commencé. De Genève, ce 3me de octobre 1540.

Le tout vostre frère et amy,
Du Tailly.

¹ La diète de Francfort avait stipulé l'ouverture de conférences religieuses, où les controverses des deux cultes en Allemagne devaient être réglées par les principaux théologiens des deux partis. Le but de l'assemblée réunie à Haguenau, était la préparation des matières qui devaient faire le sujet de ce débat solennel.

les arbitres qu'on leur présentoit, ou pour le moins une partie, toutes fois les ont bien voulu accepter, afin de donner à congnoistre qu'ils ne vouloient nullement reculler. Mais il en est advenu comme nous avions bien tousjours pensé. Quand il a esté question de commencer à procéder, messieurs les arbitres ne sçachant par quel bout commencer, ont demandé à nos gens qu'ils vouloient dire. A quoy ils ont respondu qu'ils désiroient que, selon la confession présentée à Augsbourg, les Eglises feussent réformées, se offrans de satisfaire à toutes les difficultés qu'on y trouveroit, et expliquer plus amplement ce qui ne seroit assez cler. Sur cela Nausea baille son conseil à Ferdinand de nous concéder le mariage et la communion soubs les deux espèces; au reste qu'il n'est licite d'entrer en dispute sans le congé de notre sainct Père. Cela est aussi bien approuvé de Faber, de Cochleus et leurs compaignons. Ainsi en la fin response est rendue par Ferdinand et les siens, qu'il ne tient que à nos princes qu'on ne cerche quelque bon moyen de s'accorder, car de sa part il estoit venu délibérer de faire une bonne et amiable conférence, mais qu'ils n'ont daigné comparoistre. Néantmoins que l'empereur est encore consent de tenir une aultre journée en laquelle les matières soient disputées d'une part et d'aultre, mais à telle condition que après toute dispute, la sentence définitive soit réservée à sa majesté et la saincteté du pape. Cependant qu'il ne seroit loysible à nos gens de se fortifier par nouvelles alliances, ne attirer personne à recevoir leur religion, mesmes que les alliances faictes depuis l'assemblée de Nuremberg [1] seroient cassées.

[1] Les princes de l'Empire, réunis à Nuremberg, en 1524, avaient

Quant à ceste objection que nos princes ont empesché qu'on ne traictast, elle a esté bien aysée à résouldre, car il suffisoit bien d'avoir envoyé leurs docteurs et conseillers avec pleine puissance. Davantage ils avoient promis de venir, s'ils voyoient qu'on procédast à bon escient. De la conférence ils la reçoivent très volontiers; mais toutes les conditions ils les rejettent comme intolérables, voire mesme ridicules. Car c'est tout le contraire de ce que l'empereur avoit promis à Francfort.

L'intention de nos adversaires estoit d'augmenter leur ligue et diminuer la nostre; mais on espère que Dieu tournera ceste chance. Quoy qu'il en soit, les nostres cherchent de multiplier le règne de Christ tant qu'il leur est possible, et n'ont point délibéré de fleschir aucunement. Nous ne sçavons maintenant ce qu'il plaira au Seigneur de nous envoyer. Une partie de nos adversaires ne demande que la guerre. L'empereur est tant enveloppé qu'il ne l'ose plus entreprendre. Le pape de sa part ne se feindroit pas à se y employer, car il a faict offrir par son ambassadeur trois cents mil ducats pour commencer. Si tous ceux qui n'ont encores reçeu nostre religion se vouloient accorder à nous assaillir, l'empereur ne feroit pas difficulté de prester son nom, et ne fust-ce que pour briser les forces de l'Allemagne, afin de la dompter plus aisément. Mais il y a un grand empeschement, c'est que tous les électeurs d'un commun accord sont à cela, d'appaiser toutes dissentions amiable-

---

dressé la liste des abus de la cour de Rome, proclamé la nécessité d'une Réforme, et fait appel à un concile général, en interdisant de publier, avant la convocation de cette assemblée, aucune opinion contraire aux dogmes de l'Eglise.

ment, sans venir aux armes. Le duc de Saxe et le marquis de Brandebourg sont nostres. Ainsi ils ne peuvent faire aultre chose que poursuyvre leur cause. L'archevesque de Colongne n'est pas des pires, car il entend jusques-là que l'Eglise a mestier d'estre réformée, et voit bien que nous sommes supérieurs en vérité. Le comte palatin désire aussi quelque réformation, laquelle il ne peut espérer que par moyens pacifiques. Mayence et Trêves ayment la paix et liberté du pays desquelles ils pensent que c'est fait, si l'empereur nous avoit subjuguez. Ces causes les meuvent à résister, qu'on ne procède contre nous que en conférence paisible, telle que nous la demandons. Le roy de France ne présente ayde sinon pour y procéder en fasçon chrestienne. Son ambassadeur est Baysius lequel n'entend rien en nostre cause. Néantmoins il nous reçoit assez humainement, quand nous l'allons voir, et a délibéré de cy venir, avant que retourner à la maison.

Tous les gens sçavans qui sont venus de nostre part sont bien unis ensemble. Pour ce qu'on a veu que les adversaires ne se faisoient que jouër, on a trouvé bon de faire quelque consultation à part comment on pourroit dresser quelque discipline en l'Eglise. Mais pour ce que cela ne se pouvoit conclurre, sans en communiquer avec les absens, comme avec Luther, Philippe [2] et aultres, et tant moins exécuter sans le consentement des princes, on est seulement venu jusque-là que un chascun a promis en son endroict de s'employer vers les princes et villes, qu'on tienne un conseil de nostre

---

[1] Philippe Mélanchthon.

part pour regarder à cela. Ce sera la chose de plus grande importance que nous ayons pour le jourd'huy. Mélanchton n'y est pas venu à cause de quelque maladie subite, et aussi qu'on présumoit bien qu'il n'estoit jà besoing de se haster avec danger. Je n'y ay esté de ma part que par manière d'esbats, ni mesme Capito. De Strasbourg, ce 28 juillet 1540.

Vostre frère et bon amy

JÉHAN CALVIN.

AUX SEIGNEURS DE GENÈVE [*]

Original. Signature autographe. Archives de Genève. 1250.

Magnificques, nobles et honnorables seigneurs, combien que oultre les lettres qu'il vous a pleu de m'envoyer, vous eussiez donné charge au porteur de me déclairer plus amplement de bouche vostre bon voulloir,

---

[*] *Au dos* : Aux magnificques et honorables seigneurs Messieurs les sindiques et conseil de Genève.

Deux ans s'étaient à peine écoulés depuis le bannissement de Calvin, et déjà le parti victorieux, livré à lui-même, s'était épuisé dans ses propres excès. Des quatre syndics qui avaient prononcé l'expulsion des ministres, deux étaient exilés à Bérne ; les deux autres avaient péri de mort violente. L'anarchie produisit son fruit ordinaire, le regret de l'autorité. Instruit par une dure expérience, le peuple de Genève redemanda Calvin, et les nouveaux syndics, organes du sentiment populaire, songèrent à le rappeler.

et qu'il ne me ait pas trouvé au lieu où il me pensoit trouver pour accomplir son messaige, toutesfois par icelles j'ay suffisamment entendu la somme de vostre intention. Pour responce, je vous puis testifier devant Dieu que j'ay en telle recommandation vostre Eglise que je ne vouldroye jamais défaillir à la nécessité d'icelle, en tout ce que je me pourroye employer. Or maintenant je ne doubte pas qu'elle ne soit fort désolée, et en dangier d'estre encore dissipée d'advantaige, sinon qu'elle soit subvenue. Et à ceste cause je suis en merveilleuse perplexité, désirant de satisfaire à vostre demande, et m'efforcer de toute la grâce que Dieu m'a donnée de la réduyre en meilleur estat ; et d'aultre part je ne puis pas légièrement quicter la charge en laquelle le Seigneur m'a icy appellé, sans qu'il m'en délivre par bon et légitime moyen. Car j'ay ainsy toujours creu et enseigné, et ne me puis encores de présent aultrement persuader, que quand nostre Seigneur constitue ung homme pasteur en une Eglise pour l'enseigner en sa parolle, qu'il se doibt penser estre comme attaché au gouvernement d'icelle, pour ne s'en poinct facilement retirer, sans avoir certitude en son cœur et tesmoignage devant les fidèles, que le Seigneur l'en a deschargé. Oultre plus il a esté ordonné par messieurs du conseil de ceste ville que j'irois avecques aulcuns de mes frères à l'assemblée de Wormes, non-seulement pour servir à une Eglise, mais à toutes, au nombre desquelles la vostre est comprise. Je ne m'estime pas estre de tel sçavoir ne prudence ne exercice que je puisse estre là fort utile ; mais puisqu'il est question d'une affaire de si grande conséquence, et qu'il a esté ordonné non-seulement par le conseil de ceste ville, mais aussy par aultres que je viengne là pour me présenter à tout ce où il plairoit à Dieu de m'employer, je suis contrainct de suyvre, et ne puis, en saine conscience, négliger ceste vocation.

Me voyant doncques en tel trouble et incertitude, j'ay communicqué vos lettres aux principaulx pasteurs de ceste Eglise, lesquels ont tousjours aimé singulièrement vostre bien et édification, et désireroient de tout leur cœur de vous ayder selon leur pouvoir tant en cest endroict comme partout. Nous avons advisé ensemble, que puisqu'il me fault faire ce voyage, s'il vous plaisoit en attendant appeller nostre frère maistre Pierre Viret, vostre Eglise ne seroit poinct destituée, car il ne seroit poinct nouveau entre vous, et auroit telle affection envers vostre Eglise comme Celuy qui l'a édifiée dés le commencement. Ce temps pendant nostre Seigneur nous fera ouverture d'une part et d'aultre, comme nous espérons, selon que vostre nécessité requerra bon, et que vous congnoistrez estre expédient. Je vous promets de ne rien refuser de ce qu'il me sera licite, mais de m'employer à vous faire service, tant qu'il me sera permis de Dieu et de ceulx lesquels il me commande d'escouter.

A tant magnificques, nobles et honnorables seigneurs, après m'estre humblement recommandé à vos bonnes grâces, je supplie le Seigneur Dieu de vous conserver toujours en sa saincte protection, multipliant de jour en jour ses biens et dons en vous, et faisant que servans à la gloire de son nom, vous puissiez tousjours prospérer. De Strasbourg, ce 23 d'octobre 1540.

Vostre humble serviteur.

JÉHAN CALVIN.

AUX SEIGNEURS DE GENÈVE [*]

Original autographe. Archives de Genève. 1250.

Magnificques, puissants et honorables Seigneurs, j'ay receu les lettres qu'il vous a pleu de m'escrire, ensemble entendu le rapport de vos ambassadeurs conforme à icelles. Quand il n'y auroit que l'humanité et gratieuseté dont vous usez envers moi en toutes sortes, je ne me pourroys aultrement acquiter de mon debvoir

---

[*] Suivant le désir exprimé par les ministres de l'église de Strasbourg, Calvin s'était rendu à la diète de Worms pour assister aux conférences qui devaient avoir lieu entre les théologiens des deux cultes. Ce fut dans cette ville qu'il reçut les députés du Conseil de Genève, porteurs de la lettre suivante :

AU DOCTEUR CAULVIN, MINISTRE ÉVANGÉLIQUE.

Monsieur nostre bon frère et singulier amy, très affectueusement à vous nous recommandons, pource que sumes entièrement informés que vostre désir n'est aultre synon l'accroyssement et avancement de la gloyre et honneur de Dieu et de sa saincte parolle. De la part de nostre petit, grand et général Conseil, (lesquels de cecy faire nous font grandement admonester), vous prions très affectueusement vous volloyr transporter par devers nous, et en vostre pristine place et ministère retourner, et espérons en l'ayde de Dieu que ce sera ung grand bien et fruict à l'augmentation de la Saincte Evangile, voyant que nostre peuple grandement vous désire, et ferons avecques vous de sorte que aurez occasion vous contenter. Ce 22 octobre 1540.

       Vos bons amys,
     Les sindicques et Conseyl de Genève.

Avec le Sceau: *Post tenebras spero lucem*.

que en m'efforseant en tant qu'il est en moy de satisfaire à vostre demande. D'advantaige elle est tant raisonnable qu'elle me doibt bien induire de faire ce qu'elle contient. Toutesfois il y a encores une raison laquelle me contrainct plus à regarder les moyens de pouvoir obtempérer à vostre vouloir. C'est le singulier amour que je porte à vostre Eglise, ayant tousjours en mémoire qu'elle m'a esté une fois recommandée de Dieu et commise en charge, et que par cela j'ay esté obligé à jamais de procurer son bien et salut.

Toutesfois je pense avoir excuse si juste et suffisante de ce que je n'exécute point si tost mon désir et le vostre, assavoir de vous déclairer par effect l'affection de mon cœur, que vous ne serez pas mal contents de la response que j'ay faict à vos ambassadeurs. Je vous prie doncq, comme je vous ay naguères escrit, de vouloir toujours considérer que je suis icy pour servir selon la petite faculté que Dieu m'a donnée à toutes les Eglises chrestiennes, au nombre desquelles la vostre est comprise, et pourtant que je ne puis pas délaisser une telle vocation, mais suis contrainct d'attendre l'issue qu'il plaira au Seigneur de nous donner. Car combien que je ne soys rien, il me doibt suffire que je suis constitué en ce lieu par la volunté du Seigneur, affin de m'employer à tout ce où il me vouldra applicquer; et combien que nous ne voyons pas les choses disposées à procéder fort avant, si nous fault-il mettre toute diligence et nous tenir sur nos guardes, d'aultant que nos ennemys ne demandent qu'à nous surprendre au desproveu, et qui plus est, comme ils sont plains de cautèles, nous ne sçavons pas ce qu'ils machinent. Par quoy il nous fault préparer d'attendre une aultre journée nouvelle, s'ils obtiennent par leurs practiques qu'il ne se dépesche rien icy. Cela faict que pour le présent je ne puis pas venir pour vous servir en la prédication de l'Evangile, et au ministère de vostre Eglise. Pareillement en telle incertitude je n'oserois vous déterminer aulcun temps certain, à cause, comme j'ay desjà dict, que ceste assemblée nous en produira possible une seconde à laquelle je pourroys estre envoyé, et ne sçauroys refuser[1]. Tant s'en fault que je doubte que ceste response ne vous soit agréable, que, si la chose estoit en vostre main, j'attendrois un mesme conseil de vous.

Au surplus incontinent que Dieu m'aura donné le loysir et opportunité, c'est à dire que je seray délibvré de charge extraordinaire, je vous asseure que en toutes sortes qu'il me sera possible de m'employer pour subvenir à vostre Eglise, j'en feray mon debvoir, aultant comme si j'avois desjà accepté la charge en laquelle vous m'appelez, voire aultant que si j'estoys desjà entre vous faisant office de pasteur. Ceste solicitude que j'ay que vostre Eglise soit bien entretenue et gouvernée, ne souffrira poinct que je ne tente tous les moyens

---

[1] Les conférences de Worms où parurent, comme principaux acteurs, Mélanchthon et Eck, furent en effet interrompues à la demande de l'empereur, et reprises avec plus d'éclat, l'année suivante, à la diète de Ratisbonne. Calvin s'y rendit, et son merveilleux savoir lui valut, de la part de Mélanchthon lui-même, le surnom de *théologien*. Il retraça le tableau de cette assemblée dans plusieurs de ses lettres latines, et surtout dans l'écrit suivant: *Les actes de la Journée impériale tenus en la cité de Regesbourg, aultrement dicte Ratispone, l'an mil cinq cens quarante et un, sur les différens qui sont aujourdhuy en la Religion.* Genève, 1544.

qu'il me sera possible, pour assister à la nécessité d'icelle.

Bien est vray que je ne puis pas quicter la vocation en laquelle je suis à Strasbourg, sans le conseil et consentement de ceulx auxquels nostre Seigneur a donné authorité en cest endroit. Car pour ne point confondre l'ordre de l'Eglise, comme nous (ne) debvons pas entreprendre le gouvernement d'une Esglise bien réglée sans qu'on nous le présente, aussy nous ne debvons pas laisser les Eglises qui nous sont commises à nostre phantasie, mais attendre que ceulx qui ont la puissance nous en délibvrent par bon et légitime moyen. Ainsi comme n'estant pas libre, je désire toujours de me gouverner par le conseil de mes frères qui sont au ministère de la parole avec moy, mais cela n'empeschera pas que je ne soye prest à vous faire tout service dont le Seigneur nous vouldra faire la grâce. Car leur affection n'est pas aultre que de me induire, plus tôt que me retirer, de secourir vostre Eglise, en tant qu'ils congnoistront estre expédient pour le salut d'icelle. Parquoy je vous supplie affectueusement de vouloir avoir ceste fiance que mon couraige est du tout à cela, de monstrer que j'ay aultant en recommandation d'assister en tant qu'il me sera licite à vostre Eglise, et faire qu'elle soit proveue selon la conséquence qu'elle porte, comme de chose du monde. Au surplus je vous remercie très humblement de la bonne affection qu'il a pleu de vostre grace déclairer envers moy, comme je l'ay entendue par vos lettres et encore plus amplement par le rapport de vos ambassadeurs.

A tant magnifiques, puissants et honorables seigneurs,

après m'estre humblement recommandé à vostre bonne grace, je supplye le Seigneur de vouloir vous augmenter de jour en jour ses grâces qu'il a commencées en vous, et vous conserver tellement par son Sainct Esperit, que vous puissiez servir en vostre dignité à la gloire de son nom, et ainsy que vostre gouvernement et l'estat de vostre ville par sa bénédiction journellement prospère. Sur toutes choses, je vous prie au nom du Seigneur Jésus, de maintenir vostre bonne paix et concorde, tant qu'il vous sera possible, et entre vous et avec ceulx qui vous sont conjoincts en nostre Seigneur. De Wormes ce 12 de novembre 1540.

Vostre humble serviteur en nostre Seigneur,

JÉHAN CALVIN.

AUX SEIGNEURS DE GENÈVE

Original. Signature autographe. Bibl. de Genève. Portef. 1.

Nobles, honorables et puissans seigneurs, suyvant la responce faicte à vos ambassadeurs par messieurs de ceste ville, incontinent après nostre retour de Wormes, j'ay procuré qu'on regardast de subvenir à vostre Eglise, comme je doibs avoir en recommandation qu'elle soit deuement pourveue. Et s'il eust esté trouvé bon que je y feusse allé, je me feusse mis en mon debvoir, car combien que la charge de gouverner une telle Eglise me fust fort difficile, toutesfois pour ce que je suis à Dieu et non pas à moy-mesme, je suis tousjours prest de m'emploier là où bon luy semblera de m'appeler. Et aussy puisqu'il vous a pleu d'avoir tant de fiance en moy, je me sens tenu de satisfaire en tant que en moy seroit à vostre désir, oultre l'obligation perpétuelle que j'ay envers vostre Eglise à laquelle nostre Seigneur m'a une fois donné. Toutesfois il est intervenu un empeschement qui ne m'a permis de poursuyvre plus oultre, c'est que on m'a déllégué pour aller à la journée de Regesbourg [1] laquelle vocation je ne puis éviter, veu que en icelle je sers à vostre Eglise, comme à celle de ceste ville, en tant que c'est une cause commune. Cependant j'ay esté fort joyeulx d'entendre que nostre frère maistre Pierre Viret avait prins la charge de vous instruire en la parole de Dieu [2], car il est de telle fidélité et prudence que en l'ayant vous n'estes pas despourveus. Parquoy, Messieurs, il vous plaira m'avoir pour excusé de ce que je ne viens à vous puisque nostre Seigneur me tire ailleurs, et toutes fois en tel lieu que c'est sans me retirer de vous, veu que de cœur et d'affection je suis toujours conjoinct avec vous, et espère de jamais ne en estre séparé davantage. Je vous prie de aviser tous les moyens de bien constituer vostre Eglise afin qu'elle soit régie selon l'ordre de nostre Seigneur. Nous espérons par deçà, à ce que nous avons entendu, que les controversies que vous avez avec messieurs de Berne

---

[1] Ratisbonne. — Voir la note 1, p. 34.
[2] L'église de Lausanne venait d'accorder pour six mois le ministre Pierre Viret à l'église de Genève.

seront en brief appaisées, dont nous rendons grâce à Dieu, congnoissant qu'il n'y a rien en ce monde qui vous soit plus proffitable que d'entretenir la bonne amytié que Dieu a ordonné entre vous.

Nobles, puissans et honnorables seigneurs, après m'estre humblement recommandé à vostre bonne grâce, je prie nostre bon Dieu de vous entretenir premièrement en l'obéyssance de sa saincte parole, et vous confirmer de plus en plus en son esprit pour vous diriger en vraye prudence et justice pour bien gouverner vostre ville, vous faisant prospérer en tout bien. De Strasbourg ce dix-neufviesme de febvrier mil cinq cens quarante et ung.

Vostre humble serviteur et entier amy,

JÉHAN CALVIN.

AUX SEIGNEURS DE GENÈVE

Original. Signature autographe. Archives de Genève. 1250.

Magnificques et honnorables seigneurs, quant je seray arrivé par delà je vous exposerai les raisons pourquoy j'ay esté retardé et espère de vous en satisfaire facilement. La présente sera seulement pour vous signifier que ayant entendu à Soleure qu'il y avoit quelque trouble en ceste Eglise[1], j'ay esté contrainct selon Dieu de me destourner de mon chemin pour veoir sy je y

---

[1] L'église de Neuchâtel. Voir la lettre suivante.

pourrois aulcunement rémédier de ma part. Après m'estre acquicté de mon debvoir, j'ay délibéré au playsir de Dieu de partir demain de grand matin pour aller à Berne, pour présenter à messieurs de la ville les lettres qu'on leur envoye de Strasbourg et Basle. Quand j'auray faict cela je poursuyvray mon chemin sans m'arrester nulle part, car le désir que j'ay de me représenter à vous de ma promesse ne me laissera point targer en lieu qui soit. J'ay retenu le hérault qu'il vous a pleu m'envoyer pour me tenir compaignie, estimant que ce ne seroyt point contre vostre intention; mais laisse ceste excuse et toutes aultres jusques à mon arrivée.

A tant magnificques et honorables seigneurs, après m'estre humblement recommandé à vostre bonne grace, je supplie nostre Seigneur vous conduire tousjours par son Esprit à conduire bien et sainctement vostre ville, entretenant l'estat d'icelle et vos seigneuries en bonne prospérité. De Neufchastel, ce 7 septembre au soir (1541.)

Vostre humble serviteur,

JÉHAN CALVIN.

AUX SEIGNEURS DE NEUCHATEL *

Orig. autographe. Bibl. de Genève. Vol. 145.

Magnificques et honorables seigneurs, ayant entendu que vostre Eglise n'est pas encore délivrée des troubles

* *Au dos*: De la main de Viret: « Lettres envoyées à ceulx de.

et fascheries qui y sont naguère advenu, nous avons pensé que c'estoit de nostre debvoir envoyer quelques-uns de nostre compaignie pour se offrir à vous, si l'occasion s'offroit que nous vous peussions servir en cest endroict, en tant que nostre vocation et office porte, à esteindre ce scandale que le diable a suscité entre vous. Pourtant nous avons advisé de vous envoyer nostre bon frère et fidèle ministre de Jésus-Christ, et ancien pasteur de vostre Eglise, pour vous donner à entendre le désir que nous avons de vous faire service en nostre Seigneur, et la solicitude que nous portons pour le salut de vostre Eglise, vous suppliant, magnificques seigneurs, que vostre bon plaisir soit l'escouter, en ce qu'il vous dira au nom de nostre assemblée, pour satisfaire à nostre conscience, selon le debvoir de nostre ministère qui nous oblige et contrainct de nous entremectre en ceste cause, veu qu'elle est ecclésiastique et ainsi nous attouche, en tant que nous sommes membres d'un mesme corps. A tant magnificques et honorables seigneurs, après nous estre humblement recommandé à vos bonnes graces, nous supplions le Seigneur Jésus,

Neufchastel quant on vouloit chasser Farel leur ministre, portées par Viret, envoyé de la part des ministres de Genève avec les instructions suyvantes pour leur monstrer en leur conseil. »

Inflexible dans l'exercice des devoirs de son ministère, Farel avait publiquement censuré, dans un de ses discours, une dame de qualité dont la conduite était un sujet de scandale pour l'église de Neuchâtel. Irrités de cette censure, les parents de cette dame émurent une partie de la bourgeoisie contre le courageux ministre, et en obtinrent une sentence de révocation qui ne fut annulée que par l'intervention des seigneurs de Berne, et des principales églises suisses. Ruchat : *Histoire de la Réformation en Suisse*, t. V, p. 464 et suivantes.

seul bon pasteur et gouverneur de son Eglise, de vous bien conseiller en ceste cause, comme elle est de grosse importance, et après avoir bien appaisé les troubles que le diable tasche de semer en vostre Eglise pour ruiner l'œuvre et édification du Père céleste, nous le prions aussi qu'il vous vueille tousjours maintenir en bonne prospérité. De Genesve, ce XXIX de septembre 1541.

Vos humbles serviteurs en nostre Seigneur.

Jéhan Calvin.
Aymé Champereau.
Jacques Bernard.

La somme des choses que nous désirons que nostre frère maistre Pierre Viret remonstre à la seigneurie de Neufchastel en nostre nom, le pryant de suivre ce qui sera icy contre, comme instruction.

Premièrement il aura à faire nostre excuse de ce que nous nous entremeslons de cest affaire, leur déclairant que cela est du debvoir de nostre office, car la communion des saincts emporte cela principallement que les Eglises voisines ayent solicitude mutuelle de se confermer l'une l'aultre. Et quant il survient quelque nécessité à l'une, que l'aultre luy subvienne. Or que oultre cela, nous avons encore en singulière recommandation leur Eglise, et qu'elle nous attouche de plus près pour plusieurs causes lesquelles il pourra réciter.

Après leur remonstrera quel ordre nous pensons debvoir estre tenu en l'Eglise à déposer un ministre, assavoir qu'on y procède, comme l'Escriture commande, par forme de jugement, voire spirituel, et non point par sédition ne tumulte. Et quant il se faict aultrement, que c'est déshonorer Dieu et troubler la police de sa saincte cité.

Que si on oste un homme de son lieu sans cause et raison juste, et qu'on le contraingne d'abandonner l'Esglise laquelle il a fidèlement servie, et par ainsi qu'on le retire injustement de la vocation en laquelle il a esté constitué de Dieu, que l'homme n'est pas seulement oultragé par ce moyen, mais Dieu aussi, veu que sa vocation légitime est violée et faicte vaine.

Item quelle opinion nous avons de Farel, et en quelle estime il est envers tous fidèles, c'est que nous le jugeons avoir bien et loyaulment tousjours versé en l'œuvre de nostre Seigneur, et pourtant qu'on ne le peult priver du ministère, jusques à ce qu'il apparoistra du contraire, sinon contre droict et raison.

Les advertir des inconvénients qui en pourront advenir tant en la ville, comme dehors. Singulièrement les scandales qui s'en ensuivront. Que ce sera pour diffamer l'Evangile de nostre Seigneur entre les meschans; offenser tous les bons, troubler les infirmes, et que comme leur Esglise a esté bien renommée, qu'elle sera d'aultant plus descriée.

Que dedans leur ville les cendres s'en pourront enflamber d'advantaige, jusque à mutineries et basteries. Et mesme que entre les ministres il s'en pourroit engendrer quelque schisme. Alléguer si bon luy semble quelques exemples anciens, sans attoucher le temps présent.

Finalement les admonester que c'est que l'ire de Dieu a coustume d'apporter, quant nous la provocons, ainsi qu'on feroit, en commectant un tel désordre.

Puis en son nom, il pourra adjouster ce que bon luy semblera, après avoir exposé ces choses de par nous.

Jéhan Calvin.

A MADAME LA DUCHESSE DE FERRARE [*]

Minute autographe. Bibl. de Genève, Vol. 196.

Madame, je vous supplie humblement de vouloir prendre en bonne part la hardiesse que j'ay eu de vous

---

[*] Renée de France, fille de Louis XII et d'Anne de Bretagne, née au château de Blois, le 29 octobre 1510, et morte au château de Montargis, le 12 juin 1575. Unie par les calculs de la politique à un petit prince d'Italie, vassal du saint siége, cette princesse douée d'une âme forte et d'un esprit distingué, quitta la France, en 1528, pour suivre son époux, Hercule d'Este, à Ferrare, et elle porta dans cette cour le goût des lettres, avec les croyances libres et généreuses qu'elle avait puisées dans l'intimité de Marguerite de Navarre. Elle y reçut Clément Marot qui lui consacra quelques-uns de ses vers, et Calvin qui l'initia aux croyances de la Réforme, pour lesquelles elle eut l'honneur de souffrir, et qu'elle professa courageusement jusqu'à sa mort. Ce fut là l'origine de la longue correspondance qu'elle entretint avec le Réformateur, dont les lettres venaient tour à tour l'encourager et la raffermir. Celle que nous insérons ici est sans doute une des premières en date. On y lit au dernier feuillet ces mots écrits d'une main étrangère :

« Contre ung certain aumosnier, maistre François, qui faisoit aller (Madame) à la messe, et l'incitoit contre ceulx qui ne vouloyent pas aller, comme contre scandaleux. Il y est amplement traicté des choses licites et non licites, et comment il faut fuir les scandales. »

escripre ces présentes, estimant que s'il y a en cela trop grande simplicité, elle ne procède pas tant de témérité ne oultrecuidance que de pure et vraye affection de vous faire service en nostre Seigneur. Car combien que je me recognoisse fort inutile serviteur de l'Esglise, toutesfois il m'a esté advis expédient de me employer en cest endroict, selon la grâce que le Seigneur m'a faicte, et mesme ay pensé qu'il m'estoit nécessaire d'ainsi faire, si je me vouloys acquiter de mon debvoir, non-seulement pource que je me sens obligé envers vous de procurer en ce qu'il m'est possible, et en ce qui est de mon office vostre bien et proficit, combien que cela seul est assez suffisant pour me mouveoir, mais pource que considérant l'estat et prééminence où le Seigneur vous a constitué, il nous semble que nous tous, lesquels le Seigneur par sa bonté a appelez pour estre ministres de sa saincte parole, devons avoir en singulière recommandation de nous employer envers vous, d'autant que beaucoup plus que personnes princières, vous pouvez promouvoir et advancer le règne de Jésus-Christ. D'advantaige j'ai congneu en vous une telle crainte de Dieu et fidelle affection à luy obéyr, que mesme la haultesse ostée qu'il vous a donnée entre les hommes, j'ay en estime les grâces qu'il a mises en vous, jusques-là que je me penseroys mauldit, si je omectoys les occasions de vous servir et profiter, quant elles me seroient présentes, ce que certes je dys sans aulcune flaterie ne fainctise, mais en sincérité de cueur, et parlant comme devant celuy qui congnoit toutes nos secrètes pensées.

Madame, par aultres bons personnaiges qui sont icy

passés en divers jours, j'avoys entendu comment maistre Françoys lequel vous avez ordonné pour prescheur en vostre maison, après se estre bien acquité en prédication au prys que on pouvoit attendre de luy, vous avoit persuadé qu'il ne seroit pas maulvais, après avoir ouy la messe, de faire quelque communion laquelle seroyt de la cène de nostre Seigneur ; ce qui ne fut pas trouvé bon de quelqu'une de vos damoiselles, laquelle, selon la congnoissance qu'elle avoit reçeu de Dieu, ne voulsit contre sa conscience attenter ce qu'elle pensoit estre maulvais, et a esté cause, à la poursuite du dit maistre maistre Françoys, avoir aulcunement esté destourné d'elle le bon vouloyr que avez accoustumé de luy porter, dont les choses sont demeurées en ce poinct que vous estes informée. tous ceux qui font comme elle ne debvoir estre supportez, d'aultant que par leur importunité ils engendrent scandales sans propos entre les fidelles. Parquoy jugeant que chose de si grande importance n'estoit à dissimuler, voyant que on vous donnoit les choses à entendre aultrement qu'elles ne sont, selon qu'il a pleu au Seigneur de me révéler de son Escripture, j'avoys pensé de vous en communiquer ce que le Seigneur m'avoyt donné d'intelligence en ceste matière. Mais comme j'estois en suspens et en doubte de ce faire, j'ay esté adverty de la part de madame de Pons [1], que désiriez très fort d'en estre plus ample-

---

[1] Anne de Partenay, fille de Jean de Partenay, seigneur de Soubise, et de Michelle de Saubonne, gouvernante de Renée de France. Elle épousa Antoine de Pons, comte de Marennes, fut instruite par Calvin lui-même dans les croyances réformées, et demeura longtemps attachée, comme dame d'honneur, à la duchesse de Ferrare, dont

ment instruicte, d'aultant que oultre tant de difficultés que vous voyez, d'aultre part il vous est bien difficile de vous bien résouldre. Ce messaige m'a encores plus confirmé en mon propos de oser entreprendre de vous en exposer fidèlement ce que j'en congnois, affin que après le jugement soit vostre, et quant vous aurez pleinement entendu la vérité de Dieu, que la suiviez en toute obéyssance, comme vostre zèle n'est pas de rébeller à l'encontre, mais de humblement et avec toute bénignité la recepvoir. Toutesfois, Madame, devant que commencer, je vous prie ne vouloir recepvoir de moy quelque suspicion que je face cecy estant incité par aulcun de vos domesticques, ou pour favoriser à personne aulcune particulière, car je vous puis certifier devant Dieu que je le fais sans en estre requis de personne, et mesmes comme je vous ay déjà asseuré l'advertissement par gens passant qui ne pensoient point que j'eusse moyen de vous escripre. D'aultre part j'aimerois mieulx estre confondu en abysme, que de destourner la vérité de Dieu pour la faire servir à haine ou faveur de créature quelconque. Mais ce qui me faict parler est que je ne puis tolérer que la parole de Dieu vous soit ainsi caschée, pervertie, corrompue et dépravée en choses tant nécessaires, par ceux auxquels vous avez quelque fiance et donnez authorité.

Touchant de maistre François, quant j'en diray sobrement ce qui m'en est certain pour vous advertir de ne

---

elle embellit la cour par ses vertus et ses talents. Clément Marot lui adressa plusieurs poésies, et le savant littérateur Lilio Gregorio Gyraldi lui dédia le second livre de son *Histoire des Dieux*.

vous trop fier en sa doctrine, je ne doibs craindre qu'il vous puisse venir quelque maulvaise opinion comme si par hayne ou envie sur ce personnaige, j'en parlois. Car je n'ay matière ne occasion de avoir envie aulcune surtout ce qu'il a, et la hayne que je lui ay jusques à cette heure porté, c'est que j'ay toujours tasché de tout mon pouvoir à l'édifier en bien. Mais quant j'appercoys quelqu'un par maulvaise conscience renverser la parolle du Seigneur, et estaindre la lumière de vérité, je ne luy pourrois nullement pardonner, et feust-il cent fois mon propre père. De cest homme-cy j'ay congneu par longue expérience que tant peu que Dieu lui a donné d'intelligence de son Escripture, il l'a toujours faict servir à son profict et ambition, la preschant quant il voyoit estre expédient à son avarice, la renonceant incontinent qu'elle luy tournoit à fascheries, et pourtant toutesfois et quantes qu'il a eu auditeurs, personnaiges de crédit pour le porter, et riches pour luy remplir son bissac ou sa bourse, lesquels le requéraient de donner gloire à Dieu, il y a mis peine pour leur satisfaire en leur vendant bien tousjours sa parolle. D'aultre part s'il y est advenu quelques troubles et persécutions, il avoit tousjours son renoncement prest pour en eschapper, tellement qu'on ne peult congnoistre en luy sinon que la parole saincte et sacrée de Dieu luy est un jeu et mocquerie, d'aultant qu'il la tourne ainsi en farce, jouant maintenant ung personnaige, maintenant l'aultre, selon le passetemps qu'on y prend. De sa vie je ne y touche point, sinon qu'elle seroit à désirer meilleure en ung ministre de la parolle. Je sçay, Madame, que l'office d'ung homme chrestien n'est pas de détracter à son prochain, ce que je n'ay voulu faire, car si je me feusse estudié à mal dire, j'avoye bien aultre chose sur luy que je dissimule. Mais nostre Seigneur ne veult pas quant nous voyons ung loup, soubs apparence et couleur de pasteur, dissipant son trouppeau, (que) nous nous taisions de paour de mal parler de luy. Plustost il nous commande de descouvrir la perversité de ceux qui comme pestes corrumpent et dépravent son Esglise. Et de moy je ne tenteroys pas ce moyen icy, si je voyois quelque meilleur remède, réputant la mortelle furie de telles gens que je provocque envers moy. Car je n'ay aujourd'huy si grand guerre à personne, que ceux qui soubz umbre de l'Evangile caphardent envers les princes, les entretenans tousjours par leurs finesses et cautelles enveloppés en quelque nuée, sans les mener au droict but. Mais que y ferois-je aultre chose? Si je ne me adressé à eux, je voys leur cœur estre tellement desnué de toute crainte de Dieu que ce ne leur est que fable de son jugement. Mais quant je les descrips tels qu'ils sont pour les faire congnoistre à ce qu'ils ne puissent plus abuser, je trouve que par ce moyen ils sont mieulx empeschés de plus séduire et abuser. De cestuy-cy j'ay souventesfoys tasché de le réduire en bonne voye, jusques à luy faire confesser son iniquité, combien que impudemment il la voulust excuser devant les hommes, estant convaincu en sa conscience devant Dieu. Néantmoyns avec une horrible obstination et dureté de cueur, se persévéroit-il de dire qu'il ne laisseroit pas de faire ce qu'il congnoissoit estre maulvais, sinon que une foys après avoir veu quelque mien traicté, avec grosses imprécations il protesta que jamays n'assisteroit à la messe pour la grande abomination que c'estoit. Mais je congnoissois si bien mon homme que je n'estimoys guères plus son jurement que le chant d'une pie. Pourtant, Madame, si je ne le vouloys laisser persévérer à mal faire au grand détriment de vous et du peuple de Dieu, je suis contrainct de vous adresser mon advertissement, voyant que envers luy il ne profiteroit de rien. Ce que je vous ay dit de luy est tant certain que je ne vueuil pas que foy y soit adjoustée, sinon que vous l'ayez premièrement expérimenté. Car si vous y prenez garde, vous congnoistrez à l'œil qu'il ne presche la parole de Dieu sinon en tant qu'il pense vous gratifier pour attraper bénéfices et aultres proyes, et cependant de ne desplaire à aulcun qui luy puisse nuire.

Maintenant, Madame, laissant le personaige, je viens à la matière présente. Il vous donne à entendre que la messe n'est pas si meschante ne abominable qu'il ne luy soit loysible de la dire et aux fidèles de l'ouir, tellement que ceux qui en font conscience sont perturbateurs de l'Esglise, suscitans scandales entre les infirmes, lesquels il nous est commandé de supporter. Quant au premier point, je doubte si je me y doibs arrester, d'aultant que j'estime cela vous estre tant résolu, que la messe est ung sacrilége le plus exécrable que l'on puisse penser, que je crains de me faire ridicule envers vous, mectant poine à prouver une chose qui ne vous soit nullement doubteuse. Et aussi la briesveté d'une lettre ne sçauroit comprendre ce qui est suffisant pour remplir un gros libvre. Toutefoys je vous en toucheroy en brief, et comme en passant, affin que n'en puissiez avoir aulcune doubte. En tant que la messe est ung sacrifice, ordonné des hommes pour la rédemption et salut des vivants et des morts, comme leur canon le porte, c'est ung blasphème intolérable par lequel la passion de Jésus-Christ est renversée, comme si elle n'avoit eu nul efficace. Car ce que nous disons les fidèles avoir été rachaptés par le sang de Jésus, avoir obtenu par iceluy rémission de leurs péchés, justice et espérance de vie éternelle, cela se doibt entendre pour tant que ce bon Saulveur en se offrant au Père, et se exposant à estre immolé, s'est offert soy-mesmes en sacrifice éternel, par lequel nos iniquités ont été purgées et nectoiées, nous receus en la grâce du Père, et en la participation de l'héritaige céleste, comme l'apostre le déclare assez amplement en l'espitre aux Hébrieux. Si doncque la mort de Jésus n'est recongneue pour ung sacrifice unicque qui ayt esté une foys pour toutes faict affin d'avoir une vertu éternelle, que luy reste-il plus sinon estre effacée comme de nulle efficace? Je sçay bien que ces menteurs disent pour couvrir leur abomination qu'ils font le mesme sacrifice que Jésus a faict, mais de cela s'en suyvent plusieurs blasphèmes. Car il ne pouvoit estre faict sinon que par luy-mesme. Et l'apostre dict que s'il est maintenant sacrifié, qu'il faut qu'il souffre encore. Partant vous pouvez voir qu'il fault l'ung des deux, ou recongnoistre l'horrible blasphème de la messe et le détester, ou en l'approuvant mectre soubs le pied la croix de Jésus. Combien elle est contraire à la cène de Christ, je vous le laisse à considérer en vous-mesmes après que vous aurez leu aux Escriptures l'institution d'icelle. Mays la grande exécration qui se y commect est l'idolâtrie qu'on y faict,

adorant pour Dieu une créature, ce qui est du tout
inexcusable. Ces choses considérées, advisons comment
on ne la peult ne dire ne ouir sans offenser griesvement
Dieu en communicant à tant d'abominations. Car que
pouvons-nous prétendre, que nous ne soyons justement
argués d'avoir consenty à toutes telles iniquités, puisque
nous les recepvons avec plus grand honneur et révérence que la parolle de Dieu? Si vous voulez entendre
comment cela plaist au Seigneur Dieu, Il le déclaire
par son prophète Eséchiel au 20me chapitre, où il dénonce au peuple d'Israel qu'il les ayme mieulx plainement idolâtres comme les gentils, que ils mettent son
nom parmy le nom de leurs idoles, comme voulant
moyenner contre ses ordonnances par lesquelles il vouloit estre servy, et leurs folles inventions par lesquelles
ils vouloient décliner de sa parolle; par l'aultre prophète disant qu'il dissipera tous ceux qui jurent en son
nom, le recongnoissant pour leur Dieu, et d'autre part
testifient en avoir aultre que luy, en adorant aultre que
luy seulement. Si quelqu'un objecte qu'il ne peult cha-
loir des choses extérieures, mais que le cœur soit droict
par dedans, à cela nostre Seigneur répond qu'il veult
estre glorifié en nostre corps lequel il a rachapté par
son sang, qu'il requiert de nous confession de bouche,
et que toutes les prières de nous soient consacrées à
son honneur, n'estans aulcunement contaminés ne pol-
lués par les choses qui lui sont desplaisantes. Mais
pource que cecy seroit long à traicter, comme il appartient, vous aurez pour plus ample instruction vostre
recours au traicté où j'espère que vous trouverez assez
de raison pour en estre satisfaicte. Reste le scandale

par lequel vostre aulmosnier dict que les consciences infirmes sont troublées, si quelqu'ung estimé fidèle a la messe en tel horreur qu'il ne se y vueille ne trouver ne rencontrer [1]. Mais il ne considère point que aux choses qui nous sont commandées de Dieu ou défendues, quant tout le monde s'en debvroit offenser, qu'il ne fault neantmoyns oultrepasser ses ordonnances. Ce qui nous est commandé de supporter nos frères infirmes, en ne faisant chose qui les puisse blesser ne offenser, c'est quant aux choses moyennes, lesquelles nous sont indifférentes et permises en nostre liberté, comme toute l'Escripture porte. D'advantaige tout ce qui nous est commandé de ne scandaliser nostre prochain tend à ce but de l'édiftier en bien, comme sainct Paul monstre au 15 des Romains. Il s'en suit doncques qu'il ne luy fault complaire és choses qui ne tendent point à son édification, mays à sa ruine. Et de cela nous avons la doctrine de S. Paul en la première aux Corynthiens chap. 8 et 10, où il dict que si par quelque chose extérieure que nous facions nostre prochain est édiffié à mal faire, combien qu'il n'y ait pas quant à nous maulvaise conscience, que en cela nous pêchons contre Dieu et perdons nostre frère. Comme voicy : nous sçavons la messe estre mauldicte et exécrable ; nous y assistons pour contenter les ignorans ; ceux qui nous y voient assister concluent que nous l'approuvons et ensuivent nostre exemple. S. Paul répute cela un gros crime, combien que n'en fassions nulle difficulté. Par quoy, Madame, je vous prye ne

---

[1] *En marge*, de la main de Calvin : Après avoir entendu la volunté de Dieu, donner conseil.

permectre que soubz le nom de scandale on vous abuse. Car il n'y a scandale au monde plus pernitieux que quant nostre frère chrestien par nostre exemple trébusche en ruine et est précipité en erreur. Si nous voulons éviter tout scandale, il fault chasser Jésus-Christ arrière de nous, lequel est la pierre d'offense à laquelle la plus part du monde choppe et trébusche. Et mesmes a esté ainsi en scandale aux Juifs et Israélites pour lesquels il estoit envoyé, comme tousjours une grande partie de ceste nation-là s'est offensée en son Dieu. Il nous fault doncques tenir ceste règle, que, quant aux choses commandées ou défendues de Dieu, il est tant nécessaire de les faire ou s'en abstenir, qu'il ne fault estre desmeu de son obéissance pour l'offense de tout le monde. Or puisque ainsy est que Christ et son Evangile est en scandale aux malings, il nous fault attendre que si nous le voulons suivre, ils se scandalisent tousjours en nous. Quant aux choses qui nous sont libres et moyennes, c'est-à-dire que nous pouvons selon l'opportunité faire ou omectre, il nous fault accommoder à nos frères chrestiens, affin que nostre liberté soit subjecte à délection. Et en cela encores fault-il regarder de tellement supporter leur infirmité qu'ils soyent édifiés en Dieu. Car si par nostre exemple nous les amenons et attirons à faire choses qu'ils pensent estre maulvaises, nous sommes causes de leur perdition. Il y en a bien peu qui aient quelque goust de la vérité de Dieu, qui ne congnoissent en partie l'iniquité de la messe. En la congnoissant, il est impossible qu'ils ne désirent à la fuir. Estans en tel scrupule et doubte, quand ils nous y voient communicquer, ils suivent nostre exemple sans en estre aultrement résolus. Voilà le pire scandale qui puisse advenir, d'aultant que leurs consciences sont navrées et blessées à mal. S'il est vray, ce que j'ay entendu, qu'il veult faire acroire cest affaire estre de si légière importance que les Esglises d'Allemaigne n'en prennent point de débat, (disant) que les unes laissent et permectent les aultres avoir la messe, en cela il faict un grand tort et injure aux Esglises de Dieu leur imposant une chose que vous congnoistrez estre fausse quant vostre plaisir sera de vous en enquérir. Car non-seulement entre toutes les Eglises lesquelles ont receu l'Evangile, mais entre tous les particuliers, cest article est résolu que l'abomination de la messe ne se doibt endurer. Et de cela Capito qui est l'ung de ceux qui taschent fort à modérer les choses, à naguères inscript ung libvre[1] lequel il desdie au roy d'Angleterre, où il enseigne que c'est l'office des princes chrestiens de oster de leur pays une idolâtrie tant exécrable, s'ils veulent faire leur debvoir, comme il appartient. Brief il n'y a aujourd'huy nul homme de renom qui ne soit de cest accord.

Puys doncq, Madame, qu'il a pleu à ce bon Seigneur Dieu par sa miséricorde infinie de vous visiter par la congnoissance de son nom, et vous illuminer en la vérité de son sainct Evangile, recongnoissez vostre vocation à laquelle il vous appelle. Car il nous a retiré des abysmes de ténèbres où nous étions détenus captifs, affin que suivions droictement sa lumière sans décliner ne çà ne

---

[1] Voici le titre de cet ouvrage : *De missa, matrimonio et jure magistratus in Religione. D. Wolfgango Capitone auctore.* La Dédicace à Henri VIII « *Summum in terris Ecclesiæ anglicanæ caput* » est du 15 mars 1537.

là, et que de plus en plus nous cherchions d'estre instruicts de luy en profitant plus abondamment en ceste saincte patience de laquelle il nous a baillé quelques commencemens. Et surtout nous bien garder de restreindre son esperit, comme font ceulx qui ferment les yeulx et les oreilles à la vérité évidente, estans contens de ignorer ce que le Seigneur leur veult faire congnoistre. Ce n'est pas ainsi qu'il nous fault faire, de paour que le Seigneur ne punisse un tel contemnement et ingratitude en nous. Mais plus tost avons à nous estudier de profiter tousjours en l'eschole de ce bon maistre jusques à tant que serons venus à perfection en sa doctrine, qui sera quant nous serons despouillez de ceste chair pesante et terriene, pryans avec ce bon David qu'il nous enseigne à faire sa volunté. Certes si nous y procédons de ce zèle et affection, il nous conduira tellement que il ne nous laissera esgarer du droict chemin. Et encore qu'il y ayt quelques reliques d'ignorance en nous, il nous en donnera plus ample révélation, quant il sera de mestier, selon qu'il le congnoit mieulx que nous. Le principal est de congnoistre comment sa saincte doctrine doibt fructifier en nous. C'est qu'elle nous transforme d'esprit et de cueur tellement que sa gloire reluise en nous, laquelle gist en innocence, intégrité et saincteté. Si cela n'y est, nous prenons bien le nom de Dieu en vain, en nous glorifiant de la congnoissance de son Evangile. Cela ne dis-je pas pour vous admonester de faire ce que vous ne faciez de présent, mais affin que l'œuvre de Dieu qui est commencé en vous de jour en jour soit confermé. Seulement je vous prye, comme j'ay du commencement faict, de pardonner à ma simplicité. Si c'est votre plaisir d'estre plus amplement instruicte en ceste matière, principallement comment une personne chrestienne se doibt gouverner quant aux scandalles, je tascheray selon que le Seigneur m'a donné de vous en satisfaire. Cependant je vous envoye une épistre [1] laquelle y est propre, comme vous verrez, si vous l'estimez tant que de y vouloir employer quelques heures de vostre plaisir. Et d'advantaige ung petit libvret [2] que j'ay naguères faict, lequel, comme j'espère, selon sa briesveté, vous pourra servir de quelque consolation, d'aultant qu'il contient assez ample doctrine..... [Genève 1541 [3].]

[1] C'est la lettre de Calvin à Louis Duchemin intitulée : *De Fugiendis impiorum illicitis sacris et puritate christianæ religionis*. Genève, 1537. In-8°. Cette lettre traduite en français, a été insérée dans le *Recueil des Opuscules*, édit. de 1566. In-f°, p. 57.

[2] *De la Cène de nostre Seigneur*. 1540.

[3] La fin de cette lettre manque dans l'original français. On ne peut en donner ici que la traduction latine insérée (*Calvini Epist. et responsa*, édit. d'Amsterdam. p. 93) : « Dominus te respiciat in istà tua infirmitate, et Spiritûs sui infirmitatem tanto efficacius exerat, quæ te non minus in domo ipsius conspicuam reddat, quam in præsentis vitæ conditione supra multorum sortem communem evectam voluit. Genevæ. » La date approximative de la lettre nous est fournie par le passage relatif à Capiton : « *Et de cela Capito qui est l'ung de ceux qui taschent fort à modérer les choses, a naguères inscript ung libvre.* » La dédicace de ce livre à Henri VIII est du 15 mars 1537; la mort de Capiton eut lieu en novembre 1541, et la lettre de Calvin à la duchesse de Ferrare, écrite de Genève peu avant ce dernier événement, doit sans doute se placer en octobre 1541, après le retour du réformateur dans cette ville.

AUX FIDÈLES DE LYON [*]

Minute originale. Bibl. de Genève. Vol. 145.

La grâce et la paix de Dieu nostre Père par nostre Seigneur Jésus-Christ, soit et demeure tousjours sur vous par la vertu de son Sainct-Esprit.

Très chers frères, nous désirerions d'avoir matière de vous escripre qui vous vînt à plus grande consolation, car quant quelque autre vous contristeroit, nous serions les premiers qui voudrions mectre peine à vous resjouyr. Mais la nécessité nous contrainct pour ceste heure de user envers vous d'aultre argument que nostre vouloir ne porteroit, si c'estoit à nous à choisir. Toutesfois pource que nous espérons bien que nul de

---

[*] *Au dos :* Lettre contre le Carme. Sans date. Une lettre latine de Calvin à Farel, du 10 mai 1542, relative au même sujet, nous fournit la date inconnue, et nous apprend que ce carme, passé dans les rangs de la Réforme, était de Lyon : « *Venit Carmelita lugdunensis a quo non frustra timuimus.* » Calvin avertit les fidèles de cette ville de se tenir en garde contre ce faux frère.

L'Eglise de Lyon, une des plus glorieuses de la Réforme française, dut son origine aux prédications d'un ancien moine jacobin, Alexandre Camus, surnommé Laurent de la Croix, qui souffrit le martyre à Paris en 1535. Les premiers membres de cette Eglise furent des marchands « quelques orféveres et autres de la ville, » qui se réunissaient en secret. L'œuvre commencée par Alexandre Camus, fut courageusement poursuivie par Jean Fabri (Le Fèvre) qui trouva de pieux continuateurs dans les ministres Pierre Fournelet et Claude Monnier, avant l'époque des grandes persécutions.

vous ne pensera que nostre intention soit aultre sinon de vous édifier, consoler et confermer en nostre Seigneur, nous ne ferons point plus longues excuses en cest endroict. Touchant le contenu des présentes, que vous ne preniez point en maulvaise part ce qu'il vous pourra apporter plus de fascherie que de resjouissance. Nous sçavons bien aussi que c'est chose odieuse de vitupérer ung homme qui non-seulement est en bonne réputation, mais a acquis quelque bruict et renommée. Mais quant vous aurez entendu les raisons qui nous meuvent à ce faire, nous ne doubtons point que vous ne vous teniez très contens de nous. Pour vous advertir en brief, nous avons à vous escripre quelques nouvelles touchant le carme qui a là presché le caresme dernier, lesquelles ne tourneront pas à sa louange. Ce que nous en faisons n'est point de cupidité que nous ayons de détracter de luy, car encores que nous ayons quelque occasion qui nous peult induire à cela, nostre courage n'est pas tel, et n'en avons point la coustume. Mais quant nous vous aurons exposé la raison qui nous meut, elle vous pourra pleinement satisfaire. D'aultant qu'il s'en est retourné par devers vous mal content du recueil que luy avions faict, comme il a dict à quelques-ungs, nous pensons bien que estant par delà il vous pourra faire beaucoup de complainctes, et ne fust-ce que pour se purger de ce qu'il retourne de rechef en l'abisme dont le Seigneur l'avoit délivré. Or nous voyons d'aultre part quelle offense vous pourriez concevoir contre nous, si vous n'estiez deuement advertis de toute l'affaire. En tant doncques que nous sommes tenus à vous à cause du lien auquel le Seigneur nous a conjoincts ensemble, et que nous serions coulpables devant Dieu envers vous, si nous ne mections peine d'obvier à tous les scandales que le diable tasche d'esmouvoir pour nous séparer et aliéner de l'unité que le Seigneur a mise entre nous, il nous a semblé advis bon de vous réciter simplement l'histoire du recueil et traictement que luy avons faict, et au contraire comment il s'est porté, pour vous laisser le jugement de ce qui l'a peu esmouvoir à se mescontenter de nous. Ce que nous vous en réciterons sera comme devant Dieu, lequel nous appellons en tesmoing le priant de manifester la vérité telle qu'elle est, et confondre ceulx qui vouldroient user de mensonge et calumnies aucunes.

Quelques jours après qu'il fust arrivé, ayant desjà parlé à luy en particulier, et luy ayant monstré signes de humanité et amitié, nous l'appellasmes estans ensemble pour sçavoir sa délibération. Après qu'il nous eust dict qu'il estoit venu pour servir à l'Eglise de Dieu, nous le priasmes de ne prendre point en mauvaise part ce que nous ne luy avions point présenté du premier jour la chaire. Pareillement le priasmes de nous vouloir excuser, si nous différions encores quelque temps, et luy remonstrasmes les causes qui nous empeschoient de nous haster. Premièrement pource que nostre Seigneur nous a baillé nostre reigle par escript, laquelle il ne nous est licite de oultrepasser. C'est qu'il nous a deffendu de recevoir homme au ministère devant que l'avoir bien et deuement approuvé, comme ceste reigle nous doibt estre inviolable, si nous voulons avoir bon ordre et police en l'Eglise. Nous l'admonestasmes de considérer combien la police du ministère nous estoit recommandée de Dieu, laquelle seroit vilipendée si on y recevoit ung homme à la volée sans observer forme légitime. Secondement nous luy remonstrasmes en quelle conséquence cela pourroit venir, si nous l'introduisions ainsi hastivement, à sçavoir qu'un aultre vouldroit estre receu à son exemple, et en quelque sorte qu'il en advînt que nous tomberions en une plus grande confusion qu'il n'y a eu le temps passé, faisans dispense à l'ung et la desnyant à l'aultre, laquelle inéqualité est une ruyne mortelle en l'Eglise de Dieu. Tiercement nous lui dismes que quant nous aurions si mauvaise conscience de vouloir en sa faveur transgresser le commandement de Dieu, qu'il ne nous seroit point permis néantmoins, pource que nous avions nos loix ecclésiastiques réduictes par escript lesquelles nous (chantent)? une leçon toute diverse. Or il nous les fault observer, veu que tout le peuple à nostre coustume s'y est obligé. Pour le quatriesme, nous luy remonstrasmes que c'estoit mesme son profict que la chose se fit meurement, pour ce que ce pendant il auroit le plaisir de considérer combien la charge est difficile et fascheuse, afin de prendre conseil sur cela de ce qu'il auroit à faire. Semblablement de cognoistre nostre forme et manière afin de s'y accommoder, de peur de scandaliser le peuple lequel est tendre et délicat, car les plus rudes sont quelquefois plus difficiles à contenter. Néantmoins si luy donnasmes-nous bien à entendre que nostre intention n'estoit point de le tenir longtemps en suspend et faire languir, mais plus tost de regarder en brief, et plus tost que possible nous sera, de l'appliquer au service de Dieu. Sur cela nous le priasmes d'avoir encore ung petit de patience en attendant que les choses se fissent selon l'ordre de Dieu, et que cependant il usast de nous privément comme de ses frères, nous offrant de luy faire service et plaisir en toute chose que le Seigneur auroit mise en nostre main.

Il nous sembloit bien que nos propos estoient si raisonnables qu'il les debvoit prendre en payement. Davantage nous parlions aultant amyablement qu'il eust sceu demander, et soiez certain que tout homme craignant Dieu et ayant bonne conscience, eust esté bien satisfaict. Qui plus est ung homme mesme de mauvais cœur, moyennant qu'il eust eu quelque honnesteté et n'eust pas esté du tout effronté, eust eu honte de contredire. Nostre moyne pour toute response nous somma de l'asseurer sur le champ, nonobstant toutes les raisons que nous avions alléguées. Et ce pour deux causes : la première c'est qu'il avoit pour lors compaignie qui le pouvoit conduire seurement hors des dangers et luy fournir monture et argent, et qu'il n'auroit point tousjours cette opportunité en main. La seconde que s'il avoit à s'en retourner en France, le plus tost seroit le meilleur, devant que le bruict de sa venue par deçà fust publié.

Nous vismes bien par ceste response qu'il ne sçavoit que c'estoit ne de l'Eglise, ne du ministère, et que s'il avoit peu d'intelligence, encores avoit-il moins de cœur et de zèle. Toutes fois l'ayant faict retirer et ayant parlé ensemble entre nous, encores luy fismes-nous une responce fort doulce et gracieuse, luy priant qu'il nous pardonnast si nous n'obtempérions point à sa requeste, veu que nos consciences estoient abstrainctes par la parole de Dieu, et ce qui luy avoit esté dict auparavant luy fust expliqué et confermé davantage tant par tesmoignages de l'Escripture que les exemples de l'Eglise ancienne. On luy fist aussi des exhortations qui le pouvoient bien rompre et réduire à meilleure raison, s'il n'eust esté par trop esgaré, et affin qu'il ne luy semblast qu'on ne luy fist point l'honneur qui luy appartenoit, nous luy touschasmes qu'on avoit bien usé de telle forme envers ceulx qui le valoient, et que iceulx s'estoient vouluntiers assubjectis à cela.

Luy au lieu de se renger réplicqua plat et court que si nous pensions avoir l'esprit de Dieu, qu'il n'en estoit pas destitué, et monstra bien que tout ce que nous avions mis en avant, il le prenoit à mocquerie. Nous luy respondismes premièrement qu'en ceste matière nous avions la parole de Dieu tant clère que nos consciences estoient suffisamment asseurées. Et encores que la chose fust doubteuse ou que nous en eussions quelque scrupule, que nostre office estoit de ne rien attenter contre ce que nous penserions estre du vouloir de Dieu. Toutesfois que ce que nous alléguions estoit si cler qu'il n'estoit à mestier d'en faire plus longue dispute. Dadvantage qu'il se debvoit tenir plus tost pour suspect que nous à cause qu'il ne rendoit que son particulier, et que de nostre part nous n'avions aultre considérant, sinon de suivre l'ordre de Dieu. Il nous réplicqua aussi que s'il fust venu devant le caresme, il eust bien souffert d'estre examiné, mais puis qu'il avoit presché en une Eglise si voisine [1] qu'on debvoit bien tenir cela pour approbation. Sur ce point nous lui dismes qu'il en advient en

---

[1] L'Eglise de Lyon.

France, comme dict Salomon, asçavoir qu'à une âme affamée les choses amères semblent estre doulces, car le paoure peuple est là tant affamé de la vraye doctrine, que quant on luy en touche ung petit mot, ne fusse qu'à demy, il est tellement ravy et transporté qu'il n'a loisir de juger. Au reste touchant ce qu'il se vantoit d'avoir là presché, nous luy dismes qu'il n'en dressât point les cornes, et que nous sçavions bien en quelle infirmité ce avoit esté. Et toutes fois nous protestasmes que ce n'estoit point par reproche, et que nous ne sommes pas si inhumains que nous ne supportions ceulx qui sont aulcunement infirmes en tel danger, mais que c'estoit pour l'induire à se recongnoistre afin qu'il ne s'enorgueillist point en vain, ayant plus de cause de s'humilier. En la fin nous taschasmes de rechef de l'adoulcir et lui donner bon courage, et luy de sa part ne fist pas d'aultre semblant d'estre irrité.

Le lendemain estant en une taverne en grande compaignie en laquelle il y avait environ une dizaine de prescheurs d'icy alentour, après qu'on eust devisé de quelque matière, sans qu'il fust provoqué ne qu'il en eust occasion, comme s'il eust esté un contrerolleur de tout le monde, il dict qu'il n'y avoit point d'homme sçavant par deçà, et parla encores plus oultrageusement que nous ne disons, et comme la vérité vient tousjours en lumière avec le temps, nous avons esté depuis advertis que du premier jour qu'il estoit entré en ceste ville, il n'avoit cessé de mesdire maintenant de l'ung ou de l'aultre, maintenant de tous, jusques à prononcer que ne trouvoit nul goust ne nulle édification en toutes nos prédications et lectures. Et toutesfois il estoit si effronté que ce pendant il osoit bien venir disner chez nous. Nous voyons bien quelle raison le menoit à cela, c'est que le paoure homme est si affamé de gloire qu'il brusle tout, et ce pendant nous ne voyons pas qu'il ait rien en quoy il se puisse glorifier. Car quant on aura bien espeluché tout ce qu'il a au ventre, on n'y trouvera que pure asnerie. Il sçait un peu moins en la langue latine qu'un enfant de huit ans ne debvroit faire. En l'Escripture il y est aussi ignorant qu'un caffart, et toutesfois il est si enivré d'ambition qu'il ne se peult tenir sur ses pieds. Nous vous laissons à réciter plusieurs menées qu'il a tenté. Tant y a qu'il n'eust pas tenu à luy de troubler nostre Eglise, si le temps y eust esté disposé. Mais ce n'est pas ung exemple nouveau, car telle manière de gens a eu ses prédécesseurs dès le temps de sainct Paul, qui, par semblable artifice, c'est à dire en se vantant d'eulx-mesmes et détractant le sainct apostre, troubloient tout pour s'advancer, comme nous pouvons voir aux Epîtres des Corynthiens et des Galates.

Sur la fin ce bon preudhomme ayant délibéré en son cœur de s'en partir, vint à l'ung de nous pour se purger, et premièrement se voulant justifier de tout ce qu'il avoit respondu, il luy fut dict que ce seroit son profict de bien considérer le tout devant Dieu pour s'accuser et condemner, et sans estre tant arresté à maintenir son honneur par parole, après l'avoir de faict et d'œuvre ainsi blessé, que s'il persévéroit à contendre ainsi contre raison et vérité, qu'il viendroit à maulvaise fin, d'aultant qu'il fault que ceste sentence soit vraye, quiconque s'exalte sera humilié. Touchant de folles paroles qu'il avoit proférées en la taverne, il vouloit estre creu en les nyant et que on estimast menteurs tous ceulx qui les avoyent ouyes. Il lui fust respondu qu'il plaidast doncques contre notre Seignour qui a voulu qu'en la bouche de deux ou trois toute parole fust certaine. Et toutesfois qu'il n'estoit jà mestier de se débatre beaucoup de ce point, d'aultant qu'il ne nous chault pas beaucoup combien on prise et méprise nostre sçavoir, et que nostre principale gloire est d'estre serviteurs de Dieu. Ainsi que nous tenions cela pour une chose ridicule et de néant, mesme pour ce que nous ne luy defférons pas tant que de le recongnoistre pour juge compétent. Toutesfois que nous apercevions bien en telles paroles que son cœur estoit si enflé et quasi crevé de venin qu'il fust contrainct de le vomir en parlant ainsi, et que ce signe de malveillance nous offensoit, veu que nous ne luy en avions point donné d'occasion. Touchant le troisième poinct il ne peult pas nier qu'il n'eust mesdict en quelque sorte de nos prédications, combien que il étoit bien difficile qu'il en peult donner certain argument, encores qu'il eust eu sçavoir pour ce faire. Car jà soit qu'il y vint aucune fois par contenance, si est-ce que de peur d'estre veu escouter pour apprendre, il lisoit en ung livre à part, en quoy on peult voir sa folle ambition d'avoir si peur que sa réputation ne diminuast, quant il ne daignoit pas faire cest honneur à la parole de Dieu de luy donner audience.

La fin de ce propos fust que celuy auquel il s'estoit adressé luy dict qu'il feroit assembler ses compagnons pour parler à luy, et comme il luy donna bien à entendre qu'il ne debvoit point craindre que nous voulsissions par vengeance le reculer, non plus que s'il se fust gouverné bien saigement, sur cela il soupa avec ung de nos compaignons, et luy fist acroire qu'il vouloit prendre logis pour s'arrester en ceste ville. Le lendemain matin il monte à cheval, et en montant mesdit de nous à bride avalée plus que jamais n'avoit faict. S'il a eu juste cause ou non, nous vous le laissons à juger, après avoir leu ce récit que nous vous avons faict, lequel nous protestons devant Dieu estre simplement faict à la vérité, sans y avoir rien adjousté, et prions le Seigneur de vous donner esprit de discrétion pour congnoistre et droictement juger afin de ne vous point scandaliser de quelque rapport qu'il vous face, car nous n'avons eu aultre intention en escripvant ces lettres, sinon de vous contenter comme nostre devoir est, afin qu'il ne vous semblast que nous eussions esté trop inhumains envers luy. Car à la vérité pource qu'il avoit pleu au Seigneur de se servir par delà de ses prédications, et que quelque édification s'en estoit en suyvie, nostre vouloir et désir totalement estoit de ne le point rejecter. Mais nostre conscience ne nous permectoit point de le recevoir incontinent, jusques à ce que son orgueil fust ung peu abbatu, qu'il eust apris de se fier ung peu plus en Dieu, et qu'il eust encore profité ung petit pour enseigner fidèlement et purement, car il avoit trois choses lesquelles à bon droict nous desplaisoient. Premièrement ceste bonne persuasion de soy-mesme. Secondement qu'il estoit si adonné à la cuysine qu'il luy sembloit advis que terre luy devoit faillir, comme s'il n'y avoit point de Dieu au ciel pour nourrir les siens. Troisièmement il y avoit de l'ignorance dont nous fusmes fort esbahis, car en nostre congrégation où on lisoit ung texte de sainct Paul qui contient belle matière et copieuse, et doibt estre fort connu à tous ceulx qui preschent par delà, pource que c'est l'épître du premier dimenche de l'advant, quant il vint à son tour, non-seulement il parla maigrement, mais il renversa tout ce que sainct Paul disoit, non point par malice, comme nous pensons, mais par pure bestise. Nous laissons d'aultres vices, comme la vanité mondaine et semblables, afin qu'il ne semble que nous le poursuivions par haine et inimitié. Ce que nous vous en disons, c'est pour vous advertir de peur que vous ne soyez abusez à vostre dommage. Quant est de luy, nous prions le Seigneur qu'il lui vueille donner esprit d'humiliation et de mansuétude, corrigeant la haultesse et folle présomption qu'il a, et surtout qu'il se congnoisse tel qu'il est, car lors il aura bien occasion de s'abbatre. Pour faire fin, très chers frères, nous vous recommanderons à la saincte sauvegarde de nostre Seigneur Jésus qui est le vray pasteur de tous fidèles. De Villefranche (may 1542).

A MICHEL VAROD *

Orig. autographe. Archives de Genève. 1250.

Seigneur Michel, ce paoure homme est si fort maléficié en son corps, que c'est pitié, et mesmes horreur

* A Michel Varod procureur de l'hospital — en 1542.

de le voir. Il dit que cela ne luy est pas venu de paillardise. Pource que c'est chose pitoiable, il vous plaira de regarder s'il y auroit moien de le secourir, affin qu'il ne pourrisse. Je le vous recommande d'aultant plus hardiement, que je pense qu'il soit de la ville, car s'il estoit estrangier, j'aviseroye de moy-mesme d'y proveoir en quelque sorte, affin de ne donner point occasion de crier comme on faict. Mais puisqu'il est icy, j'en fais moins de difficulté.

Vostre frère et bon amy,

JÉHAN CALVIN.

A MONSIEUR LE CURÉ DE ***

Orig. autographe. Bibl. de Genève. Vol. 107 a.

Monsieur le Curé, nous recongnoissons ce point de vos lettres estre bien vray que la peste que nous avons en nostre ville est une verge de Dieu, et confessons que

* *Au dos* : Responce à un certain curé qui avoit escrit durant que la peste estoit à Genève, là où il y a plusieurs instructions singulières. — Sans date. — On voit par les registres du Conseil que la peste se déclara à Genève en 1542, et qu'elle fit, durant plusieurs années, de grands ravages dans la ville, et dans tout le pays de Savoie. Le nombre des malades était immense. On ne pouvait les visiter sans s'exposer à une mort presque certaine. Trois ministres s'offrirent spontanément pour remplir ce devoir, Calvin,

c'est justement qu'il nous punit et chastie pour nos faultes et démérites. Nous ne doubtons pas aussi que par ce moien il ne nous admoneste d'examiner nos consciences, pour nous induire et attirer en repentance. Par quoy nous acceptons bien ce que vous dictes qu'il est temps de nous retourner à Dieu, pour demander et obtenir pardon de luy et miséricorde. Nous voions semblablement qu'en toute la chrestienté à grant peine y a il un seul anglet qui ne soit affligé à son endroict, dont il nous fault conclurre que l'ire de Dieu est fort emflambée sur le paoure monde. Et n'est pas de merveille, car les causes sont évidentes, et ne les fault pas chercher loing, veu qu'on voit quelle corruption il y a partout et comme les vices règnent en extrémité. Nous ne disons point cecy pour nous excuser en nous mectant du nombre des aultres, mais d'aultant que l'ire de Dieu nous doibt estre plus espouvantable, quand elle est ainsi espandue sur toute la terre, comme une espèce de déluge. Or quand nous avons bien tout pensé, nous ne pouvons aultrement juger, sinon qu'oultre les vices qui règnent communément partout, il y a deux choses entre les chrestiens qui provocquent l'ire de Dieu, c'est que les uns le déshonorent par idolâtrie et superstitions, et au lieu de recevoir sa saincte parole pour estre réduicts au droict chemin, non-seulement la mes-

---

Sébastien Castalion et Blanchet. Castalion, désigné le premier par le sort, déclina lâchement ce périlleux honneur ; Blanchet fit généreusement le sacrifice de sa vie, et les instances de la seigneurie de Genève, qui craignit d'exposer les jours précieux du Réformateur, purent seules déterminer Calvin à se désister de la charge qu'il avait sollicitée.

prisent et s'en mocquent, mais l'ont en haine et en horreur; et la persécutent. Nous au contraire qui congnoissons par son Evangile comme il le fault servir et honorer, ne tenons compte d'en faire nostre debvoir, tellement que la parole de vie est quasi oisive et inutile entre nous. Nous ne voulons point nous justifier en condamnant les aultres. Car en tant qu'il a pleu à Dieu de nous retirer des horribles ténèbres où nous estions, et nous illuminer pour nous faire congnoistre le droict chemin de salut, d'aultant sommes-nous plus coulpables, si nous sommes négligens à faire nostre devoir, selon qu'il est escrit : *Le serviteur congnoissant la voluntè de son maistre, et ne la faisant pas, sera plus asprement puny*. Luc 12. Ainsi nous ne debvons pas estre esbahis, si nostre Seigneur nous visite au double, veu l'ingratitude qui est en nous, quand nous ne cheminons pas comme enfans de lumière, et ne faisons pas les fruicts de la saincte vocation à laquelle il nous a appellez. D'advantage il dénonce qu'il commencera son jugement par sa maison ; c'est-à-dire qu'il corrigera ses domestiques les premiers. 1 Petr. 4. Mais cependant si fault-il estimer d'aultre part que puisqu'il a surtout sa gloire en recommandation; qu'il hait et a principallement en horreur les idolâtries et superstitions par lesquelles il est déshonoré ; et en est plus grieswement offensé que de nulle autre chose. Pensez un petit à ce qui se faict entre vous. On y adore les pierres et le bois; on y invocque les morts; on se fie en choses vaines; on y veult servir Dieu par cérémonies follement controuvées sans sa parole. La doctrine de vérité y est ensepvelie, et si quelqu'un la veult remectre en avant, il est cruellement persécuté. Estimez-vous que Dieu puisse porter telles pollutions et blasphesmes contre son honneur? Sainct Paul testifie que Dieu avoit envoié la peste en Corinthe à cause que la saincte cène n'y estoit pas traictée si révéremment qu'elle devoit. 1 Corinth. 11 : Que fault-il doncq attendre puisqu'elle a esté desjà de si longtemps convertie en un sacrifice exécrable, comme est vostre messe? Ce que nous disons n'a pas mestier de longue preuve. Regardez l'institution de nostre Seigneur Jésus, et faictes comparaison entre icelle et vostre messe. Vous y trouverez plus de distance qu'entre le ciel et la terre. Ainsi à la vérité nostre office seroit de donner gloire à Dieu tous ensemble d'un accord, en confessant nos offenses, chacun en son endroict. Daniel 9 : C'est que de nostre part nous sentions combien c'est un grief péché à nous, de ne recevoir sa grâce, comme il appartient, quand il nous la présente, et que nous ne vivons en aultre perfection, veu la congnoissance qu'il nous a donnée de son Evangile, et les exhortations qui nous sont journellement faictes par son commandement. Que ceux qui au lieu de la parole suivent leurs propres phantasies ou les traditions humaines, considèrent que c'est une abomination fort déplaisante à Dieu que de corrompre son service, comme ils l'ont faict, d'adhérer à fausses doctrines, de mectre la grâce de son salut aux créatures, de renverser le droict usaige des sacremens, d'abuser de son nom, et avec tout cela de persécuter les tesmoings de Jésus-Christ, qui osent ouvrir la bouche contre leurs abus. Et si aulcuns d'eux sont à présent en prospérité, qu'ils ne se confient pas pourtant en cela. Car c'est tousjours la façon des hypocrites, et nommément des idolâtres, de se glorifier quand la main de Dieu ne les presse point, que c'est à cause qu'ils ont bien servy Dieu en le déshonorant par leurs idolâtries, et par cela s'endurcissent en leur impiété, se flattant eux-mesmes, et condamnant les aultres. Mais que dict nostre Seigneur? *Je leur ay, dict-il, faict tous les biens qu'il estoit possible, et ils ont pensé que ce fust le loyer d'avoir paillardé avec leurs idoles. Pour tant je leur osteray tout ce que je leur avoys donné pour descouvrir leur turpitude, et les contraindre de retourner à moy.*

Or maintenant quand il est question de chercher pour quels meffaicts Dieu nous punit, et en quoy nous l'avons offensé, vous nous alléguez que nous avons changé le service divin, et l'ordre de l'Esglise, qui estoit tant bien institué et observé en nostre ville. Ceste reproche n'est pas nouvelle, car on la faisoit à Jérémie de son temps, comme il récite au 44ᵉ chapitre. C'est que les hypocrites se plaignoient, depuis qu'on avoit laissé d'adorer la royne du ciel, qu'il n'y avoit eu que famine, guerre et toute paoureté. Lactance aussi, ancien docteur de l'Eglise, et sainct Augustin démonstrent que de leur temps toutes les afflictions qui estoient advenues au monde, on les imputoit à l'Evangile, pource qu'il avoit esté cause de faire abolir les superstitions des païens qu'on réputoit estre le service de Dieu. Vous récliquerez que ce n'est pas tout un; nous tenons que si. Qu'est-il doncq de faire? Il fauldroit enquérir du faict à la vérité, pour en bien et droictement prononcer. Or oultre ce que nous avons nos consciences paisibles devant Dieu touchant cela, la chose en peult clairement respondre pour nous devant les hommes. Car nul ne nous a encore remonstré que nous eussions rien changé qui fust commandé de Dieu, ne que nous eussions introduict aulcune nouvelleté contre sa personne, ne que nous soions décliné de la vérité pour prendre quelque maulvaise doctrine. Au contraire c'est chose notoire que nous avons réformé nostre Esglise selon la pure doctrine de Dieu qui est la règle de la mectre et entretenir en bon estat. Il est vray que c'est chose odieuse de changer ce qui estoit receu. Mais l'ordre que nostre Seigneur nous a une fois baillé, doibt estre à jamais inviolable. Ainsi quant il a esté délaissé pour un temps, il le fault remectre au-dessus, et le ciel se deubt-il mesler avec la terre. Il n'y a nulle ancienneté, nulle coustume qui puisse préjudicier en cela, que le gouvernement de l'Esglise, estably de l'authorité de Dieu, ne soit perpétuel jusqu'en la fin du monde, puisqu'il l'a ainsi voulu et déterminé. Les raisons qui nous ont faict changer sont trop urgentes. Le premier poinct de la chrestienté est d'adorer Dieu droictement. Or nous avons congneu que la forme d'adoration dont nous usions, estoit fausse et perverse, d'aultant qu'elle n'estoit pas en esperit de vérité, Joan. 4., mais en cérémonies externes, et mesme en façon de faire superstitieuses. Combien qu'encore nous n'adorions pas Dieu seul, mais en son lieu les pierres et le bois, les peinctures, les reliquaires des morts, et choses semblables. A l'adoration de Dieu est conjoincte la règle de le bien invocquer. Et comment est-ce qu'on l'invocque en toute la papaulté, sinon avec doubte et défiance, d'aultant qu'on ne congnoît point l'office de Jésus-Christ qui est de nous estre advocat et intercesseur, pour nous faire obtenir nos requestes? Rom. 8. — 1 Timoth. 2. — 1 Jean 2. — Hébr. 4. Avec cela quelles sont les prières publiques sinon murmures ou ulemens (*sic*) sans intelligence? Tiercement combien y a-il de blasphesmes, en ce qu'on attribue la vertu du seul médiateur à saincts et sainctes pour obtenir grâce en leurs noms et par leurs mérites? Après l'invocation s'ensuit le service. Or nous estions instruicts de servir Dieu par vaines traditions des hommes. Au contraire il veult et requiert que nous aions sa seule volunté pour toute règle. Deutér. 12. — 1 Reg. 15. Quant est de la fiance de nostre salut, qui est comme le fondement de tout, au lieu de la mectre en sa pure miséricorde, affin d'avoir nos consciences à repos, et luy donner la gloire qui luy appartient, nous estions apris, comme le reste du monde, de la mectre partie en nous-mesmes, partie en aultres créatures. Il n'est jà mestier de racompter tout le reste, veu qu'il n'y auroit nulle fin. Tant y a que la grâce de Jésus-Christ nous estoit quasi ensepvelie. Quant nous avons congneu et qu'il nous a esté clèrement approuvé que tout cela estoit abomination devant Dieu, qu'eussions-nous faict? Estoit-ce à nous de résister à Dieu, et à sa vérité? Quand est de l'ordre de l'Esglise, s'il eust esté aulcunement tolérable, nous eussions esté bien contens de le continuer; mais c'estoit une Babylonne si confuse, qu'il ne restoit aultre remède que de le renouveller. Que dirons-nous des sacrements dont l'usaige avoit esté renversé tout aultrement que Jésus-Christ notre Seigneur ne les a ordonné? Combien y avoit-il de folles cérémonies au baptesme controuvées par les hommes sans autorité de Dieu? Et qui pis est, la vraie et pure institution de nostre Seigneur estoit quasi abolie par tels fatras. Qu'ainsi soit, on estimoit plus le chresme que l'eau, et aujourd'huy il vous semble quasi advis que nostre baptesme est nul, pource que nous n'avons retenu que ce que le Seigneur a commandé, et que les apostres ont tenu et observé. De la saincte Cène, elle estoit encore beaucoup plus profanée. Nostre Seigneur nous l'a laissée pour un gaige, affin que (soyions) certains que nos âmes sont nourries de son corps et de son sang, pour nous faire participans de tous ses biens, et singulièrement de sa mort et passion. Pour ce faire on la devoit distribuer comme son commandement le porte, voire en déclarant la vertu et le fruit du mystère. Au contraire on l'avoit convertie en sacrifice, pour faire nouvelle réconciliation avec Dieu par l'œuvre d'un homme, et non-seulement pour les vivans, mais aussi pour les morts. Le prestre, pour user du sacrement, se séparoit de l'Esglise. Le tout se faisoit et disoit en langue incongneue ; comme les enchanteurs font leurs charmes. Quant ce venoit à Pasques, encor ne bailloit-on au peuple que la moitié du sacrement, le privant du calice contre le commandement exprès du Maistre. De consentir à ces sacriléges-là, il n'y avoit nul propos. Et maintenant toutefois on nous reproche que nous avons abbatu ce sainct sacrement. Mais la chose monstre que nous l'avons restitué et mis en son entier, là où il estoit corrompu et pollué en tant de sortes. Sainct Paul voulant corriger un abus qui estoit survenu entre les Corynthiens en ce sacrement, les renvoie à la première ordonnance du Seigneur, comme à un statut inviolable. 1 Corynth. 2. Que pouvions-nous doncq faire pour corriger les abus infinis dont il avoit esté contaminé, sinon suivre ceste mesme règle? Qu'on nous remonstre, si on peult, si nous avons rien en la façon que nous tenons qui ne soit conforme à l'institution de nostre Seigneur, à l'usance des apostres, et nous sommes prests d'amender la faulte. Mais si on nous accuse sans propos et raison, cela ne nous esmouvera pas, pour nous faire renoncer la vérité certaine. Pourtant ce que vous nous imputez à faulte, nous le prenons pour une œuvre de Dieu, la meilleure que nous eussions peu faire. Cependant nous ne nions pas que nous n'aions grandement failly en beaucoup de sortes, dont nostre Seigneur nous punit à bon droict, mais c'est d'aultant que nostre vie ne respond pas à sa saincte doctrine de laquelle nous faisons profession.

Semblablement en nous exhortant de nous réduire à Dieu pour appaiser son ire, vous nous ramenez à des moiens qui sont plus tost pour la provocquer et enflamber d'advantaige. Premièrement vous vouldriez que nous fissions oblation du précieux corps et sang de nostre Seigneur Jésus. Nous sçavons bien que c'est une chose acoustumée entre vous, mais pour sçavoir si c'est une œuvre plaisante à Dieu, il faut enquérir si elle est selon sa volunté. Or il ne nous dict pas que nous offrions son corps, mais que nous le recevions. Matth. 26. Marc. Luc. Paul. — *Prenez*, dict-il, *mangez*. Au lieu de recepvoir le corps de Jésus-Christ, si nous voulons faire acroire à Dieu que c'est un sacrifice que nous luy offrons, où trouverons-nous approbation de notre phantasie? Nous vous prions de bien considérer ceste raison. Vous nous conseillez de faire offrir le corps de Jésus-

Christ par un prestre, affin d'obtenir grâce. Nous répondons qu'il ne nous a pas donné son sacrement à telle fin, mais que c'est pour le recevoir, affin d'estre participans du sacrifice unique et éternel que luy seul a offert, comme c'est son office. Héb. 7. 8. 9. 10. Nous disons plus oultre que cela est déroguer à sa dignité, d'aultant qu'il a esté consacré sacrificateur sans successeur ne compaignon, pour s'offrir soy-mesme, pource que nul autre n'estoit digne de faire un acte tant excellent. Car l'office de sacrifier est d'estre médiateur pour faire appoinctement entre Dieu et les hommes. Auquel adjousterons-nous foy? à Jésus-Christ, ou à vous? puisqu'il y a telle contrariété. Vous nous alléguez puis après les belles processions générales. Mais qu'est-ce qui se faisoit là, sinon qu'avec grant pompe et cérémonies on vouloit appaiser Dieu? Vous nous direz que vostre intention est qu'on les fît avec dévotion. Mais quelle dévotion est-ce de mectre sa fiance en chandelles et torches, en acoustremens beaux et sumptueux, en images, en reliquaires des morts? Ça bien esté tousjours la façon des païens, comme il appert par les histoires. Mais que telle façon convienne à la chrestienté, il fauldroit sçavoir comment. Nous ne disputons pas si on se doit assembler pour faire prières solennelles à Dieu. Mais nous demandons que c'est qu'il y a és processions générales oultre la pompe des acoustremens, luminaires, reliques et aultres choses semblables. Or tout cela sent la juiverie, et convient plus tost à païens qu'à chrestiens. On y crie et chante bien. Mais quoy, c'est en langue incongneue, et par ainsi contre le commandement exprès du Sainct-Esperit, 1 Corynth. 14, qui veult que les prières communes se facent en langue commune, affin que les rudes et idiots y puissent participer, et dire amen en la fin. Vous nous exhortez puis après à invocquer la vierge Marie et les saincts, entre lesquels vous nommez sainct Pierre spécialement, comme nostre patron. Mais Dieu nous appelle à luy seul, nous défendant d'avoir ailleurs nostre recours. Psal. 49. Et ce à bon droict, car la principalle partie de sa gloire gist en cela, que nous l'invocquions luy seul au nom de Jésus-Christ. Mais encore que ceste raison-là n'y fust point, il y a tant d'exhortations en l'Escriture de se retourner à Dieu avec prières et oraisons en temps de peste, de guerre et famine. Iesa. 44, 45. Jerem. 3. Osée 2. Jamais il n'y a un seul mot dict d'invocquer les saincts. Ce seroit doncq trop inconsidérément faict à nous de suivre ce que vous nous dictes, en nous destournant de la doctrine de Dieu. Touchant de ce que vous appelez sainct Pierre nostre patron, n'est aultre chose que ce que dict le prophète : *Israël, tes dieux sont selon le nombre de tes villes*, Jerem. 2, et de ce temps-là l'intention du peuple d'Israël n'estoit pas de forger plusieurs dieux pour abolyr le vray Dieu créateur du monde. Mais en tant que chascune ville eslisoit un patron pour y mectre sa fiance, il leur est reprosché par le prophète que chascune ville a son Dieu propre. Aultant nous en voulez-vous faire à présent. Mais à Dieu ne plaise que nous prenions aultre patron que Jésus-Christ, lequel nous a prins en sa charge, pour nous recommander à Dieu son Père. Si nous avons esté aultrefois en cest aveuglement, les ténèbres sont passées. Joan 10. Le temps n'est plus d'errer, ainsi que nous avons la clarté luisante devant nos yeux. Mais vous avez congneu par expérience, dictes-vous, combien cela profitoit. Ce n'est pas chose nouvelle, comme nous avons dict d'attribuer les bénéfices de Dieu à nos folles œuvres et perverses, comme si par idolâtrie nous avions mérité les biens qu'il nous envoye. Aultant en disent les sorciers, enchanteurs, divins, et aultres semblables. Mais nous avons nostre règle certaine, c'est que la raison précède, et que l'expérience suive puis après. Si nous faisons ainsi, nous n'extravaguerons point, et ne déclinerons ne ça ne là de ce que Dieu nous commande. Et nous trouverons à la vérité et sans tromperie que jamais son ayde ne défault à ceux qui se fient pleinement en luy. Au contraire, en cherchant d'aultres secours, nous penserons bien quelquefois y avoir profict, mais à la fin nous y serons abusés.

Or nostre Seigneur Jésus vous veuille ouvrir les yeulx pour veoir que c'est qu'il veult dire, quant il se nomme le seul salut, la seule vie, la seule sanctification, la seule sagesse, la seule fiance des hommes; affin que nous tous ensemble le congnoissant tel, d'un bon accord le glorifions, tant de cueur que de bouche, et pareillement en toutes nos œuvres, affin que comme nous avons tous receu un baptesme en son nom, nous aions une mesme confession de nostre chrestienté. (1542-43.)

AUX SEIGNEURS DE GENÈVE [*]

Orig. autographe. Arch. de Genève. 1250.

Magnificques et très honorés seigneurs, j'espère que maistre Pierre Viret vous aura faict mes excuses de ce que je ne vous escrivis point de Berne, d'aultant que pour lors j'estois mal disposé. Estant venu à Basle, je présentay mes letres à Messieurs du Conseil, lesquels me donnèrent letres de recommandation à Messieurs de

---

[*] Cette lettre, écrite de Strasbourg, se rapporte, ainsi que les trois suivantes, au voyage que Calvin entreprit, en 1543, pour l'évangélisation de Metz.
Ville impériale et siége d'un des trois évêchés que le traité de Cateau-Cambrésis devait incorporer à la France, Metz reçut de bonne heure les semences de la Réforme. Ses premiers missionnaires, Jean Leclerc et Jean Chatelain, furent des martyrs (1523-1524). L'Eglise qu'ils avaient fondée par leur témoignage, grandit sous la croix. Elle demanda, en 1541, le libre exercice de la religion à la diète de Ratisbonne, mais sans l'obtenir. L'année suivante, elle appela Farel. L'intrépide missionnaire répondit à ce périlleux appel, et prêcha au milieu d'un immense concours de peuple. Chassé de la ville par une sédition, il se retira au village de Montigny, où les protestants accoururent en foule pour entendre ses prédications. Les portes de la ville furent fermées sur eux, par ordre des magistrats catholiques, et ils se virent ainsi chassés de leur patrie. Accueillis avec humanité par les magistrats de Strasbourg, ils recoururent à l'intervention des princes protestants d'Allemagne pour obtenir leur libre rentrée dans leurs maisons et leurs biens, ainsi que le libre exercice de leur culte. Ce fut durant ces négociations que Calvin partit de Genève, et rejoignit Farel à Strasbourg. Bèze : *Hist. eccl.*, T. III, p. 431 et suivantes.

ceste ville, les prians de me vouloir adresser tant de conseil que d'ayde en mon voiage.

En ceste ville tant par le moïen de vos lettres et celles de Messieurs de Basle, que par la bonne affection qu'on m'y porte, et singulièrement en faveur de la cause, j'ay trouvé aussy bonne aide comme je pouvoye désirer. Messieurs se sont offert très libéralement de faire ce qui seroit en leur puissance. Seulement que nous regardissions maistre Guillaume et moy les moïens dont il seroit expédient de user. Sur cela nous leur avons proposé trois voies : ou de nous faire conduire tout droict à Metz, combien que ce ne fust sans danger; ou derechef sommer le Conseil de Metz de nous donner audience; ou bien d'envoyer en la ville de Smalkad, en laquelle maintenant est assemblée la ligue des protestans, et là requérir instamment les princes et ambassadeurs des villes de vouloir prendre la chose en main.

Quant au premier poinct, ils ont respondu que voluntiers ils envoiroient ambassade avec nous, pour nous mener en seureté, et soliciter que nous fussions ouys, et qu'ils ne se vouldroient pas espargner en cest endroict, n'estoit qu'ils voyoient cela ne se pouvoir faire sans dangier de nos personnes, et avec petite espérance de fruict. Aultant d'envoyer lettres en leur nom privé, que ce seroit poine perdue. La raison est que les papistes se sont fortifiés par la venue de l'empereur, d'aultant qu'il promect d'appointer à ce voiage tous les différens de la religion, comme s'il n'avoit aultre chose à faire pour le présent[1]. Ainsi quand on leur escrit de

[1] Charles-Quint avait lui-même présidé avec un éclat extraordinaire la diète de Ratisbonne, et fait de vains efforts pour opérer un

ceste ville, pour toute responce et solution ils remectent tousjours là.

Le troisième poinct doncq a esté trouvé le meilleur, d'envoyer à Smalcad, ce que desjà ils eussent faict, n'eust esté qu'ils ont voulu avoir articles de nous, pour remonstrer tout ce que bon nous sembleroit. Mais demain au playsir de Dieu, le messaiger partira. Ils nous ont permis de procurer l'affaire en telle diligence, et si à bon escient que nous congnoistrons leur zèle et couraige, et comme je les congnois, je ne doubte pas qu'ils n'en facent encor d'advantaige qu'ils ne promectent. Il y a six journées jusque-là, en telle haste, comme leur hérault ira, car communément on y en mect bien huict bonnes.

Or pendant que ce voiage se fera, pource qu'il me fault attendre icy, je me suis advisé, magnificques et très honorés seigneurs, de vous renvoyer vostre hérault présent porteur, afin de vous signifier comme la chose alloit, car je craignois de faire si longue demeure en espérance, sans vous envoyer cependant de mes nouvelles. Et cela se peult faire, sans despendre beaucoup d'advantaige que si j'eusse retenu le messaiger avec moy. Au reste vous regarderez quant à le renvoyer ce qui vous en semblera bon. Je luy ay baillé à toutes adventures six escus, afin qu'il eust pour faire ses despens, en allant et retournant, avec trois testons que je lui avois délivré. Toutesfois vous en ferez selon vostre bon playsir. Je le dis pource que si vous le vouliez ren-

rapprochement entre les partis religieux. Il avait seulement obtenu de la majorité de l'assemblée une déclaration qui soumettait les points en litige à la décision d'un concile.

voyer, qu'il fauldroyt qu'il fust icy dedans quinze jours pour y estre à temps. Car adoncq il nous conviendra de partir pour aller à Metz, si c'est le playsir de Dieu de nous y donner entrée.

Touchant de moy je sçays bien que je ne puis estre si longtemps absent de vous, sans défaillir aulcunement à vostre Eglise. Mais pource que d'estre venu si loing pour m'en retourner sans rien faire, c'eust esté une chose trop ridicule, mesmes quand il y a bonne espérance en attendant encores un petit, j'ay bien voulu devant mon retour tenter si Dieu vouldra faire quelque chose. Pourtant je vous prye de vouloir prendre patience jusque à tant que ce terme qui est brief soit passé. Adoncq le plustost qu'il me sera possible, je me hasteray de retourner par devers vous.

Cepandant, magnificques seigneurs, je vous supplye d'avoir en recommandation l'honneur de Dieu comme vous avez, et d'entretenir l'Eglise en bon estat et en bon ordre. Afin que vous voyez quelle nécessité il y a d'aller à Metz pour imposer silence à Caroli [1], je vous envoye un double de ses responces dernières, où il se monstre plus fier et arrogant que jamais, d'aultant

---

[1] Pierre Caroli, docteur de Sorbonne, et curé d'Alençon, connut à Paris Le Fèvre d'Etaples, Farel et Calvin. Entraîné par la versatilité de son esprit dans les rangs de la Réforme, il se rendit à Genève, où le déréglement de ses mœurs attira sur lui de sévères censures. Il s'en vengea par les plus violentes attaques contre la personne et les doctrines des réformateurs. Condamné au synode de Lausanne en 1537, il rentra dans le sein de l'Eglise catholique, sollicita vainement un bénéfice et mourut misérablement à Rome. Les magistrats catholiques de Metz l'appelèrent dans cette ville, en 1543, pour y détruire l'œuvre commencée par Farel.

qu'il se confie qu'en la présence de l'empereur on ne le contraindra poinct de venir à raison, car auparavant il s'en estoit voulu fuyr.

Il y a icy force bruict divers du Pais-Bas, maintenant que le duc de Clèves a recouvert une forte ville qu'il avoit perdue, maintenant qu'il a esté desconfit; mais pource que le tout est incertain encores, je me déporte de vous en escrire [1]. Toutesfois les esmeutes sont telles que à deux lieues d'icy il s'est faict une course depuis deux nuicts, et a-on volé cinquante chevaulx de marchants.

A tant, magnificques et très redoubtez seigneurs, après vous avoir faict les humbles recommandations de maistre Guillaume et de moy, je supplie le Seigneur Jésus de vous conserver et maintenir, vous faisant la grâce de tousjours bien conduire vostre peuple en bonne paix à l'honneur de son nom. De Strasbourg ce premier de juillet (1543).

Vostre humble serviteur en nostre Seigneur,

JÉHAN CALVIN.

AUX SEIGNEURS DE GENÈVE

Orig. autographe. Arch. de Genève. 1250.

Magnificques et très honorés seigneurs, deux jours après le retour de vostre hérault seulement, nous avons

---

[1] Le duc de Clèves, allié de la France, était alors menacé par toutes les forces de Charles-Quint.

eu responce de la journée de Smalkald, que pour le présent les princes et ambassadeurs des villes ne pouvoient rien vuider en l'affaire de Metz, mais que avant que partir ils en feroient une bonne conclusion; c'est de tenir nouvelle journée pour achever ce qui a esté commencé, puisque ceulx de Metz ne veulent aller oultre, si on ne les poulse. Or, leur intention est de demander sauf-conduict pour eux et ceulx qu'ils vouldront là mener, et cela faict, venir sur le lieu, affin de presser d'advantaige. Ces nouvelles ouyes, nous sommes allés, maistre Guillaume et moy, par devant messieurs du conseil de ceste ville, les prier de nous dire qu'il leur sembloit bon de faire, alléguant que nous craignions que ce ne fust une chose trop longue d'attendre la venue de leurs ambassadeurs, et mesmes que j'avoye receu lettres de vous par lesquelles vous me mandiez, s'il n'y avoit espérance de rien faire pour maintenant, que je fisse diligence pour m'en retourner. Toutefois que s'il leur sembloit bon, maistre Guillaume pourroit encore attendre, de peur de rompre le couraige aux bons frères de Metz, s'il nous voioient partir tous deux ensemble. Ainsy nous leur donnions à entendre que nostre désir eust esté que maistre Guillaume fust demeuré, et que je me fusse retiré par delà, jusque à ce qu'on eust eu une certaine résolution. Leur responce a esté que s'il y avoit cause trop urgente qui me contraignist de retourner par devers vous, qu'ils ne m'osoient pas empescher, mais que s'il estoit possible, le meilleur leur sembloit de ne bouger devant le retour de leurs ambassadeurs, lesquels ils espèrent devoir estre d'icy à huict jours en ceste ville.

Quant aux recommandations, remerciemens et offres que je leur ay faict de vostre part, ils ont respondu que comme jusque à ceste heure ils se sont employé en ceste cause, aussy qu'ils ont bon couraige de poursuivre et persévérer à l'advenir; seulement qu'il leur faict mal de n'y pouvoir donner meilleur ordre, et m'ont donné charge de vous faire leurs recommandations, promettans ne faillir à vous escrire par moy, car ils n'estoient pas advertys d'avoir messaiger si propre.

Ayans ceste responce nous avons changé propos, maistre Guillaume et moy, et ne doubte pas que vous ne trouviez bon que j'aye suivy le conseil de messieurs de ceste ville, puisque la chose estoit ainsi doubteuse. Il est certain qu'ils ne m'eussent pas voulu retenir sans avoir bonne espérance. Nostre Seigneur vueille tellement conduire son œuvre que l'issue soit encore meilleure. Les frères de Metz aussy de leur costé solicitent diligemment, car le maistre eschevin ancien [1], avec qualtre bourgeois a esté à la journée, et de présent y ont encore homme. Incontinent que je pourray il ne vous fault doubter que je me hasteray de revenir, et sy ce n'eust esté que ce terme est sy brief, je n'eusse failly à faire un voiage par delà, pour vous faire moi-mesme de bouche les excuses. Mais puisqu'ainsy est, il n'y avoit propos de laisser un ouvrage si bien commencé. Parquoy, magnifiques seigneurs, je vous prye que vostre playsir soit avoir encore patience pour ce petit de temps, comme j'espère bien qu'aussy aurez-vous, qui est la cause que je ne vous en fais plus longues excuses.

---

[1] Gaspar de Heu, seigneur de Buy. C'est sous l'administration de ce magistrat, favorable à la Réforme, que Farel avait été appelé à Metz.

Pour nouvelles l'archevesque de Coulongne est merveilleusement constant à mectre l'Evangile en son païs [1], et est vrayement un miracle du zèle qu'il a, car quelque résistance que luy faict le clergé, l'université et la ville de Coulongne, voire jusque à le menacer apertement de le déposer, il ne laisse pourtant de persévérer plus vifvement que jamais, priant les prescheurs qui sont avec luy de n'avoir aulcun esgard à sa personne, ny à son estat, que la Réformation ne se face droictement, et comme il appartient, d'aultant que sa conscience le presse de s'en acquiter devant que mourir. Il a maintenant assemblé les Estats du païs pour conclure de mectre ordre et police sur les Eglises, et corriger l'idolâtrie; car touchant la prédication, il en avoit desjà esté résolu à l'aultre fois, c'est que tout le païs, excepté le clergé et la ville, ont accepté que l'Evangile se preschast par tout.

Cependant l'empereur faict ses appareils pour défendre ses Païs-Bas contre le roy [2], ou bien se ruer sur le duc de Clèves, on ne sçait lequel; combien qu'il n'est pas encores fort avant en chemin, et y a dangier qu'il

---

[1] Hermann de Meurs, archevêque-électeur de Cologne, prélat remarquable par son zèle et par sa piété. Il avait eu des conférences avec Mélanchthon, et avait chargé Bucer de prêcher la Réforme dans son diocèse. Il protestait cependant contre le titre de *luthérien,* déclarant qu'il voulait ordonner son diocèse d'une manière conforme à la doctrine apostolique. Il fut excommunié, en 1546, par le pape Paul III, et déposé après la bataille de Muhlberg.

[2] Cette guerre, qui fut le dernier acte de la lutte entre Charles-Quint et François Ier, eut simultanément pour théâtre les Pays-Bas, la France et l'Italie. L'empereur avait pour allié le roi d'Angleterre, Henri VIII; François Ier, le duc de Clèves et le sultan Soliman. La paix ne fut rétablie que par le traité de Carpy. (18 septembre 1544.)

ne se puisse pas trop fort se haster. Car le Turc descend avec grosse puissance, et veult entrer de trois costés en l'Allemagne. Si cela ne le contrainct de reculer du tout, si luy sera-ce un retardement. S'il avoit loisir de donner sur le duc de Clèves, chascun pense bien qu'il en viendroit au-dessus[1].

Touchant du roy, il a esté empesché par l'espace quasi d'un mois pour les pluies continuelles. Nous avons eu nouvelles depuis qualtres jours qu'il se délibéroit de marcher pour venir rencontrer le duc de Clèves. Mais hier nouvelles vinsrent au contraire qu'il reculloit. On ne sçayt si c'est pour ce que l'Anglois le presse, et aussy n'est-il pas certain que ainsi soit. L'empereur demande des villes artilleries et munitions à emprunter; mais il n'a pas partout le crédit qu'il vouldroit bien.

A tant magnificques et très redoubtez seigneurs, après m'estre humblement recommandé à vostre bonne grâce, je supplye nostre Seigneur Jésus de vous gouverner tousjours par son Sainct-Esperit, vous donnant prudence et droicture pour faire l'office qu'il vous a commis à son honneur et gloire, et au salut de vostre peuple, maintenant par sa saincte protection vostre ville et seigneurie en bonne prospérité. De Strasbourg ce 24 de juillet 1543.

Vostre très humble serviteur en nostre Seigneur,

JÉHAN CALVIN.

---

[1] Mal soutenu par le roi de France, le duc de Clèves fut accablé par l'empereur, réduit à implorer son pardon à genoux, et dépossédé d'une partie de ses états.

AUX AMBASSADEURS DE GENÈVE A BERNE

Orig. autographe. Arch. de Genève. 1250.

Très honorés seigneurs, aiant eu responce de Smalkald, j'estois en bonne dévotion et désir de vous aller trouver à Berne pour m'en retourner de là à Genesve, si je n'eusse esté empesché de Messieurs de ceste ville. La response estoit qu'il falloit vuider quelques aultres poincts en la journée, devant que prouveoir à l'affaire de Metz. Toutesfois qu'il n'y auroit faulte, que devant le deppart on conclueroit de tenir encore une aultre journée, et sur le lieu mesme, affin de poursuivre plus vifvement, et que devant que venir là, on demanderoit sauf-conduict tant pour les arbitres députés, que pour ceux qu'ils vouldroient amener en leur compaignie, sans nommer personne pour nous y conduire en meilleure seureté. Aiant ouy ceste response, j'estois d'advis de retourner incontinent jusque à ce qu'il fallust entrer dedans Metz, et cepandant que maistre Guillaume demeurast icy pour entretenir les frères de Metz et leur donner bon couraige de persévérer. Mais l'advis de Messieurs de ceste ville a esté que nous attendissions tous deux jusque à venue de leurs ambassadeurs, qui sera, comme ils espèrent, d'icy à huict jours. J'ay bien voulu obtempérer à leur conseil, veu que tant fidèlement ils s'emploient en cest affaire. Cepandant je vous recommande de prier le Seigneur qu'il ne permecte que je m'en retourne sans faire quelque fruict, puisque j'ay desjà tant attendu. Je le prieray aussy de ma part de conduire l'affaire auquel vous estes, tellement que du tout il vienne à bonne issue, et le remercieray de bon cueur quand j'en ouiray quelques nouvelles, telles que je les désire.

Je n'ay point loysir de vous escrire des nouvelles tout au long, et aussy je ne vous en sçaurois guères mander que de maulvaises, excepté de l'archevesque de Coulongne, lequel monstre une merveilleuse affection à tousjours promouveoir l'Evangile[1]. Il est vray que la ville et université de Coulongne avec le clergé y faict toute résistance qu'il peult, mais d'aultant plus a-il de constance et fermeté à procéder oultre. C'est aujourd'huy le premier jour qu'il commence de consulter avec les Estats du païs de mectre ordre et police en l'Esglise. Je dis pour se en résouldre et exécuter ce qui sera accordé; car la forme en est desjà composée. Si le Seigneur luy faict ceste grâce d'avoir le consentement des Estats, ce sera pour rompre la raige des adversaires.

L'Empereur faict tousjours ses apprêts pour descendre vers Brabant, soit pour repousser le Roy ou pour ruer sur le duc de Clèves. Mais il ne se haste pas fort d'approcher, et aussy il n'a pas son cas prest. D'aultre part il y a dangier que le Turc ne le retarde, lequel descend avec fort grande puissance pour assaillir l'Alemaigne par trois costés. S'il pouvoit marcher, le duc de Clèves ne le pourroit soutenir, s'il n'avoit aide du Roy lequel a esté empesché des pluies d'approcher. Naguères il avoit commencé de ce faire, et estoit desjà assez avant,

---

[1] Voir la lettre précédente, p. 87, note 4.

mais le bruict est qu'il reculle. On ne sçait si l'Anglois se retire par force. Quoy qu'il y ait, c'est une chose fort pitoiable de voir une telle désolation par toute la chrestienté. Nostre Seigneur par sa miséricorde infinie vueille regarder les misères où nous sommes, et combien que nous soions très dignes d'en porter d'advantaige, qu'il luy plaise de retirer sa main, nous donnant l'esprit de recongnoistre nos péchés pour nous réduire à luy.

Sur ce, très honorés seigneurs, après m'estre de bon cueur recommandé à vostre bonne grâce, je prye le Seigneur de vous assister en l'affaire auquel vous vacquez, vous maintenant en bonne prospérité. De Strasbourg, ce 24 de juillet 1543.

Vostre serviteur et bon amy,

JÉHAN CALVIN.

AUX SEIGNEURS DE GENÈVE [*]

Orig. autographe. Arch. de Genève. 1250.

Magnificques et très honorez seigneurs, les huict jours que Messieurs de ceste ville nous avoient requis d'at-

---

[*] Les négociations pendantes entre les princes protestants et les magistrats de Metz traînaient en longueur. Lassé d'une attente sans terme, déçu dans son espérance de voir un libre accès ouvert à la prédication de la Réforme dans cette ville, Calvin sollicita son congé auprès des magistrats de Strasbourg et fit les préparatifs de son retour à Genève. Les réfugiés de Metz obtinrent, cette même

tendre, se sont convertis en trois sepmaines, et encores n'en avons-nous poinct résolution finale, car leur principal ambassadeur n'est pas encores retourné de la court de l'empereur, et c'estoit celuy qui pouvoit déclairer les choses, affin que sur son rapport on print conseil.

Toutesfois ma conscience me presse de ne plus délayer, car je ne doibs pas estre mené tellement d'affection de servir à la ville de Metz, que je ne regarde le debvoir que j'ay envers vous pour y satisfaire. J'aime mieulx avoir perdu un voiage, que de si longuement vous deffaillir. Pourtant j'ay proposé du tout d'aller pour la dernière fois dedans trois jours par devant Messieurs du Conseil, et leur déclairer que je ne puis plus attendre, et ce fait m'en retourner par delà, sinon que l'entrée fust preste desjà à Metz, ce qui n'est point à espérer. Car le Conseil de Metz, au lieu de respondre aux protestants, a envoyé par devers l'empereur, pour avoir une alonge, et mettra peine de reculer tousjours tant qu'il pourra. Il est vray que nostre Seigneur pourra bien rompre toutes leurs machinations et les dissiper, et le principal est de le prier qu'il nous vueille adresser en son œuvre, car aultrement nous ne profiterons rien, ne en consultant, ne en faisant tout ce qui sera en nous. Mais j'adviseray de suivre le plus prochain qu'il me monstrera, c'est-à-dire de m'employer envers ceux de Metz, tellement que je ne vous frustre poinct de mon service, puisqu'il m'a spécialement obligé à vous.

A tant magnificques et très redoubtez seigneurs,

année, la permission de rentrer dans leur patrie, avec la promesse d'un temple et une tolérance précaire de leur culte, qui dura quelques mois à peine.

après m'estre humblement recommandé à vos bonnes grâces, je prye nostre bon Dieu de vous gouverner par son Sainct-Esperit en sa gloire et au salut de vostre ville, vous maintenant en bonne prospérité. De Strasbourg, ce 13 d'aoust 1543.

 Vostre humble serviteur,
Jéhan Calvin.

A MONSIEUR DE FALAIS *

Orig. Autographe. Bibl. de Genève. Vol. 194.

Monsieur, combien que ce soit contre la façon acoustumée des hommes, que je use de telle privaulté envers vous de vous escrire familièrement, devant que vous

---

* *Au dos* : A mon bon seigneur et amy sire Jacques Le Franc. — Jacques de Bourgogne, seigneur de Falais et de Bréda en Brabant, arrière-petit-fils naturel de Philippe le Beau, duc de Bourgogne. Elevé à la cour de Charles-Quint, ce seigneur adopta, dès sa jeunesse, la foi réformée, et ne pouvant la professer librement sous le régime espagnol, il quitta sa patrie, d'après les conseils de Calvin, abandonnant tous ses biens qui furent confisqués par un arrêt de la cour de Malines. Voué dès lors à un perpétuel exil, il habita successivement Cologne, Strasbourg, Bâle, Genève, et entretint une correspondance active avec le réformateur qui le combla des marques de son amitié, et lui dédia en 1546 son Commentaire sur la première épître de saint Paul aux Corinthiens. Ces bonnes relations furent malheureusement troublées à la suite du procès de Jérôme Bolsec, dont M. de Falais prit ouvertement le parti contre Calvin. Ce dernier ressentit vivement cet acte d'hostilité de la part d'un ami, avec lequel il rompit sans retour en 1552. Les lettres de Calvin

estre beaucoup congneu, toutesfois puisque je me tiens asseuré que mes lettres seront bien venues vers vous, ce seroit hypocrisie à moy d'en faire longues excuses, comme si j'en doubtoye. Pourtant je feray en cest endroit comme l'un de vos amys, sans aultre préface.

La matière dont j'ai à traicter avec vous requerroit bien que nous feussions ensemble, pour deviser au moins un demy jour. Et de faict, j'ai souventesfois désiré depuis quatre ou cincq mois, que ce feust le bon plaisir de Dieu de nous donner ceste opportunité. Encore ay-je doubté à présent, si pour meilleur conseil je vous devoye prier d'entreprendre un voyage, afin que nous peussions après avoir veu et considéré de plus près, constituer ce qu'il seroit de faire. Car s'il estoit question de mettre la chose en délibération comme doubteuse, il y auroit bien à objecter et réplicquer devant que vous en pouvoir résouldre; il seroit quasi folie et inconsidération à moy de tenter à faire cela par lettres. Mais en la fin j'ai regardé d'aultre part si nostre Seigneur vous a desjà donné le couraige de nous visiter à bon escient, pour vous reposer en nostre Seigneur avec nous, que ce seroit poine perdue, et aultant d'attarge et recullement de vous conseiller d'y venir seulement voir quel il y faict, pour vous adviser sur cela. Parquoy je ne seroye point de cest advis, que vous prinssiez ceste poine superflue pour en estre par après à recommencer, voire possible

---

à M. de Falais ont été publiées en 1744, à Amsterdam, d'après les originaux longtemps conservés dans cette ville. On les reproduit ici, dans un ordre chronologique plus exact, revues et corrigées avec soin sur les originaux actuellement déposés à la Bibliothèque de Genève, en y joignant plusieurs pièces inédites.

quant l'opportunité n'y seroit pas telle, comme elle est pour ceste heure.

Je pense bien à la difficulté où vous estes, si vous regardez le monde, et les considérations qui vous peuvent là retenir. Mais il vous faut faire une conclusion certaine pour repoulser tout ce qui vous viendra au devant pour y contredire. Il est vray qu'elle ne se doit pas prendre à la volée, c'est à dire sans fondement, et ne sçachant pourquoy. Mais quant vous avez vostre conscience asseurée d'un tesmoignage qui est meilleur et plus ferme que tout le monde ne le vous sçauroit donner, il vous faut acquiescer là du tout, et estimer que tous les empeschements qui surviennent pour vous destourner, sont scandales que Sathan vous présente pour vous rompre le chemin. Combien, à mon semblant, qu'il n'est pas grand mestier d'alléguer beaucoup de raisons pour vous montrer ce qui est de faire selon Dieu. Je répute que cela vous est desjà tout liquide. Il y a seulement le regret de ce que vous laissez d'une part, de l'autre la crainte de ne rencontrer pas ce qui seroit à désirer. Mais tous les regrets du monde se peuvent vaincre par ceste pensée, qu'il n'y a plus malheureuse condition que de vivre és troubles d'esprit, et avoir une guerre continuelle en soy-mesme, ou plustost estre tormenté d'une géhenne intérieure sans aulcune relasche.

Or advisez si vous pouvez avoir paix avec Dieu et vostre conscience, persévérant en l'estat où vous estes. Si l'espérance de mieux vous retient, pour le premier vous voiez à l'œil que l'abysme croist tousjours et que vous y entrez avec le temps plus profondément.

Secondement s'il plaisoit à Dieu d'amender le désordre qui est à présent, quelle joye vous seroit-ce de dire — : Cependant que mon maistre a été banny de ce païs, je m'en suis bien voulu exclurre de mon bon gré pour l'aller servir; maintenant qu'il y est rentré, j'y reviens luy rendre louanges? Combien qu'il n'y a pas encor apparence que cela se doive faire en brief. Pourtant le plus expédient est de vous en retirer, devant qu'estre plongé si avant en la fange, que de ne vous en pouvoir arrascher. Mesme le plus tost est le meilleur. Car en telle chose, il fault prendre l'occasion quant elle s'offre, estimant que quant le Seigneur nous donne le moyen, c'est comme s'il nous ouvroit la porte : ainsi il convient adoncq entrer sans plus dellayer, de peur qu'elle ne soit fermée, cependant que nous varions en consultant.

Or la principale occasion je la prends en ce qu'il a rompu les lyens du cueur, tant de vous que de vostre compaignie, en vous rendant facile par la bonne affection qu'il a esmeue en vous, ce qui semble aultrement tant plein de difficulté. En tel cas, nous devons, selon l'exhortation du saint Apostre, faire valoir les dons de l'Esperit, les mectans en effect et en exécution, et ne les pas laisser amortir de paour qu'ils ne s'esteingnent du tout par nostre nonchalance. D'avoir jamais toute commodité à souhet, il ne le fault attendre, car quant ainsi seroit, quelle expérience de vostre foy y auroit-il? Il n'est à doubter que nostre Père Abraham n'eust merveilleuse résistance, quant il fallut desloger de son païs, et qu'il n'avoit pas toutes choses à son ayse; néantmoins il se dépesche incontinent. Si nous sommes ses enfans, il le nous convient ensuivre. Nous n'avons pas révélation expresse de quitter le païs, mais puisque nous avons commandement d'honorer Dieu et de corps et d'âme partout où nous sommes, que voulons-nous plus? C'est doncque aussi bien à nous que ces lettres s'addressent : *Sorts hors du païs de ta nativité*, quant nous sommes là contraincts de faire contre nostre conscience, et ne pouvons vivre à la gloire de nostre Dieu. Au reste, du moyen nostre Seigneur vous donnera la prudence de le disposer, et estes sur le lieu pour mieux pouvoir discerner ce que vos affaires portent. Tant y a que je désireroye bien que vous tendissiez à ce but de vous desvelopper tant qu'il vous sera possible, affin de pouvoir estre plus allègre et plus libre, après vous estre deppétré des fillés, avec les bons amys que vous avez avec vous de par de là, qui sont pour vous ayder tant du conseil que de leur poyne.

Le bon seigneur que vous avez tant désiré pour vous prester la main[1] s'y en va, s'offrant à faire tout ce qu'il pourra de son costé, affin de s'acquitter de son devoir; et certes le zèle qu'il a vous doit bien inciter et estre comme un aguilon nouveau, pour augmenter et enflamber la bonne donation que desjà vous avez.

Or pour ce que le reste ne se peult bonnement dépescher par lettres, je prierai cependant nostre bon Père céleste, qu'il lui plaise de vous ouvrir de plus en plus les yeux pour pouvoir contempler ce que desjà il vous a donné en partie, vous donnant aussi la force et constance de suivre la voye qu'il vous monstre. Finalement qu'il vous dirige en tout et partout par son sainct Espe-

[1] David de Busanton, seigneur du Hainaut, retiré à Genève.

rit, vous conservant en sa protection. Sur ce je me recommanderay humblement à vostre bonne grâce, sans oublier la bonne compaignie des bons seigneurs qui sont avec. (14 octobre 1543.)

Vostre serviteur humble frère et entier amy,
Charles d'Espeville.

A MADAME DE FALAIS *

Orig. Autographe. Bibl. de Genève. Vol. 194.

Madamoiselle et bien-aimée sœur, je n'ai pas grant matière de vous escrire pour le présent, sinon affin de vous faire sçavoir que j'ai receu vos lettres, lesquelles me donnent bonne occasion de remercier nostre Seigneur de tant de grâces qu'il vous a faites, et singulièrement de ce qu'il vous a ainsi disposée à quicter et renoncer tout, pour vous adonner entièrement à le servir. C'est bien une chose que nous devons tous faire sans contredict, et mesme est comme la première leçon de nostre chrestienté. Mais la pluspart s'en acquitent très mal.

---

* *Au dos* : A Madame et bonne seur Madame Katerine Le Franc.— Iolande de Bréderode, de l'antique et illustre maison des comtes de Hollande, tante de Henri de Bréderode qui présenta, en 1566, la requête des quatre cents nobles réformés des Pays-Bas à Marguerite d'Autriche, et posa ainsi les fondements de la liberté des Provinces-Unies. Ame stoïque et généreuse, Madame de Falais partageait les sentiments de son mari, et elle s'associa noblement aux sacrifices qu'il accomplit pour obtenir la liberté de conscience.

Je loue doncq nostre Seigneur de ce qu'il vous a fait sentir que vault la gloire de son nom, pour la préférer à tout le monde, et pareillement quelle félicité c'est de le servir en conscience paisible, affin de réputer cela comme le plus grand thrésor qui vous puisse advenir. Car de vous exhorter beaucoup, quand je voy que vous estes desjà ainsi pleinement résolue, ce seroit chose superflue, comme il me semble, sinon que je mecte poine de vous confermer en ce sainct propos. Or j'espère bien que nostre Seigneur n'a pas allumé un tel zèle et désir en vous, qu'il ne vous vueille faire la grâce de parvenir où il vous poulse. Et d'advantaige il en a monstré desjà de si bons commencements, qu'il nous fault fier en luy, qu'il parfera.

Il est vray et que de vostre part vous avez de grans barres pour vous empescher, et le gentilhomme de la sienne encor plus. Mais en vous armant de la force de nostre Seigneur, vous les surmonterez aussi aisément que festus, passant par-dessus sans difficulté, non pas selon la chair, mais tellement que vous congnoistrez estre vérifié en vous ce que dict le prophète : *Le Seigneur dispose mes pieds comme à un cerf*. Seulement, gardez-vous de laisser refroidir le zèle que le Seigneur vous a donné ; mais plus tôt estimez que c'est lui-mesme qui vous solicite et vous haste. Et quand il y auroit quelque infirmité en vous, priez-le que premièrement il la vueille corriger, et de vostre part employez-vous à combattre à l'encontre, pour la surmonter. Secondement priez-le quand il vous verroit estre trop tardifve à marcher, qu'il vous vueille plus tost tirer par la main et quasi par force vous délivrer. Il n'y a nul doubte que Sara fust un grand soulagement à nostre père Abraham, quant il se deubt mettre en chemin. Ensuivez-la comme une de ses filles, car de regarder derrière, nous voyons que c'est en l'exemple de la femme de Loth. Combien que je me tiens pour asseuré que vous n'avez pas mis la main à la charrue, pour regarder derrière le dos.

Si ces lettres vous devoient estre présentées par un messager estrange, je seroye possible plus long; mais quand le messaiger peut lui-même supplyer au défault de lettres, il ne luy fault pas faire ce déshonneur d'escrire tout ce qu'on veult faire sçavoir, comme s'il n'avoit point de bouche pour parler. A ceste cause je feray fin à ces présentes, après m'estre affectueusement recommandé à vostre bonne grâce, et avoir pryé nostre Seigneur de vouloir poursuyvre son œuvre en vous, en vous conduisant par son Sainct Esperit, tant à la cougnoissance qu'à l'obéissance de sa bonne volonté, donnant aussi la force et la prudence à cellui qui doibt estre vostre guide, de vous précéder pour vous inciter par son exemple, et vous faisant aussi la grâce d'estre son ayde comme il l'a ordonné. J'attenderay le retour du bon sieur présent porteur, non sans grand désir de vous voir. Ce 14 octobre (1543).

Vostre serviteur, humble frère et entier amy,

CHARLES D'ESPEVILLE.

A MONSIEUR DE FALAIS *

Orig. autographe. Bibl. de Genève. Vol. 194.

Monsieur, pour ce que je me confie en nostre bon Dieu, que comme il vous a conduict jusques icy, vous faisant la grâce de surmonter beaucoup de difficultés, lesquelles vous pouvoient destourner du droict chemin, aussi pour l'advenir il vous donnera la force de résister à tous les assaults que Sathan pourra dresser contre vous, toutesfois quand je pense au danger où vous estes maintenant, desjà agité de beaucoup de tentations, selon que je voy les choses disposées, je ne me puis tenir de vous réduire en mémoire que les biens que Dieu nous a faits valent bien que nous préférions son honneur à toutes choses du monde, et que l'espérance de salut que nous avons par son Evangile est si précieuse que nous devons bien quitter toutes ces choses basses, en tant qu'elles nous empeschent de tendre à icelle, et que nous devons bien avoir un tel contentement en luy complaisant, qu'encor qu'il fust question de desplaire à tout le monde pour obéir à son plaisir, il ne nous en face pas mal. Non pas qu'il ne vous en souvienne, sans mes advertissemens. Car je suis bien asseuré qu'en prévoyant l'apparence des tentations, vous n'avez garde faillir de vous armer et prémunir en méditant toutes ces choses. Et ne vous en sçaurroye tant dire, que vous n'en ayez

---

* Cette lettre est sans date : mais Calvin dut l'écrire, peu après les deux précédentes, pour vaincre les dernières hésitations de M. de Falais, sur le point d'abandonner sa fortune et sa patrie.

d'advantaige imprimé au cueur. Mais je sçay bien qu'encor vous profite-il d'ouïr quelques mots d'exhortation de vos amys, et que cela vous sert de grande confirmation. Car je l'ay quelquefois expérimenté en moymesme. D'autre part quand il n'y auroit que ce poinct, que par ce moyen je vous déclaire la solicitude que nous avons de vous par deçà, ce m'est une raison süfisante. Or cela quant et quant vous doit estre un argument du désir que nous avons de sçavoir de vos bonnes nouvelles, affin que nous ayons occasion de remercier Dieu, entendant qu'il vous aura espargné, ou bien qu'il vous aura tellement esprouvé, que cependant il vous aura donné le couraige de surmonter toutes les machinations du diable. Si vous avez à combatre, et que telle soit la volonté de Dieu, estimez que c'est un oraige qui passe, et pourtant qu'il vous faut retirer au couvert. Or n'avons-nous point aultre retraite que celle de nostre Dieu. Cachons-nous doncq là, et nous serons à seureté. L'espérance qu'on pourroit avoir de réformation par le moyen des hommes, est encor bien petite. Ainsi ne nous repentons point de nous estre advancé, et n'avoir point attendu de suyvre Dieu, jusques à ce que tout le monde passast devant nous. Et encor maintenant ne recullons pas pour ceste considération. Car celluy qui le fera s'en trouvera abusé. Espérons hardiment que le Seigneur aura en la fin pitié de son Eglise. Mais que chacun aille selon qu'il est appellé, et que celluy qui a plus de grâce, monstre le chemin aux aultres. C'est ce qu'il vous fault penser, assavoir que vous êtes d'autant plus obligé de courir plus vite que beaucoup d'aultres, que nostre Seigneur vous ayant donné la faculté, vous a aussi mené au lieu, dont il ne vous est licite de reculer en arrière. Et de faict depuis qu'un homme s'est une fois retiré de ceste abysme de la captivité spirituelle, ou plustost en a esté délivré par la main de Dieu, s'il lui advient de s'y envelopper de rechef, et s'eslongner de la liberté que Dieu luy avoit donnée, il est tout esbahy quant il se trouve en une confusion, dont il ne lui est possible de sortir.

Je dis cecy non pas que je craingne qu'il vous advienne, ou que je deffie de vous. Car, comme j'ai protesté du commencement, je me tiens bien asseuré que rien ne vous esbranlera. Mais nous ne pouvons faillir à nous inciter, quelque bonne affection que nous ayons. Et mesme d'aultant plus que nous sommes délibérez de nous-mesmes, nous sommes joyeux que nos amys nous tiennent la main pour nous fortifier. En somme je fais ce que je désirerois m'estre faict de vous, si j'estois en vostre lieu; et ne doubte pas que ne le preniez de vostre costé de tel cueur qu'il procède.

Sur ce, Monsieur, après m'estre humblement recommandé à vostre bonne grâce et à celle de Madamoiselle, je supplye nostre bon Dieu de se monstrer tousjours vostre protecteur et repoulser toutes les machinations de Sathan à ce qu'ayant pleine espérance en luy vous n'ayez aultre esgard qu'à glorifier son nom; et qu'il vous remplisse tellement de constance, que vous ne soyez esmeu de la crainte des hommes, ny estonné du bruit qu'ils feront, mais que vous le sanctifiez, affin qu'il soit vostre palays et sanctification. (1543-44.)

Vostre humble frère et serviteur à jamais,

CHARLES D'ESPEVILLE.

A MONSIEUR DE FALAIS [*]

Orig. autographe. Bibl. de Genève. Vol. 194.

Monsieur, je commenceray par vous faire nos excuses de ce que nous avons si longtemps différé à vous faire sçavoir de nos nouvelles. Je vous asseure que si le temps vous a semblé long, ce n'a pas esté sans languir de nostre costé, à cause que nous ne pouvions pas nous acquiter envers vous selon vostre désir. Si les passages eussent esté ouverts, nous n'eussions pas esté en ceste difficulté, mais il ne vous fault jà advertir quel a esté le temps depuis le retour du bon seigneur David. De vous envoier homme de vostre nation, pendant que les choses estoient ainsi enflambées, nous n'y voions pas grant propos. A ceste cause nous advisasmes d'envoier quérir un homme demeurant à Strasbourg, lequel estoit vostre voisin, considérant aussi qu'il vous seroit plus propre qu'un aultre à cause du païs. Or pource qu'il estoit allé faire un voyage, nous n'eusmes pas si tost response de luy. Depuis en nous escrivant il nous remit

---

[*] M. de Falais venait de quitter le Brabant, et d'arriver à Cologne, avec sa famille, comme on le voit par sa requête à Charles-Quint : « Ego vero primum diverti in civitatem tuam Coloniensem, ubi innocenter et citra cujusquam defensionem ita vixi, ut jure nemo de me queri possit... — » A peine rendu à Cologne, il avait fait la demande d'un ministre à Calvin. La guerre qui désolait alors les Pays-Bas, et qui rendait les communications très difficiles, n'avait point permis au réformateur de satisfaire immédiatement à ce désir.

au retour de Bucer, lequel estoit encore pour lors à Spire ¹.

Voilà comme le temps s'est passé à nostre grand regret, d'aultant que nous n'avions pas entre mains de quoy vous contenter. Or comment il s'est fait que nostre espérance ait esté encor frustrée touchant cestuy-là, vous le pourrez voir par ses lettres et par un extraict des lettres de Bucer que je vous envoye.

Le présent porteur nous a esté envoyé au lieu, oultre nostre opinion. Toutesfois nous n'en sommes pas marris. Car nous espérons bien, sire David et moy, qu'il n'y aura rien de perdu en l'eschange. Il est seur en la doctrine qui est utile à édification. Car oultre ce qu'il l'a pure et saine, il y est bien exercé pour en respondre. Au reste, il est modeste, pour ne s'advancer point oultre sa mesure. Oultre plus, il n'est point adonné à gloire, ny a cupidité de se monstrer, qui est une maulvaise peste en beaucoup. Il monstre un zèle d'advancer le règne de nostre Seigneur Jésus, tel qu'il doit estre en ses ministres. Il a quant et quant une vie pour approuver sa doctrine, et quant à sa façon, vous le trouverez traictable. Or affin de vous advertir de ce qui pourroit défaillir en luy, il est vray qu'il n'est pas fort rusé aux sciences humaines, et n'est pas garny de la congnoissance des langues : mesme en la langue latine il n'est pas des plus diserts, combien qu'il y soit instruict aultant que mestier est pour son estat, ce qui suffit. Sa langue maternelle ne vous sera possible fort plaisante du

---

¹ Bucer s'était rendu à la diète qui eut lieu dans cette ville en 1544. L'empereur, pressé par deux ennemis à la fois, Soliman et François 1ᵉʳ, y fit d'importantes concessions au parti protestant.

commencement, mais je me tiens asseuré que cela ne vous empeschera à prendre plaisir à ses prédications, d'aultant que la substance récompensera bien ce deffault. Il craingnoit de n'estre pas assez bien apprins en civilité humaine, mais nous luy avons dict que ce ne seroit pas crime mortel envers vous. Il y a un bien, que vous le pourrez admonester privément de tout ce que vous semblera, sans doubter qu'il en soit offensé, et j'espère qu'il se rendra ductile. Brief il nous trompera bien, ou il fera tellement que nous n'aurons pas occasion de nous repentir de l'avoir envoyé, et n'en aurons point de plainte de vous.

Touchant du traictement, nous ne luy en avons point parlé; sçachant bien que ce n'est pas cela où il s'arreste. Car aussi, quand il se chercheroit, son voyage ne sçauroit venir à profit. De mescontentement il n'y a nul dangier qu'il n'y en ait de sa part. Et de vous, je me tiens plus que certain que vous ne luy en donnerez occasion. Seulement, je vous prye, Monsieur, de le recevoir comme serviteur de Dieu, pour vous servir de ce que le Seigneur luy a donné avec vostre famille, à ce que son ministère ne soit pas inutile.

De l'ordre et fasçon de procéder en prédication, et en administrant les sacremens, nous en avons consulté, mais ce sera à vous d'en conclurre ensemble sur le lieu. Toutesfois il vous desclairera ce qui nous a semblé advis bon, affin que sur cela vous preniez conseil. Quant à cela nous avons nostre règle infallible, d'accommoder le tout à édification, Or pour discerner ce qui est propre à édifier, c'est au Seigneur de nous donner la prudence, auquel vous aurez recours. Maintenant, Mon-

sieur, pour response de vos lettres, je rens grâces à
nostre Seigneur, de ce qu'il vous a fortifié en constance,
pour vous faire surmonter toutes les tentations qui estoient pour vous empescher et distraire de vous venir
rendre en lieu où vous le peussiez adorer purement, et
n'a pas permis qu'avec la pluspart de ceux qu'il a illuminé en la congnoissance de son nom, vous ayez préféré
le monde à son honneur, vous endormant en la fange,
qui eust esté pour vous suffocquer en la fin. Or si ceste
vertu de vous oublier et destourner vostre considération de toutes choses qui estoient à l'entour de vous, et
de rompre les lyens dont vous estiez détenu, a esté
une singulière grâce de nostre bon Père céleste, comme
il a commencé en cela l'œuvre de sa miséricorde envers vous, aussi l'a-il poursuivy, en vous mettant au
cueur que ce n'estoit pas assez de vous estre retiré
des pollutions où vous estiez, sinon que vous eussiez
journellement sa parole, pour vous conformer à persévérance, et vous inciter à marcher tousjours plus
oultre.

Nous expérimentons bien nostre fragilité estre telle
que si nous ne sommes poulsez d'heure en heure, nous
sommes incontinent refroidis de nostre zèle. Et c'est la
cause pourquoy il y en a tant qui cheminent en escre-
vices, pource qu'estans déceus par faulse imagination
que c'est assez d'avoir une fois entendu la vérité, ils s'a-
nonchalissent, mesprisant l'exercice quotidien qui nous
est tant nécessaire à tous. Ainsi nous estans instruicts
tant par leur exemple que par nostre expérience propre,
combien il nous est mestier d'avoir tousjours sainctes
exhortations de la parole de nostre Dieu comme un

esperon pour nous picquer, gardons bien de nous en reculler.

Nous voyons comme David estant entre les Philistins, combien qu'il ne se contaminast pas en idolâtrie, regrette qu'il ne se peult trouver au temple en Jérusalem, pour s'édifier tant par la prédication de la loi et les sainctes ordonnances de Dieu, comme ce sont confirmations pour ayder et subvenir à nostre foiblesse. Je prie doncq le Seigneur de vous maintenir tousjours en ce propos, affin que soyez pleinement conforme à nostre père Abraham, lequel non-seulement abandonna le païs de sa nativité pour suivre Dieu, mais estant venu en la terre de Chanaan dressa incontinent un autel, pour s'exercer au service et en l'adoration de Dieu.

Quant à ce que vous craingnez que je trouve estrange, le changement de vostre délibération [1], je seroys trop inhumain, si je ne vous concédois d'user d'un tel et si bon moien, puisque nostre Seigneur vous l'a offert oultre vostre espérance. Non pas que je n'eusse désiré de vous voir, pour jouir de la consolation et joye que j'attendois de vostre présence, et qu'il ne me face mal d'estre privé d'un tel bien. Mais je regarde d'aultre costé que vous seriez comme ingrat à Dieu, en n'acceptant point la condition, laquelle vous est présentée de luy plus que des hommes.

Au reste, je vous asseure bien que si j'estois en ma liberté, et que le Seigneur ne m'eust point lyé icy, ou qu'il me donnast congé pour un temps, que je ne vouldrois faillir à vous aller visiter, pour satisfaire à vostre

---

[1] M. de Falais avait d'abord l'intention de se retirer à Genève. Il s'était ensuite décidé à fixer sa résidence à Strasbourg.

désir et au mien. Quant à vous voir, encore n'en ai-je pas perdu l'espérance, non pas que j'y voye grande aysance de mon costé, mais pource que je me confie que nostre Seigneur en ouvrira quelque moien. Comment qu'il en soit, le principal est que nous soyons tousjours conjoints ensemble en cellui qui est père de toute unité, comme je m'en tiens pour asseuré, et non-seulement pour trois jours que nous avons à vivre en ce monde, mais éternellement en son royaulme.

Pour faire fin, Monsieur, après m'estre humblement recommandé à vostre bonne grâce, je supplye ce bon Dieu de vous avoir tousjours en sa protection avec vostre famille, vous acroissant les dons qu'il a mis en vous, jusques à ce qu'il vous ait mené à la dernière perfection de ses enfans. Le 24 de juing (1544).

  Vostre serviteur, humble frère et entier amy à jamais,

      CHARLES D'ESPEVILLE.

A MADAME DE FALAIS

Orig. autographe. Bibl. de Genève. Vol. 194.

Madamoiselle et bien aymée seur, combien que j'aurois un désir singulier de vous voir, et qu'il me face bien mal d'estre frustré de l'espérance que j'en avoye conceu, toutefois je rens grâces à nostre Seigneur de l'ouverture qu'il vous a faite, que sans vous eslongner des vostres, il vous est permis de l'adorer en pure conscience, et hors des pollutions de l'idolâtrie en laquelle vous avez esté captive.

Il y a l'aultre bénédiction que vous pourrez dresser forme d'Eglise pour l'invocquer en assemblée chrestienne, estre consolée par sa parole, et recevoir la sainte Cène pour gaige de sa bonté, faisant aussi par icelle protestation de vostre foy. D'aultant que vous aviez moins attendu une telle faculté, vous avez occasion de vous en resjouir, quant elle vous est donnée.

J'espère que l'homme que nous vous envoions, le seigneur David et moy, sera selon vostre cueur, car tant en doctrine qu'en meurs il a une vraye simplicité chrestienne.

Au reste, cependant, le désir me demeurera de jouir quelquefois de vostre présence, et n'en perderay point l'espoir. Mais il y a ce bien qu'estans absens les uns des aultres, nous ne laisserons point de nous entrevoir en esperit, estans unis en celluy qui conjoinct les choses eslongnées. Pource que le porteur servira de lettres en partie, je ne vous fascheray de plus longs propos, et ainsi, mademoiselle et très aymée seur, après m'estre humblement recommandé à vostre bonne souvenance en vos prières, je supplye le Père de toute miséricorde d'eslargir de plus en plus sa main pour vous despartir de ses grâces, faisant que vous continuiez d'estre un instrument esleu de sa gloire jusque en la fin.

Je ne sais pas la compaignie qui est présentement avec vous, mais si ceux que le seigneur David y laissa avec celluy qu'on attendoit y estoient, je souhaiste d'estre recommandé à leur bonne grâce, aultant affectueusement qu'il est possible. Non pas que je vous vueille donner ceste poine, mais eux-mesmes pourront bien recevoir les recommandations que je désire leur estre présentées. De rechef je prie nostre Seigneur de vous guider tousjours, comme il a faict jusque icy. Le 24 de juin (1544).

Vostre serviteur et humble frère à jamais,

CHARLES D'ESPEVILLE.

A LA REINE DE NAVARRE *

Copie. Bibl. de Genève. Vol. 107.

Madame, j'ay reçeu lettres d'un homme de ceste ville, escriptes comme il dict de vostre commandement, par

---

* Marguerite de Valois, sœur de François Ier, reine de Navarre, née le 11 avril 1492, et morte le 21 décembre 1549. Douée d'un esprit élevé, d'une imagination vive et brillante, cette princesse se montra de bonne heure amie de la Réforme qu'elle protégea dans la personne de Le Fèvre d'Etaples, de Briçonnet, de Gérard Roussel, et qu'elle fit prêcher dans sa propre cour à Nérac. Elle inclina, en avançant en âge, vers les doctrines mystiques qui proclament l'indifférence des formes extérieures, et unit la profession du culte catholique aux croyances d'une foi épurée. On a d'elle plusieurs ouvrages : 1° *L'Heptaméron*, souvent attribué à Bonaventure Desperiers. 2° *Marguerites de la Marguerite des princesses*, recueil de poésies religieuses dont le *Miroir de l'âme pécheresse* forme la première partie. La correspondance de la reine de Navarre a été

lesquelles j'entends qu'estes fort mal contente de moy à cause d'un certain livre par moy composé, lequel j'ay intitulé contre les Libertins [1]. Il me faict mal de vous avoir contristée, sinon que ce fust pour vostre salut, car telle tristesse, comme dict saint Paul, est si bonne qu'il ne s'en fault point repentir d'en avoir esté cause. Mais je ne sçay pas, Madame, comment ce livre vous a peu tant animer. L'homme qui m'a rescript m'allègue la raison que c'est d'aultant qu'il est composé contre vous et vos serviteurs. Quant est de vous, mon intention n'a pas esté d'attoucher vostre honneur, ne diminuer la révérence que tous fidèles vous doibvent porter. Je dy outre celle que nous vous devons tous, pour la majesté royale en laquelle nostre Seigneur vous a exaltée, pour la maison dont vous estes descendue, et pour toute l'excellence qui est en vous, quant au monde. Car ceulx qui me cognoissent, sçavent bien que je ne suis pas tant barbare ne inhumain, que de mespriser ne tascher de mettre en mespris les principaultés, la noblesse terriene, et ce qui appartient à la police humaine. Davantage, je cognois les dons que nostre Seigneur a mys en vous, et comment il s'est servy de vous, et vous a employé pour l'advancement de son règne, lesquelles choses me

---

publiée par M. Génin : *Lettres de Marguerite d'Angoulême*. Paris, 1841, in-8°. — *Nouvelles Lettres de la reine de Navarre*. Paris, 1842, in-8°.

[1] C'est le traité intitulé : *Contre la secte fantastique et furieuse des Libertins qui se disent spirituels*. 1544, in-8°. Cette secte, répandue surtout dans les Pays-Bas, niait l'autorité de la parole écrite, et par un faux spiritualisme renversait les fondements de toutes les vérités chrétiennes. Deux de ses principaux chefs, Quintin et Pocquet, étaient attachés à la maison de la reine de Navarre.

donnent assez d'occasion de vous honorer, et avoir vostre honneur en recommandation. Aussy, Madame, je vous prie de ne vous laisser point persuader par ceux qui en vous enflambant contre moy ne cherchent ne vostre profit, ne mon dommage, mais plus tost de vous alliéner de la bonne affection que vous portez à l'Eglise de Dieu, et vous oster le courage de servir à nostre Seigneur Jésus, et à ses membres, comme vous avez faict jusques à ceste heure. Quant à vos serviteurs je pense que vous n'estimez pas vostre maison plus précieuse que celle de nostre Seigneur Jésus, de laquelle un membre est nommé Diable, voyre un serviteur qui estoit assis à la table de son Maistre, et constitué en cest estat tant honorable d'estre ambassadeur du Fils de Dieu. Combien que je n'ay pas esté si inconsydéré que de nommer vostre maison, mais dissimulant que ceulx dont j'avoys à parler vous attouchassent en rien, j'ay parlé en vérité, et comme devant Dieu. Il reste de regarder si j'ay prins plaisir à les diffamer, ou si j'ay esté contrainct, par grande et juste raison, voire par nécessité, à les taxer ainsi. Or, Madame, si vous estes bien advertye de tout, j'estime bien tant de vous que nonseulement vous excuserez ce que j'en ay faict, mais estimerez ma simplicité digne de louange.

Je voy une secte la plus pernicieuse et exécrable qui fust oncques au monde. Je voy qu'elle nuyst beaucoup, et est un feu allumé pour destruire et gaster tout, ou comme une contagion pour infectioner toute la terre, si l'on n'y rémédie. Puisque nostre Seigneur m'a appelé à cest office, ma conscience me contrainct d'y résister tant qu'il m'est possible. Il y a plus, qu'avec grandes obtestations et véhémentes, je suis solicité des paoures fidèles qui enverrent (?) le pays bas de l'empereur tout corrompu, que bien tost et sans dilayer je mette la main à l'œuvre. Néantmoins encore après telles requestes, ay-je différé un an entier, pour veoir si le mal se pourroyt assoupir par silence. Si on m'allègue que je pouvois bien escrire contre la meschante doctrine, laissant les personnes là, j'ay mon excuse plus que raisonnable. C'est que sçachant quelle ruyne a faicte messire Antoyne Pocquet au pays d'Artois et de Heinault, selon la relation des frères qui sont expressément venus icy pour cela, l'ayant ouy mesme icy, sçachant que Quintin ne prétend à autre fin que d'attirer les pauvres simples âmes à ceste secte plus que brutalle, et non tant par rapport d'aultruy que pour l'avoir ouy de mes oreilles, entandant qu'ils sont tousjours aspres pour renverser la saincte doctrine, tirer les pauvres âmes en perdition, engendrer au monde un contemnement de Dieu, jugez, Madame, s'il m'estoyt licite de dissimuler. Un chien abaye, s'il voit qu'on assaille son maistre; je seroys bien lasche, si en voyant la vérité de Dieu ainsi assaillie, je faisoys du muet sans sonner mot. Je suis tout persuadé que vous n'entendez pas qu'en faveur de vous je trahisse la défense de l'Evangile que Dieu m'a commise. Parquoy je vous supplie, Madame, de ne vous point offenser, si estant contrainct par le devoir de mon office, soubs peine d'encourir l'offense de Dieu, je n'ay point espargné vos serviteurs, sans toutesfois m'adresser à vous.

Quant à ce que vous dictes que ne vouldriez avoir un tel serviteur que moy, je confesse que je ne suis pas pour vous faire grands services. Car la faculté n'y est pas, et aussy vous n'en avez pas faulte. Mais si est-ce que l'affection n'y défault pas, et tant que je vivray, je persisteray tousjours en ce propos au plaisir de Dieu, et quoy que vous dédaigniez mon service, cela ne m'empeschera pas que je ne soys vostre humble serviteur de cœur et de bonne volunté. Au reste, ceulx qui me cognoissent, sçavent bien que n'ay jamais aspiré d'avoir entrée aux cours des princes, d'aultant que je n'estoys pas tenté de parvenir aux estats. Quand j'y eusse tasché, c'eust esté possible en vain. Mais je remercie nostre Seigneur, que je n'en ay jamais esté tenté, car j'ay bien occasion de me contenter de servir à un si bon maistre qui m'a accepté et retenu en sa maison, voire en me constituant en un office tant digne et excellent, quelque contemptible qu'il soyt, selon le monde. Je seroys par trop ingrat si je ne préféroys ceste condition à toutes les richesses et honneurs du monde. Quant à la reprosche d'inconstance que vous me faictes, d'aultant que je me suis desdict, je vous adverty, madame, qu'on vous a mal informée. Car jamais nostre Seigneur ne m'a admené jusques-là, qu'on m'ayt demandé confession de ma foy. Quand il lui eust pleu m'esprouver en cest endroict, je ne me vante pas de ce que j'eusse faict, mais je ne doubte pas, que puisqu'il m'a donné ceste constance d'exposer ma vie en danger pour aultruy, au regard seulement de sa Parolle, qu'il ne m'eust adsisté par sa vertu, quand il eust esté question de glorifier son nom. Tant y a qu'il m'a préservé de ceste reprosche, que jamais je me soys dédict ne directement ne oblicquement. Qui plus est j'ay tousjours eu en horreur une telle lascheté, que de renoncer Jésus pour sauver sa vie, ou ses biens, je dy mesme du temps que j'estoys en France, comme plusieurs en sont tesmoings. Mais affin que vous soyé plus acertenée que ceulx qui vous ont faict tel rapport de moy, ont abusé de vostre audience trop humaine, je m'en rapporte à monsieur de Clérac [1], lequel vous pourra dire que c'est une faulse calomnie qu'on m'impose, laquelle je ne doibs nullement porter, d'aultant que le nom de Dieu en seroyt blasphémé. Car combien que je ne soys rien, toutesfois puisqu'il a pleu à Dieu d'user de moy, comme d'un de ses instrumens à l'édification de son Eglise, je voy quelle conséquence tireroyt un tel blasme, s'il estoyt en ma personne pour diffamer l'Evangile. Mais je loue le Seigneur qui n'a pas tant permys sur moy à Sathan, et mesme a supporté mon infirmité, en ce qu'il ne m'a jamais esprouvé par examen ne par prison.

---

[1] Gérard Roussel, prédicateur de la reine de Navarre, un des premiers missionnaires de la Réforme à Paris. Nommé abbé de Clairac et évêque d'Oleron, il continua de prêcher les doctrines nouvelles, sans rompre avec l'église catholique, et s'attira ainsi les plus âpres censures de Farel et de Calvin. Ce dernier lui adressa, en 1536, une lettre intitulée : *Quel est l'office de l'homme chrestien en administrant ou rejetant les bénéfices de l'église papale*, et le pressa vainement de se séparer de l'église romaine, à laquelle il demeura attaché jusqu'à sa mort (1550). « Sa vie, dit un écrivain catholique, estoit sans reproche. Sa meute de chiens et de levriers estoit un grand nombre de pauvres, ses chevaux et son train une troupe de jeunes enfans eslevés aux lettres. Il avoit beaucoup de créance parmy le peuple auquel il engrava peu à peu une haine et mespris de la religion de leurs pères. » Florimond de Rémond, *Hist. de l'hérésie*, L. VII, p. 850, 851. Voir surtout l'ingénieuse et savante Biographie de Gérard Roussel, par M. Charles Schmidt, Strasbourg, 1845, in-8°.

Je vous prye de m'excuser en la brièveté et confusion de mes lettres ; car incontinent après avoir reçeu les nouvelles de vostre mescontentement, je me suis voulu efforcer de vous satisfaire en tant qu'en moy seroit, non pour aultre raison que pour éviter que je ne fusse cause de vous refroidir ou destourner de la bonne affection qu'avez montrée jusques icy envers les pauvres fidèles. Et sur ce, Madame, après m'estre très humblement recommandé à vostre bonne grâce, je supplie le Seigneur Jésus de vous maintenir en sa garde et vous guyder par son Esperit, tant en prudence qu'en zèle de poursuyvre vostre saincte vocation. De Genève, ce 28 d'avril 1545.

Vostre très humble et obéyssant serviteur en nostre Seigneur,

JÉHAN CALVIN.

A MONSIEUR DE FALAIS *

Copie. Bibl. de Genève. Vol. 194.

Monseigneur, combien que je ne puis assez louer le Seigneur de ce qu'il vous a retiré à si bonne heure du lieu où vous pouviez estre surprins en grande anguoisse,

---

* Aux approches de l'armée impériale, M. de Falais s'était retiré de Cologne à Strasbourg. Il y reçut, au mois de mai 1545, la visite du réformateur, qui s'était rendu à Berne, à Zurich, et à Bâle pour exciter l'intérêt des cantons protestants en faveur des malheureuses victimes de Cabrières et de Mérindol.

et vous a si bien conduit par-dessus l'espérance des hommes au lieu où vous pouvez avoir quelque relasche en vostre esperit, toutefois si avez-vous à présent aussi bon mestier que jamais qu'il vous assiste, tant en vous enseignant ce qui sera bon et expédient de faire, qu'en vous fortifiant en bonne constance pour n'estre point esbranlé pour assault qui vous vienne. Car estant si prochain du lieu où est le principal instrument qu'ait aujourd'huy Sathan pour vous fascher [1], je ne fais doubte que vous n'aiez à résister à beaucoup plus de tentations que n'en avez senties jusques icy. Quant est de prolonger plus longuement par excuses, je n'y vois nul moien, veu que tout ce que vous prétenderez n'aura pas grant couleur, au moins à mon advis. J'entens envers ceux lesquels vous avez à contenter. Car quelque apparence que vous ayez de la maladie, ils sont desjà si préoccupés d'opinion contraire, que tout cela n'aura lieu envers eux, et d'advantaige le lieu de vostre retraite leur en ostera tout doubte. Outre ce que je pense bien qu'ils n'ont pas tant tardé à vous espier, pour en assoir certain jugement.

Le meilleur doncq à mon semblant en telle extrémité, sera de vous taire et tenir quoy, recommandant vostre cause à Dieu, affin qu'il la meine sans procureur ne sans advocat. Or pource que entr'aultres propos de vos lettres, vous dittes que vous estes en doubte s'il vous faudra aller à Wormes, je vous prye devant qu'entreprendre le voyage d'y bien penser, car devant toutes

---

[1] Allusion à l'empereur Charles-Quint. Il était alors à Worms, où il devait présider la diète qui s'ouvrit, l'année suivante, dans cette ville.

choses, il vous convient d'avoir ceste résolution de confesser pleinement nostre Seigneur, sans fleschir pour rien que soit. Il ne sera pas question d'user là d'excuses civiles pour donner bonnes paroles en payement, comme vous sçavez. Qui pis est, je crains que vous n'aiez point d'audience pour faire la confession que désireriez. Quand au sauf-conduit, il vous souvient de ce que nous en devisasmes. Toutefois j'espère bien qu'il n'y aura pas grant inconvénient de le demander, car je pense estre asseuré qu'il ne s'en suivra que le refus. Il y aura un bien, que vous serez par ce moyen déclaré tout oultre. Combien que je crois que sur ce poinct il ne sera pas grant besoing de longue consultation, pource que Dieu en aura rompu le commencement, si je ne suis trompé. Parquoy le principal est de vous armer de patience, priant Dieu qu'il luy plaise de se glorifier en vous de plus en plus, comme il a commencé.

C'est peu de chose de ce que nous avons à endurer en ce monde, si nous regardons à la briesveté de nostre vie. Et quand le terme seroit long, c'est belle chose que le Fils de Dieu soit glorifié par nos passions, et que nous soyons participans de sa gloire. Puisque vous avez commencé de mourir au monde pour l'amour de luy, il fauldra apprendre doresnavant que c'est d'estre ensepveli. Car la mort n'est rien sans la sépulture. C'est la consolation qu'il vous convient prendre pour ne vous point tromper, de vous préparer à endurer jusqu'en la fin. Combien que la croix que vous portez est bien aysée au pris de celle du maistre. Quand il luy playra de vous imposer plus poisant fardeau, il vous donnera aussi bien les espaules pour le soustenir.

A mon retour j'ay trouvé le bon seigneur David [1] en bien pauvre estat, comme vous diront les présens porteurs, et crains bien fort qu'après avoir traisné longtemps il n'y demeure en la fin. Toutesfois il nous fault pryer Dieu qu'il vueille avoir pitié de luy et de nous. Car ce seroit bien à nostre grande consolation s'il luy plaisoit le réserver.

Sur ce, monseigneur, après m'estre recommandé à vostre bonne grâce, et celle de mademoiselle, je supplye nostre bon Dieu de vous tenir la main en sorte que vous ne défailliez et ne choppiez pour empeschement que Sathan vous puisse mectre au-devant. De Genesve, ce dernier de may 1545.

Vostre humble frère, serviteur et entier amy,

JÉHAN CALVIN.

A JEAN CAVENT [*]

Orig. autographe. Bibliothèque de la Compagnie de Neuchâtel.

Très cher frère, je croy bien que maistre Christo-

---

[1] David de Busanton, gentilhomme du Hainaut réfugié à Genève. Il y mourut au mois de juillet 1545, dans les sentiments de la plus vive piété, comme on le voit par une lettre de Calvin à Viret : « Cum mihi redditæ sunt tuæ literæ, David noster animam agebat, quam paulo post reposuit in manum Christi, singulari adeoque mirabili constantia. Testamentum ejus, ubi veneris, leges... » — Julii 1545. David de Busanton léguait par son testament mille écus aux pauvres de Strasbourg, autant à ceux de Genève, et il désignait Calvin pour un de ses exécuteurs testamentaires.

[*] *Au dos* : A mon bon frère et amy maistre Jéhan .... diacre

phle[1] aura faict son debvoir de vous faire tenir les lettres où on vous mandoit les nouvelles de la mort de vostre femme et de vostre mère. Si ce deppart vous est dur, si avez-vous occasion de vous consoler en nostre Seigneur pour l'honneur qu'il leur a faict de glorifier son nom en leur mort, et pour la constance qu'il leur a donnée, comme je ne doubte pas qu'il ne vous face la grâce de bien considérer toutes ces choses. Quant à vos enfans, il y eust eu quelque moien par Monsieur de Falez, et l'eust volontiers faict pour l'honneur de Dieu, et à ma requeste. Mais luy-mesme est exclus du païs, et le trouvay à Strasbourg malade. Car si la foiblesse ne l'eust empesché, il fust venu par deçà. Parquoy il nous fauldra enquérir de quelque aultre moien, et ce pendant que vous aiez patience, avec solicitude les recommandant à Dieu, lequel ne permectra pas qu'ils demeurent à la longue en ceste captivité. Au reste, je vous prie dire à nostre frère Maistre Pierre[2] qu'il ne faille à venir un jour, et sur ce après m'estre recommandé à tous deux affectueusement, et à tous nos amys, je supplye nostre bon Dieu de vous avoir en sa garde, vous adressant par son esprit à ce que vostre service luy soit agréable et utile à son Esglise qui en a bon mestier. (Juin 1545.)

Vostre entièrement bon frère et amy,

JÉHAN CALVIN.

de l'église de Lausanne, ou à maistre Pierre Viret pour les luy faire tenir. — Au-dessous, de la main de Viret : Calvin à Jéhan Cavent diacre de Lausanne. Lettre non datée, mais écrite peu de temps après le voyage de Calvin à Strasbourg, et sa visite à M. de Falais, c'est-à-dire en juin 1545.

[1] Christophe Fabri, ministre de l'église de Thonon.
[2] Pierre Viret, ministre de Lausanne.

A MONSIEUR DE FALAIS

Orig. autographe. Bibl. de Genève. Vol. 194.

Monseigneur, je vous escris en haste pource que je n'ay point esté adverty d'heure, mais je récompenseray en brief ceste faulte au plaisir de Dieu. Pour le présent, je vous advertiray seulement qu'après avoir advisé sur ce dont m'avez requis, nous trouvons bien qu'il y aura marchant prest quant il vous plaira d'achapter [1]. Mais de faire nul achapt, ny mesme d'en tenir propos, sinon que vous feussiez devant sur le lieu pour juger ce qui vous sera propre, nous n'y voions point grant ordre; parquoy s'il ne tient qu'à cela, le meilleur seroit, à mon advis, d'y regarder sans sonner mot, jusque à ce que feussiez arrivé. Combien que pour le présent il a deux places, dont l'une pourroit changer maistre, si on n'y prévient de bonne heure. Mais aussi je croy quant vous auriez arresté de venir, et que Dieu ne vous envoiat nul empeschement, incontinent après ces chaleurs passées, vous vous mecteriez en chemin.

Je n'ose dire combien je seroye joieulx que la conclusion en fust prinse, de paour de vous estre suspect, si je venois à vous en donner conseil. Toutesfois je puis bien protester en vérité que le désir que j'auroye de jouir de la consolation que j'en attens, ne m'empesche-

---

[1] Il s'agit ici de l'acquisition d'une maison à Genève, pour M. de Falais.

roit pas de regarder à ce qui vous seroit bon. Et mesme ce qui m'incite le plus à désirer que feussiez icy, c'est affin que soiez en lieu où il y ait gens qui demandent de s'employer à vous faire service. Je m'estois advisé que si Monsieur de Fromont[1] estoit venu, et qu'il luy pleust se venir esbatre jusque icy, comme il est plus portatif, que son voiage vous serviroit pour advertissement. Mais en ce cas je supplierois qu'il vînt descendre droict chez nous.

Quant au bon seigneur David, c'est fait, si Dieu ne le retire comme du sépulchre par grâce miraculeuse. Mais je ne vous en escris point plus au long, jusque à ce que Dieu en ait disposé du tout[2].

Sur ce, monseigneur, après m'estre humblement recommandé à vostre bonne grâce, et celle de Madamoiselle, et vous avoir présenté les humbles recommandations de ma femme, je prye nostre Seigneur de vous fortifier tous deux tant en corps qu'en esperit, tellement que sans défaillir nous accomplissions tous ensemble le voiage que nous avons à faire. Ce 22 de juing. (1545[3].)

Vostre serviteur, humble frère et entier amy,

JÉHAN CALVIN.

---

[1] Jean, seigneur de Fromont et de Han-sur-Sambre, frère de M. de Falais.

[2] Voir la note 1, page 120.

[3] *Au dos,* de la main de M. de Falais : Respondu le XVIII de juillet 1545, à Strasbourg.

A MONSIEUR DE FALAIS

Orig. autographe. Bibl. de Genève. Vol. 194.

Monseigneur, je rends grâces à nostre bon Dieu de ce qu'il nous a resjouy des bonnes nouvelles de la santé qu'il vous a rendue, sans que nous ayons esté contristez de la maladie. Quant nous en eussions esté advertis à temps, nous l'eussions pryé, selon que nous y estions tenus. Mais puisqu'il a si bien besongné sans nous appeler à l'ayde, nous avons à le remercier doublement. Et mesme ma joye s'augmente de ce que j'entens que ceste visitation vous a servy à demy de médecine, pour vous rendre plus robuste. Quoy qu'il en soit, puisque nous avons un Dieu qui peult en un moment sans difficulté retirer les siens du sépulchre, il les pourra bien pourmener au bort tant qu'il vouldra, sans permectre qu'ils tombent dedans, jusqu'à ce qu'il en soit temps.

Si j'avois loysir d'escrire a Madamoiselle, je luy manderois que ses lettres m'ont aprins qu'il est bon de lire jusque au bout devant que juger. Car j'ay cuidé estre surprins en la seconde lingne, où elle me mandoit du dangier où vous avez esté, combien que sa prudence m'a aydé à me retenir. Tant y a que j'ay esté singulièment consolé, devant qu'avoir eu le loysir de me fascher.

Quant à l'affaire dont vous m'avez escrit, vostre venue n'a point esté divulguée de par nous. Mais cependant le bruict vole, et ne sçavons dont il vient, sinon que le vent le porte. Quant on m'en parle, je laisse couller cela, sans mectre poine de le réfuter. Car il y est passé quelqu'un venant de Strasbourg qui en a dict comme s'il avoit sceu vostre intention. Parquoy il m'est advis que ce seroit poine perdue de nyer, mais que le plus expédient est d'en laisser muser chascun ce qu'il vouldra. Tel est venu à moy, qui m'a racompté qu'un gentilhomme nommé ainsi, qui s'estoit retiré à Strasbourg, etc., comme s'il en eust plus congneu plus que moy. Quant il me demandoit des choses manifestes, pource que c'eust esté impudence d'en faire de l'ignorant, je luy concédois aultant qu'il estoit nécessaire. Ainsi nous dissimulerons aultant que nous verrons qu'il pourra profiter. Cependant faictes vostre compte, qu'on devise de vostre estat en vostre absence, sans avoir commission de vous.

Touchant la place, le sire Nicolas en fera comme il le vous a promis, et nous avec luy. Seulement il y a une difficulté, que si on la haulsoit, ainsi que le bruict en est, non pas oultre sa juste valeur, mais oultre le pris qu'il en vouldroit donner, qu'il seroit de faire en tel cas. Nous faisons nostre project que par raison elle viendra jusque à deux mille cinq centz escus. Nicolas ne vouldroit passer oultre les deux centz ou environ. Non pas que la pièce ne les vaille, mais pource que sa commodité ne s'estend que jusque-là. C'est desjà un scrupule qui nous moleste. Quant ce lieu-là ne vous duiroit, il y en a un aultre en bransle, à deux bonnes lieues loing. Mais je craindrois que ce fust trop loing, car c'est grande commodité d'estre voisin de la ville, combien que ce lieu que je dis est assez prochain du lac. En somme si c'estoit à souhaitter, je vouldrois bien que quelqu'un vous peult prester son œil de paour que les occasions ne nous eschappent.

J'entens bien par vos lettres qui c'est qui vous retient, mais je croy que de ceste doubte il en pourroit estre décidé à ceste heure. Quant je considère le tout, mon désir seroit que de première arrivée vous feussiez bien logé, et vostre cas tout bien ordonné. Mais en vostre absence, il est bien difficile de vous proveoir de lieu par achapt. De logis à louage en la ville, cela se peult faire sans grant intérest. Mais ce qui tire plus longue queue, ne se peult bonnement despescher, que la veue n'y soit. Car nostre contentement ne sera pas le vostre.

Pleust à Dieu que vous peussiez estre icy pour user de l'opportunité pendant qu'elle nous dure. Toutefois j'espère que si l'un ne vient à point, nous recourrerons à un aultre.

Je crains de vous retarder, si je vous dis que nostre Seigneur nous afflige aulcunement de peste [1]. Mais j'ayme mieux que vous en soyez adverty de bonne heure pour vous asseurer, que d'estre surprins au déproveu. Du reste vous en estes duement informé, comme je pense, car je pryai bien Maldonad [2] et Saint-André [3] de ne vous point tromper. Combien que vous sçavez de vous-mesme ce qui vault mieulx que toutes admoni-

---

[1] Elle ne cessa d'exercer ses ravages à Genève qu'en 1546.
[2] Gentilhomme du Hanovre, réfugié à Genève.
[3] Autre réfugié, des Pays-Bas. Il fut admis, l'année suivante, au ministère.

tions ny advertissements du monde. C'est puisque nous cherchons Jésus-Christ, qu'il nous convient attendre de le trouver crucifié par tout où nous irons en ce monde. Mais j'espère que nostre bon Père vous donnera encor icy aultant de relasche qu'il sera expédient, pour la disposition de vostre corps. Nous attendrons par le premier certaines nouvelles de vous, et empórtantes résolutions de ce que nous avons à faire.

Et sur ce, monseigneur, après m'estre humblement recommandé à vostre bonne grâce, et celle de Madamoiselle, et vous avoir présenté à tous deux les humbles recommandations de ma femme, je supplieray nostre bon Dieu de vous maintenir en sa protection, vous conduisant tousjours par son esprit, et vous envoiant ce qu'il congnoit vous estre salutaire. De Genesve, ce 5 d'aoust (1545).

Vostre serviteur, humble frère et entier amy à jamais,

JÉHAN CALVIN.

A MADAME DE FALAIS

Orig. autographe. Bibl. de Genève. Vol. 194.

Madamoiselle, c'est bien raison puisque j'ay reçeu deux paires de lettres de vous, pour le moins que vous en aiez une de moy pour récompense. Mais je vous prie de ne me vouloir traicter à la rigueur pour ce coup.

Car le porteur m'avoit promis de m'advertir deux jours devant, et depuis il a esté plus hasté qu'il ne pensoit, tellement que je n'ay pas eu le loysir que j'avoye espéré, mais je me desporte de faire plus longue excuse, me confiant que vous la prendrez bien selon vostre prudence, puisque vous en estes advertie en un mot.

Au reste vos lettres m'ont doublement resjouy. Ce que je ne vous mande pas comme chose nouvelle, car vous le pouvez bien penser sans que j'en dise un mot. C'est de ce qu'il a pleu à nostre bon Dieu de restituer monsieur en convalescence d'une maladie si fascheuse, et qu'il se trouve mieulx disposé, qu'il ne faisoit devant qu'avoir eu ceste ateincte. Par cela il nous faut apprendre que nous ne devons pas réputer estrange que nostre bon Dieu tourne les afflictions corporelles au salut de l'âme, veu que mesme quant au corps il convertit la playe en guairison. Il reste que nous le pryons que comme il a commencé de luy restituer sa santé, il le vueille confermer pleinement, et luy donner un corps si robuste qu'il soit disposé pour s'aller esbattre, affin de récompenser le temps de la longue prison où il a esté desjà passé trois mois.

Je vous envoye les lettres que la seur de monsieur David luy escrivoit, non pas qu'elles vous puissent apporter nulle consolation, mais d'aultant que j'eusse pensé faire incivilement en les supprimant. J'espère au plaisir de Dieu que par l'homme de messire Bernardin nous aurons nouvelles plus certaines, tant de la disposition de Monsieur, que de la vostre, et aussi de vos affaires, affin que nous sçachions en quel temps il nous fauldra faire provision de bois, car de verjus on est après.

Il est vray que si vous craignez fort la peste, il y aurait un hocquet pour vous retarder. Néantmoins je vous asseure bien qu'il ne se fault pas arrêter au bruict qui augmente cent fois plus qu'il n'y en a.

Sur ce, après m'estre humblement recommandé à la bonne grâce de Messieurs et la vostre, je supplieray nostre Père céleste de vous conserver tous deux en bonne prospérité, vous resjouissant par sa grâce, et vous donnant contentement spirituel pour vous deslivrer de toutes fascheries terriennes, vous faisant dignes de servir de plus en plus à la gloire de son nom. Amen. De Genève, ce 15 d'aoust 1545.

Vostre serviteur et humble frère à jamais,

JÉHAN CALVIN.

A MONSIEUR DE FALAIS *

Orig. autographe. Bibl. de Genève. Vol. 194.

Monsieur, combien que je ne sçache pas la disposition en laquelle vous estes présentement, toutesfois j'ay bonne confiance en Dieu que, soit en santé ou maladie, il vous

---

* Lettre sans date, écrite en même temps que la suivante (septembre 1545). — Sommé, au nom de l'empereur, de quitter Strasbourg et de rentrer dans le Brabant, M. de Falais n'avait point obéi à cette injonction. Ce refus, en excitant contre lui le mécontentement impérial, l'avait exposé sans défense aux dénonciations intéressées de ses ennemis. En butte aux plus calomnieuses accusations,

donne la force de surmonter tout ce que vous pouvez avoir de fascherie. Car vous n'estes pas nouveau au combat, veu qu'il y a desjà longue espace de temps que ce bon Dieu a commencé à vous y préparer. Et ne vous est rien advenu, que vous n'eussiez attendu auparavant. Mais il est temps de monstrer par effet que quant vous avez commencé à suivre franchement Jésus-Christ, ce n'a pas esté sans estre résolu de luy tenir compaignie à la croix, puisqu'il nous faict cest honneur d'estre crucifié en nous pour nous glorifier avec soy. Et ne doubte pas que du temps mesme que vous estiez en vostre maison, et en paisible jouissance de vos biens, vous n'eussiez ce couraige de tout quicter quant il luy plairoit, et que vous ne feussiez du nombre de ceux qui *usent de ce monde, comme n'en usant point.* 1 Corinth. VII, 31. Mais d'aultant que c'est bien raison qu'on apperçoive par expérience quelle est nostre affection, estimez que nostre Seigneur vous a voulu donner à beaucoup d'aultres pour exemple, et par ce moyen glorifier son nom en vous.

D'aultre part nous ne sçavons pas que c'est de tout quicter pour l'amour de luy, jusque à ce qu'il nous ameine à la practicque. Il est vray que celluy qui a osté son affection des biens de ce monde a desjà tout vendu, et s'est rendu paoure en tant qu'en luy est. Mais le fruict et approbation de ceste paoureté spirituelle est d'endurer la perte des biens en patience, et ne les regretter point, quand il plaist au Père céleste que nous en soions

---

il voyait son caractère méconnu, son nom outragé, ses biens mis sous le séquestre, pendant qu'il languissait lui-même en proie au découragement et à la maladie.

despouillés. Je ne vous allègue pas ces choses comme à celluy qui soit ignorant, ou qui ait mestier de longues remonstrances; mais pour l'amour que je vous porte duquel Dieu m'est tesmoing. Je me console ensemble avec vous, comme souffrant en vostre personne.

Le temps doncq est venu que vous monstriez comme vous n'estimez toutes choses non plus que fiente, pour approcher de celluy qui non-seulement nous a donné tous ses biens, mais aussi soy-mesme. Et puisque Dieu a permis que vous feussiez deschargé d'une partie de vos biens terriens, estimez qu'il a congnu que ce vous estoit pour le présent un fardeau inutile. Je diz une partie, combien que le tout quasi vous ait esté ravy, pour ce qu'il vous en reste, comme j'espère, abondamment pour vostre usaige. Tant y a que ces gouffres qui dévorent tout le monde, en ont journellement plus grant faulte, que ceux desquels ils ont englouty la substance.

La somme est que rien ne vous est diminué, puisque nostre Seigneur en vous apprenant que vostre héritaige est au ciel, a proveu à ce qu'il vous estoit utile pour la vie corporelle, en vous donnant contentement, et du bien plus qu'il n'estoit de mestier pour vous contenter. Quant tout vous seroit osté, encor vous demeureroit la consolation à laquelle il nous fault arrester principallement, voire acquiescer du tout. C'est qu'ayant le Fils de Dieu, il ne nous face pas mal d'estre privez du reste. Car nous le devons bien priser jusque-là. Mais encor puisque ce bon Saulveur vous a supporté si bénignement qu'en vous appelant à la communication de sa croix, a proveu à vostre commodité terrienne, il y a bien occasion de vous renger à son bon plaisir, et au reste vous resjouir de ce qu'estant diminué quant au monde, vous estes exalté devant luy et ses anges d'aultant plus. Car combien que le monde s'efforse par tous moiens d'ensepvelir Jésus-Christ en ignominie, si faut-il que sa sépulture soit glorieuse, non-seulement en luy, mais aussi en ses membres. Cependant souffrons d'estre humiliés en nous, comme bon luy semblera. Mais il n'y auroit point de fin à mes lettres, si je voulois suivre ce propos. Ainsi, Monseigneur, après m'estre humblement recommandé à vostre bonne grâce, je suplye nostre bon Dieu de besongner maintenant en vous plus vertueusement que jamais, pour vous faire contemner tout ce qui est de ce monde et aspirer droict à luy de tout vostre cueur, sans estre diverty de rien qui soit, vous faisant gouster quelle est la valeur de l'espérance qu'il nous réserve au ciel, et qu'il luy plaise vous alléger quant au corps, affin que vous soiez tant mieulx disposé pour bien méditer ses grâces qu'il vous faict, et vous délecter en icelles, recongnoissant l'amour qu'il vous monstre. Ma femme laquelle est malade au lict, prye d'estre aussi humblement recommandée à vostre bonne grâce. Ce porteur qui est de bien bonne sorte, et de la marcque telle que vous la demandez, vous racomptera plus amplement de nostre estat.

Vostre humble frère, serviteur et entier amy,

JÉHAN CALVIN.

A MADAME DE FALAIS

Orig. autographe. Bibl. de Genève. Vol. 194.

Madamoiselle, je n'ay pas loysir d'estendre mes lettres si long que je vouldrois bien, attendu l'estat où nous sommes. La présente sera seulement pour louer nostre bon Dieu de la confiance qu'il vous donne, eslargissant vostre cueur au millieu des anguoisses où il pourroit estre sans avoir sa consolation d'en hault. Quoy qu'il en soit, si nous avons la patience de prester l'oreille à nostre Saulveur, il nous donnera tousjours de quoy pour nous resjouir, et nous fera gouster et sentir vivement que ce n'est pas en vain qu'il nous a promis de nous rendre invincibles en tribulations. Maintenant doncq apprenez par effect que vault ceste belle promesse, que nous sommes bien heureux, quand tout le monde mesdira de nous, et nous aura en haine, et nous persécutera pour son nom. C'est de là qu'il vous a préparez jà de longtemps à vous exposer au dangier. C'est donc là qu'il vous convient retourner maintenant pour y acquiescer, comme de faict il vous y conduict par la main.

Que ne sommes-nous ensemble pour despiter Sathan, en méditant les choses qui nous doivent resjouir spirituellement, et nous donnent matière de nous glorifier plus que jamais, quant nous sommes abbatus selon le monde. Mais je sçay que vous n'avez pas mestier de ma compaignie en cela. Et aussi je le dis plus pour mon contentement que pour vostre nécessité. Surtout congnoissez que maintenant l'heure est venue, qu'il vous fault monstrer comment vous estes en ayde à monseigneur vostre mary, tellement qu'il ait tousjours occasion de bénir Dieu, comme il a eu jusque icy de l'avoir proveu d'un tel support. Je dis cecy pource que je considère que c'est le principal que Dieu luy ait laissé quant aux créatures, pour ne le point destituer du tout. Je voy certes estant absent de quel zèle vous estes poulsée à vous en acquiter, et quelle poine vous prenez à vous y employer. Parquoy ce que j'en parle, n'est pas tant par forme d'exhortation, qu'en vous congratulant, vous entretenir en ce bon couraige que Dieu vous a donné.

Je vous adresse quelque response que j'ay faict à la seur de monseigneur laquelle est à Mons, sur une missive qu'elle envoia naguères à la femme de Sainct-André. Si bon vous semble, vous la luy ferez tenir, avec ce que j'envoye à la seur de Monsieur David. J'en remect le tout à vostre bonne discrétion.

Pour faire fin, Madamoiselle et très honorée seur, après m'estre affectueusement recommandé à vostre bonne grâce, et vous avoir aussi présenté les humbles recommandations de ma femme, laquelle gist au lict malade, je supplye nostre bon Dieu de vous remplir de toutes grâces, pour augmenter journellement sa gloire en vous, et triompher en vostre constance, affin que finalement nous soyons aussi participans de sa gloire qu'il nous a promise. De Genesve, ce 18 de septembre (1545).

Vostre serviteur et humble frère,

JÉHAN CALVIN.

A MONSIEUR DE FALAIS *

Orig. autographe. Bibl. de Genève. Vol. 194.

Monseigneur, j'espère que quant ces présentes parviendront à vous, elles vous trouveront, par la grâce de nostre bon Dieu, en telle disposition et santé comme nous désirons, et semblablement Madamoiselle vostre femme. Cependant les nouvelles que nous avons eu de la maladie de tous deux, nous ont esté tristes et seront en attendant que nous en ayons d'aultres pour nous resjouir. Au reste, c'est bien raison que nous vivions et mourions à celluy lequel nous a acquis affin d'estre glorifié en nous en toutes sortes, et que nous monstrions par effect que nous sommes siens, nous submettant du tout à luy en vraye obéissance, ce que nous ne pouvons faire sans lui résigner et quicter nos personnes à ce qu'il en dispose comme bon luy semblera. Que s'il luy plaist nous prolonger la vie, il nous fault préparer à voir beaucoup de paouretés en l'Eglise chrestienne. Nous voyons la dissipation et le désordre tant confus qui y est à présent. D'espérance d'amendement il n'y en apparoit point du costé du monde. Car de s'amuser aux princes, c'est un abus. Ils sont tant empeschez ailleurs, qu'ils n'ont loysir de penser à ce qui leur devroit estre le principal. Brief ils

---

* Sans date. Cette lettre semble écrite à la même époque, et dans les mêmes circonstances que les deux lettres précédentes.

ont en recommandation leur Estat, pour lequel conserver ils persécuteront Jésus-Christ, pensant qu'il n'y ait point d'aultre moien. Cependant de remédier à la confusion tant horrible de laquelle le ciel et la terre crient, il n'en sera nouvelles, combien que par honte, ils en facent le semblant. Parquoy il ne nous reste que de prier Dieu qu'il luy plaise nous fortifier en vraye constance au millieu de ces scandales, tellement que rien ne nous desbauche que nous ne persévérions tousjours. Et aussi qu'il regarde son Eglise en pitié, et mecte la main à la restituer au-dessus, accomplissant ce que dict le prophète, que *voyant qu'il n'avoit nul adjuteur d'entre les hommes, il s'est armé de la force de son bras*. Esaïe LIX, 16. Employons-nous finalement à son service, travaillant sans nous lasser ne perdre couraige, jusque à ce qu'il nous appelle en ce repos bien heureux où nous ayons contentement de luy, nous resjouissans des labeurs que nous aurons prins, en recevant le loyer qui nous sera là révélé.

Sur ce, Monsieur, après m'estre humblement recommandé à vostre grâce et de Madamoiselle, je supplye ce bon Dieu de vous maintenir en bonne prospérité, continuant en vous ses grâces à ce que jusque en la fin vous soyez instrumens de sa gloire, et qu'il vous soit en sanctification.

Vostre serviteur et humble frère à jamais,

CHARLES D'ESPEVILLE.

A MONSIEUR DE FALAIS

Orig. autographe. Bibl. de Genève. Vol. 194.

Monseigneur, j'espère suivant ce que nous mandoit dernièrement Antoine Maillet, que vous estes en meilleure disposition que de coustume, dont je remercie nostre bon Dieu, le pryant de vous confermer pleinement. Car je ne doubte pas que la maladie ne vous ait laissé une longue queue de foiblesse. Mais celluy qui a commencé à vous remectre au-dessus, parfera, comme j'espère, par sa bonté infinie, tant pour exaulser les prières de ses serviteurs que pour fermer la bouche aux iniques, à ce qu'ils ne prengnent point occasion de dire que vous aiez esté vaincu de leur tentation. Car vous sçavez comme il ne leur fault pas grant couleur pour blasphémer. Or Dieu leur monstrera qu'il vous a disposé à recevoir encore de plus grans assaults, si mestier est. Et cependant nous fera la grâce de jouir plus long temps de vous à nostre singulière consolation. Quant nous aurons nouvelles de par vous-mesmes, elles nous resjouiront encor plus.

Sur ce, Monsieur, après m'estre humblement recommandé à vostre bonne grâce et celle de Madamoiselle, et vous avoir présenté à tous deux les recommandations d'une femme résuscitée, je supplye nostre bon Dieu de vous avoir tousjours en sa saincte garde, multipliant ses grâces en vous journellement à la gloire de son nom. De Genesve ce 26 d'octobre [1545].

Vostre humble frère, serviteur et entier amy,
JÉHAN CALVIN.

A MONSIEUR DE FALAIS *

Orig. autographe. Bibl. de Genève. Vol. 194.

Monseigneur, depuis mes lettres escrites, je me suis radvisé touchant l'épître dédicatoire de mon *Commentaire*, car pource que c'est grand poine et difficulté de s'astraindre à remplir tant de pages et non plus, je l'envoye toute faicte, néantmoins à telle condition qu'elle ne s'imprime que par vostre commandement. Pourtant l'ai-je enclose dans les présentes, affin que Vendelin [1] ne l'ait que par vos mains. S'il ne vous semble pas expédient que je vous l'adresse, j'en feray une nouvelle, estant adverty. Au reste ne vous esbahissez si je parle en brief de vous, car je craingnois d'attoucher quelques épines en y entrant plus avant. Mais selon que les choses se porteront, nous pourrons au plaisir de Dieu,

---

* Calvin venait de dédier à M. de Falais son *Commentaire sur la première épître de saint Paul aux Corynthiens*. L'épître dédicatoire est du 22 janvier 1546. Le nom de M. de Falais, triste exemple de la fragilité des affections humaines, devait être effacé dix ans après de la préface de ce Commentaire, et remplacé par le nom du marquis de Vico.

[1] Imprimeur de Strasbourg.

à la seconde impression, desduire pleinement tout ce qui sera de mestier. Combien j'aurois grand désir, si c'estoit le plaisir de Dieu, d'estre avec vous trois ou quatre jours pour deviser de bouche plus tost que d'escrire. C'est possible follie à moy de penser que ma présence vous servît. Mais quoy! encore que la faculté deffaille, l'affection me faict parler ainsi. Toutefois ce sont souhaits qui sont plus aysez à faire, que acomplir. Ainsi contentons-nous de ce que Dieu nous donne.

Hier nous eusmes icy nouvelles de la desfaite de quatre mille Anglois par cincq cens chevaux légiers. Mais c'est de France [1].

Monseigneur, après m'estre humblement recommandé de rechef à vostre bonne grâce, et celle de Madamoiselle, je prye tousjours notre Seigneur qu'il vous maintienne en sa gloire (janvier 1546 [2]).

A JEAN FRELLON LIBRAIRE A LYON *

Imprimée. *Nouveaux Mémoires* de l'abbé d'Artigny, t. II, p. 70.

Seigneur Jéhan, pource que vos lettres dernières me furent apportées sur mon partement, je n'eus pas loisir

---

[1] Les Français assiégeaient alors la ville de Boulogne, occupée par les Anglais. La paix entre les deux monarques rivaux de France et d'Angleterre fut signée l'année suivante. De Thou, L. I et II.

[2] *Au dos*, de la main de M. de Falais : Receu le 6 février 1546.

* Voici la suscription de cette lettre tirée des archives de l'ancien

de faire response à ce qui était enclos dedans. Depuis mon retour, au premier loisir que j'ay eu, j'ay bien voulu satisfaire à vostre désir ; non pas que j'aye grand espoir de profiter guères envers tel homme, selon que je le voy disposé ; mais afin d'essayer encore s'il y aura quelque moyen de le réduire, qui sera, quand Dieu aura si bien besongné en luy, qu'il devienne tout aultre. Pour ce qu'il m'avait escrit d'un esperit tant superbe, je luy ay bien voulu rabattre un petit de son orgueil, parlant à luy plus durement que ma coustume ne porte, mais je ne l'ai peu faire aultrement. Car je vous asseure qu'il n'y a leçon qui luy soit plus nécessaire que d'apprendre humilité, ce qui lui viendra de l'esperit de Dieu, non d'ailleurs. Mais nous y devons aussi tenir la main. Si Dieu nous faict ceste grâce à luy et à nous, que la présente response luy profite, j'auray de quoy me réjouir. S'il poursuit d'un tel style comme il a faict maintenant,

---

archevêché de Vienne, et publiée pour la première fois par l'abbé d'Artigny : A sire Jéhan Frellon, marchand libraire demeurant à Lyon, en la rue Mercière, enseigne de l'Escu de Coulongne. — Le personnage mystérieux désigné dans cette lettre, n'est autre que Michel Servet, sept ans avant le procès qui devait attacher une si fatale célébrité à son nom. Fixé, comme médecin, à Vienne en Dauphiné, il entretenait, sous le couvert de Jean Frellon, une correspondance avec Calvin, et il venait d'envoyer au réformateur un extrait de l'ouvrage qu'il préparait sous le titre de *Christianismi restitutio*, en exprimant le désir de se rendre à Genève. Ce fut alors que Calvin écrivit à Farel la lettre souvent citée, où l'on remarque ce passage : « Servetus nuper ad me scripsit, ac literis adjunxit longum volumen suorum deliriorum..... *Si mihi placeat, huc se venturum recipit. Sed nolo fidem meam interponere, nam si venerit, modo valeat mea authoritas, vivum exire non patiar.* » Lettre du 13 février 1546. On sait comment cette menace terrible fut réalisée sept ans après.

vous perdrez temps à me plus soliciter à travailler envers luy, car j'ay d'aultres affaires qui me pressent de plus près. Et ferois conscience de m'y plus occuper, ne doubtant pas que ce ne fust un Sathan pour me distraire des aultres lectures plus utiles. Et pourtant je vous prye de vous contenter de ce que j'en ay faict, si vous n'y voyez meilleur ordre.

Sur quoy, après m'estre de bon cœur recommandé à vous, je prye nostre bon Dieu vous avoir en sa garde. Ce 13 de février 1546.

Vostre serviteur et entier amy,

CHARLES D'ESPEVILLE.

A MONSIEUR DE FALAIS

Orig. autographe. Bibl. de Genève. Vol. 194.

Monseigneur, je vous remercie du soing que vous avez de ma santé, craignant que je ne me gresve oultre mesure, m'efforçant de vous escrire pendant que je ne suis pas en disposition. Mais s'il n'y avoit qu'à vous escrire, ce me seroit une poine bien aysée à porter, si poine se doit appeller où on prent seulement plaisir. La difficulté est des fascheries et rompemens de teste qui interviennent, pour interrompre vingt fois une lettre, ou encor d'advantaige. Quant à la santé, j'estois beaucoup plus débile, vous escrivant naguères, que ne suis à présent. Mais estant bien disposé par tout le reste du corps, je suis tormenté sans cesse d'une doleur qui ne me souffre quasi rien faire. Car oultre les sermons et lectures, il y a desjà un mois que je n'ay guères faict, tellement que j'ay presque honte de vivre ainsi inutile. Mais s'il plaist à ce bon Dieu de se servir de moy, il me relaschera et appaisera le mal, qui me pren si fort, que je ne puis vacquer à aucun labeur d'importance, pour employer le loysir qu'il me donne. Combien que cependant il ne laisse pas de m'exercer par quelques moiens, affin que par oisifveté je ne m'enrouille. Tant y a que s'il ne me faict la grâce de me restituer en meilleure disposition, je ne suis pas en train de jamais monter sur cheval. Pourtant encor que je feusse mandé, si ne pourrois-je bouger de la maison en tel estat. Mais, comme vous dictes, on s'y passe de moy, de paour d'esmouvoir les testes furieuses. Et de mon costé, je quitte volontiers les diètes à ceux qui en sont friants, pour chose qu'on y face [1]. Je suis joyeux que nostre Seigneur vous a mis hors de poine quant à Norberg. Qu'il sera de faire au reste, vous aurez opportunité d'en adviser, ayant esté informé par Jéhan de Rochefort, et après avoir estably vostre cas, selon qu'il se peut faire en l'issue d'Egypte et de Babylon. C'est comme il est dit par Moïse et par Ezéchiel : *In tumultu et festinatione.* J'espère au plaisir de Dieu, que s'en est faict à présent. Je ne m'esbahissois pas trop du longtemps que vous aviez esté sans

---

[1] Une nouvelle diète était convoquée à Ratisbonne pour la pacification des troubles religieux de l'Allemagne. Cette assemblée s'ouvrit au mois de juin 1546, en présence de l'empereur, et fut, comme les précédentes, sans résultat.

recevoir lettres de luy, veu le voiage. Mais si Dieu luy a faict la grâce, et à vous aussi, de le faire eschapper des dangers, il n'aura pas tant targé qu'il ne soit aujourd'huy de retour. Ainsi estant à repos de ce costé-là, vous prendrez conseil.

De Constance, je ne vous en avoye parlé, si non en cas que la demeure où vous estes ne vous pleut pas. Mais quant il vous viendra à point, Strasbourg est plus propre, et l'ayme mieulx ne fust que pour la raison que vous alléguez.

En Metz [1], je voy un grant mal, faulte de conduite et de cœur, combien que ce sont plus tost deux maulx. Mais Dieu trouvera le moien. C'est à nous de tenter tous les moiens qu'il nous présente et mesmes nous efforcer, où il semble que les moiens deffaillent. Pource que je sçay qu'il n'est pas mestier de vous exhorter à ne vous y espargner, je m'en depporte.

Je ne m'esbahis point, si maistre Pierre Alexandre est hardy, ayant le menton ainsi soubstenu, avec ce qu'on est tout accoustumé à Heidelberg d'ouir ceste doctrine desjà de longtemps [2]. Mesme il sçait qu'il n'a aultre moyen pour s'advancer. Ainsi ce n'est pas mer-

---

[1] Voir les notes, p. 80 et 91. Les protestants de cette ville, faiblement soutenus par la ligue de Smalkade, et intimidés par la présence d'un légat impérial, dévoué au clergé catholique, avaient déjà perdu les droits qui leur étaient garantis par l'accord de 1543, et se trouvaient privés de culte et de pasteur. (Voir une lettre de Myconius à Calvin, 13 novembre 1543, *Calv. épist. et responsa*, édit. d'Amsterdam, p. 26.)

[2] L'an 1546 vit s'accomplir une grande révolution religieuse dans le Palatinat. L'électeur Fréderic II se rendant au vœu de ses sujets, proclama l'établissement de la Réforme et l'abolition de l'ancien

veille s'il en use hors de tout péril. Mais je voy bien qu'il n'est pas homme trop suffisant, et ne fust que par ses conclusions. Qui pis est, il y a une lourde faulte, en ce qu'il dit le jurement estre défendu de Dieu ; avec un blasphème, en ce qu'il attribue autorité à sainct Paul de permettre ce qui a esté deffendu de son maistre ; mais ce sont les résolutions magistrales.

L'Apologie se feroit beaucoup mieulx auprès de vous, que de lieu loingtain. Ce que je dis non pas pour m'en exempter, mais d'aultant que je pense qu'ainsi est. Car je suis bien tout prest à m'y employer. Ainsi seroit bien maistre Pierre Viret, mais sa façon d'escrire ne seroit pas du tout propre à tel argument, à cause de sa prolixité. Et de moy j'aurois à ronger mes ongles en plus de cent passages, si nous ne conférions ensemble pour résouldre d'un commun accord de ce qui seroit bon dire ou omettre. Toutefois nous metterons poine de satisfaire à vostre désir quand vous en aurez concluded sur l'advertissement de vos affaires. Tant y a, que je n'en ay retenu nul mémoire par devers moy. Ce que je vous manday de l'empereur n'estoit pas tant pour reprendre ce qui a esté faict, que pour alléguer la raison qu'elle ne devoit être insérée affin d'estre veue. Je loue nostre Seigneur de ce que le présent de mon Commentaire vous est agréable. Suyvant vostre response nostre frère envoie sa translation à Vendelin, vous addressant la préface, afin que l'ayant veue devant le coup, vous jugiez de ce qu'il vous semblera expédient.

culte dans ses états. Le principal instrument de cette révolution fut le ministre Paulus Fagius, disciple de Capiton. Sleidan, *Comment.*, lib. XVI, p. 266. De Thou, L. II, c. 3.

La requeste que je vous faisois tant affectueuse de ne séparer vostre maison de l'Eglise française ¹, n'estoit point fondée sur aulcun rapport, mais seulement sur un article de vos lettres où vous me signifiez que vous seriez en train de ce faire, ne voyant là nul amendement. Il suffit que je sçay votre intention pour n'en plus estre en fascheries. Je voy bien les occasions que vous en pouvez avoir, mais j'ay esgard au scandale qui en sortiroit. Tout va bien que vous m'avez octroié ma requeste.

Je désireroie, Monseigneur, que les cent escus feussent envoyez à la damoiselle, et ils vous seroient rendus incontinent, envoyant aux damoiselles de Tilly ce qui leur reste, puisque le père se montre tel. Je désireroie qu'en nous disposant à porter volontiers et patiemment la croix, nous à former nos espaulles à telle charge (*sic*). Je le dis suivant le mot que vous me touchez. Mais ce sont matières dont on parleroit mieulx qu'on n'en peult escrire.

Je vous prye me tenir excusé, si je ne vous mande encor mon jugement de la translation des sermons de Messire Bernardin ². Je vous puis bien dire un mot en

---

¹ L'Eglise française de Strasbourg dont Calvin avait été pasteur, durant son exil de Genève.

² Bernardino Ochino, de Sienne, ancien général de l'ordre des Capucins, un des plus illustres membres de cette émigration italienne qui donna Pierre Martyr à la Suisse. Renommé pour son éloquence dans toute l'Italie, il prêcha la Réforme dans les villes de Naples, de Bologne, de Venise, et se retira, en 1542, à Genève. Appelé comme ministre par plusieurs Eglises, il habita successivement Bâle, Strasbourg, Oxford, Zurich, fut banni de cette dernière ville à cause de la publication d'un dialogue snr la polygamie, et alla

l'oreille, qu'ils sont plus utiles en italien qu'en aultres langues, n'estoit que le nom de l'homme sert; et puis il y a telle diversité d'esprits, qu'il n'est pas mauvais de tascher à en amener aulcuns par ce moien. Du translateur, je vous en manderay en brief au plaisir de Dieu.

Touchant de l'*Apologie* des Damoiselles [1], je pense, Monseigneur, vous en avoir desjà mandé mon advis en brief, pour le moins je l'avois icy déclairé, que l'auteur n'avoit point gardé ce que les Latins appellent *decorum*. Car la procédure ne convient pas aux personnes. Tous ne l'appercevront pas, mais ceux qui auront le sens ouvert. C'est la cause qui me la fait retenir par devers moy.

Les lettres de Diazius n'estoient pas nécessaires pour me montrer en quelle auctorité vous aviez ouvertes celles qu'il m'escrivoit [2]. Car vous avez bien l'auctorité sans que nul aultre la vous donne. Je vous remercie humblement de l'offre tant gratieuse que vous me faites pour le baptesme de nostre enfant [3]. Et sur ce, Monsieur, pour

---

mourir en Moravie (1564) après une vie errante et agitée. Ochino appartenait à la secte des antitrinitaires. Ses discours, tant admirés du cardinal Bembo, sont moins remarquables par la solidité de la doctrine, que par la chaleur des sentiments et l'éclat du langage. Ils ont été publiés sous ce titre : *Prediche di messer Bernardino Ochino*, 1543, et réimprimés à diverses reprises à Bâle.

[1] Les sœurs de M. de Falais.

[2] Jean Diaz, natif de Cuença, en Castille, un des premiers disciples de la Réforme en Espagne. Après de brillantes études à l'université de Paris, Diaz visita Genève et Strasbourg, obtint l'amitié de Calvin, et se lia particulièrement avec Bucer qu'il suivit à la diète de Ratisbonne.

[3] Calvin eut, cette année, de sa femme Idelette de Bure, un enfant qui mourut en naissant.

faire fin, après m'estre humblement et de si bonne affection qu'il m'est possible, recommandé à vostre bonne grâce, et celle de Madamoiselle, et vous avoir aussi présenté les humbles recommandations de ma femme, je prye nostre bon Dieu de vous conduire tousjours comme il a faict, se monstrant vray protecteur de vous et de tout ce qui vous concerne. (Avril 1546 [1].)

Vostre humble frère, serviteur et entier amy à jamais,

JÉHAN CALVIN.

A MONSIEUR DE FALAIS

Orig. autographe. Bibl. de Genève. Vol. 194.

Monseigneur, vous verrez icy ce que j'ay faict désirant de vous obtempérer [2]. Je n'oseroye pas me promettre qu'il y ait de quoy pour vous contenter. Il me suffira

[1] *Au dos*, de la main de M. de Falais : Receue le 16 d'apvril 1546.

[2] A la demande de M. de Falais, Calvin avait préparé une apologie de ce seigneur, qui devait être présentée à l'empereur, à la diète de Ratisbonne. Ce mémoire, rédigé d'abord en français, puis traduit en latin, et contenant, avec une profession de foi, de précieux détails pour l'histoire de M. de Falais, est intitulé comme il suit : *Apologia illustrissimi domini Jacobi a Burgondia, Fallesii Bredanique Domini, quâ apud imperatoriam majestatem inustas sibi criminationes diluit, fideique suæ confessionem edit.* — Ce morceau a été publié à la suite des Lettres de Calvin à M. de Falais par l'éditeur d'Amsterdam.

bien si vous avez ceste persuasion qu'il n'a pas tenu que je n'eusse bon vouloir. Je crains bien que vous n'y trouviez pas ce que vous aviez attendu. Mais ce n'est pas raison que je porte la faulte du trop grand crédit que je pourrois avoir envers vous. Si j'eusse esté disposé de ma personne, et que j'eusse eu loisir, possible est que j'eusse mieulx faict. Mais puisque ces deux choses m'ont deffailly, je vous prye qu'il vous plaise me tenir pour excusé. Il ne m'eust pas tant cousté de remplir beaucoup plus de papier, mais je me suis estudié à estre brief, pensant qu'il n'y avoit rien meilleur, attendant la personne à qui l'escrit s'adresse. Il n'a pas semblé advis à Sainct-André qu'il y manquast rien, sinon que estant venu au passage de vostre retraicte, vous pourriez insister à desduire par le menu, les voyages que vous feistes adoncq. J'avois bien pensé d'une aultre conclusion, mais pour ce que je ne sçavois pas bonnement quelle mesure y tenir, je l'ay laissée. Il sera en vostre discrétion d'y adjouster un article de cela, si vous le trouvez expédient. C'est quant aux biens, que vous ne luy osez faire aultre requeste, craingnant que ce ne fust poine perdue, de luy parler des biens, devant qu'estre rentré dans sa bonne grâce, et aussi que c'est la chose que vous désirez le plus et préférez à tout le reste. Néantmoins qu'il luy plaise d'avoir esgard à une telle maison, et qu'il ne se laisse pas mener par ceux qui ne cherchent que la destruire. Je ne sçay s'il profiteroit à vos frères[1] de faire mention d'eux. Vous y ad-

---

[1] M. de Falais avait cinq frères. Les seuls dont il soit fait mention dans les lettres de Calvin sont Jean, seigneur de Fromont, et Pierre, pronotaire apostolique, qui avaient embrassé la Réforme.

viserez. En la fin, à mon jugement, il fauldroit ajouter une clausule, pour oster souspeçon que vous y eussiez trop grand regret, déclairant que pour l'honneur de Dieu vous en portez patiemment la perte, priant Dieu qu'il vous face tousjours sentir combien vault Jésus-Christ, et les biens qui vous sont donnez par luy, affin de réputer au prix de luy toute chose comme ordure et dommaige. Si vous délibérez d'entrer en propos des biens, il me semble qu'il seroit bon de le coucher ainsi en brief. Je vous ay amené l'excuse pourquoy je ne l'ay pas faict.

Or, Monseigneur, j'avois arresté l'homme qui m'avoit apporté vos dernières, espérant qu'il seroit le messager pour vous porter ceste response. Mais au bout de six jours, il est survenu une affaire souldaine à sire Nicolas présent porteur. Ainsy j'ay renvoyé l'aultre, luy baillant deux jeunes enfans à conduire, pource qu'il ne pouvoit pas si tost arriver. Il a esté suffisamment admonesté, non pas tant par moy que par les aultres, de s'arrester et choisir quelque manière de vivre. Mais j'apperçois bien qu'il n'est pas encore las de courir. Cela vient en partie de sa trop grande simplicité, car il n'y a pas grant sens en sa teste. Quelqu'un du païs qui n'est guère plus saige que luy, desjà en passant luy avoit soufflé en l'oreille que je l'eusse bien peu recommander à Berne pour l'introduire à estre prescheur. Je l'ay repoulsé bien loing de ceste espérance. Mais il ne laisse point de vaguer. Et quant il aura approuvé un conseil, incontinent après c'est à recommencer. Il m'en faict mal, pource que je le trouve aultrement de bon vouloir et sans malice.

Quant à l'affaire du sire Nicolas, le cas est tel. Il n'avoit moien de saulver sa somme, qu'en prenant la place laquelle estoit adjugée en hypothèque à un aultre créancier premier en ordre, ayant retranché quelques pièces pour les fréz de la justice. Ainsi il estoit exclus, sinon qu'il eust prins charge de rembourser l'aultre. Qui pis est, celluy qui la tenoit, estoit hypothéqué ailleurs, en danger que son bien ne fust vendu, et devoit recouvrer ses intérêts là-dessus. La pièce vault richement ce que ledit Nicolas en baille. Le mal estoit pour luy, qu'il en failloit payer sept cens escus dedans Pacques, et aussi qu'elle luy est trop grosse. Mais la nécessité faict oublier tout cela. Il est vray qu'il doit recevoir du sire Antoine Sieglessen, somme pour y satisfaire, mais il craint qu'elle ne soit pas preste en si brief terme, pource qu'il aura affaire à gens sans pitié. En ceste perplexité, il a pensé que si d'advanture Antoine de Sieglessen ne pouvoit si promptement fournir ce qu'il doit recevoir de luy, qu'il trouveroit secours envers vous pour un mois ou six sepmaines d'attente, en vous asseurant sur le sire Antoine et sur la place, à bonne condition et équitable. Quant il m'en a demandé conseil, je l'ay prié de tenter tous moiens devant qu'avoir refuge à vous. Ce qu'il avoit bien délibéré, comme il m'a dict, mais que c'estoit son dernier remède. Il vouloit en tout événement vous porter lettres d'assurances sur la place. Je n'en ay point esté d'advis craingnant qu'il ne vous semblast que ce fust occasion de long terme, luy promettant de vous certifier qu'il n'auroit pas tenu à luy, mais à moy.

Je vous ay bien voulu faire ce récit, Monseigneur,

affin que vous fussiez adverty qu'il ne s'est pas voulu advancer oultre son pouvoir par témérité, mais qu'il y a esté contraint; affin aussi que quant il ne se pourroit nullement passer de vostre secours, voiant la cause, vous fussiez plus tost induict à luy ayder. Je vous asseure bien que rien ne sera en hazard, car l'assignation est trop bonne. Et s'il y avoit icy bourses, il n'eust pas fallu bouger de la maison. Mais le païs est tant desnué d'argent que c'est pitié, et aussi il luy en est plus deu à Strasbourg, qu'il ne luy en est de mestier. Je n'entreprens pas de vous en requérir, car ce n'est pas à moy. De ce que j'en ay faict pour vous oster les doubtes qui vous pourroient empescher, j'espère que vous le prendrez à la bonne part et ne l'attribuerez point à importunité. Joinct que mon devoir y est, pource que j'ay esté cause avec Monsieur David de l'envelopper en ceste solicitude. Car nous feismes le premier achapt en son absence pource que ledit Monsieur David avoit bonne dévotion de ce temps-là de s'y mettre.

Je croy que vous estes advertis par delà de la mort du marquis de Guast [1]. On ne sçait que l'empereur veult faire, sinon que gens descendent de Naples vers Gênes. On ne peult penser qu'il s'en veuille aller esbattre si loing qu'à Argiers. Et toutesfois je croy que se tenant seur du costé de France, et laissant l'Anglois pour amuser le roy, ayant tout bien ordonné en Allemaigne à son profict, qu'il ne se feindroit point d'aller en Argiers [2].

---

[1] Alphonse d'Avalos, marquis de Guasto, gouverneur du Milanais, et l'un des plus habiles généraux de Charles-Quint. Il mourut en 1546.

[2] L'empereur avait entrepris, en 1541, une désastreuse expédition

Maistre Guillaume Farel et maistre Pierre Viret m'ont pryé au passé d'icy, de vous faire leurs humbles recommandations. Ils ont esté icy huict jours à ma grande consolation sinon d'aultant qu'ils m'ont recullé en vostre excuse. Je suis joyeux de vostre bonne disposition, premièrement pour vostre soulaigement, et aussi pource que j'espère qu'elle nous sera le moien de vous veoir. Cependant nous prierons Dieu qu'il vous veuille encore restaurer de miéulx en mieulx, combien qu'il ne nous fault pas attendre, ne vous ne moy, d'estre jamais fort vaillans en ce monde.

Nous avons faict Sainct-André prescheur, de quoy vous serez possible esbahy. Il ne s'y attendoit pas et je croy aussi que son couraige n'y inclinoit pas du premier coup. Mais nous avons faict conscience voyant son zèle et sa dextérité, de le laisser tousjours oisif. J'espère que Dieu en sera servy au profict et édification de son Eglise. Il n'a pas esté amené sans combat, mais congnoissant que la vocation venoit d'en hault, il n'y a pas résisté.

Sur ce, Monseigneur, après avoir présenté les humbles recommandations tant de moy que de ma femme à vostre bonne grâce et à celle de Madamoiselle, je supplieray nostre bon Dieu de vous avoir tousjours en sa protection, vous conduisant à son honneur comme il a faict jusques icy, et se monstrant si puissant en vous qu'on y congnoisse tousjours le fruict de ceste belle victoire

---

contre la ville d'Alger. Les mouvements militaires qu'il opérait alors en Italie étaient destinés à masquer ses véritables projets d'attaque contre les princes protestants d'Allemagne.

en laquelle Jésus-Christ nous console. De Genesve ce 16 d'apvril 1546.

Vostre humble serviteur ét frère en nostre Seigneur Jésus,

JÉHAN CALVIN.

Comme j'avois achevé ces présentes, j'ay eu de piteuses nouvelles de la mort du bon Diazius [1]. Mais il fault que les malheureux papistes monstrent de plus en plus qu'ils sont menéz de l'esperit de leur père, qui dès le commencement a esté meurtrier.

A MONSIEUR DE FALAIS

Orig. autographe. Bibl. de Genève. Vol. 194.

Monseigneur, j'ay retenu ce porteur huict jours entiers, attendant le retour du sire Nicolas, affin d'avoir messager prest, si d'adventure il y avoit rien en vos lettres qui requist soudaine responce. En la fin ne sachant s'il viendroit de brief, je luy ay faict sa dépesche qui est seulement de vous mander que nous n'avons

[1] Jean Diaz périt à Neubourg, le 27 mars 1546, assassiné sous les yeux et à l'instigation de son propre frère, Alphonse Diaz, venu de Rome pour l'accomplissement de cet exécrable attentat qui demeura impuni. On peut lire les tristes détails de l'assassinat de Jean Diaz, Sleidan, *Lib.* XVII, p. 274, et *Histoire des Martyrs*, L. III, p. 163.

pour le présent nulles nouvelles par deçà, sinon que cependant nostre Alleman nous a esté amené de Francfort, et l'avons baptisé dimanche dernier. Il est vray que du commencement j'en feus un peu fasché, craignant le bruit qui en seroit. Et de faict celluy qui le bailla au marchant qui l'a icy conduict, joua mal son personaige. Mais ne doubtant pas que la chose estoit ainsi advenue par l'ordonnance de Dieu, combien que je ne sceusse point la fin pourquoy, je me délibéray d'en faire mon devoir. Car ce n'est pas à nous d'enquérir tousjours pourquoy Dieu dispose ainsi des choses, mais de faire nostre office, sans en disputer plus longuement. Les frères furent d'avis que l'acte se fist en la plus grande assemblée, où je déclaray ce qui me sembla estre à propos. Et la chose est tournée en plus grande édification que nous n'espérions, dont nous avons à louer Dieu. Toutefois je vous remercie affectueusement de la poine qu'il vous a pleu en prendre. Car le marchant qui me l'a amené, m'a bien confessé que vous aviez commandé qu'on le vous envoyast. Mais Dieu y a proveu contre nos délibérations.

On devine icy que l'empereur, aprez avoir fait quelques contenances à la journée [1], fera souldain un pertuis en l'air pour se retirer. Mais je ne sçay s'il pourrait demeurer oisif. Si c'estoit à moy à faire, je lui donnerois quelque bonne commission, laquelle l'empescheroit d'approcher de nous pour longtemps. Je désire qu'il soit à son ayse moyennant qu'il ne nous moleste point.

___
[1] La diète de Ratisbonne qui s'ouvrit en juin 1546. Charles-Quint y parut, avec des paroles de conciliation et de paix, au moment où il disposait tout pour la guerre.

Combien qu'il y a une bonne bride pour le retenir, de laquelle je me contente.

Je ne vous ay point escrit par maistre Pierre Viret, pource que je n'estoye point certain s'il iroit, ou non. Je croy que vous aurez esté joieux de l'avoir veu.

A tant, Monseigneur, après m'estre humblement recommandé à vostre bonne grâce et de Madamoiselle, vous avoir aussi présenté à tous deux les humbles recommandations de ma femme, je supplye nostre bon Dieu d'estre tousjours garde de vous, et d'adresser toutes vos voies à son honneur, pour estre de plus en plus glorifié par vous. De Genesve, le 11 de may (1546 [1]).

  Vostre serviteur, humble frère et entier amy à jamais,

    JÉHAN CALVIN.

A MADAME DE FALAIS

Orig. autographe. Bibl. de Genève. Vol. 194.

Madamoiselle, combien que l'addition des lettres m'a merveilleusement contristé, toutefois si estoit-il bon que j'en feusse adverty, car cela servira à nous soliciter que nous prions Dieu de tant meilleur cueur,

---

[1] *Au dos*, de la main de M. de Falais : Receu le 21 mai 1546. Respondu le 5 juin ensuivant.

que le dangier est à craindre [1]. Et de faict, j'en avois desjà entendu quelque chose par monsieur Dallein, et maistre Pierre Viret me l'a confermé. Reste qu'en pryant Dieu qu'il nous regarde en pitié en cest endroict, nous attendions patiemment l'issue telle qu'il luy plaira envoier. Et quelque chose qu'il en dispose, que nous soions préparéz à le porter, de sorte qu'il apparoisse par effect comment nous luy sommes obéissans. Pensez mesme que par ceste longue maladie et tant de recheutes, nostre Seigneur vous admoneste avant le coup de vous fortifier, afin que vous ne soiez surprinse, quoy qu'il en advienne. Tant y a que je croy bien qu'encor qu'il revienne au-dessus, nous ne ferons pas luy ne moy longue demeure icy-bas. Et possible que vous nous pourrez bien convoier tantost après. Mais encore ne laissé-je pas d'espérer nouvelles plus joieuses.

Sur ce, Madamoiselle, après m'estre humblement recommandé à vostre bonne grâce, je supplie nostre bon Dieu de tousjours avoir l'œil sur vous, et le vous faire sentir par expérience à vostre consolation, vous augmentant en tous les biens dont ses enfans doivent estre riches. De Genesve, ce 21 de juing (1546 [2]).

Vostre humble frère, serviteur et ancien amy,
JÉHAN CALVIN.

Ma femme vous présente ses humbles recommandations.

[1] M. de Falais était alors dangereusement malade.
[2] *Au dos*, de la main de M. de Falais : Receu le 22 juillet. Ce détail, rapproché du début de la lettre suivante, nous donne la date de celle-ci.

A MONSIEUR DE FALAIS

Copie. Bibl. de Genève. Vol. 194.

Monseigneur, vous voyez par la date des aultres lettres combien elles ont reposé longtemps chez moy depuis qu'elles estoient escrites, d'aultant que le porteur ne pouvoit trouver moien de faire charger son cas. De quoy je vous ay voulu advertir, de peur qu'il ne vous semblast qu'il les eust si longtemps tenues entre ses mains. Nous sommes en grande attente de vos nouvelles pour le bruict qui court. Dieu face par sa grâce que vous aiez matière de nous resjouir. Or cependant que le porteur a targé, je me suis advisé, Monsieur, de vous faire une requeste. Vous sçavez que nostre frère Viret est à marier [1]. J'en suis en aussy grand soing que luy. Nous trouvons assez de femmes icy, à Lausanne, à Orbe. Mais il n'y en a point encore apparu une de laquelle je me contentasse du tout. Durant que nous serons à délibérer, je vous prierois volontiers, si vous en aviez marqué une par delà qui vous sembla propre pour luy, qu'il vous pleust le me signifier. Je ne me suis voulu adresser à aultre qu'à vous, pource que tous n'ont pas la prudence qui est icy requise. Vous me pourriez allé-

[1] Viret avait épousé en premières noces Elisabeth Turtaz, d'Orbe, avec laquelle il vécut dans une pieuse union, et qu'il perdit au mois de mars 1546. Il se remaria, vers la fin de l'année, avec la fille d'un bourgeois de Genève. La correspondance latine de Calvin contient plusieurs lettres fort curieuses sur ce sujet.

guer que j'y en congnois pour le moins quelqu'une ; mais je n'oseroye sonner mot, devant qu'en avoir vostre jugement, lequel vous pourrez mander en ung mot, car je tiendray vostre silence pour un *non placet* [1]. Je n'ay point faict difficulté de m'adresser à vous privément en cecy, combien que ce soit matière scrupuleuse, car la nécessité m'excusera, encore que je feusse importun, pour ce qu'il n'y avoit nul aultre auquel il me semblast bon de me fier, et je sçay bien que de vostre costé sçachant combien le mariage d'un tel homme emporte pour l'Eglise de Dieu, vous n'y vouldriez pas estre espargné. Combien que je ne vouldroye pas vous empescher à procurer pour luy, cas advenant, que son parti se trouvast là. Mais quant à demander conseil, j'ay pensé que vous me donneriez ceste liberté.

Sur ce, Monseigneur, après m'estre recommandé à vostre bonne grâce de telle affection comme je vous ayme, je supplye nostre bon Dieu d'avoir tousjours le soing de vous, en vous conduisant tellement que vous serviez de plus en plus sa gloire. Genesve, 4 juillet 1546.

Vostre serviteur, humble frère et entier amy,

JÉHAN CALVIN.

A MONSIEUR DE FALAIS

Copie. Bibl. de Genève. Vol. 194.

Monseigneur, comme j'attendoye d'heure en heure Jacques de son retour de Lyon, pour vous faire response

[1] Allusion à une sœur de M. de Falais.

par luy, je fus esbahy l'aultre jour quand mon frère me dist qu'il estoit passé sans parler à moy. Et maintenant il fault que je vous escrive bien en haste pour le souldain partement du porteur. Vray est que j'en feus hier adverty, mais ce feust à huict heures de nuict, que ma migraine me pourmenoit si rudement, qu'à grant poine j'ouvrois la bouche. A ce matin je pensois qu'il fust party jusque à ce que à l'issue du sermon il m'a dit qu'il attenderoit un quart d'heure pour me faire plaisir. Par quoy je vous prieray d'excuser la briesveté.

Quant à l'affaire du personnaige dont je vous avois requis [1], il m'a respondu en vous merciant bien humblement de la bonne affection que luy monstriez, qu'il vouldroit devant toutes choses avoir communiqué avec la partie, craignant que par faulte d'advertissement mutuel, ils ne se trouvassent pas bien ensemble à l'advenir. Or durant ces troubles il lui semble que le voiage seroit mal pris, et je suis bien de cest advis. Par quoy il y auroit danger d'une longue traisnée, qui est contre vostre intention, laquelle je trouve bien raisonnable. Au reste il n'y avoit nul empeschement quant aux maladies [2], mais je trouve cela fascheux qu'un affaire incertain soit si long temps en suspend, combien que je ne réprouve pas sa demande, attendu les raisons qu'il m'a allégué, qu'il est nécessaire que la femme qu'il prendra soit advertie de quelques charges domestiques qu'il est contraint de porter. Oultre ce que l'amour requiert cong-

---

[1] Le ministre Viret. Voir la lettre précédente.

[2] Durant son premier ministère à Genève (1534), Viret faillit périr victime d'un empoisonnement dont il ressentit les effets jusqu'à la fin de sa vie.

noistre précédente (*sic*), et jamais les mesnages ne se portent bien, sinon qu'on se soit déclairé privément l'un à l'aultre, et qu'on ait traicté des conditions que chascun requiert en sa partie. Le mal est en la longue attente, et pourtant n'y voy pas grant propos. Je prye Dieu en que ce soit, qu'il le veuille bien adresser.

Du livre [1], il me semble que je vous en ay suffisamment mandé ce qu'il m'en sembloit, par quoy je n'entens pas pourquoy vous en demandez mon jugement de nouveau, n'estoit pour luy monstrer. Or il sera mieux prins de luy, ce me semble, quant il vous plaira luy monstrer l'article de mes lettres, d'autant que j'en parle plus librement, ne congnoissant point l'aucteur. Toutefois s'il vous semble qu'il y ayt à redire, quand il vous plaira m'en advertir, je suivray vostre conseil.

Au reste Antoine Maillet m'escrivit qu'il avoit parlé à Peter Telsen, me mande que les douze escus qu'a desboursé maistre Valerand, vous doivent estre rendus; toutefois que je n'ay que faire de m'en tant haster, qu'à ma commodité. Je ne sçay s'il l'a fait par erreur, mais s'il y avoit encore douze escus à payer, Peter Telsen auroit desboursé un double plus qu'il ne devoit. Car je vous envoiay par mon frère douze escus, lesquels vous me mandastes avoir receus. Toutefois si Peter Telsen avoit failli, je ne vouldrois que ce fust à vostre dommaige, combien que je ne sçay où il auroit employé l'argent; mais de cela ce sera à moy d'en faire avec luy. Devant qu'en sonner mot, j'ay bien voulu en sçavoir la

---

[1] M. de Falais avait envoyé à Calvin un livre de théologie écrit par un certain Denis de la Roche, en lui demandant son avis sur cet ouvrage.

vérité. Je vous prye doncq qu'il vous plaise me faire sçavoir si oultre les douze escus que vous rendit mon frère, il y en est encor sorty pareille somme de vostre bourse.

Puisque là-bas ils ont ainsy fait des enraigéz, je ne voy pas qui vous empesche de publier vostre *Apologie*, et me semble fort expédient. Toutesfois j'en dis ce que j'en pense sans préjudice. Le reste demeure en la plume, car le porteur ne m'a pas donné si long terme. Ainsi, Monseigneur, après m'estre humblement recommandé à vostre bonne grâce et de Madamoiselle, je supplye nostre bon Dieu de vous avoir tousjours en sa garde, vous faisant grâce de tellement cheminer tousjours qu'il soit de plus en plus glorifié en vous. Je luy rens grâces de ce qu'il a commencé de vous remectre au-dessus, mais je le supplye vous augmenter journellement la force jusque à ce que vous soiez pleinement restauré. Ma femme vous présente ses humbles recommandations. De Genesve, ce 4 d'octobre 1546.

Vostre serviteur, humble frère et entier amy,

JÉHAN CALVIN.

A MADAME DE FALAIS

Orig. autographe. Bibl. de Genève. Vol. 194.

Madamoiselle, pour ce que vous me mandiez par vos dernières lettres que vous m'envoiez quant et quant celles de Monsieur de Fresne, je craignois que le porteur n'eust pas faict son devoir en bien gardant ce qui luy avoit esté commis. Mais il m'a asseuré qu'il n'avoit rien receu aultre que ce qu'il m'a baillé. Par quoy je devine qu'elles seront demeurées par oubly. Je croy que l'intention pourquoy vous les m'envoiez, estoit affin d'avoir mon advis comment on pourroit en advertir Monsieur [1]. Or puisqu'il faut qu'il en sasche les nouvelles, je ne feroys difficulté de luy en ouvrir quelque propos, quant il sera en bonne disposition, et puis luy en dire ce qui en est. Moiennant qu'il ne soit point mal de sa personne, il n'est pas homme qui se laisse vaincre de tristesse, et qui ne sasche faire proficter les grâces que Dieu luy a données pour sa consolation.

Il me souvient que naguères vous plaignant de voir Monsieur jouir tout seul de mon *Commentaire* [2] vous me priez de penser aussy bien à ceux qui n'entendent que François, affin d'en avoir part, et me priez de mes Sermons. Or s'il estoit question de les mectre en avant, j'y vouldroys bien y mectre la main à bon escyent, mais cela ne sera pas de ceste année. Cependant si Dieu me faict la grâce d'achever l'épistre aux Galatiens qui doibt estre brief, j'ay le mole de quelque traicté lequel sera François comme Latin, où il y aura quelque profict comme j'espère.

Après m'estre affectueusement recommandé à vostre bonne grâce, et vous avoir présenté les humbles recom-

[1] Allusion à la mort d'une des sœurs de M. de Falais, qu'on n'osait lui communiquer.

[2] Le Commentaire de la première Epître de saint Paul aux Corinthiens, dédié à M. de Falais.

mandations de ma femme, je prieray nostre bon Dieu de vous avoir en sa saulve garde, se servant de vous de plus en plus à l'avancement de son règne. De Genesve ce 19 d'octobre (1546).

Vostre serviteur et humble frère,

JÉHAN CALVIN.

A MONSIEUR DE FALAIS

Orig. autographe. Bibl. de Genève. Vol. 194.

Monseigneur, je croy que vous avez receu mes dernières lettres, par lesquelles vous aurez entendu que les vostres m'avoient estés rendues par Alexandre, mais sur le tard. Je remercie nostre bon Dieu affectueusement, des nouvelles que Madamoiselle m'a mandé de vostre convalescence. J'espère au plaisir de celluy qui a si bien commencé, qu'au primtemps vous serez si dispos, qu'on ne vous sçaura tenir de vous esgaier, pour récompenser les faultes du temps passé. Nous attendrons de cela et de tout le reste, ce qu'il luy plaira par sa bonté infinie nous envoier, ayant bonne espérance que la raige qu'a jetté sur vous la Court de Malignes s'en ira bientost en fumée[1].

Je croy qu'il sera tantost temps de sonner à la re-

[1] La confiscation des biens de M. de Falais avait été prononcée par la cour de Malines. Cet arrêt était soumis à la confirmation de l'empereur.

traitte pour tous les deux camps [1]. Je prye Dieu de conduire si bien tout que la départie soit à l'avantaige de son honneur. Je suis plus joieux qu'il face la guerre à ce malheureux Tiran de sa propre main qu'aultrement. Car si nous faisions quelque chose d'importance, je craindrois tousjours la queue en la présumption. Jamais nous n'avons entendu qu'estoit devenu cest écervelé le Conte de Beurre [2], s'il est passé avec son armée, ou s'il a esté repoussé. Quoi qu'il en soit, *non in multitudine, neque in brachio*.

Maistre Valerand retourne; vous sçaurez mieulx de tout l'estat de vos affaires. Toutefois je n'y voy aultre moien, si non de faire surcéance de vostre costé, jusque à ce que Dieu face ouverture meilleure. Vous sçaurez qui est ce porteur et à quelle intention il s'en va par de là. Pour ce que je trovoye sa délibération bonne, je ne l'en ay pas voulu destourner.

Sur ce, Monseigneur, après m'estre humblement recommandé à vostre bonne grâce, je pryerai nostre bon Dieu d'avoir tousjours sa main estendue pour vous

---

[1] La sentence qui mit au ban de l'empire l'électeur de Saxe et le landgrave de Hesse, 20 juillet 1546, fut le signal de la guerre en Allemagne. L'armée impériale et celle des princes protestants s'observaient depuis plusieurs mois, sur les bords du Danube, sans pouvoir obtenir l'une sur l'autre aucun avantage décisif. Mais les troupes de Charles-Quint étaient décimées par la disette et les maladies, tandis que l'abondance régnait au camp des confédérés.

[2] Maximilien d'Egmont, comte de Buren, capitaine vaillant et aventureux. Il amenait à Charles-Quint un puissant renfort des Pays-Bas, et il exécuta cette opération difficile avec le plus heureux succès.

conduire par sa grâce. De Genesve, ce 19 d'octobre 1546.

Vostre serviteur, humble frère et entier amy,
JÉHAN CALVIN.

Ma femme aussi supplye d'estre toujours humblement recommandée à vostre bonne grâce.

A MONSIEUR DE FALAIS

Orig. autographe. Bibl. de Genève. Vol. 194.

Monseigneur, je n'ay rien pour le présent à vous mander, sinon que le sieur Maldonade m'a monstré vos lettres, pour avoir conseil de moy de ce qu'il devoit faire. Je n'ay pas esté d'advis qu'il se mist en chemin par ce temps, sinon qu'il y ait nouvelles plus pressantes. Quand vous aurez leu le double de ses lettres, je croy que vous les trouverez si amples qu'il ne sera mestier de longue consultation. Toutefois quant il vous plairoit commander à quelqu'un de s'en enquérir, encor y auroit-il plus d'asseurance. Mais je l'ay adverty qu'il sera expédient de supprimer les noms, de paour que les marchans pour gratifier n'anticipent à le signifier à ceux qui en deveroient respondre. Et cela sera aysé, en proposant le faict, sans alléguer ne ville ne personne. Si vous trouvez qu'il doive marcher, incontinent il se mectera en chemin. Pour le nepveu il ne me sembloit pas, les choses estans disposées comme elles sont, que sa présence fust là fort requise, jusque à tant qu'il vous plaise luy faire sçavoir comme il en ira. Et aussi vous aviez adjousté aux lettres un mot de vostre main qui le rendoit suspens pour l'attente des bonnes nouvelles.

Quant à l'homme dont vous touchez, j'en ay mandé ce que j'en sçavoye à Antoine Maillet. Je n'oserois passer oultre cela, pource que je ne l'ay pas tant congneu que j'en puisse asseurer d'advantaige. De son parentaige, nostre frère Sainct-André vous en a mandé ce qu'il en sçavoit, comme il m'a dict. Et aussi vous avez eu loysir d'y prendre garde, depuis qu'il est par delà. Je l'estime de bonne sorte. Mais je craindrois tant d'avoir esté occasion de vous mal adresser, que je fais difficulté de m'advancer beaucoup en cest endroit.

Sur ce, Monseigneur, après m'estre humblement recommandé à vostre bonne grâce, et de Madamoiselle, je supplieray nostre bon Dieu de vous avoir tousjours eu sa saincte protection, continuant de se glorifier en vous, et vous bénissant en toutes choses. Ma femme vous présente aussi à tous deux ses humbles recommandations. De Genesve, ce 24 d'octobre 1546.

Vostre humble serviteur et frère,

JÉHAN CALVIN.

Monseigneur, vous me pardonnerez que ces lettres demeurarent sur ma table, quand je feis mon pacquet dernier. Le messaiger les pensoit avoir, et je feus bien esbahy quand je les trouvay. Ce 28.

A MONSIEUR DE FALAIS

Orig. autographe. Bibl. de Genève. Vol. 194.

Monseigneur, combien que j'attendois vos lettres de jour en jour, je n'ay voulu toutefois laisser aller ce porteur sans vous escrire, pour donner response à vos dernières. Je commenceray par l'article du livret que m'envoiastes. Ayant leu ma response, et le jugement que j'en avoye, vous me nommastes l'aucteur; et pource qu'il est un peu adonné à son sens, vous me priez de vous en mander mon advis, affin de luy en dire à son retour ce qu'en auriez trouvé. Vos paroles sont : « L'aucteur est Denis de La Roche, lequel m'a pryé le vous envoier secrètement. Parquoy ne sçay comment devray user pour l'admonester, car je crains qu'il se doubtera qu'il vient de vous, d'antant qu'il est un petit de grant cueur, et tient quelquefois volontiers son opinion. Pource que vous le congnoissez de plus longtemps que moy, escrivez-m'en vostre advis affin qu'à son retour je puisse luy dire le jugement que j'en ay trouvé, quant il le me demandera. »

Sur cela je me suis excusé, ne sçachant comment y procéder, veu qu'en brief je vous avois déclairé ce que j'en sentoye. Si vous demandiez plus longue déduction, je ne la pouvois si bien faire que de récente mémoire. Et de faict j'ay bien oublié une partie de ce que vous en ay escrit. Voilà qui me faisoit doubter de vostre intention, pource qu'il me sembloit que demandiez derechef ce que j'avoye desjà faict. Et encor n'entens-je point parquoy vous en vouliez avoir nouvelle déclaration de moy, sinon que la première ne vous contentast point. Or à grant poine pourrois-je deschiffrer par le menu les choses qui me sont eschappées. Car je n'ay retenu qu'une idée confuse de l'argument général, et quelques poincts par cy par là.

Quant au mariage dont je vous avoye requis [1], je vous prye, Monseigneur, de croire ce que je vous en diray; car je vous en compteray la pure vérité sans dissimulation aulcune. La raison qui m'esmeut de vous en escrire fust, qu'on luy adressoit icy party qui ne luy convenoit pas. Mais pour l'affection véhémente d'aulcuns qui s'en mesloient, nous estions en poine de le refuser. Ainsi pour rompre ce coup, j'eusse désiré qu'il s'en fust trouvé un par delà; car il y eust eu moins d'envie et de jalousie quant il l'eust prins de loing, comme desjà nous avions bien expérimenté les murmures qu'en faisoient aulcuns, quant nous ne suivions point leur cordelle. Au reste, je vous asseure qu'il ne prétendoit pas ailleurs par insinuation oblique. Mais sans penser ny à celle dont vous me respondistes de vostre grâce, ny à nulle aultre, je m'estois advisé de vous recommander l'homme en tel cas. Or vous sçavez que les premières lettres demeurèrent longtemps en chemin devant que nous eussions de vos nouvelles qui me fust cause de redoubler, mesme à l'instance de l'homme, combien que je n'entendoy pas bonnement pourquoy. Car cependant, à ce que j'ay ap-

---

[1] Pour le ministre Pierre Viret. Voir les lettres à M. de Falais du 4 juillet et du 4 octobre 1546, p. 157 et 159.

perçeu depuis, on luy parloit d'ailleurs. Toutefois ayant receu de vos nouvelles, je communicquay avec luy, et la conclusion fust telle que vous ay mandé, sans user de civilité feincte, ny de tergiversation. Depuis j'ay sceu que le propos d'une vesve continuoit, combien que de ceste heure je ne sçay comment il en va. Et tant s'en fault que je m'en soye meslé, que sçachant en ceste ville une vesve d'aussi bonnes conditions que je vouldroys souhaitter pour moy, quant Dieu m'auroit affligé jusque là que de m'avoir destitué de ma compaignie [1], et qu'il me fauldroit remarier; considérant les propos qui se menaient de l'aultre costé, je ne me suis pas voulu ingérer de la mettre en avant. Et toutefois je ne doubtois pas que ce ne fust son profict singulier. Mais plus que je m'estois acquitté d'office d'amy, il me suffisoit de le recommander à Dieu, et cependant laisser l'eau aller son cours. Voilà comment je vous ay remercié sans hypocrisie, vous remonstrant les empeschemens que j'avoye icy. Et ne pense point qu'il y eust fiction en l'homme pour lequel je parlois; qui plus est, j'en oseroye quasi bien asseurer. Mais en peu d'heures propos changent. Voiant la disposition présente, je ne luy ay rien voulu communicquer du contenu de vostre lettre. Je n'useray pas de longues excuses envers vous; et aussi il y a un bien que la chose n'a esté esvantée. Parquoy selon vostre prudence vous pourrez bien prendre le tout comme si jamais il n'en avoit esté mention. Cependant vostre bon

---

[1] Calvin perdit sa femme, Idelette de Bure, au commencement d'avril 1549, et ne se remaria jamais. Sa correspondance latine contient deux belles et touchantes lettres à Viret et à Farel (7 et 11 avril) sur ce triste événement.

vouloir, ne sera point ensepvely envers moy, ny envers l'homme à qui le cas attouche principallement. Car je vous asseure qu'il le recongneut à bon escient, et sçay qu'il l'a imprimé au cueur, encor que nul effect ne s'en soit ensuivy.

Quant à l'argent qui a esté desboursé à l'occasion de nostre enfant, sans que vous en soiez plus importuné, Antoine Maillet y mectera fin. Puis, au plaisir de Dieu, je feray mon devoir, vous merciant bien affectueusement de ce qu'il vous plaist avoir patience jusque à ce que la conclusion en soit faicte.

Puisque l'*Apologie* n'est point encore sortie, il est bien expédient d'avoir les nouvelles que maistre Valerand[1] pourra apporter. Et de faict outre la circumstance survenue en vostre cas particulier, la déclaration qu'a faict l'homme en général contre toute la cause, mérite bien que le style soit changé et qu'il y ait des additions entrelacées. Et puisque Dieu a permis que vous aiez tant attendu, la fin qu'il y donnera vous enseignera encor plus certainement.

Combien que j'ay bien ouy parler d'un homme estant prins à Berne pour empoisonneur et boutefeu, néantmoins j'ay si peu d'advertissemens de ce licu-là que je n'en ay rien entendu que du bruict commun. Parquoy je n'avoye garde de vous en rien mander. S'il est ainsi qu'on vous a rapporté, je congnois qu'il est bon mestier que ma vie soit en plus grande recommandation à Dieu qu'à nos voisins.

Combien que vostre débilité soit longue, toutesfois

---

[1] Valeran Poulain, de Lille, qui devint plus tard ministre de l'église française de Francfort.

c'est beaucoup que vous alliez tousjours petit à petit en amendant. Et quant je regarde à la maladie, j'ay plus grande occasion de m'en contenter. Cependant nous ne laisserons point de pryer Dieu qu'il luy plaise de vous confermer du tout, luy rendant grâces de ce qu'il vous a retiré du bort du sépulchre. Au reste j'espère à l'apparence qu'il nous donne, qu'il se veult encor un bon coup servir de vous en santé, comme il s'en est servi en maladie. Car estans abattus tout plats au lict, il s'en fault beaucoup que nous luy soions inutiles, si nous rendons tesmoignage de nostre obéissance envers luy en nous remectant en son bon plaisir ; si nous donnons approbation de nostre foy résistant aux tentations ; si nous faisons valoir les consolations qu'il nous donne pour surmonter les fascheries de la chair. Cela est aux maladies et principallement longues, où est requise une plus singulière patience, mais surtout en la mort. Néantmoins comme j'ay dict je me confie en ce bon Dieu que vous ayant exercé par maladie, vouldra encor employer vostre santé à quelque bonne chose. Cependant nous avons à le prier qu'il nous soustienne en ferme couraige, ne permectant point que nous deffaillions pour la longue attente.

Combien que la retraicte du Renard[1] soit doubteuse, ce n'est pas néantmoins peu de chose qu'au lieu de parvenir où il prétendoit, qui eust esté son grand advantaige, il est allé en escrevice. Et à ce que nous avons entendu, il a laissé les enseignes, comme la main de Dieu le persécutoit. Or j'ayme tousjours mieulx que Dieu luy couppe

---

[1] L'empereur Charles-Quint. Voir la note 1, p. 164.

un doibt que nous un bras. Non pas que ce ne soit l'œuvre de Dieu ce qu'il fera par nous, mais je crains tousjours tant ceste gloire, que l'œuvre apparente de Dieu me resjouit plus. Et aussi le malheureux a plus d'occasion d'estre confus en son cueur. Quoy qu'il en advienne, j'ay pensé dire vray après les nouvelles de son deppart, en escrivant ce qui s'ensuit : Où va-t-il? où est-il allé? que deviendra-il le meschant? Pour le moins Dieu en le chassant a bien son orgueil avallé.

Il vole un bruict qui me trouble et fasche plus qu'il ne m'estonne. C'est que Maurice lui vouldroit tenir compaignie à ruiner son cousin et son beau-père, et finallement à se ruiner soy-mesme [1]. Car il fauldroit bien que Sathan l'eust du tout possédé. Nous attendrons toutefois ce qu'il plaira à Dieu, estants precs de recevoir tout ce qui luy aura pleu.

Quant à l'advis que vous me demandiez, s'il seroit expédient de refreschir la mémoire aux ambassadeurs, devant que j'eusse opportunité de vous escrire, la saison en estoit passée. Parquoy je m'en teus, non pas tant par oubly que pour ceste considération : *ne pluvia post messem.*

Il y a bien un point que je pense avoir oublié : c'est de la complainte qu'on faict, qu'il semble que je veuille enclorre le Corps au pain. Je ne sçay où ils l'ont rêvé ce songe. Je parle de ceste matière en plusieurs traictéz,

---

[1] Maurice de Saxe, cousin de l'électeur Jean-Frédéric et gendre du landgrave de Hesse, trahissant lâchement la cause des confédérés, conclut un traité secret avec l'empereur, auquel il prêta serment de fidélité, et qui lui garantit en retour les dépouilles de son beau-père.

mais principalement en l'*Institution*, au *Catéchisme*, au *Commentaire des Corynthiens*, et en la façon d'administrer la Cène. En la *Supplication* j'en touche assez légièrement. Oultre cela j'en ay composé un petit livre propre. Je croy qu'un lecteur de bon jugement n'y trouvera point de contredict. Mais voilà que c'est, plusieurs ne pensent pas qu'on distingu eentre le seigne et la vérité, si on ne les sépare du tout, pour faire Dieu comme un joueur de farce, qui monstre par figure des choses vaines et faulses. Cependant nostre office est de recongnoistre que cela vient de l'astuce de Sathan, lequel ne cherche qu'à brouiller les esperits, pour rendre nos labeurs inutiles. Ainsi pryons Dieu qu'il donne accroissement par sa grâce, affin que ne travaillons en vain. Tels exemples nous y doivent inciter, et pareillement admonester, à ce que ne pensions point avoir beaucoup faict d'avoir escrit.

Monsieur, après vous avoir présenté les humbles recommandations tant de moy que de ma femme à vostre bonne grâce, et celle de Madamoiselle, je pryeray nostre bon Dieu qu'il luy plaise de vous conserver tousjours en sa saincte protection, vous fortifiant par son Esperit en toute vertu, faisant de plus en plus reluire sa gloire en vous. De Genesve, ce 16 de novembre 1546.

Je supplye d'estre excusé des faultes, car je n'ay peu relire la présente estant occupé d'un mal de teste qui m'a saisy. Nostre frère Gallasius [1] se recommande aussi

---

[1] Nicolas des Gallars, de Paris (M. de Saules), ami et secrétaire de Calvin, et l'un des ministres les plus distingués de Genève. Il fut envoyé comme pasteur à l'Eglise de Paris, en 1557, reconstitua, en 1560, l'Eglise française de Londres, assista, l'année suivante, au col-

humblement à vous, et vous envoye un distiche qu'il a composé sur le Renard. Nous avons grant désir d'avoir des nouvelles. Si la guerre ne donnoit féries aux presses, j'eusse envoyé à Vendelin les *Galathiens;* mais puisque les *Corynthiens* demeurent là au coffre, je n'ay que faire de me haster.

Votre humble serviteur, frère et entier amy,

JÉHAN CALVIN.

A MONSIEUR DE FALAIS

Orig. autographe. Bibl. de Genève. Vol. 194.

Monseigneur, le jour devant que Camus arrivast, j'avoye escrit tant à vous qu'à d'aultres par un jeune cousturier Picard. Mais pource que je n'estois pas certain si on vous avoit encore adverty de la mort de Madamoiselle vostre seur [1], je n'avoye osé en faire mention. Maintenant j'ay esté joieulx, et ay remercié Dieu de bon cueur, voyant par les lettres de Madamoiselle, que vous aviez incontinent prins vostre résolution sur le poinct duquel j'eusse fait mon principal fondement, si je vous eusse voulu consoler. Et de fait vous avez bien occasion

---

loque de Poissy, fut nommé ministre de l'Eglise d'Orléans et devint, en 1571, prédicateur de la reine de Navarre. On a de lui divers ouvrages mentionnés par Senebier, *Hist. litt.*, t. I, p. 341.

[1] Hélène de Falais. Elle avait épousé Adrien de l'Isle, seigneur de Trénoy.

de recognoistre la grâce que Dieu luy a faicte, et à vous avec. Car puisque son mary est ainsi refroidy, la bonne dame eust esté en une malheureuse captivité, si elle feust demeuré plus longtemps au monde, et n'eust jamais faict que languir. De vostre costé vous n'eussiez pas eu le moien de luy tendre la main, ny de la soulager en ses douleurs. Ainsi jamais vous n'eussiez pensé à elle qu'avec regret et fascherie. Dieu doncq a eu pitié de vous et d'elle, quant il y a proveu, et surtout quand il a prévenu les dangiers auxquels elle pouvoit tomber par longue succession de temps, selon la fragilité qui est en nous. Et nous avons encore un meilleur reconfort, que nous ne serons pas longtemps à nous retrouver ensemble. Cependant que nous penserons à nous préparer de la suivre, l'heure sera tantost venue. Mais j'ayme beaucoup mieulx de vous congratuler, d'aultant que nostre Seigneur vous a mis ces choses au cueur desjà, que de travailler à les vous réduire en mémoire. Les aultres nouvelles que m'a dict Camus de vostre part m'ont aussi resjouy, en attendant que Dieu ameine à bonne issue ce qu'il a mis en bon train.

Monseigneur, après m'estre humblement recommandé à vostre bonne grâce, et vous avoir présenté les humbles recommandations de ma femme, je prieray nostre bon Dieu de vous avoir tousjours en sa saulve garde, vous fortifier de corps et d'esperit, affin de tousjours se servir plus amplement de vous. De Genesve, ce 20 de novembre 1546.

Vostre humble serviteur et entier amy,
JEHAN CALVIN.

Je vous asseure que vous serez cause de me faire désirer la venue du printemps plus que je n'eusse faict aultrement. Nostre frère des Gallars se recommande aussi à vostre bonne grâce bien humblement.

A MADAME DE FALAIS

Orig. autographe. Bibl. de Genève. Vol. 194.

Madamoiselle, puisque j'ay sçeu que Monseigneur avoit esté adverty de la mort de sa seur, je luy en ay touché un mot, sçachant desjà par vostre advertissement qu'il n'avoit besoing de longue consolation, puisque Dieu luy a mis au cueur sans moien des hommes ce qui luy doit servir à l'alléger de sa tristesse.

Quant à ma promesse dont vous me tenez lyé, je m'en acquiteray, quant Dieu m'en donnera le moien. Mais je me suis esbahy, pourquoy vous me touchiez de la récompense que mon dict Seigneur a intention de me faire, comme si je regardois à cela, et que je n'eusse point aultre considération en luy. C'est l'amour et révérence que je luy porte à bon droict en nostre Seigneur, tellement qu'il me faict bien mal que je ne me puis aultrement employer envers luy et vous, pour monstrer ce qui est en mon cueur. Toutefois je vous supplye ne vouloir mal prendre ce que j'en dis. Car il n'y a rien qui m'y ait esmeu, sinon la crainte que j'avois que vous ne prinsiez point telle fiance en moy, comme je désire. Au reste, je n'entens point d'intenter complaincte qui mérite response. Car il me suffit que vous n'ayez point eu de doubte ne souspeçon qui vous ait induict à m'en faire mention.

Sur cela je feray fin, après m'estre humblement recommandé à vostre bonne grâce. Je prieray nostre bon Dieu de vous avoir tousjours en sa saincte protection, vous gouvernant selon sa bonne volonté, affin de glorifier son sainct nom en vous. De Genesve, ce 20 de novembre 1546.

Vostre humble serviteur et bon frère à jamais,

JÉHAN CALVIN.

A MONSIEUR DE FALAIS

Orig. autographe. Bibl. de Genève. Vol. 194.

Monseigneur, je n'ay rien à vous escrire pour le présent, sinon que nous attendons ce qui se fera par les Souisses [1]. Tout est appresté à Berne comme pour sortir du jour au lendemain, capitaine, son conseil, officiers,

[1] Les cantons catholiques et réformés de la Suisse, sollicités, les premiers par l'empereur, les seconds par les princes protestants, de prendre part à la lutte dont l'Allemagne était le théâtre, avaient gardé les uns et les autres une exacte neutralité. Mais les seigneurs de Berne ayant reçu avis que des mouvements de troupe s'opéraient dans la Franche-Comté, alors soumise aux Espagnols, appelèrent dix mille hommes sous les armes et occupèrent les passages du

souldars, esleus et nomméz, second mandement envoyé qu'ils se tiennent prests à marcher, artillerie équippée. Leur armée est de dix mille hommes. Je croy qu'ils n'eussent pas tant différé sans un empeschement qui les tient comme liéz par le pied. Car il y a environ un an que tous les cantons fisrent un accord, que nul ne sortist du païs pour faire guerre, sans le consentement des aultres. Maintenant on craint que les papistes ne feussent sollicitéz d'envahir les païs desproveus de gens, soubs couleurs de la promesse rompue. Que si le roy de France eust entrelassé un mot, se fust faict, desjà longtemps a. C'est qu'il eust demandé les papistes à son service, à quoy les nostres eussent facilement accordé. Ainsi les uns eussent parlé allemant à Charles, les aultres italien ou picard.

Je crains bien qu'il n'y ait faulte de bonne conduite, tant en cela qu'en d'aultres choses. Ainsi nous sommes d'aultant plus admonestéz de pryer Dieu qu'il luy plaise supplier par sa bonté infinie à tant de deffaults. Vray est qu'il est facil aux ignorans de follement juger. Mais tant y a que chascun s'esbahit qu'on demeure si longtemps à r...., er[1] sans faire effort. Car il semble que Dieu tende la main pour nous dire : entrez. Et en laissant escouler le temps on donne vigueur à celluy qui est à demy dés-

---

Jura. Cette mesure, motivée par la gravité des circonstances, aurait peut-être amené une scission entre les états confédérés, et de graves complications au dehors, si la trahison de l'électeur Maurice n'eût précipité le cours des événements en Allemagne. Jean de Muller, *Hist. de la Confédération suisse*, continuation de M. Vulliemin, t. XI, p. 292.

[1] Mot effacé dans l'original.

espéré. Prions doncq, et puisqu'il plaist à Dieu d'esprouver nostre patience en désirant mieulx, contentons-nous de ce qu'il nous envoye, ne nous lassant pour rien de le servir.

On a murmuré ces jours de quelque appoinctement. Il fauldroit de merveilleux massons pour le bastir. Mais je crains que les nostres ou aulcuns pour le moins ne se laissent abbreuver d'entrer en propos. Ce qui sera pour remettre du tout l'ennemy non-seulement en possession de sa tyrannie passée, mais de celle où il a tousjours adspiré. Mais pource que je suis asseuré que cela ne se fera point que Dieu ne soit du tout courroucé contre nous, j'espère qu'il préviendra un tel danger. Car je ne doubte pas qu'il ne regarde plus tost son œuvre en nous que nos vices et povretez, pour nous traicter en sa pitié.

Sur ce, Monseigneur, après m'estre humblement recommandé à vostre bonne grâce et de Madamoiselle, vous avoir aussi présenté les recommandations de ma femme et de nos voisins, je prye à ce bon Dieu de vous tenir tousjours en sa protection, et vous faire sentir de plus en plus la joie de son assistance. De Genesve, ce 8 de décembre 1546.

  Vostre serviteur et humble frère et entier amy
  à jamais,

        JÉHAN CALVIN.

A MADAME DE BUDÉ *

Orig. autographe. Bibl. de Genève. Vol. 107.

Mademoiselle, combien que j'aye occasion de louer Dieu du bon zèle et de la constance qu'il vous donne, selon que j'ay entendu par le porteur, toutefois pensant que mon exhortation ne vous seroit point superflue, entre tant de diverses tentations et combats, je n'ay pas voulu faillir à vous escrire par luy quelques mots, et sur tout pour vous ayder à vous résouldre de la délibération qui vous est encore aulcunement doubteuse. C'est

---

* La lettre originale est sans suscription. Mais on croit généralement qu'elle fut adressée par Calvin à la veuve du célèbre Guillaume Budé, arrière-petit-fils du secrétaire du roi Charles V, et l'un des plus doctes personnages de la Renaissance. Guillaume Budé ayant déclaré dans son testament qu'il voulait être enseveli sans cérémonie, cette circonstance fit supposer qu'il était mort dans les croyances de la foi réformée. Sa veuve ne pouvant les professer librement à Paris, alla s'établir à Genève, à la sollicitation de Calvin (juin 1549). Elle était accompagnée de sa fille et de trois de ses fils, Louis, François et Jean de Budé, qui occupèrent un rang distingué dans la République. Le plus connu des trois frères est Jean de Budé, sieur de Vérace, ami particulier de Calvin et de Théodore de Bèze. Il fut reçu habitant de Genève le 27 juin 1549, bourgeois le 2 mai 1555, membre des deux conseils en 1559, remplit plusieurs missions importantes auprès des princes protestants d'Allemagne, et mourut en 1589, après avoir rendu d'éclatants services à sa nouvelle patrie, et ajouté ainsi à l'illustration de sa famille dont les descendants habitent encore Genève. Galiffe : *Notices généalogiques des familles genevoises*, t. III, p. 83 et suivantes.

de vous retirer par deçà, pour servir à Dieu en repos de conscience. S'il vous estoit possible de vous en acquitter où vous estes, je n'auroys garde de vous donner conseil d'en bouger. Mais je sçay en quelle captivité vous estes détenue. Quant Dieu aussi vous auroit donné vertu et constance de vous préparer à la mort, et ne fleschir pour nulle crainte des dangiers où vous estes, il n'y auroit rien meilleur que d'user de ceste grâce. Mais si vous sentez que l'infirmité de vostre chair surmonte et vous empesche de faire vostre devoir, puisqu'il ne se peult faire que vostre conscience ne soit en trouble et torment continuel, il ne reste sinon de chercher remède convenable. Car ce n'est pas une petite perplexité, voire mesme anguoisse, de nous sentir coulpables en une chose si grande ; voire, et que le mal continue tellement que nous ne facions point de fin à offenser Dieu. Combien que plusieurs se flastent en cest endroist, se faisant à croire que c'est une faulte légère que de se polluer aux superstitions qui sont répugnantes à la Parole de Dieu, et déroguent à son honneur, j'estime que l'honneur de celuy auquel nous devons tout, vous est si précieux, que ce vous est un regret importable d'y contrevenir tous les jours comme vous y estes contraincte. Ainsy je ne doubte pas que n'ayez une singulière affection de sortir de telle paoureté, et cependant que vous y estes, que ne soyez en merveilleuse solicitude et tristesse. Considérez maintenant si ce n'est pas une malheureuse condition d'y languir sans fin. Je sçay bien que plusieurs nous objectent, que nous ne sommes pas icy anges non plus, et que nous offensons Dieu comme on faict là ; ce qui est vray. Mais comme dict le proverbe : mal sur mal n'est pas santé. Parquoy si nous défaillons par trop en d'autres sortes, quel mestier est-il d'augmenter nostre condamnation, en adjoustant au reste ce psché qui est tant grief, assavoir de ne donner point gloire au Fils de Dieu, qui s'est anéanty pour nostre salut?

Au reste quand vous avez bien tasché par dissimulation à vous exempter des périls où vous estes, encore n'est-ce rien faict ; car les iniques espient de près, et ne les pourriez jamais contenter qu'en renonceant Dieu du tout. Parquoy vous n'estes en repos du corps, non plus que de l'âme. Et après avoir décliné de Dieu pour complaire au monde, vous n'avez rien profité, sinon de languir comme en transe. Vous me demanderez si estant venue icy, vous aurez repos asseuré pour tousjours. Je confesse que non. Car pendant que nous sommes en ce monde, il nous convient estre comme oiseaux sur la branche. Il plaist ainsy à Dieu, et nous est bon. Mais puisque cest anglet vous est donné auquel vous puissiez achever le reste de vostre vie en le servant, s'il lui plaist, ou bien profiter de plus en plus et vous conformer en sa parole, affin que vous soiez plus preste à soutenir les persécutions quand il luy plaira, ce n'est pas raison de le refuser. Nous avons tousjours à regarder de n'estre point cause de nostre malheur, et le chercher à nostre escient, et faulte d'accepter les bons moiens que Dieu nous présente. Je sçay que c'est une chose dure que de laisser le païs de sa naissance, principalement à femme ancienne comme vous, et d'estat. Mais nous devons repoulser telles difficultés par meilleures considérations ; c'est que nous préférions à nostre païs toute région où Dieu est purement adoré; que nous ne désirions meilleur repos de nostre vieillesse, que d'habiter en son Eglise où il repose et faict sa résidence; que nous aymions mieulx d'estre contemptibles en lieu où son nom soit glorifié par nous, que d'estre honorables devant les hommes, en le fraudant de l'honneur qui luy appartient.

Touchant les doubtes qui vous peulvent venir en l'esprit, il seroit trop long de respondre à tous. Mais que vous aiez tousjours ce point résolu, qu'il nous fault remectre beaucoup de solicitudes à la Providence de Dieu, espérant qu'il proverra aux choses où il ne nous apparoit nulle issue. Et de faict, il n'y a que doubter que si nous le cherchons, nous le trouverons. C'est-à-dire qu'il sera avec nous pour guider nos pas, et avoir le soing de nos affaires, pour y donner bon ordre. Vray est que nous ne laisserons pas d'estre subjects à plusieurs fascheries et molestes; mais prions-le qu'estant fortifiés par sa parole, nous ayons de quoy les surmonter. Et toutefoys vous avez beaucoup d'aydes qui vous ostent l'excuse qu'ont plusieurs aultres. Quand il plaira à Dieu vous conduire, vous ne viendrez pas si desnuée de bien, qu'il n'y ait pour vous sustenter, au lieu que beaucoup de paoures gens n'ont que charge sans provision. Combien y a-il de femmes chrestiennes qui sont tenues comme captisves par leurs enfants? Or nostre Seigneur vous a faict cest advantaige, que vous aiez des enfants qui non-seulement se présentent à vous délivrez de captivité, mais aussy vous y exhortent. Vous avez la liberté que plusieurs souhaittent, de laquelle vous devez user, pour vous employer tant plus franchement au service de Dieu. Entre les aultres empeschements qu'il semble que vous aiez, il y auroit vostre fille pour ce qu'elle est à marier. Mais tant s'en fault que je la compte pour empeschement, qu'elle vous doibt plus tost servir d'esperon pour vous inciter d'advantaige. J'entens que vous l'aimez non pas seulement de l'amour commun qu'ont les mères, mais d'une affection singulière. Or je vous prye de bien considérer lequel luy vauldra mieulx d'estre là lyée en mariaige pour demeurer en servitude perpétuelle, ou d'estre par vous conduicte en lieu où il luy soit libre de vivre chrestiennement avec son mary. Car il vous fault avoir ceste espérance que Dieu luy adressera party honneste, qui vous sera en consolation comme à elle[1]. Il y a une chose dont il est bon que vous soiez advertie affin que rien ne vous esmeuve comme nouveau et non préveu. C'est que Sathan vous suscitera beaucoup de troubles pour renverser ou retarder vostre saincte entreprise. Mais quand vous aurez prins vostre conclusion arrestée, il ne vous sera pas difficile de surmonter tout. Cependant usez de l'opportunité, ce pendant qu'elle vous est offerte. Car comme en une chose saincte, il nous convient conclurre en brief, sans conseiller ne varier longtemps, aussy est-il nécessaire d'exécuter tantost ce que nous aurons conclud, craignant, selon la fragilité qui est en nous, de nous refroidir de nostre bon propos.

Pour faire fin, sçachant que toutes exhortations seroient vaines et inutiles de moy, sinon que Dieu leur

[1] Catherine de Budé épousa, en 1550, Guillaume de Trie, seigneur de Varennes, gentilhomme du Lyonnais, réfugié à Genève pour cause de religion.

donnat vertu, les faisant entrer en votre cœur, je le supplieray de vous instruire de vraye prudence pour juger ce qui vous sera expédient de faire, de vous donner constance ferme pour obéyr à sa volonté, de vous tendre la main et se montrer vostre conducteur, de vous faire ceste grâce qu'en vous reposant sur luy vous sentiez en tout et partout son assistance. Ce 20***, 1546[1].

Vostre serviteur et humble frère,

CHARLES D'ESPEVILLE.

A MONSIEUR L'AVOYER NOEGUELY *

Orig. autographe. Bibl. de Genève. Vol. 106.

Monseigneur, pource que ce présent porteur[2] m'a apporté si bon tesmongnage de Lion, et aussy que de ma part je l'ay congnu de bon sçavoir et de bon zèle, tellement que je ne doubte pas qu'il ne soit propre à servir à l'Eglise de Dieu, cela m'a contraint de vous le recommander, joinct aussi que je me confie que l'a-

---

[1] *Au dos*, d'une main étrangère : De 46. Je pense que ceste lettre soit à Mme Budé.

* Jean-François Nœgueli, un des plus illustres magistrats et des plus habiles capitaines de la république de Berne, au seizième siècle. Il commanda, en 1536, l'armée bernoise qui conquit le pays de Vaud sur le duc de Savoie, remplit les fonctions d'avoyer, de 1540 à 1568, et mourut dans un âge très avancé.

[2] En note, d'une main inconnue : Philippe Buisonnier, de Bresse.

dresse que je luy donne envers vous luy servira, attendu la bonne affection que vous me portez. Je vous prie donc humblement qu'il vous plaise l'avoir pour recommandé à ce que par vostre moien il ait l'ouverture pour faire cy-après service à nostre Seigneur Jésus, dont vous aiez l'occasion de vous resjouir, car sans telle espérance, je serois bien marry d'en sonner mot.

Au reste, Monsieur, si Dieu me donnoit l'oportunité de parler à vous, je déchargerois volontiers mon cueur des scandales qui nous pressent par deçà pour le maulvais gouvernement d'aulcuns qui sont ministres de la parole de Dieu en vos terres, et en toute leur vie ne donnent sinon occasion de blasphémer le nom de Dieu[1]. J'ay telle persuasion de vous qu'en congnoissant les paouretés dont chacun est abreuvé par deçà, vous auriez aussy bonne affection d'y pourveoir comme j'ay grand regret et tristesse d'en voyr parler. Je croy toutefois que vous en orrez parler en conseil, pource qu'un povre frère qui va par delà, nommé maistre François Maurice, vous donnera occasion d'y penser. Je ne touche point d'avantaige aux maladies, sinon que je desireroie bien qu'il pléut à Dieu vous mettre au cueur d'y donner bon remède. Et pource que je sçay qu'en vostre particulier, vous estes affectionné, comme il appartient, je vous supplie en tant que je dois avoir l'Eglise de Dieu en recommandation, qu'il vous plaise tendre la main à ceux qui sont en poine pour s'estre fidèlement porté au service de Dieu et de vous ; parquoy, Monsieur, après

---

[1] Plusieurs ministres du pays de Vaud, et notamment Zébédée, pasteur de Nyon, Lange, pasteur de Bursins, se livraient en chaire aux plus virulentes déclamations contre les doctrines du réformateur.

m'estre humblement recommandé à vostre bonne grâce, je prie nostre bon Dieu de vous maintenir en sa garde, vous conduisant tousjours par son esprit en l'obéissance de sa volonté. De Lausanne, ce 12 de janvier 1547.

Vostre humble serviteur,

JÉHAN CALVIN.

A MONSIEUR DE FALAIS

Orig. autographe. Bibl. de Genève. Vol. 194.

Monseigneur, aiant reçeu vos lettres par le sieur de La Rivière, je craignois que les aultres dont vous faisiez la mention, feussent perdues. Depuis elles m'ont esté apportées. Pour response je remercie Dieu de ce qu'il vous a augmenté vostre joye et contentement. J'ay escrit briesvement aux trois compaignes tout ensemble, pour les saluer à leur bien-venue. Je ne sçay si Dieu nous fera ce bien quelque jour, qu'elles n'ayent plus besoing de mes lettres. Si non je leur seray une aultre fois un petit plus libéral en papier.

Pour vostre personne, suivant la charge que vous m'aviez donné, j'ay regardé depuis mon retour où il y auroit logis commode. Quant à celluy de Clébergue, vous seriez trop loing des voisins que vous cherchez [1].

[1] Selon la tradition conservée à Genève, Calvin habitait alors la maison située au Bourg-de-Four, à l'angle formé par la rue des Chaudronniers et les bâtiments voisins de l'hôpital.

Combien que de longtemps j'en avoye eu envye pour moy-mesme, affin de m'y derrober quant je cherche d'avoir loysir. Et m'avoit-on promis de m'en donner response; mais rien n'est venu. Si je l'avoye entre mes mains, comme l'on m'en avoit donné espérance, vous sçavez qu'il sera à vostre commendement. Auprès de nous je n'en ay peu trouver ayant jardin, qui vous fust plus propre que une que je vous ay louée [1]. Non pas que le logis me contente; mais il me l'a fallu faire par faulte d'aultre. Vous aurez au-devant moien jardin, et court assez spacieuse. Derrière aultre jardin encor. Une grant salle d'aussi belle veue que vous en sçauriez souhaitter pour l'esté. Les chambres n'ont pas si plaisant regard, que je vouldroye bien. Mais quant vous serez arrivé, possible qu'on trouvera moien d'y donner ordre. Excepté la salle, on pouvoit trouver maisons de meilleure estoffe et mieulx basties pour la commodité. Mais le jardin n'y eust pas esté, et je voy que c'est un membre que vous désirez principallement. Quoy qu'il en soit elle est louée à douze escus. Quant vous la verrez, si vous dictes que c'est trop, j'auray mon excuse preste, que je ne suis pas tel mesnager que pour bien espargner ma bourse non plus que celle des aultres. Je me suis hasté d'en faire marché à cause du jardin seulement. Si le temps vous targoit par de là, il me semble que la saison vous sera aussi propre d'icy à un mois que plus tard, moyennant que l'air fust gracieux selon que la saison le doit porter. Pour la conduite, combien que mon frère n'est pas icy à ceste heure, toutefois je m'ose bien porter

---

[1] Probablement dans le quartier de Saint-Antoine.

fort pour luy qu'il vous y servira volontiers. Et il a faict le chemin si souvent qu'il y doit estre assez rusé. Joingt aussi qu'il a eu affaire aux basteliers. Et je crois qu'il vous souvient que mon advis seroit que vous fissiez une partie du chemin par eaue pour vous refraischir. En attendant que vous me mandiez vostre pleine résolution, nous sèmerons sans faire bruict et ferons tailler les treilles.

Des occasions que vous avez de vous plaindre, je vous prye, Monseigneur, d'oublier beaucoup de choses pour esviter fascherie qui ne rellève point le mal et ne l'amende. Sur tout qu'il vous plaise supporter ce qui aura esté faict par zèle inconsidéré, car c'est une faulte qui advient aux meilleurs. Mais je croy que ce en est desjà faict en une sorte ou l'aultre. J'espère que l'issue en aura esté modérée par vostre prudence.

Quant au sieur de Paré[1], si d'adventure il venoit droict à vous sans passer par cy, et qu'au reste il apporta nouvelles pour entrer plus avant en propos, vous avez par delà Monsieur d'Albiac, lequel ayant eu grant privaulté avec luy, vous pourra advertir du tout mieulx que Maldonade n'en aura trouvé. Et sera bon d'en faire inquisition diligente. Car je craindrois que par ses follies de jeusnesse il n'eust eu quelque maladie, telle qu'ont aujourd'huy beaucoup de gens. Je vous descouvre familièrement ma crainte, aymant mieux excéder en ceste partie que de rien celler pendant qu'il en est temps. Vous demanderez pourquoy doncq j'ay tant différé. Mais les conjectures que j'en ay sont venues depuis. Car c'estoit le plus court d'en deviser de bouche, si j'en eusse con-

---

[1] Il recherchait en mariage une parente de M. de Falais.

ceu en mon esperit aultant que maintenant. Je le vous propose affin que vous y advisiez. Car je ne vouldroye point avoir ceste reproche, je ne dis pas seullement devant le monde, mais aussi devant Dieu, que la fille eust esté abusée en rien par ma dissimulation. Je sçay pource que c'est un mal si commun et vulgaire, que beaucoup n'en font guères de difficultés. Mais je me doubte que vous y seriez scrupuleux comme moy.

Pour faire fin, Monsieur, après m'estre humblement recommandé à vostre bonne grâce et de Madamoiselle, je supplieray nostre bon Dieu de vous maintenir en sa garde, qui est le tout de nostre vie, tant pour ce siècle que pour l'advenir. J'entens qu'il vous face tousjours sentir, comme il faict, que vous estes en sa conduite. Tous ceux qui ne vous escrivent point se recommandent humblement à la bonne grâce de vous et de Madamoiselle. Ce 25 février 1547.

Vostre serviteur et humble frère,

JÉHAN CALVIN.

Monsieur, celluy qui vous présentera ces lettres est ambassadeur de ceste ville. Ils sont deux qui vont par delà, je ne sçay pourquoy, c'est-à-dire pour leurs affaires particulières qu'ils ont à démesler ensemble. Je vous en ay voulu advertir, non par aultre cause sinon que je présume que vous eussiez esté marry de n'en estre point adverty. Car si vos affaires portent que vous preniez conclusion de venir, cest advertissement pourra servir. Non pas qu'il soit besoing de grande cérémonie, comme nous en avons devisé, mais seulement affin qu'il ne leur semble qu'ils ont esté mesprisez; surtout si vous veniez en çà. Je parle le languagе du païs. S'il y avoit quelques bonnes nouvelles, j'espère qu'ils nous en apporteront. Mais il est besoing que Dieu nous humilie de quelque costé que ce soit. Combien que j'espère que nostre Antioche [1], qui nous presse maintenant sera serré de si près, qu'il ne luy souviendra des gouttes de ses mains, ne de ses pieds; car il en aura par tout le corps. De son compagnon Sardanapalus [2], Dieu luy garde la pareille. Car ils sont bien dignes de passer tous deux par une mesme mesure.

A MONSIEUR DE FALAIS [*]

Orig. autographe. Bibl. de Genève. Vol. 194.

Monseigneur, j'avois oublié en mes dernières lettres l'article de l'*Apologie*, et ne sçay comment il m'estoit échappé. Sainct André en avoit la copie; et en cela je n'ay pas esté frustré de mon opinion. Mais selon l'estat

---

[1] L'empereur Charles-Quint. — Vainqueur, sans combat, de l'armée des princes confédérés, grâce à la trahison de Maurice de Saxe, ce prince, quoique fort incommodé de la goutte, recevait en ce moment la soumission des villes liguées de la Souabe et du Palatinat, dont il exigeait d'énormes rançons.

[2] Le roi François Ier. Il mourut au mois suivant, le 31 mars 1547.

[*] *Au dos* A Monseigneur, Monsieur de Fallez, à Basle près la Cauf-Houff. — M. de Falais venait en effet de quitter Strasbourg, alors menacé par l'armée impériale, pour fixer sa résidence en Suisse.

présent, quant il seroit question de l'imprimer, je ne voy point qu'il y auroit à changer. D'adoulcir il n'est possible; de s'enflamber en plus grande véhémence, le temps ne le porte point, au moins pour luy donner cours. Et mesme si vous délibérez de la faire imprimer à Strasbourg, encor ne sçay-je s'ils l'oseront admettre telle qu'elle est. *Quid enim audeat, qui tyranno se implicuit*[1]? Çà il y auroit plus de liberté. Il me souvient que vous me fîtes mention, incontinent après l'avoir veue, de corriger quelques points, mais sans me noter ne quoy ne comment. Il vous plaira doncq par le premier m'en mander vostre vouloir, et ce que vous désirerez de moy. Du translateur pour la faire latine, vous en auriez là un assez élégant, s'il vous sembloit bon d'en user [2]. Icy il s'en trouvera bien quelqu'un; par faulte d'aultre je me substitueray. Et cela comme j'espère n'emportera pas grant atarge. Car moiennant qu'il y ait perspicuité, il suffira. Et aussi la barbarie de *Majestas vestra*, de laquelle on sera contraint d'user, répugne à un ornement trop exquis. Toutefois si fauldra-il en avoir vostre advis, en cas qu'il nous y fallust employer par deçà. Au reste nos gens ont quelque petit de paour. Mais je n'estime pas qu'il y ait cause. Vous sçavez que villes de frontières sont subjectes à craindre. Et pource que nous avons Grantvelle pour voisin [3], et

---

[1] La ville de Strasbourg s'était soumise à l'empereur. Les termes de cette soumission portaient qu'elle renoncerait à la ligue de Smalkade, et contribuerait, avec les autres états, à l'exécution de la sentence prononcée contre le landgrave et l'électeur.

[2] Sébastien Castalion, professeur à l'université de Bâle.

[3] Antoine Perrenot, évêque d'Arras, cardinal de Granvelle, célèbre

qu'on oit parler de lever gens, on se doubte. Quant à moy j'ay ma conjecture diverse, car ce n'est pas la saison d'attenter rien icy. Mais il nous fault laisser escouler beaucoup de bruicts, tout ainsi que nous ne pouvons empescher que l'eau n'alle aval. Quoy qu'il en soit je suis bien ayse que nostre Seigneur nous réveille, pour nous recommander à luy. Comme c'est le plus grant bien qui nous puisse advenir, que de nous sçavoir remettre à bon escient à sa protection.

Faisant fin à la présente, Monsieur, après m'estre humblement recommandé à la bonne grâce de vous et de Madamoiselle, et vous avoir présenté les recommandations de nos voisins, je prieray nostre bon Dieu de vous tenir en sa saincte garde, vous conduire en tous vos pas, vous monstrer ce qui sera bon et expédient, et vous en donner bon effect et prospère. Ce 7 de mars 1547.

Vous congnoistrez par les lettres de Sire Nicolas, comme il va de vostre argent. Il me l'a aussi mandé. Du chois qu'il vous remette, vous en ferez selon l'opportunité présente.

Vostre serviteur et humble frère à jamais,

JÉHAN CALVIN.

---

ministre de Charles-Quint et de Philippe II. Il était né à Ornans, près de Besançon, en 1517, et mourut, en 1586, à Madrid.

A MONSIEUR DE FALAIS

Orig. autographe. Bibl. de Genève. Vol. 194.

Monseigneur, je suis joieux que vous aiez nostre frère maistre Pierre Viret pour vous soullager des fascheries lesquelles vous pouvoient bien estre dures, veu que j'en estois tourmenté plus que je ne dis par seulle compassion. Mais j'espère que Dieu y aura remédié quant au faict. Et pour le reste il y a proveu, en vous envoiant celluy duquel vous pouvez recevoir aultant de consolations que d'homme du monde. Tellement qu'il ne me faict plus mal que je n'aye point entreprins le voyage. Car je ne crains plus que vous aiez faulte de moy. Ce sera aussi la cause, pourquoy je vous feray plus briesves lettres.

Quant à l'homme[1] je ne sçache point avoir donné signe aulcun que vos complainctes me semblassent excessives; seulement craignant qu'il ne vous advint quelque maladie, et aussi pensant que ce n'estoit pas chose convenable à vous d'entrer en contention avec un

---

[1] Allusion à Valéran Poulain. Il paraît, d'après une lettre de Calvin à Valéran, que celui-ci recherchait, malgré l'opposition de M. de Falais, la main de Mademoiselle de Wilergy, parente de ce seigneur : « Scripsi prius de juniore, ad quam adspiraveras, quid ego reprehenderem. In hâc tentandâ videris oblitur fuisse quid ad illam discedens scripsisses... At si verum est quod ipsa testatur, pessimis rationibus conciliatæ fuissent nuptiæ, etc... » *Calvinus Valerando Polano.* Mars 1547.

homme de sa qualité; considérant d'aultre part son audace, et ce qui peult sortir d'une beste venimeuse, si on la presse, je vous avoye prié de prendre le tout modérément, tant qu'il seroit possible. Au reste je le congnois, et ne crains pas tant les males grâces, que je voulsisse que l'Eglise de Dieu eust aulcun dommaige par ma dissimulation. Mais je ne voy pas maintenant que j'y puisse faire, et puis il n'y a nulle nécessité présente. Car où il est congneu, il s'est plus descrié qu'il ne seroit de besoing. Où il est incongneu, on ne gaigneroit rien d'en parler, jusque à ce qu'il tasche à se insinuer. Mais encor Dieu le pourra faire saige après l'avoir chastié de tant de ses follies.

Je viens à vostre voiage. Combien que je ne voye nul danger au chemin, ne d'embusches, ne d'aultre practique, ne de violence, toutefois pour le premier je n'en ay rien asseuré à personne, mais au contraire my en doubte. Secondement, quant au temps j'en ay parlé comme celluy qui n'en sçavoit rien. Vray est que si on me demande si vous n'avez point intention de nous venir voir, je ne suis pas fort obstiné à le nier aux amis, craignant qu'ils ne m'estiment double. Et mesme quand j'ay loué la maison, tant celluy qu'a parlé à vous que aulcuns aultres, ont bien jecté incontinent leur conjecture sur vous. Je leur ay respondu, possible que ouy, mais qu'il y en avoit d'aultres. Ainsi que je la prenois à l'adventure, ne doubtant pas toutefois d'avoir hoste pour y mectre. Au reste je ne puis empescher que plusieurs ne devinent, et se persuadent, sans que j'en sonne mot, que vous viendrez. Tant y a qu'au plaisir de Dieu il ne vous viendra nul préjudice de par moy. J'espère au plaisir de Dieu que la sepmaine prochaine maistre Pierre Viret nous rapportera de vos nouvelles. Si après avoir ouy nostre frère Sainct André, vous aviez quelque chose à me mander de nouveau, vous aurez messager propre en luy.

Sur quoy, Monsieur, après m'estre affectueusement recommandé à vostre bonne grâce et de Madamoiselle, vous avoir à tous deux présenté les recommandations de ma femme et des amis, je supplye nostre bon Dieu vous avoir toujours en sa garde, vous consoler, fortifier et parfaire en vous tout l'œuvre de sa gloire et de vostre salut. Amen. De Genesve, ce 15 de mars 1547.

Vostre très humble serviteur et frère,

JÉHAN CALVIN.

A MONSIEUR DE FALAIS

Orig. autographe. Bibl. de Genève. Vol. 194.

Monseigneur, j'escris à Myconius[1], comme vous verrez par la copie que je vous envoye. Il m'a semblé advis que c'estoit assez, pource que les juges comprendront mieulx mon intention de sa bouche. Il y aura plus de

[1] Oswald Myconius, ministre et *antistes* de l'Eglise de Bâle. Calvin invoquait son appui auprès des magistrats de cette ville pour faire rompre une promesse de mariage entre Mademoiselle de Wilergy et Valéran. (*Calvinus Myconio*, cal. maii 1547.)

gravité, pource que la poursuite ne sera pas si véhémente de mon costé, comme si je ne m'ingeroy de leur escrire, comme ayant la matière trop affectée. Je croy que nostre frère maistre Pierre Viret fera le semblable envers le sieur Bernard Mayer[1], suivant ce que je luy en ay mandé. Quant il scroit besoing, il se condamne de desloyaulté en ses lettres qu'il m'a escrites. Car après m'avoir requis au mois de janvier d'intercéder pour luy au mariage de Merne, il m'a mandé que Wilergy l'avoit aymé *ante multos menses* jusque à le demander pour mary, plus tost que d'estre cherchée. Comment cela s'accorde-il? Sinon qu'il en voulsist avoir deux ensemble. Mais le tout est qu'on luy couppe la broche à toutes ses chicaneries, attendu qu'elles sont trop indignes d'audience. Sur cela je ne pense point que les juges n'y mectent fin bien tost.

Monsieur, après m'estre de bon cueur recommandé à vostre bonne grâce et de Madamoiselle, sans oublier les trois Damoiselles, je prye nostre bon Dieu de vous avoir en sa garde, de vous conferrmer tousjours en patience, de vous délivrer des fascheries de cest importun, et vous amener en bonne prospérité. Ce premier de may, de Genesve, (1547).

Vostre serviteur et humble frère,

JÉHAN CALVIN.

[1] Conseiller à Bàle et frère du bourgmestre de cette ville.

A MONSIEUR DE FALAIS

Orig. autographe. Bibl. de Genève. Vol. 194.

Monseigneur, puisque vostre commodité ne vous a permis de venir, comme nous espérions, c'est assez si Dieu vous faict la grâce de vous bien trouver par delà. Car jasoit que je désirasse d'estre près de vous, toutefois je préfère ce qui vous est le meilleur. Quant à l'homme duquel vous avoit parlé Maldonad, oultre la congnoissance que j'en ay eu pendant qu'il a esté icy, je m'en suis enquis de son maistre ancien Gallasius, lequel m'a dict qu'il l'a trouvé très loyal et serviable. Vray est qu'il ne l'estimeroit pas suffisant pour démener grans affaires, sinon qu'on l'instruise et qu'on luy donne sa leçon. Mais d'exploitter ce qui luy sera commandé, qu'à cela il n'y fera faulte, mesme qu'il sera vigilant. Et quant au premier, je ne l'en estime pas moins. Car il vault mieulx un homme modeste et posé, qu'un grand entrepreneur et hardy par trop. Vous y adviserez selon que vos affaires le porteront affin que le S[r] d'Albiac le peult faire venir, et par ce moien que vous ne demeuriez pas longtemps desproveu. Au reste j'espère que Dieu vous aura dépesché des fascheries, où ce brouillon[1] vous a tenu par si longtemps. Ce faict, que vous soiez aulcunement à repos touchant votre maison.

Nous sommes encor attendans sur les nouvelles de

[1] Valéran Poulain. Voir les deux lettres qui précèdent.

l'estat général de l'Eglise. Si Dieu nous veult si durement affliger, que de lascher la bride à ce tyrant[1], qui ne demande qu'à tout ruiner, c'est à nous d'estre tout préparéz à souffrir. Moyennant que celluy qui nous a prins en sa charge domine *in medio inimicorum*, il nous convient avoir patience, nous consolant en l'espérance de ce qui s'ensuit, qu'il confonde ses ennemis. Mais encor j'espère qu'il provesra à ces grans troubles, supportant nostre foiblesse, et qu'il refrènera l'audace de ceux qui triumphent devant le temps, voire contre luy.

Monsieur, après m'estre humblement recommandé à vostre bonne grâce et de Madamoiselle, et vous avoir présenté à tous deux les recommandations de ma femme, je pryeray nostre bon Dieu de vous conduire tousjours, veiller sur vous, et vous augmenter en tous ses biens. Je me depporte de toucher au propos que m'a tenu le sieur Maldonad, quant à dresser une Eglise par delà[2]. Car je ne sçay qu'en dire, sinon que je désirerois que tout fust bien faict. De Genesve, ce 18 de may 1547.

Vostre serviteur et humble frère,

JÉHAN CALVIN.

[1] L'empereur Charles-Quint venait de remporter à Muhlberg (24 avril 1547) une victoire décisive sur les princes protestants.

[2] C'est-à-dire à Bâle. L'Eglise française de cette ville fut fondée après la *Saint-Barthélemy*, à la requête d'un grand nombre de réfugiés, parmi lesquels se trouvaient les enfants de l'amiral de Coligny. (Mss. divers des archives de l'Eglise française de Bâle.)

A MONSIEUR DE FALAIS

Orig. autographe. Bibl. de Genève. Vol. 194.

Monseigneur, j'espère que le porteur des présentes sera le capitaine de nostre ville[1], duquel j'ay loué la maison. Il a volunté de se transporter par delà, affin de deviser avec vous. Il me proposoit double condition. L'une, s'il vous plaist lui prêter argent à certain terme, que la maison vous demeurera engaigée jusque au remboursement, sans en payer louage; et des réparations que vous en feriez pour vostre commodité, qu'il en portera une partie. La seconde est de vous en faire vendition. Or est-il vray qu'il ne l'a qu'à réachept. Mais il se faict fort de vous la maintenir et guarantir en vendition pure et simple. Par ce moien, il en vouldroit avoir trois centz escus. Si vostre intention est de l'achapter, vous adviserez du pris avec luy, prenant le meilleur marché que vous pourrez. Il est bien certain que se constituant guarant pour la maintenir, à grant poine la donnera-il pour deux centz escus. Ce sera à vous à choisir des deux conditions, et en dépescher avec luy, si vous y voiez vostre proficit. Si vous n'entrez en paction avec luy, je

---

[1] Amédée Perrin, capitaine général de Genève, un des principaux chefs du parti des *Libertins*. Il avait été chargé d'une mission secrète auprès du nouveau roi de France Henri II, et fut emprisonné après son retour à Genève, pour infidélité dans l'accomplissement de son mandat.

vous ay desjà adverty que la maison ne vous seroit duisante. Par conséquent il vous fauldra pourvoir ailleurs. Car vous n'obtiendrez point qu'il la face approprier à vostre usaige, si ce n'est par ce moien. Et de faict quant vostre délibération seroit de venir sur la fin de l'esté, je vous conseillerois de tascher qu'avant vostre venue les réparations fussent faictes, pour éviter les rompements de teste et beaucoup d'incommoditéz. Je croy que la devise que j'en ay faict vous plairoit très bien, en sorte que vostre absence n'empescheroit rien, et seriez bien ayse d'avoir la chose faicte. Il estime peu les réparations qu'il y fault, mais je ne les prise pas moins de quarante escus. Parquoy l'achept m'en sembleroit plus expédient : mesme si vous pouviez accorder aux deux centz escus et qu'il print sur luy ceste charge de la guarantir à perpétuité. Je désire que vous faciez quelque chose moiennant que ce soit à vostre profit.

Le Sr de Parey[1] arriva hier au soir, et me vint saluer environ neuf heures. Pource que c'estoit bien tard, nous n'eusmes loysir de guères parler ensemble, tellement que je ne sçay encore comme il va de ses affaires. Après avoir parlé au sieur Maldonad, je seroye d'advis que seulement vous advertissez la fille de la nature, sans luy déclairer nul inconvénient qui luy soit advenu; car tout cela se rediroit puis après. Seulement doncq, je luy tiendroye ce propos : Il dort peu, il y a quelque légièreté, ainsi tel dangier seroit à craindre selon qu'on voit sa complexion. Regardez si vous seriez patiente, quant Dieu vous auroit visitéz jusque-là. Cela à mon opinion

[1] Prétendant à la main de Mademoiselle de Wilergy.

suffiroit. Et selon que la verriez disposée, vous en feriez quant à ce point. Nous avons eu quelques nouvelles de la sentence, et luy[1] se plaignant des juges s'en glorifie. Dieu luy veuille donner meilleur sens.

Monsieur, après m'estre humblement recommandé à la bonne grâce de vous et de Madamoiselle, vous avoir présenté les recommendations de Gallasius et de ma femme, je prieray nostre bon Dieu qu'il vous ait tousjours en sa garde, vous gouverne et conduise, et vous face la grâce de le glorifier tousjours.

Il suffit que vous soiez adverty qui est le présent porteur. Je ne sçay s'il aura aultre compagnie avec luy, car il est party bien en haste, tellement que sans m'en avoir parlé il est venu ce matin tout botté me dire à dieu. Voilà qui a esté cause que je n'ay pu communicquer avec Maldonad, car il s'en alla hier au soir coucher à Tourné. C'est aussi pourquoy je ne vous fais nulle recommendation de luy. De Genesve, ce 26 de may 1547.

Vostre serviteur et humble frère,

JÉHAN CALVIN.

A MONSIEUR DE FALAIS

Orig. autographe. Bibl. de Genève. Vol. 194.

Monseigneur, je n'ay rien à vous escrire pour le présent, sinon que le porteur est l'un des fils de feu

[1] Valéran Poulain. Voir les notes, p. 194 et 196.

Mr Budé ¹. Quant vous l'aurez congneu, vous le trouverez de si bonne sorte, que vous l'estimerez digne d'estre aymé de tous ceux qui ayment Dieu, encore qu'il n'eust nulle recommandation de la mémoire de son père. Il n'est pas de ceux qui font grant monstre ne parade. Et d'aultant est-il plus prisé de moy, et je sçay que ainsi sera-il envers vous. Son intention est d'aller voir Basle et Strasbourg, puis retourner sans faire long séjour par delà. Néantmoins je luy ay conseillé de se bien enquérir si les chemins seront seurs avant que passer oultre; et il m'a promis de le faire, car sans nécessité il n'y auroit propos de se mettre en hazart. Je croy que devant qu'il arrive par delà, vous ne serez plus en délibération quant au sieur de Parey. Car l'allonge qu'il demande n'est pas pour s'entretenir en grande fermeté; et de faict je conjecture que cela a esté faict à cautelle par les siens, pensant qu'entre cy et là il changeroit de propos, attendu ce qu'ils congnoissent de sa complexion.

Nous sommes bien esbahis de n'avoir nulle certitude de nouvelles. On peult appercevoir le désordre qui est en Allemaigne et la paoure conduicte. S'il y avoit un seul grain de sel, ils auroient proveu à leurs affaires devant qu'ils sçachent ce qui devoit estre sceu trois jours après. Mais quoy? *Non est consilium, non est fortitudo absque domino.* Or ils sont desproveus de son costé.

J'espère de sçavoir par le premier, que c'est que vous aurez arresté avec nostre capitaine ².

Pour faire fin, Monsieur, après m'estre humblement

Jean de Budé, sieur de Vérace. Voir la note, page 180. Jean de Budé fit, en 1547, un premier voyage à Genève pour y préparer l'établissement de sa famille.

² Amédée Perrin.

recommandé à vostre bonne grâce et de Madamoiselle, vous avoir présenté les pareilles recommendations de ma femme et des aultres, je supplieray nostre bon Dieu de vous avoir tousjours en sa garde, vous gouverner par son Esperit, vous fortifier contre tous scandales et fascheries, et semblablement toute vostre maison. Pource que je n'ay loisir d'escrire aux Damoiselles, je désire cependant d'estre bien affectueusement recommandé à toutes trois. De Genesve, ce 4 de juing 1547.

Vostre serviteur et humble frère,

JÉHAN CALVIN.

A MONSIEUR DE FALAIS

Orig. autographe. Bibl. de Genève. Vol. 194.

Monseigneur, combien que je n'eusse pas grant chose à vous escrire, toutefois craignant que vous ne trouvissiez estrange que ce porteur vint par delà sans mes lettres, je n'ay voulu faillir à vous escrire quelque mot. Je ne sçay pas bonnement pourquoy le dit porteur a entreprins ce voyage. Je croy que aussi ne faict-il guères mieulx. A grant peine estoit-il arrivé qu'il prenoit conseil de retourner sans avoir esprouvé ne bien ne mal. Depuis il a changé souvent de propos. Somme, je n'ay veu aultre constance en luy, sinon qu'il ne trouvoit icy rien à son gré. En escrivant, il m'a souvenu que j'avoye matière à laquelle je n'avoye point pensé. C'est que le sieur Maldonad m'a parlé de Jacques, assavoir s'il pourroit retirer mes sermons. Selon que j'en ay veu, il recueille bien quelques sentences. Mais la substance n'y est pas si entière, comme je désirerois, combien qu'il se pourra faire que par succession de temps il y adviendra mieulx. Ainsi en attendant s'il acquéra plus grande agilité par l'usaige, encore vauldroit-il mieulx d'avoir ce qu'il faict, que rien. Et aussi le temps en pourra donner quelqu'un plus propre.

A ce que je puis conjecturer des lettres escrites à nostre frère Sainct-André, je crains que toutes les miennes ne vous ayent point esté baillées. Toutefois je n'en pensoye avoir commis qu'à messaiger seur. De *l'Apologie* j'avoye remis la conclusion à vostre venue. Mais elle se translatera en Latin, pour estre preste quand vous la vouldrez. Si est-ce que si le nom de la ville n'y estoit requis, qu'elle s'imprimeroit icy mieulx que par delà, c'est-à-dire en plus beaux charactères, en meilleur papier, et plus correctement. Regardez seulement si vous désirez que le nom de la ville soit exprimé, car sans cela je vous asseure bien du reste.

Monsieur, après m'estre humblement recommandé à vostre bonne grâce, et de Madamoiselle, je prieray nostre bon Dieu de vous tenir tousjours en sa garde, vous donner matière de vous resjouir en luy au milieu des fascheries de ce monde, et vous augmenter en toutes ses bénédictions. De Genesve, ce 6 de juing 1547.

Vostre serviteur et humble frère,

JÉHAN CALVIN.

A MONSIEUR DE BUDÉ[*]

Copie. Bibl. de Genève. Vol. 111.

Monsieur, encore que je vous sois incògnu de face, si ne laisseray-je pourtant de vous escrire privément, espérant que mes lettres seront bien venues vers vous, tant pour la faveur du Maistre auquel je sers, que pour l'argument qu'elles contiendront. Et aussy que ceux qui m'ont induict à ce faire, ont assez de crédit envers vous, comme je croy, pour m'y donner accès. J'ay entendu la droicte affection que nostre Seigneur vous à donnée, de quoy nous avons tous à le louer. Car combien que vous aiez là beaucoup de tentations de ce monde,

---

[*] Voir la notice concernant la famille de Budé, p. 180. — Nous croyons, contrairement à l'opinion de M. Galiffe, *Notices généalogiques*, t. III, p. 83, que cette lettre est adressée à Louis ou à François de Budé, et non à Jean de Budé, sieur de Vérace, leur frère. Ce dernier avait déjà fait un voyage à Genève, et il était connu du réformateur qui l'avait recommandé en termes très bienveillants à M. de Falais. (Lettre du 4 juin 1547, p. 202.) Ce n'est donc pas au sieur de Vérace, mais à l'un de ses frères que peuvent s'appliquer les premiers mots de l'épitre de Calvin : « — Encore que je vous sois incognu de face, si ne laisseray-je pourtant de vous escrire privément, espérant que mes lettres seront bien venues de vous, etc... » La famille de Budé s'apprêtait alors à quitter la France. Elle s'établit à Genève deux ans après, comme l'indique son inscription sur le registre des habitants de cette ville (27 juin 1549(et le passage suivant d'une lettre de Viret à Calvin, 12 juin de la même année : « *Budœos cum matre advenisse gaudeo.* » Mss. de la Bibl. de Genève.

pour vous retenir et amuser, toutes fois vous ne laissez
point de gémir de la captivité malheureuse où vous estes,
désirant d'en sortir. Et de faict vostre bon zèle s'est
desjà déclairé en partye, en ce qu'au lieu d'empescher
la compagnie qui délogeoit, vous l'avez confirmée en
son bon propos, et au lieu de la retarder, avez tasché
de l'advancer, ne regrettant aultre chose sinon que vous
ne pouviez suivre quant et quant. Or maintenant, pource
que Sathan a beaucoup de moiens de nous faire refroidir
en bien, et que nostre nature y est assez promte, il vous
fault attiser le feu que Dieu par son Esprit a ci-devant
allumé en vostre cœur, jusques à ce que le bon désir
vienne à son effect. C'est que vous quictiez toutes choses
comme pernicieuses, lesquelles vous séparent de celuy
auquel gist tout nostre bien, et avec lequel si nous ne
sommes conjoincts, nous sommes privés de vie et de
salut. Cependant nous n'entendons pas de condamner
tous ceux qui vivent par delà, comme si le Royaulme de
Dieu estoit enclos entre nos montagnes, lequel nous
sçavons estre estendu par tout. Mais c'est raison, quelque part que nous soions, que Dieu soit honoré par
nous, et ne sommes nullement à excuser, quand nous
polluons la terre qu'il a sanctifiée à nostre usage. Si
nous sommes en lieu où il ne nous soit permis de nous
aquitter de nostre devoir, et que la crainte de mort
nous mène à mal faire, nous devons en congnoissant le
vice de nostre infirmité chercher le remède; c'est de
nous retirer de telle servitude. Puisque nostre Seigneur
vous a ouvert les yeux pour vous faire voir quel mal
c'est de vous polluer en superstition, il ne vous reste
sinon d'en sortir. Encore avez-vous moins d'excuse

qu'un aultre, attendu le lieu que vous tenez, car le compte sera double, si au lieu de monstrer le chemin, comme vous y estes tenu, vous donnez occasion à ceux qui vous regardent de s'en divertir.

Quant aux aultres difficultés qui sont en vostre estat, je m'en rapporte à votre expérience. Oultre plus vous avez à penser que si la bonne dame craignoit à bon droict d'achever là le reste de sa vie, vous avez à craindre d'y languir beaucoup plus longuement, selon le cours ordinaire. Vray est qu'il n'y a point de lendemain pour nous asseurer. C'est ce qui vous doibt tant plus haster de l'aultre costé, de peur que vous ne soiez surpris. Parquoy en toutes sortes Dieu vous solicite. Quoy qu'il en soit je vous prie, Monsieur, de ne laisser pas amortir la grâce que Dieu a mise en vous. S'il vous a donné des biens en ce monde, gardez qu'au lieu de luy en faire hommage, vous ne soiez empesché de le servir. Je laisse à dire qu'il vous a donné une ayde que tous n'ont pas. C'est que vous avez une Sara qui sera preste de vous suivre où ce bon père vous appellera, tellement qu'il ne tiendra qu'à vous que vous ne suiviez l'exemple de nostre père Abraham. Il est vray que vous ne trouverez lieu en terre où vous soiez en seureté, comme de faict ce n'est pas raison que nostre foy soit exemte de ces alarmes. Mais puisque nous sommes au temps de combact, il n'y a rien meilleur que de nous retirer à l'enseigne, où nous prenions courage de batailler constamment jusques à la mort. C'est un advantaige qui n'est pas à mespriser, quand Dieu nous donne loisir de nous confirmer, affin que la préparation nous serve en temps et en lieu. Car ce nous doibt estre bien assez, quand il nous arme de sa vertu pour estre victorieux devant que nous esprouver. Mais pource que les commencemens en sont difficiles, et la poursuite encore plus, il n'y a rien meilleur que de prier Dieu qu'il vous tende la main et vous donne courage pour surmonter tous les obstacles. De quoy aussy nous le suplions avec vous, et qu'il luy plaise de se monstrer vostre protecteur jusques à la fin, vous maintenant non-seulement contre les inicques, mais aussy contre Sathan leur chef. Après m'estre humblement recommandé à vostre bonne grâce et de Madamoiselle vostre femme.... etc. Ce 19 juin 1547.

A MONSIEUR DE FALAIS

Orig. autographe. Bibl. de Genève. Vol. 194.

Monseigneur, suivant ce que vous m'aviez escrit j'ay bien esté d'advis que le frère maistre François de la Rivière[1] se retirast là, au moins pour quelque temps. Car quant ainsi seroit qu'il luy convint retourner icy, il n'auroit pas long voyage à faire. Et apportant quelque recommandation de Basle, il pourroit s'adresser à Berne pour estre envoyé à Lausanne avec quelque provision en attendant. Toutefois cela ne m'eust pas faict con-

[1] Le ministre François Perucel, dit la Rivière.

clurre, sinon que vos lettres y eussent aydé. Je luy ay seulement dict que vous seriez joieux de sa venue, affin que vostre famille receust instruction de luy quelques fois par sepmaines. Car je me suis voulu garder d'entrer en plus grande obligation, affin que cela demeurast en vostre pure liberté.

Quant à la maison je vous prie m'en vouloir mander ce qu'il vous plaira que j'en face. Mais que j'aye vos lettres à la my-aoust. Car selon les uz de la ville, j'ay congé de renoncer au marché pour la demie année suivant, le signifiant six sepmaines devant le terme. En ce faisant, vous ne serez pas chargé sans propos; comme je crains qu'en le tenant plus longtemps, ce ne fust despense à nul profict.

Je croy que Sainct-André vous a mandé ce qu'avons faict de *l'Apologie*. L'impression n'en sera pas retardée par faulte de la copie. De l'argent, mon advis n'est pas que vous en retiriez rien pour éviter les murmures qui en pourroient sortir, mais plus tost qu'en advertissant ceux qui en ont la charge de s'y gouverner comme il fault, corrigeant les abus, s'il y en avoit, vous subroguiez quelqu'un en vostre lieu. Toutefois vous y adviserez selon vostre bonne discrétion. Mais je n'ay voulu faillir à vous en mander mon semblant, puisqu'il vous avoit pleu de vous en conseiller à moy.

Nous n'avons eu nouvelles d'Allemaigne depuis la prinse du Landgraff[1] qui a eu un payement digne de sa

---

[1] Intimidé par la défaite de l'électeur de Saxe, le landgrave de Hesse s'était soumis à l'empereur, et n'avait obtenu son pardon qu'en l'implorant à genoux, et en livrant à ce prince sa personne et ses états.]

lascheté. Les choses estant ainsi, je recongnois que nostre Seigneur nous veult du tout oster cest Evangile triumphant, pour nous contraindre à combattre soubs la croix de nostre Seigneur Jésus. Mais contentons-nous qu'il face son premier mestier, de garder son Eglise miraculeusement par sa vertu, sans ayde de bras humain. La probation est dure, je le confesse; mais nos pères en ont bien eu d'aussi pressantes, et sont démeuréz constans néantmoins; et n'ont point esté frustréz en leur fermeté. C'est icy qu'il convient practiquer le proverbe : Espérons, et nous verrons. D'advantaige, il ne nous fault point esbahir, si Dieu nous a corrigéz si rudement, attendu la vie. Mais comme vous dictés, que ceux qui n'ont pas encore esté touchés se mirent à tels exemples, pour se réduire, et par ce moien prévenir la main du Juge.

Il y a eu de l'inadvertance aux commis de ceste ville, qu'ils ne me fisrent sçavoir leur partement. Toutefois je ne laisse pourtant d'attendre de vos nouvelles par eux. Je ne sçay s'il y sera venu quelque bruict de nos troubles jusque-là, car on en parle si hault par le païs circonvoisin, qu'il semble que nous soions tous perdus. Sur tout on me faict mort souvent ou bien navré. Mais tant y a que je n'en sens rien. Et en la ville nous ne voyons point la centiesme partie de ce qui s'en dict. Il y a bien eu quelques murmures et menaces des gens desbauchés qui ne peuvent porter le chastiement. Mesme la femme de celluy qui vous devoit aller veoir[1] et vous escrivit de

---

[1] Amédée Perrin. Sa femme, fille d'un riche bourgeois, François Favre d'Echallens, et réprimandée sans cesse par le consistoire, était l'implacable ennemie des ministres et de Calvin.

Berne, s'estoit eslevée bien fièrement. Mais il fallu qu'elle ait gagné les champs pource qu'il ne faisoit pas bon en la ville pour elle. Les aultres baissent bien la teste, au lieu de lever les cornes. Il y en a un qui est en danger de payer un escot bien chier; je ne sçay si la vie n'y demeurera point[1]. Il semble advis aux jeunes gens que je les presse trop. Mais si la bride ne leur estoit tenue roidde, ce seroit pitié. Ainsi il fault procurer leur bien, maulgré qu'ils en ayent.

Monsieur, après m'estre humblement recommandé à vostre bonne grâce et de Madamoiselle, je prieray nostre bon Dieu qu'il vous ait toujours en sa garde, vous fortifiant par son Sainct-Esprit pour résister à toutes tentations, et vous augmentant en tout bien à son honneur. Et pource que le terme de Madamoiselle approche, nous aurons souvenance de pryer pour sa bonne délivrance. Ma femme se recommande aussi humblement à tous deux. Ce 14 de julliet (1547).

Vostre serviteur et humble frère,

JÉHAN CALVIN.

---

[1] Jacques Gruet, ancien chanoine de mœurs licencieuses et déréglées, impatient de tout frein dans l'Eglise comme dans l'Etat. Censuré sévèrement par les ministres à cause de ses débauches, il avait proféré contre eux des menaces de mort, qu'il osa afficher jusque sur la chaire de saint Pierre. Son procès, instruit avec la rigueur de ce temps, se termina par une sentence capitale. Condamné, comme séditieux, blasphémateur et athée, il périt sur l'échafaud le 26 juillet 1547.

AUX FIDÈLES DE FRANCE [*]

Copie. Bibl. de Genève. Vol. 107.

La dilection de Dieu nostre Père, et la grâce de nostre Seigneur Jésus-Christ demeure tousjours sur vous, par la communication du Sainct-Esprit.

Très chers seigneurs et frères, je ne doubte point que vous n'ayez journellement beaucoup de nouvelles tant d'icy que d'Allemaigne qui pourroient tourner en scandale à ceulx qui ne sont point trop bien confirmés en nostre Seigneur Jésus-Christ. Mais je me confie en Dieu qu'il vous a tellement fortifiéz que vous ne serez esbranléz ne pour cela ne pour rien qui puisse advenir encore plus grand. Et de faict si nous sommes bien bastis sur ceste pierre dure qui a esté ordonnée pour le fondement de l'Eglise, nous pourrons bien soutenir de plus rudes tempestes et orages, sans estre abbatus. Mesmes il nous est expédient que telles choses adviennent,

---

[*] *En titre :* A nos très chers seigneurs et frères qui désirent l'avancement du royaulme de nostre Seigneur Jésus-Christ.

Pendant que la Réforme était momentanément vaincue en Allemagne, et qu'elle avait à soutenir les plus rudes combats pour s'établir victorieusement à Genève, les bruits les plus alarmants étaient répandus parmi les protestants français, et portaient dans leurs rangs le découragement et le trouble. Calvin, s'adressant à ses frères du milieu de la lutte qu'il soutenait contre le parti des libertins, les rassurait par ses lettres et les exhortait à placer toute leur confiance en Dieu.

afin que la constance et fermeté de nostre foy en soit esprouvée.

Quant à l'estat d'Allemaigne, nostre Seigneur a tellement abaissé l'orgueil du monde en nos gens, et donné toute puissance et authorité à celuy dont on ne peut attendre que mal, qu'il semble advis toutesfois qu'il veuille maintenir son règne spirituel partout où il l'avoit desjà élevé. Vray est que, selon l'opinion de la chair, cela est mal asseuré ; mais en luy recommandant sa pauvre Eglise et le royaulme de son Fils, espérons qu'il besongnera oultre nostre estime. Jusques icy il y a danger que les moiens humains nous aient esbloui les yeulx. Maintenant puisqu'il n'y a rien qui nous empesche de regarder à sa main, réduisans en mémoire comment il a gardé son Eglise le temps passé, ne doubtons poinct qu'il ne se glorifie en sorte que nous en serons esbahis. Cependant ne nous lassons point de batailler sous l'enseigne de la croix de nostre Seigneur Jésus, car cela vault mieulx que tous les triomphes du monde.

Quant est des bruicts qui ont vollé de nos troubles, premièrement ils se sont forgéz sur les champs pour la plus grand'part. Car si vous estiez sur le lieu, vous n'y verriez poinct la dixiesme partie de ce qui s'en est dict dehors. Vray est que nous en avons plusieurs de dure cervelle et de col rebelle au joug, qui à toutes ocasions ne demandent que s'élever, et par tumultes dissiper et abolir tout ordre en l'Eglise, voire tant jeunes que vieux. Et principalement nous avons une jeunesse fort corrompue : ainsy quand on ne leur veult point permettre toute licence, ils fonct des mauvais chevaulx à mordre et à regimber. Naguères ils se sont fort despitéz, soubs umbre d'une petite chose. C'est qu'on ne leur vouloit point concéder de porter chausses découppées, ce qui a esté défendu en la ville il y a douze ans passéz. Non pas que nous fissions instance de cela, mais pource que nous voyons que par les fenestres des chausses ils vouloient introduire toutes dissolutions. Cependant nous avons protesté que c'estoit un mesme fatras qui ne valoit pas le parler, que la découpure de leurs chausses et avons tendu à une aultre fin, qui estoit de les brider et réprimer leurs follies. Durant ce petit combat, le diable en a entrelassé d'aultres, tellement qu'il y a eu de grands murmures. Et pource qu'ils ont senti plus de magnanimité en nous qu'ils n'eussent voulu, et plus de véhémence à leur résister, le venin que tenoyent aulcuns cachés dedans leur cœur s'est jecté. Mais tout cela n'est que fumée; car leurs menaces ne sont que comme une écume de l'orgueil de Moab, qui n'a poinct de force d'exécuter ce qu'il a présumé.

Quoy qu'il en soyt il ne fault point que vous en soyez estonnéz. Il y a eu de plus grandes esmotions contre Moyse et contre les prophètes, combien qu'ils eussent à governer le peuple de Dieu ; et ce sont exercices nécessaires pour nous. Seulement priez nostre Seigneur qu'il nous face la grâce de ne point fleschir, mais que nous préférions son obéyssance à nostre vie, quand mestier sera, et que nous craignions plus de l'offenser que d'esmouveoir toute la rasge des meschans contre nous, et en la fin qu'il luy plaise d'apaiser tous les tumultes qui pourroient rompre le cœur des infirmes, car c'est ce qui me poise plus que tout le reste. Nostre Seigneur nous a fait ceste grâce d'avoir la justice de bon vouloir à remédier au mal, et tous nos frères sont d'un bon accord à poursuyvre ce qui est de nostre office, tellement qu'il y a une mesme constance en tous. Il ne reste sinon que ce bon Dieu-poursuyve à conduire son œuvre.

Je vous prie, mes très chers frères, tenir bon de vostre costé aussy; et que nulle craincte ne vous esbranle, encore que les dangers fussent plus apparens que vous ne les avez vus jusques icy. Que la fiance que Dieu nous comande d'avoir en sa grâce et en sa vertu, vous soit tousjours une forteresse invincible, et que pour vous tenir asseuréz de son assistance, vous soyez soigneux de cheminer en sa craincte, combien qu'après avoir mis toute nostre estude à le servir, il nous convienne tousjours revenir à ceste conclusion de luy demander pardon de nos faultes. Et d'aultant que vous pouvez bien expérimenter combien nous sommes fragiles, soyez tousjours diligens à continuer l'ordre que vous avez de prier et ouyr sa saincte parole pour vous exercer, esguiser et confirmer de plus en plus. Que rien ne vous en divertisse, comme quelques fois on a plusieurs couleurs pour faire trouver bon de s'en passer. Je sçay qu'il seroit beaucoup meilleur que tous ceulx qui désirent d'honorer Dieu convinssent ensemble, et que chascun y appelast les aultres comme à son de trompe. Mais encore vaut-il beaucoup mieulx d'avoir ce que vous avez, qui est comme la moitié, que rien du tout. Ainsy gardans bien de reculer, allez plustost en proficant, et faictes servir ce bien que Dieu vous donne, vous édifians les uns les aultres, et en général tous povres infirmes et ignorans par vostre bonne vie, et que par un mesme moyen les iniques demeurent confus. En ce faisant vous sentirez la main de Dieu sur vous, lequel je prie de vouloir augmenter en vous les grâces qu'il y a mises, vous fortifier en vraye constance, vous garder entre les chiens et les loups, et se glorifier en vous en toutes sortes, après m'estre affectueusement recommandé à vos bonnes prières. Ce 24 de juillet 1547.

Vostre humble frère et entier amy,

CHARLES D'ESPEVILLE.

A MONSIEUR DE FALAIS

Orig. autographe. Bibl. de Genève. Copie.

Monseigneur, deux jours après que M⁽ʳ⁾ Budé fust arrivé, je receu vos lettres que vous aviez baillées à Jacques Dallichant. Ainsi le tout m'a esté rendu. Depuis j'ay esté frustré deux fois, pensant trouver messaiger. Et aussi j'estoye en doubte si j'entreprendrois le voyage. Car nonobstant les empeschemens qui me pouroient retenir, je craignois n'avoir nulle excuse assez suffisante. Mais les nouvelles qui sont depuis survenues, m'ont osté ceste doubte. Je rens grâces à nostre Seigneur et tous vos amys avec moy, de la bonne délivrance qu'il a donnée à Madamoiselle, pryant qu'il bénisse tellement la lignée qu'il vous a donnée, que vous en aiez double consolation le temps advenir, comme aussi je l'espère. Nous en attendrons lettres de vous en brief. Cependant il nous suffit bien de sçavoir ce qui est le principal.

Pour response à tout ce que m'avez mandé, j'avois requis Gallasius de translater *l'Apologie*, à condition que j'y metteroye la dernière main. Mais il y avoit esté si négligent que maistre François Baulduin [1] vint tout à temps pour y commencer. Je vous envoye donc la translation de sa facture, laquelle nous avons reveu ensemble, non pas pour la polir bien fort, mais seulement pour voir si le sens estoit rendu à la vérité. Ensemble la copie françoise de la main de Sainct-André.

J'ay corrigé en l'Epistre latine de Dryander [2] ce que bon m'a semblé, vous suivrez ce qui vous semblera le meilleur. J'espère que vous pourrez juger qui m'a esmeu à tracer beaucoup de choses, lesquelles je ne réprouvoye point, mais me sembloient superflues, ou pour le moins qu'elles n'eussent eu nul pois vers le personaige.

Vous verrez les responses que j'ai faictes au nom de Madamoiselle Villergy, et les metterez en œuvre, si elles

---

[1] François Baudouin, d'Arras, jurisconsulte distingué, réfugié à Genève pour cause de religion. Il devint l'ami et le secrétaire de Calvin, dont il attaqua plus tard les opinions et trahit la confiance, en lui dérobant ses papiers les plus précieux. (Voir : Drelincourt, *Défense de Calvin*, p. 251, 252.) Appelé successivement, comme professeur de droit, à Bourges, à Strasbourg et à Heidelberg, Baudouin mourut en 1573, laissant la réputation d'un des plus savants hommes de son temps, et de l'esprit le plus versatile en matière de religion. On a dit de lui justement qu'il fut catholique en France, luthérien à Strasbourg, et calviniste à Genève.

[2] François Ensinas (Dryander), né à Burgos, disciple de Mélanchthon et traducteur du Nouveau Testament en espagnol. Il habita successivement Bâle, Strasbourg et Londres, et entretint une correspondance avec Calvin. (Mss. de la Bibl. de Genève, vol. 110.) Jean Ensinas, son frère, avait été brûlé à Rome, en 1545.

vous semblent propres. Je parle assez sec à l'abbesse à cause de la souspeçon qui est bien véhémente.

S'il plaist à Dieu dresser là une Eglise, ce vous sera un grand soullagement pour vostre famille. Mais le bien s'estendra plus loing, et sera pour obvier à beaucoup de scandales. C'est grant pitié de la dissipation de ce peu qui estoit à Vezel [1]. Je crains que nostre Seigneur n'ait voulu punir ceste morosité excessive, qui ne peult estre que d'un mespris de sa bénédiction. Toutefois j'espère qu'après avoir puny les plantastiques et escervelléz qui ont esté cause de tout le mal, encor il redressera le petit troupeau qui luy reste, et leur tendra la main pour les conduire tousjours au bon chemin.

Ce qui m'avoit esmeu de vous faire instance de la maison, estoit que je crains la honte que j'aurois, si d'adventure vous arriviez par deçà, et que ne trouvissiez logis prest. Car les réparations que le maistre y vouldroit faire, ne sont pour l'approprier à vostre usaige. Ainsi le louage que vous en payez, seroit aultant d'argent perdu, sinon qu'on regardast quelque moien. Jasoit que je l'aye prins à trois ans, il estoit en moy de quicter marché au bout du demy an, le dénonceant trois sepmaines devant le terme. A ceste heure nous serons forclos de ceste liberté. Si vous eussiez esté délibéré de venir, j'eusse désiré que le tout eust esté préparé deuement, pour vous exempter de fascherie. Mais puisqu'ainsi est, il n'est jà expédient de vous charger icy

[1] Quelques réfugiés flamands et français avaient déjà formé à Wesel une communauté qui s'accrut en 1553 par la dispersion de la Congrégation étrangère de Londres, et qui fut constituée en Eglise par le ministre François Perucel, dit La Rivière.

d'une maison. Seulement j'eusse désiré de ne vous point donner occasion de despense superflue. Mais puisque vous avez laissé passer ce demy an, il y fauldra adviser entre cy et la fin de janvier pour ne point entrer en la seconde année.

J'apperçois qu'on augmente par delà comme ailleurs, ce que nous avons icy eu de fascheries. On m'a faict mort à Lion en plus de vingt sortes. Par tout le païs on dit merveilles dont nous ne sentons rien, Dieu mercy. Vray est que Sathan a icy assez d'allumettes. Mais la flamble s'en va comme celle des estouppes. La punition capitale qu'on a faict d'un de leurs compaignons [1] leur a bien abattu les cornes. Quant à vostre hoste [2] je ne sçay quelle mine il nous tiendra à son retour. Il fist semblant de partir bon amy, toutefois me fuiant plus de honte et révérence qu'aultrement. Cependant sa femme a tant faict la diablesse, qu'il a fallu qu'elle ait gagné les champs. Il y a desjà environ deux mois qu'il est absent. Il fauldra qu'il fille doux à son retour. Nous avons encor jusque icy trop bon marché, attendu la condition des serviteurs de Dieu. Si nous n'estions pas plus presséz, nous ne serions que trop à notre ayse. Je croy bien qu'il aura peu ouvrir les lettres, et que cela aura donné hardiesse à Valerand, et à ce bon preud'hom où il estoit logé, d'en faire une seconde visitation. Quoy qu'il en soit, en se plaignant comme il faict, il convient qu'il se confesse en premier lieu crocheteur de lettres, qui est bien le faict d'un brouillon. Quant à ses injures, elles ne me

---

[1] Jacques Gruet. Voir la note, p. 242.
[2] Amédée Perrin.

poisent non plus que sa personne a d'importance envers moy, qui est un peu moins qu'une plume. Joingt aussi qu'on apperçoit qu'il estoit ivre, ou bien illuminé quand il a ainsi escrit. Moiennant qu'il ne vienne point jusque aux coups de pierres, nostre patience de vous et de moy ne sera pas trop dure à porter ses injures. Nous ne sommes pas meilleurs que David, quant il seroit question d'estre plus oultragéz, et luy vault bien Séméï. En cela et d'aultres choses plus grandes nous pryerons Dieu qu'il nous face la grâce d'appeller à son jour, méprisant les calumnies de ceux qui jugent en ténèbres. Il me faict plus mal de le voir ainsi desbordé que de tout le reste.

S'il n'y avoit affaire urgente ou qu'il y eust bon espoir de plus raisonable despêche en l'absence du protonotaire, il me semble qu'il n'y auroit que bien d'attendre son retour, tant pour ne pas faire les choses à demy que pour éviter la suspicion qu'il pourroit imaginer, que vous eussiez espié le temps, ou bien la querimonie qu'il en prétendroit, selon que je l'ay veu par ses lettres assez chagrin. S'il y avoit *damnum aut periculum in morâ*, ce regard ne vous deveroit retarder, si me semble. Aultrement le meilleur sera d'attendre l'opportunité de vuider tout à un coup.

Quant à la marque du livre, tant vos armoiries que la devise, tout sera subject à estre blasonné de ceux qui sans matière ont néantmoins tousjours la bouche ouverte pour mesdire de nous. Combien que je n'y trouve mal, ny en l'un ny en l'aultre. Mesme quant ce ne seroit pour esviter coustes, il n'y auroit nul mal de mettre les armoiries au commencement et la devise en la fin.

Mais je ne sçay à grant poine lequel seroit plus à choisir des deux, sinon que vous missiez vos armoiries et le dicton au-dessoubs : *Qui recedit a malo, prædæ est expositus*, avec la cottation du chapitre.

Du mariage [1], si c'estoit à moy, je n'en serois nullement d'advis. Vous voiez en quelle privaulté je vous en respons. La maison est fort affamée. La noblesse de Savoye est bien différente de celle de vostre païs; l'homme bon de soy, mais il n'est pas si ferme qu'il ne se laisse malmener; subject à maladies, principalement pour abondance de gros sang... vous craignez une reproche : j'en crains une aultre diverse, qu'on ne dict que pour estre despesché etc... vous l'auriez logé à la volée. Pardonnez-moy si je m'advance tant. J'en aymerois mieulx prendre l'aultre que je congnois, si c'estoit à moy à faire. Mais il est temps de me restraindre après avoir excédé mesure.

* Devant qu'avoir achevé, un catharre m'a saisi, et me donne si rude sur l'épaule, que je ne puis jecter coup de plume sans grand payne. Il y a des lettres à Wendelin, dont je désirerois bien avoir response pource qu'il est question des Commentaires sur S. Paul, dont plusieurs demandent l'impression. J'espère qu'elle seroit prouffictable, aultrement je ne les eusse pas composéz. Pource que les présents porteurs ne sont pas certains d'aller jusqu'à Strasbourg, et encores qu'ils y allassent, je ne pourroye avoir response par eux, je vous prye qu'il vous plaise donner charge à quelcun de vos serviteurs

---

[1] Concernant Mademoiselle de Wilergy.

* La fin de la lettre est écrite de la main de François Baudoin.

de faire tenir les lettres de bonne heure, et de procurer la response.

Monsieur, après m'estre bien recommandé à vostre bonne grâce et celle de Madamoiselle, et vous avoir aussi présenté les recommendations de ma femme ; je prye nostre Seigneur qu'il luy plaise vous avoir en sa saincte garde, vous conserver la bénédiction qu'il vous a donnée, jusques à ce que vous en voyez le fruict pour en recepvoir plus ample consolation et joye, et cependant vous assister en tout et partout. Il me faict mal que je ne puis là estre avecque vous du moins ung demy jour, pour rire avecque vous ; en attendant que l'on face rire le petit enfant en payne d'endurer cependant qu'il crye et pleure. Car c'est la première note pour entonner au commencement de ceste vie, pour rire à bon escient quand nous en serons sortys. De Genesve, ce 16 d'août 1547.

Je vous prieray de supporter mon indisposition, en me recommandant à la bonne compaignye.

Vostre serviteur et humble frère,

JÉHAN CALVIN [1].

A MONSIEUR DE FALAIS

Orig. autographe. Bibl. de Genève. Vol. 194.

Monseigneur, par vos dernières, j'ay recogneu que je ne vous avoye point encore satisfaict quant à *l'Apolo-*

[1] La signature est autographe.

gie. Combien que les trois points dont vous me touchez ne sont pas pour retarder l'édition, l'escuse se peult faire en trois mots : pource que si on entroit quelque peu avant en déclaration, il fauldroit toucher des matières chatouilleuses, qu'il vault mieulx laisser dormir. Je ne voy point à qui il soit bon l'adresser pour le présent, attendu la disposition du temps. Desjà elle a sa partie principalle. Des aultres personnes, je n'en trouve nulle qui soit propre. De la desdier à la noblesse du Païs-Bas, ce seroit chose odieuse. En Allemaigne quels Estats choisirez-vous? Ainsi j'aymerois mieulx qu'il n'y eust aultre entrée. Touchant la conclusion combien qu'il y a bien matière, voire très pertinente à y adjouster, si est-ce qu'estant ainsi couchée, ce n'est pas un propos rompu. Cy-après, s'il y a occasion qui le requière, vous adviserez que vous aurez à faire, pour y adjouster ou faire quelque aultre chose à part. Combien que je remette le tout à vostre discrétion, je vous en dis seulement mon advis.

Quant au party que vous demandez, je crains que vous ne pensiez que je ne bastisse des mariages en l'air bien à la volée. Mais quoy? si me semble-il que j'ay quelque fondement de raison et bon espoir. Depuis huict mois en çà, le fils de M. de Mommort, avec lequel j'ay esté nourri en mon enfance[1], m'a mandé qu'il désiroit

---

[1] On lit dans la *Vie de Calvin*, par Théodore de Bèze : « Dès son jeune âge, il fut tant mieux et libéralement nourri, *aux despens de son père toutesfois*, en la compagnie des enfans de la maison de Mommor, auxquels aussi il fit compagnie aux estudes de Paris. » C'est à l'un des membres de cette noble famille, Claude de Hangest, abbé de Saint-Eloi, que Calvin dédia, en 1532, son Commentaire sur le *Traité de la clémence*, de Sénèque.

surtout se retirer par deçà et continue en ce propos. Car ce n'est pas pour une seule fois qu'il m'a escrit. C'est un jeune homme, au moins de l'aage de trente-quatre ans, de bonne nature, fort humain et docile; mais il s'est desbauché en follies de jeunesse par cydevant. A ceste heure que Dieu luy a donné sa congnoissance, j'espère qu'il seroit bien à vostre gré. Je me suis enquis diligemment de Nicolas Loser, et de Nicolas Picot son gendre qui ont parlé à luy, assavoir s'il n'avoit nulle tache de maladie, telle que l'acquièrent les jeunes gens en leurs dissolutions. Ils m'ont répondu que non. Sur cela j'ay basty par souhet. S'il venoit, comme je l'attens, je le vouldroye adresser de ma part droict à vous. Et alors vous adviseriez si ce vous seroit homme convenable. S'il ne vient dedans un mois, je ne sçay que j'en dois attendre. Mais il y a apparence qu'il doive venir, pour communicquer avec moi, et incontinant s'en retourner pour pousser ses quilles.

Nous avons cuidé perdre le bon Maldonad, car il a esté jusque à l'extrémité. Et encor la fièvre le tient au lict, mais non pas avec péril éminent, selon que nous pouvons juger par la grâce de Dieu. Je vous avoye appresté du vertjus pour la provision d'un an, lequel vous attend, si d'adventure vous approchez. C'est le fruict que vous aviez de vostre jardin pour l'an passé.

Sur ce, Monsieur, après m'estre humblement recommandé à vostre bonne grâce, et celle de Madamoiselle, je prieray nostre bon Dieu de vous avoir tous deux en sa saincte protection, vous conduire et gouverner, vous envoyer tout ce qu'il cognoit vous estre nécessaire. De Genesve, ce 10 de septembre 1547.

Vostre serviteur et humble frère,

JÉHAN CALVIN.

Le titre me semblera advis bon tel : *Excuse composée par M. Jacques de Bourgoigne, etc., pour se purger vers la Majesté Impériale des calumnies à luy imposées à l'occasion de sa foy, de laquelle il faict confession.* Car le mot d'*Apologie* n'est pas usité en françois.

A MONSIEUR DE FALAIS

Orig. autographe. Bibl. de Genève. Vol. 194.

Monseigneur, depuis mes dernières lettres, il n'y est rien survenu de nouveau, sinon que nostre frère des Gallars est retourné et a aussi amené avec soy le présent porteur, pour vostre service, car M. Budé n'a pas trouvé prest celluy dont il vous avoit parlé. Je pense et me tiens asseuré, que cestuy-cy vous sera bien propre, car il est loyal et serviable et sçait que c'est d'honnesteté pour se porter modestement. J'ay esté d'advis qu'il se retirast avec vous le plus tost qu'il seroit possible, et principallement d'aultant que je ne sçay si vous prendrez conclusion de vous mettre en chemin. Je n'ay eu nouvelles de l'homme duquel je vous avoye escrit[1],

[1] M. de Montmor. Voir la lettre précédente, p. 224.

seulement j'ay entendu qu'il y estoit survenu un trouble à Noyon, lequel possible l'aura retardé, pource qu'il devoit estre accompaigné d'un sien receveur, lequel aura esté empesché avec les aultres.

Maistre Guilliaume Farel et maistre Pierre Viret ont icy esté sept jours; il n'eust plus fallu que vous pour faire pleine feste. Tout se porte comme de coustume. Dieu veuille corriger les défaultz par sa grâce, et augmenter si peu de bien qu'il y a. Le bon Maldonad ne se peult relever. Qu'il vous face nul service pour le présent, il n'y a point d'espoir. Mais quant vous auriez affaire de mon frère, il récompenseroit la faulte de l'aultre coup.

Monsieur, après vous avoir présenté les affectueuses recommandations de nous tous, tant à vous qu'à Madamoiselle, je prieray nostre bon Dieu de vous avoir tousjours en sa saincte garde, vous gouverner par son Sainct-Esprit, vous bénir et assister en toutes sortes. De Genesve, ce 29 de septembre 1547.

Vostre humble frère et serviteur,

JÉHAN CALVIN.

J'entens aux recommandations, que maistre Guilliaume, maistre Pierre, ma femme, tous les amis y sont comprins, plus d'une douzaine. Je prye aussi à nostre Seigneur qu'il luy plaise gouverner toute vostre maison, à laquelle je désire bien estre recommandé.

A MONSIEUR DE FALAIS

Orig. autographe. Bibl. de Genève. Vol. 194.

Monseigneur, en retournant l'aultre jour mes papiers pour aultre occasion, j'y trouvay un petit mot de préface[1] que j'avoye faict au retour de maistre Pierre Viret. Je le vous envoye maintenant, non pas tant affin qu'il soit applicqué en usaige, que pour vous déclairer comment j'avoye bien faict ce dont vous m'aviez requis, et que, par oubli, il estoit demeuré là.

Je ne doubte pas qu'il ne vole beaucoup de bruicts pour le présent des affaires de ceste ville. Quoy que vous en oiez, ne laissez pas d'en dormir à vostre aise; car il y a beaucoup de gens qui prennent plaisir à mentir, non-seulement de nos voisins, mais aussi de ceux de dedans.

Le bon Maldonad est remis au-dessus par la grâce de Dieu, mais non pas sans grant difficulté.

Monsieur, après m'estre humblement recommandé à vostre bonne grâce et de Madamoiselle, je prieray nostre bon Dieu de vous avoir tousjours en sa saincte garde. J'attens sur la fin de ceste semaine nouvelles de vous. Ce 26 d'octobre (1547).

Vostre humble frère et serviteur,
JÉHAN CALVIN.

[1] Pour l'*Apologie* de M. de Falais.

A MONSIEUR DE FALAIS

Orig. autographe. Bibl. de Genève. Vol. 194.

Monseigneur, je ne vous feray pour le présent longues lettres pource que je n'estois pas advisé que le messager deut si tost partir. C'est un engraveur, lequel estoit parti environ deux heures devant que je parlasse à nostre imprimeur. Or voyant que vos armoiries pour la forme du livre n'eussent pas esté trop bien séantes, j'envoiay incontinent après, et les a faictes en plomb, comme vous verrez par l'espreuve. Je me confiois bien que vous ne seriez pas marry qu'un escu fust despendu pour faire la chose bien à poinct. Le livre n'est pas encore commencé d'imprimer, pource qu'il falloit faire refondre quelques lettres du caractère, qui est celluy dont on imprima la supplication, bien lisible et de belle monstre. On y commencera cette sepmaine, au plaisir de Dieu, mais on ne touchera poinct au latin jusque à ce que nous ayons de vos nouvelles. De tout le reste, pource que je n'ay pas le loisir à ceste heure, je diffère à vous en faire responce par Robert, cousin de ma femme.

Nous avons icy un peu de fascheries par ceux qui debvoient procurer nostre repos. Toutefois j'espère que l'issue en sera bonne et en brief à la réjouissance de ceux qui désirent que Dieu soit honoré. Mais cependant que nos frères sont persécutéz des ennemis manifestes, il fault que nous soyons troubléz de nostre costé par les domesticques. Il y a un bien que le tout est à nostre profict, moyennant que nous soyons si bien adviséz de le prendre ainsi. Comme je vous ay mandé par cy-devant, ne soiez en peine de rien qui se dise, tenant le tout pour mensonge, jusque à ce que vous entendiez par nous comment il en va.

Monsieur, après m'estre humblement recommandé à vostre bonne grâce, et de Madamoiselle et de toute vostre bonne compaignie, je supplieray nostre bon Dieu de vous avoir en sa garde, vous conduire par son Esprit, vous envoyer ce qu'il congnoît vous estre expédiant. Ce 19 de novembre 1547.

Vostre serviteur et humble frère,

JÉHAN CALVIN.

J'ai envoyé par homme seur les lettres de M. de Varan.

À MONSIEUR DE FALAIS

Orig. autographe. Bibl. de Genève. Vol. 194.

Monseigneur, à ce que je voy par vos dernières lettres que j'ay receu par les jeunes compaignons de Hennault, vous attendiez plus amples nouvelles de moi, que ne les avez receues par sire Nicolas Loser, qui s'est trouvé mieulx à propos que ledict Jacques, pource qu'il devoit estre plustost là. Touchant d'escrire tant à M. le protonotaire qu'à M. Utenhove [1], vous sçavez les excuses que je vous en ay faicts, lesquelles sont vrayes. Quant vous m'aurez mandé lequel sera meilleur au premier, en latin ou en françois, j'adviseray si je feray mieulx que je n'ay faict quant j'y voulus essayer. Du second, je pense que Dieu m'empescha pour lors.

Je suis tousjours d'advis que vous laissez Valerand pour tel qu'il est. Néantmoins qu'on n'ayt pas occasion de dire, que vous l'empeschez de servir à Dieu. S'il offre moien où on le puisse supporter sans blesser ce qui doit estre maintenu en son entier, que vous luy concédiez ce qui sera possible. Voilà le tout.

Il me fait mal du déportement de Perucelli [2]. Dieu veuille qu'il apprengne de cheminer rondement et qu'il commence de le monstrer. Comme je vous ay escrit par cy-devant, il n'y a pas chose pour faire bruict, quant luy de son costé deviendra plus saige. Mais si fault-il qu'un homme qui veult estre réputé ministre de la vérité, ayt en horreur tous mensonges. J'espère bien que Dieu l'instruira, pour laisser beaucoup de mignardises. Aussi, de vostre costé, je vous prye de tascher à le retenir de paour qu'il ne se desbauche. Car

---

[1] Jean Utenhovius, de la famille savante et distinguée de ce nom. Il existe dans la coll. Dupuy, vol. 102, une lettre intéressante d'Utenhovius à Calvin, écrite de Londres, le 5 février 1550. On y remarque une mention de M. de Falais : *Saluta mihi dominum Falesium*. La lettre est signée : *Tuus vere et ex animo, Johannes Utenhovius*.

[2] Le ministre François Pérucel, ancien moine cordelier de Paris, désigné quelquefois sous le nom de la Rivière.

Dieu le pourra rabboter, pour l'approprier à son service.

Pource que vostre *Apologie* devoit estre achevée, comme elle est, voyant le présent porteur vuide pource qu'il avoit perdu par grant simplesse son argent, lequel le devoit fournir de livres, et qu'il vouloit partir il y a cinq jours, je l'ay retenu pour se charger de la pluspart des exemplaires. Car je voy, quand on les mect en mains des voituriers, qu'au bout de trois mois, ils ne sont pas arrivéz. Craignant que cela n'advinst et présumant bien quel est vostre désir, je vous en envoye par luy quatre cents. Du reste, nous en adviserons, car mesmes il est expédient qu'il en sorte de la main de Wendelin, affin de prévenir les calumnies. Je n'ay faict nul marché du port, pource qu'il s'est remis à vous, alléguant les biens que vous luy aviez faict de gratuité, pour argument qu'il se tenoit bien plus que certain de vostre équité, quant il vous auroit faict service. Je sçay que le meilleur seroit d'avoir marchandé ; mais pource que je ne m'y entens guères, et congnoissant l'homme ainsi simple, voire qu'il y a pitié, j'en ay faict moins de difficulté. Du compte, je vous en manderay, quant j'en auray faict. Vous trouverez que j'ay suivi vos mémoires en tout et par tout, voire plustost que mon jugement. Du latin, il demeure en requoy, jusque à ce que vous en aiez aultrement advisé.

Nous avons eu depuis quelques jours assez de fascheries[1]. Pour le moins, si c'estoit à souhaiter, j'en voul-

---

[1] Allusions à la lutte de Calvin contre le parti des Libertins, qui devenait chaque jour plus ardente et plus vive.

drois bien moins. Mais notre consolation et joye est tant en la bonne conscience que nous avons à servir à Dieu fidèlement, qu'en l'espoir qu'il donnera bonne issue à tout. Il nous fault expérimenter que nostre vie en ce monde est une bataille. Car quelque chose que Dieu nous en monstre, encor y en a-il bien peu qui se puissent tenir d'y chercher leur repos.

Monsieur, après m'estre humblement recommandé à vostre bonne grâce et de Madamoiselle, sans oublier la bonne compaignie, je supplieray nostre bon Dieu de vous avoir en sa saincte garde, vous assister de plus en plus et vous fortifier par son Esprit, pour résister à tous assaults. Ce 23 de novembre 1547.

Vostre serviteur et humble frère,

CHARLES D'ESPEVILLE.

A MONSIEUR DE FALAIS

Orig. autographe. Bibl. de Genève. Vol. 194.

Monseigneur, j'avais différé à vous escrire, voulant commencer par vostre frère et par Utenhove [1]. Mais n'ayant loisir pour ceste heure, je me suis advisé de vous escrire, en remettant le reste à la sepmaine qui vient, quant Jacques Dallichant partira. L'impression

[1] Voir la lettre qui précède, p. 234, note 4.

de vostre *Apologie françoise* sera retardée environ de huict jours, pour la maladie de nostre imprimeur qui vacquait à la fonte. J'aurai en bonne recommandation, tant les advertissemens que m'avez envoyéz, que le tout en général. Cependant la copie latine dormira, pour le moins jusques à ce que nous ayons aultres nouvelles de vous. Quant à Valeyrand, je me tiens à ce que je vous en ay escript quelquefois, que la contention avec un tel homme ne vous est ny décente ny convenable, puisqu'il ne sçait que c'est d'honneur ne d'honnesteté; car il sera si impudent de vous oultrager cent fois plus que vous n'oseriez pas luy. D'advantaige il y en a qui sans s'enquérir beaucoup du mérite de la cause, vous donnent le tord, considérant la qualité de vostre personne. Car il leur semble que vous en debvriez plustost avoir pitié que de le poursuivre suivant le proverbe : *Ne insultes cani mortuo*. Et j'apperçois que le bon Utenhove en est las. Quoy qu'il en soit je ne l'estime pas digne qu'il vous tourmente la teste, et vouldroye bien vous avoir persuadé ne rien escrire de lui, et n'en faire nulle mention, non plus que si jamais ne l'eussiez cogneu. Cependant je présume bien qu'il ne cessera de mesdire et faire de l'enragé? Mais ce sera tousjours à sa plus grant honte, sans que cela dérogue en rien de vostre réputation. Pour le moins, je vous prie d'expérimenter quelque temps, que le silence profitera. Quant à moi, j'en laisse couler beaucoup, pource que ce ne seroit jamais faict de m'y amuser. Si Dieu luy faict quelque jour la grâce de se recongnoistre, il aura matière de s'en humilier tant plus; aultrement si seront tousjours charbons de feu sur sa teste. Et n'y a meilleur moien d'assopir les scandales qu'il s'efforcera de faire, qu'en mesprisant sa témérité et son impudence. Il me fait bien mal de le voir ainsi desbordé. Mais puisqu'il n'y a aultre remède, il le convient recommander à Dieu, le pryant qu'il luy plaise le réduire; et cependant que ce nous soit un mirouer pour nous faire cheminer en tant plus grant crainte et solicitude. Quant je le voy ainsi hors des gons, je tremble tout. Mais quoy? Il falloit que l'orgueil et vanité de son esprit fussent punys d'une telle confusion, jusque à ce que Dieu luy ait appris en son eschole de changer [1].

De vos frères, je n'en touche poinct pour ce coup. Il n'y a eu nulle faulte envers des Gallars, car tout ce que je vous en ay respondu a esté sans luy en rien communicquer; ainsi il n'est jà besoing d'aulcune excuse en ceste endroict-là. Je suis joieulx que Nicolas [2] vous vient à gré. J'espère qu'il continuera par la grâce de Dieu.

De ne bouger de là [3], c'est chose conclue jusqu'au printemps, s'il ne survenoit contrainte violente. De

---

[1] Il paraît que les démêlés de M. de Falais et de Valeran Poulain se prolongèrent encore durant plus d'une année. Ce dernier écrivait à Calvin le 15 février 1549: « Quam mihi displicuerit Fallesii controversia, testis est Deus. Nunquam hactenus Fallesii famam aut fortunas læsi, sed auxi quantum potui, etiam periculo capitis. Nunc cogor facere quod ad innocentiæ meæ testimonium pertineat. » (Mss. de Genève, vol. 112.) Ce fut sans doute à cette époque que Valeran Poulain se rendit à Londres, où il devint diacre de l'église française. Il regagna dès lors l'estime de Calvin, qui lui donna plus tard des témoignages de son affection.

[2] Nicolas de la Fontaine, secrétaire de M. de Falais. Il passa plus tard au service de Calvin, et joua un rôle dans le procès de Servet.

[3] De la ville de Bâle, résidence de M. de Falais. On craignait de ce côté une attaque de l'empereur.

quoy je prye Dieu qu'il vous garde par sa bonté et espère qu'il le fera. Ainsi je me délibère à ce mois de janvier, quitter le louage de la maison, pour ce qu'il fault prévenir six semaines devant la fin de l'an. Car, j'auroye honte qu'après l'avoir tenue si longtemps, ayant maison vous fussiez à loyer, attendu qu'elle n'est nullement propre à vostre usaige, sinon estant raccoustrée, ce que vous n'obtiendriez pas de gens sans raison. De vous donner conseil, comme vous le désirez, de ce qu'il sera de faire, si Dieu nous visite d'un costé ou d'aultre, je ne sçay qu'en dire. Je me tiens icy asseuré, premièrement que Dieu nous a en sa garde; puis après, s'il luy plaist que nous endurions, que je seray bien heureux en mourant en luy. Et de faict encore que tout fust bien paisible, si ne nous fault-il rien promettre de certain en ce monde, si nous n'y voulons estre abuséz. Mais le temps présent nous admoneste plus que jamais, de nous préparer à recevoir ce que Dieu nous envoyra. Quelque chose que j'en conçoive, je ne laisse pas, quant à mon péril particulier, d'en dormir à mon ayse. Si ne suis-je pas tant stupide, que je ne prévoye ce qui pourroit advenir. Mais en suivant le chemin auquel il commande que je marche, j'apprens de rejetter sur luy beaucoup de mes solicitudes, si je ne puis le tout.

Entre cy et trois mois vous verrez ce que Dieu vouldra faire, et lors suivant vostre disposition vous prendrez conseil. S'il ne tenoit qu'au verjus, vous trouveriez icy vostre cas bien appresté; mais quelque part où vous soyez, Dieu ne vous laissera en rien desproveu.

Sur quoy, Monsieur, après m'estre humblement recommandé à vostre bonne grâce, je prieray nostre bon

Dieu de vous tenir en sa saincte protection, vous conduisant tousjours par son sainct Esperit et vous faisant servir à sa gloire, avec Madamoiselle à laquelle aussi je prye estre recommandé. Ma femme pareillement vous présente à tous deux ses humbles recommandations. De Genesve, ce 28 de novembre 1547.

Vostre serviteur et humble frère,

Jéhan Calvin.

Nous désirons d'estre recommandez affectueusement à toute la bonne compaignie.

A MONSIEUR DE FALAIS

Orig. autographe. Bibl. de Genève. Vol. 194.

Monseigneur, il m'est soubvenu qu'en mes dernières lettres, je ne vous avoye rien touché du brodeur. Je n'avoye garde de vous escrire par luy, car il s'en est allé sans m'en sonner mot, ayant esté mesme adverty par moy que vous m'aviez contremandé qu'il ne bougeast. Et pource qu'il estoit destitué, je lui avoye advancé par pitié quelque pièce pour se mettre en besongne. Sur cela il s'est retiré par devers vous, contre mon conseil, et sans m'en rien dire. Si je n'eusse sceu par vos lettres qu'il estoit là, je l'eusse pensé bien loing d'un aultre costé.

Je ne vous ay aussi rien respondu sur l'article des

trois persones. Vous sçavez qu'en ce cas la présence faict beaucoup, pour donner entrée aux propos et conduire les affaires jusque à leur effect. Maintenant l'incommodité est grande pour la distance des lieux. Toutefois il fauldra voir des moiens paisiblement, tels que le temps les offrira.

J'avois aussi bien oublié vous mander, qu'il n'y a rien de conclud entre le Roy et Berne pour la défence de ces pays [1]. Vous pouvez mieux sçavoir par delà, en quelles dispositions sont toutes les ligues. Je crois qu'il leur seroit temps de se joindre ou jamais. C'est pitié qu'ils n'ont aultre soing de leur porte, assavoir Constance [2]. Ainsi il est bien à craindre qu'ils ne deviennent saiges après coup, ou plus tost après les coups, quant ils les auront receus.

J'eusse volontiers escrit tant à vostre frère qu'à Utenhove, mais je ne sais comment cela s'est faict que je n'ay pu arracher de mon esprit déduction qui me vînt à gré. J'avoye bien commencé, voire à tous deux, mais j'ay esté en la fin contrainct de placquer là tout. Ainsi j'estoye en doubte lequel seroit meilleur d'escrire en latin ou en françois à Mʳ le Protonotaire. Si d'advertance vous trouvez bon qu'il se face, mandez-le-

---

[1] Menacés par les forces de Charles-Quint victorieux en Allemagne, les cantons confédérés négociaient une alliance avec le roi de France Henri II. Mais les ligues étaient affaiblies par les rivalités des cantons catholiques et protestants. Jean de Muller, *Hist. de la Confédération suisse*, t. XI, p. 292, 297.

[2] Cette ville ayant refusé de faire sa soumission, fut attaquée, le 5 août 1548, par les Espagnols, dépouillée de ses priviléges, et réduite à l'obéissance du roi Ferdinand. Sleid., *Comment.*, L. XXI, p. 357.

moy par le premier, et je me feray force, quoy qu'il en soit.

Monsieur, après m'estre humblement recommandé à vostre bonne grâce, et de Madamoiselle, et vous avoir aussi présenté à tous deux les recommendations de ma femme, je prieray nostre bon Dieu de vous avoir en sa saincte garde, se servant de vous tousjours à sa gloire, vous consolant en toutes fascheries, et vous fortifiant de plus en plus. De Genesve, ce 6 décembre 1547.

Vostre serviteur et humble frère,

JÉHAN CALVIN.

Je désire bien estre recommandé à toute la bonne compaignie.

A LA FAMILLE DE BUDÉ *

Copie. Bibl. de Genève. Vol. 108.

Messieurs et bien-aimés frères, combien que la pré-

---

* Cette famille n'avait pas encore quitté la France. Voir les lettres, p. 180 et 206. Elle reçut cette nouvelle lettre de Calvin, à l'occasion de la mort d'un de ses membres, peut-être Mathieu de Budé, qui avait entretenu, en 1546, une correspondance avec le réformateur, et dont on perd complétement la trace depuis cette époque. Il existe (Mss. de la Bibl. de Genève, vol. 109) une lettre de Mathieu Budé à Calvin, relative à l'assassinat de Jean Diaz à Neubourg. On y remarque ce passage : « *Accepi tuas literas... quæ mihi pergratæ fuerunt, cum ob eam quam in eis agnovi animi tui erga me benevolentiam*

sente s'adresse particulièrement à vous deux[1], toutesfois je l'escris affin que, s'il vous semble expédient, elle serve à toute la maison. Si les nouvelles que j'ai sçu de la mort de vostre bon frère et le mien m'ont réjoui, comme il y en avoit juste occasion, vous qui avez mieulx congnu tout ce qu'en estoit, à la vérité avez bien plus ample matière de vous en resjouir, non pas de ce que vous estes privés d'une si bonne compaignie, laquelle vous et moi debvons à bon droict regretter, attendu mesmes que le nombre de ceulx qui cheminent aujourd'huy purement en la crainte de Dieu est tant petit et rare, mais pour la grâce singulière que Dieu luy a faite de persévérer en la crainte de son nom, pour la foy et patience qu'il a monstrée, et aultres signes de vraye chrestienté. Car tout cela nous est comme un miroir pour contempler en quelle vertu ce bon Père céleste assiste ses enfans, et surtout aux plus grandes difficultés. De là mesmes nous pouvons juger que sa mort est bien heureuse et bénie devant la face d'iceluy et de tous ses anges. Cependant vous devez penser que c'est aussy un bel exemple pour vous, de peur qu'il ne vous soit converti en tesmoignage pour vous rendre inexcusable devant Dieu le grand Juge. Car tout ainsy comme luy, mourant chrestiennement, vous a monstré comment vous devez vivre, il est certain que Dieu ne veult pas qu'une telle confirmation

---

et charitatem, tum ob consolationem quam in eis cepi non mediocrem... » 26 aprilis 1546. L'auteur de cette lettre n'est pas mentionné par M. Galiffe, *Notices généalogiques*, t. III, p. 83. Il était mort sans doute avant l'établissement de sa famille à Genève.

[1] Sans doute Jean de Budé, sieur de Vérace, et Louis, sieur de la Motte, son frère.

soit inutile. Sçachez donc que la mort de vostre frère est comme une trompette de Dieu par laquelle il vous a voulu apeler à le servir purement, et ce en plus grande efficace que si vostre frère eust encore vécu dix ans pour vous prescher. Ainsy que les sainctes exhortations qu'il vous a faites vous résonnent tousjours aux oreilles; que son zèle brûle en vos cœurs; que les prières esquelles il a persisté vous touschent au vif, pour vous mener à Celuy auquel il s'est rendu et remis comme l'un des siens. Je ne doubte pas que la condamnation qu'il a faite des superstitions et abus qui sont en la Chrestienté n'aient donné occasion de murmurer à plusieurs, et n'ait animé les adversaires de l'Evangile à quelque rage contre toute la maison; mais ce n'est pas raison que les menaces et conspirations des iniques aient plus de force à nous abatre le cœur, qu'aura une vocation de Dieu si vertueuse à nous le soustenir. Brief c'est à vous d'adviser que le bien ne vous soit occasion de mal; parquoy si jusques icy vous avez bien commencé, que ce qui vous doibt aider en avancement, ne vous retarde pas, mais plus tost redouble vostre ardeur, pour vous faire courir en plus grande diligence. Je ne suis pas ignorant des dangers qui vous environnent, et ne suis pas si inhumain que de n'en avoir compassion telle que je doibs. Mais vous sçavez que cela n'excusera pas une si grande timidité, comme elle est en ceux qui s'entretiennent avec le monde, se déguisant en toutes formes, et d'aultant qu'il y en a bien peu qui en soient du tout exempts, nostre office est de nous soliciter et picquer, et mesmes d'aultant que chascun se doit parforcer de cheminer selon la mesure de la connaissance qui luy est donnée, vous avez à regarder de plus près où c'est que vous estes parvenus. Car vous ne pouvez pas prétendre l'excuse commune dont plusieurs se couvrent, ainsi que d'un sac mouillé; c'est que Dieu ne leur a pas encore fait tant de grâce. Oultre ce que Dieu vous a ouvert les yeux, pour vous faire congnoistre quel zèle nous debvons avoir à le glorifier devant les hommes, la profession que vous avez faite vous y oblige aussy bien. Ainsy il ne reste sinon que de vous développer des solicitudes de ce monde, pour chercher à bon escient ce règne éternel de nostre Seigneur Jésus-Christ. Et s'il ne vous est là possible de l'advouer pour vostre Sauveur, que vous aimiez mieulx estre privéz un petit de temps du païs de vostre naissance, que d'estre bannis à jamais de cest héritage immortel auquel nous sommes appelés. Vueillons ou non, si nous fault-il estre estrangiers en ce monde, encores, que nous ne bougions du nid. Mais bien heureux sont ceux qui déclairent cela par effect, et plus tost que décliner de la foy abandonnent franchement leur maison; et pour demeurer unis avec Jésus-Christ ne font difficulté de s'esloigner de leurs commodités terriennes. Ces choses sont dures à ceulx qui n'ont point goûté que vault Jésus-Christ; mais à vous qui avez senti sa vertu, tout le reste vous doibt estre, à l'exemple de sainct Paul, comme fiente et ordure. Combien qu'il ne vous doibt suffire de tenir bon quant à vos personnes, mais s'il y en a d'aultres plus débiles, vous les debvez fortifier par vos admonitions, et tenir la main à ce que rien n'aille en décadence.

Je suis loin des coups pour ceste heure; je ne sçay si ce sera pour longtemps. Mais je parle d'une chose cognue et assez expérimentée. C'est grand' honte qu'en telle connoissance que Dieu nous a donnée, il y a si peu de cœur, auprès de ceste ardeur qui estoit aux martyrs qui nous ont précédéz, lesquels estoient prests d'aller à la mort, si tost que Dieu les avoit illuminés en intelligence beaucoup moindre. Nous aprenons donc à deviser, au lieu qu'il nous convenoit apprendre à vivre; combien qu'il y a encores pis, pour en parler à la vérité, car plusieurs n'osent pas sonner mot, mais se contentent de resver à part, et se paistre de leurs imaginations, au lieu qu'il n'y a celuy qui ne dust chercher exercices continuels tant de lectures que de conférences et de saincts propos, affin de mieulx confirmer et enflammer. Je n'ay pas cause de me défier de vous, mais vous pardonnerez à ma solicitude qui procède d'un droict amour, si je suis esmu à vous admonester au nom de Dieu que vous ne délaissiez pas périr une telle bénédiction, comme celle que Dieu a mise en vostre famille, et pour ne point diminuer, advisez de croistre; pour ne point reculer, advisez d'approcher; pour ne point défaillir, advisez de tendre à la perfection.

Sur ce, Messieurs et bien-aimés frères, après m'estre de bon cœur recommandé à vous tous qui désirez le règne de nostre Seigneur Jésus, et servez Dieu en bonne conscience, je prieray ce bon Père de vous avoir en sa protection, et le vous faire sentir, à ce que vous preniez en luy telle hardiesse qu'il apartient; vous guider par son Esperit en l'obéyssance de sa volonté, et se glorifier en vous jusques à la fin (1547 [1]).

CHARLES D'ESPEVILLE.

[1] Ecrit au dos de la lettre, d'une main étrangère.

A MONSIEUR DE FALAIS

Orig. autographe. Bibl. de Genève. Vol. 194.

Monseigneur, en attendant le retour de sire Nicolas, je ne vous feray plus longues lettres, car par luy j'attends plus amples nouvelles. Au reste, s'il ne tient qu'à ma disposition, au plaisir de Dieu je ne fauldray à ma promesse [1]. Mais pource que je ne suis pas en ma liberté, il fauldra que j'attende comment les choses se porteront. Nous avons, Dieu mercy, aultre tranquillité que du temps du billet. Mais il n'y a jamais saison en l'année en laquelle je n'aye œuvre taillée, et plus que je n'en sçauroye despescher, quand je seroye bien bon cousturier.

Ce qui me tient pour ceste heure vous sera déclairé, si je puis aller par delà. Et encore que je feusse retenu par quelque affaire survenant que je ne prévoy pas, maistre Pierre Viret le vous dira pour moy, lequel est prest de suppléer au deffault. Mais devant que parler de supplément, nous verrons ce que Dieu nous permettera.

Quant aux livres [2], au prix que j'ay faict avec l'im-

---

[1] Il s'agit d'une promesse de visite à M. de Falais. Calvin se rendit en effet à Bâle, le 2 février suivant. On lit, à cette date, dans les *Registres* du Conseil d'Etat de Genève : « Calvin va à Bâle. Le Conseil luy offre les choses nécessaires pour le voyage.— 26 février. Calvin de retour de Bâle. »

[2] L'Apologie de M. de Falais.

primeur, joinct ce qui a esté despendu au tailleur qui a faict les armoiries, le cent vous reviendroit à environ un escu. Je donnay trois florins de Savoye, c'est-à-dire testons, au tailleur pour sa peine ; puis il y a sa nourriture. Cela avec environ un teston qu'il cousta de le faire retourner, est par-dessus l'impression. Il y en a eu huict cents exemplaires. J'ay permis à l'imprimeur qu'il en retirast pour soy un cent, desduisant au tant *pro rata* sur le tout. La fin a esté que par ce moyen il s'en répandist en France. J'en ay envoyé çà et là environ cinquante, entr'aultres à Madame de Ferrare[1], combien que cela ne vous empeschera de luy en adresser une coppie avec lettres. Les sept centz en tous fréz montoient à sept escus. Je croy que René, excepté la diligence, aura esté fidèle.

Sur ce, Monsieur, après m'estre affectueusement recommandé à vostre bonne grâce et de Madamoiselle, et vous avoir aussy présenté à tous deux les recommendations de ma femme, je supplieray nostre bon Dieu de vous avoir tousjours en sa garde, vous conduire par son Esprit, et vous augmenter en toutes ses grâces. Ce 24 de janvier 1548.

Votre humble frère et serviteur,

JÉHAN CALVIN.

Je désire bien d'estre recommandé aux bonnes damoiselles que je n'ay jamais veues, et ma femme le semblable.

---

[1] Renée de France, duchesse de Ferrare. Voir dans ce *Recueil* les lettres de Calvin à cette princesse.

A MONSIEUR DE FALAIS

Orig. autographe. Bibl. de Genève. Vol. 194.

Monseigneur, suyvant la résolution prinse entre nous, la venue de sire Nicolas Loser vous sera bien opportune pour exéquuter le voyage, si vostre disposition le souffre [1]. Il devoit aller jusque à Strasbourg ; mais affin que vous ne feussiez retardé, j'ay advancé un peu son partement. Je respons à ceux qui me demandent de vous, que desjà vous souhaitteriez d'estre icy. Mais si vous y viendrez ou non, qu'on le verra avec le temps.

Touchant le payement dont vous me touchastes, je croy que vous en demeurerez de bon accord. Du reste, nous en parlerons quand vous serez sur le lieu. Tant y a que le ministre du villaige [2] est homme de bonne sorte. Mais ce sera à vous de conclurre, quant vous serez venu. Cependant nous regarderons çà et là pour avoir le choix de ce qui vous plaira le mieulx. Je garderay les deux quittances jusque à vostre venue.

Sur ce, Monseigneur, après m'estre humblement recommandé à vostre bonne grâce, je supplieray nostre bon Dieu de vous maintenir tousjours en sa garde, vous conduire par son sainct Esprit, et vous assister en tout

---

[1] Dans le voyage qu'il avait récemment fait à Bâle, Calvin avait décidé M. de Falais à venir se fixer définitivement à Genève.

[2] Veigy, près de Genève. M. de Falais y fit l'acquisition d'un domaine qu'il habita durant plusieurs années.

et partout. Nous vous prions, ma femme et moi de présenter aussi nos humbles recommandations à Madamoiselle, sans oublier Mademoiselle de Brédan. Ce pénultiesme de febvrier 1548.

Vostre serviteur, humble frère et entier amy,
JÉHAN CALVIN.

Je pensoye bien que le sire Nicolas devoit partir, et estre le messaiger; mais ce sera pour d'icy à cinq ou six jours. Cependant je n'ay voulu différer à donner les présentes à M. Brevassis.

A MONSIEUR DE FALAIS

Orig. autographe. Bibl. de Genève. Vol. 194.

Monseigneur, vos lettres sont venues bien à poinct, pour empescher le partement de mon frère; car c'estoit chose conclue, si je n'eusse esté adverty. Mais pour vous dire mon advis sur les raisons qui vous retiennent là, je ne trouve pas qu'elles deussent avoir telle importance. Vous voiez comme je vous en escris privéement; et ne crains pas de le faire, estant advoué par vous. Je n'avoye pas estimé qu'il vous fallust renoncer expressément à la bourgeoisie[1], combien que je prévoyé bien cela comme une renonciation tacite, quant

[1] M. de Falais ne pouvait s'établir à Genève sans perdre le droit de bourgeoisie qu'il avait acquis à Bâle.

vous auriez arresté vostre demeure en aultre seigneurie. Puisqu'il y a d'advantaige, c'est raison de passer par là, sinon qu'on peult obtenir quelque modération, assavoir quant mesme vous seriez plus longtemps absent, qu'en vous offrant à faire tous devoirs de bourgeois en vostre absence, qu'il leur pleust vous retenir. Ou bien s'il n'y avoit point d'espérance quant à cela, il seroit question de présenter nouvelle requeste, sur la response qu'ils vous ont donnée, pour les prier que cas advenant que vostre commodité portast de vous tenir icy, ou après que vous y seriez venu, qu'il ne vous fust pas propre de retourner, qu'ils se contentassent de renonciation par procureur. Combien que je vouldroye coucher les deux conditions en telle sorte, comme ainsi soit qu'ils vous ayent respondu comme ils ont, vous estant incertain quant vous serez venu par deçà, si vous trouverez bon d'y faire vostre résidence, les vouldriez bien supplier, qu'en suppléant, comme il sera de raison, à ce qui pourroit deffaillir par vostre absence, il leur pleust vous retenir encore pour quelque temps, et en somme vous prolonger le terme. Ou bien, craignant de les importuner, que pour le moins vous les priez d'accepter renonciation par lettres, à cause de la foiblesse de vostre personne, comme ils sçavent que vous n'estes pas si portatif. En ce faisant vous leur osteriez une partie de la souspeçon qu'ils peuvent concevoir, que vous les voulez abandonner. Tant y a qu'ils auront, ce me semble, plus d'occasion de se contenter. Quoy qu'il en soit, je n'ay pas espéré que le droict de bourgeoisie vous demeurast à la longue.

Touchant du bruict que vos rustres ont semé pour

vous calumnier, cela ne m'esbahit guère. Mesme j'ay bien faict mon compte que vous ne partiriez pas, sans que plusieurs en dissent leur rattelée. Et vous fault préparer à cela, tant pour l'aultre année que pour ceste-cy. Toutefois il y a un bon réconfort que cela s'en va tantost en fumée. Je crains encore moins la menace faicte en l'oreille, car il fauldroit grande entreprise en un tel chemin ; et ne sçay qui en oseroit estre le chef en si grant difficulté et si gros hazart. Brief, je n'y aperçois nul danger pour vous, selon que nous avions disposé les journées. Mais puisque vous trouvez meilleur de différer pour quelques mois, et que le conseil d'aulcuns amis le porte ainsi, je ne vouldroye vous en faire plus grande instance ; et m'accorde plustost à ce dellay qu'en vous sollicitant au contraire, vous mectre en mal danger ny en fascherie.

Je ne sçay pas si cest esté descouvrira les conseils de ceux qui peuvent troubler le monde[1]. Quant à moy, je ne le pense pas, s'il n'y survient quelque accident nouveau. Toutefois je ne me fie pas tant en mes conjectures, que je n'attende le temps, et me remecte à ce qui plaira à Dieu en disposer.

Encore que vostre venue soit retardée, il n'y aura nul intérest pour la maison, car je n'avoye arrêté nul marché. Seulement j'avoye achepté un bon tonneau de vin, tel qu'il seroit difficile à recouvrer. Mais je m'en suis deffaict sans difficulté, et mesme à requeste. Ainsi

---

[1] L'empereur et le nouveau roi de France, Henri II. Fidèle à la politique de François Ier, ce prince, persécuteur de la Réforme dans ses états, venait de conclure un traité secret avec les princes protestants d'Allemagne.

ce sera à vous d'adviser comme les affaires se porteront par delà, et sur ce prendre conseil. Et ne soiez en poine que nul prengne mal ce changement, car combien que tous ceux de vostre congnoissance désirent bien de vous voir icy, toutefois il n'y a celluy qui ne préfère vostre commodité et repos.

Si j'eusse trouvé messaiger propre, je n'eusse pas attendu si longtemps à vous envoier le supplément des *Apologies*. Mais je ne sçay par quel moien, car jusque icy il ne s'est offert ne voiture ne porteur. Quant je le pourrai faire, je n'y fauldray. Des latines vous ne m'en avez poinct déclairé vostre vouloir, que je sçache. Plus tost vous remettiez cela à vostre venue. Parquoy mandez-moi, s'il vous plaist, en un mot, qu'on les imprime, et il se fera.

Sur ce, Monseigneur, après m'estre humblement recommandé à vostre bonne grâce, je prieray nostre bon Dieu de vous tenir en sa protection, avoir tel soing de vous que tous vos pas soient guidéz par luy, et vous faire servir tousjours de plus en plus à sa gloire. Ma femme vous présente aussi ses humbles recommandations, et tous deux désirons d'estre bien recommandé à Madamoiselle et à Madamoiselle de Brédan. Ce 3 d'apvril (1548 [1])

Vostre humble frère et serviteur,

JÉHAN CALVIN.

[1] *Au dos*, de la main de M. de Falais : Receue le 12 apvril 1548.

A MONSIEUR DE FALAIS *

Orig. autographe. Bibl. de Genève. Vol. 194.

Monseigneur, je vous ay envoyé ce porteur à cause que je receus hier lettres de Lion, qui contiennent la clausule icy couché : « Si le personnaige avoit dévotion « de besongner avec moy, certes il en seroit temps. « Car j'ay divers moiens d'employer les deniers à pro- « fict honeste, dons j'espère, moiennant la bénédiction « du Seigneur, que chascun seroit content. J'en attens « à toute heure response, et vous prye que ce soit en « brief. Car vous sçavez qu'il advient en une heure ce « ce qui ne faict en cent. Et je voy plusieurs fenestres « ouvertes qui me sont à propos. Mais la principalle « seroit que je peusse voler un bon coup au lieu « où... etc. » Ce n'est point par deffiance que je ne vous ay mandé l'original, mais pour raison qui vous contentera, quant il plaira à Dieu, vous amener jusque icy. Je sçay qu'il y a bien à prendre conseil en matière de telle importance ; mais vous sçavez de quoy vous m'aviez requis. C'est qu'il se fist quelque chose pour ceste foire, qui m'a faict soliciter plus hastivement. Il vous souvient de l'offre qu'il vous faict par les aultres lettres. De l'homme, je vous en ay dict ce que j'en congnois. C'est qu'il est d'une industrie grande et de

* Sans date. Cette lettre paraît avoir été adressée à M. de Falais peu avant son établissement à Genève.

preud'homie en laquelle je m'oseroye bien fier jusque au bout. Je vous prye doncq, Monseigneur, de me vouloir mander vostre intention, affin que j'aye à luy faire response par Nicolas Picot. Qui sera l'endroict où je prieray nostre Seigneur de vous avoir en sa garde, vous envoyer ce qu'il congnoît vous estre expédient et à Madamoiselle, me recommandant à vostre bonne grâce de tous deux. Ce mercredy.

Vostre humble frère et serviteur,

JÉHAN CALVIN.

A UN NOUVEAU CONVERTI *

Minute originale. Bibl. de Genève. Vol. 107 *a*.

La dilection de Dieu nostre Pere et la grâce de nostre Seigneur Jésus-Christ soit et demeure tousjours sur vous par la communication de son Esprit.

Très cher frère, je loue nostre Seigneur de ce qu'il vous a réduyt à la pure et simple cognoissance de sa vérité, vous délivrant des erreurs où il permet les siens mesmes tomber quelquefois, afin de les humilier. Maintenant advisez de cheminer en ceste simplicité de la Foy, affin que Dieu vous y conforme de plus en plus, et qu'estant uni en ce monde avec nostre chef Jésus-Christ, et estant membre de son corps, comme il a pris nostre chair,

* Lettre sans indication de personne et d'année.

affin d'avoyr plaine fraternité avec nous, et vivant en l'obéissance de son Evangile qui nous enseigne de chercher en luy tout nostre salut, vous parveniez à la vie qui est promise aux fidelles, en attendant qu'il nous resuscite tous ensemble à sa gloire : comme il nous fault avoir espérance que cependant que nos corps dorment en terre, que nos âmes vivent avec luy.

Au reste quant à la question que vous me demandez, assavoir s'il n'est point licite à ung homme chrestien de communiquer à la Cène de Jésus-Christ qui se faict au lieu où vous estes, la responce seroit facile que ouy, moyennant qu'il y eust Cène de Jésus-Christ. Mais quant vous aurez bien tout regardé, il n'y a nulle conformité ny similitude entre la Cène et la messe papalle, non plus qu'entre le feu et l'eau. Il est vray que les ordonnances de Dieu ne peuvent estre empirées par la malice ny ignorance des hommes. Mais je vous nye que Jésus-Christ ait institué la messe, mais plustôt comme en dépit de luy elle a esté forgée de Sathan, affin de destruire la saincte Cène, car c'est une chose toute contraire, d'aultant qu'ils en font un sacrifice, attribuant à un acte follement inventé la vertu de la mort et passion de Jésus-Christ. Il y a d'avantaige des ydolatries manifestes, non-seulement en ce que le pain y est adoré, mais qu'on y prie pour les trespassés, qu'on a son refuge au mérite et intercession des saincts, qu'on y faict beaucoup de choses semblables, que Dieu repousse. Parquoy il n'est non plus permis aux fidelles de communiquer à une telle superstition, qu'il estoit anciennement de sacrifier en Béthel. Car cela contredit plainement à la confession de foy que Dieu demande de nous. Mais pour ce que cest argument est desduit plus au long, aux livres qui en sont expressément escrit, je vous prie de les lire diligemment, vous recommandant à Dieu, à ce qu'il luy plaise vous montrer sa vollonté, et vous ouvrir les yeux pour bien discerner le blanc d'avec le noir, et allors je croy que vous aurez de quoy contenter vostre esprit, ne vous donnant plus licence de faire semblant en façon que ce soyt d'approuver l'impiété des meschans. Sur quoy je prieray nostre bon Dieu qu'il vous augmente de plus en plus sa grâce, et après qu'il vous aura déclaré ce qui est bon, qu'il vous donne vertu et constance de le suyvre et y adhérer. De Genesve, ce 13 jour de Juing (1548?)

Vostre bon frère,

JÉHAN CALVIN.

A MONSIEUR DE FALAIS *

Originale. Signature autographe. Bibl. de Genève. Vol. 194.

Monseigneur, je croy qu'il vauldra mieulx que ainsy soit. S'il eust esté possible de parler ensemble pour le

---

* M. de Falais était sur le point de quitter Bâle pour aller se fixer à Genève. Il arriva sans doute dans cette ville à la fin de juillet 1548. On lit dans une lettre de Calvin à Viret du 20 août 1548 : « *Dominus Falesius, uxor et soror vos salutant...* » Vol. 106 de la Bibl. de Genève. La correspondance de Calvin avec ce seigneur, dès lors interrompue, ne fut reprise qu'accidentellement, et cessa tout à fait en 1552.

contract[1], je l'eusse bien désiré. Mais je ne sçay, s'il vous viendra à poinct de venir ceste semaine. Tant y a que l'homme offre, en cas qu'il laissast sa femme veufve sans enfans, qu'elle ait mille escuz. En cas qu'il luy laissast des enfans, qu'elle en eust la moictié, à telle condition que si elle se marioit après, et eust aussi enfans du second mariage, qu'elle ne les peust advancer non plus les premiers. L'assignation présente se fera sur l'instrument de Paris, avec promesse quand il aura retiré son argent, et costé. Il m'est advis que son offre est assez libérale. Car il est mesmes bon que le mary retienne quelque bride en sa main.

Des nopces j'espère que nous en ferons bien. Il fauldra qu'il y ayt quelque compagnie, mais non pas multitude. Et encores ce ne sera poinct pour vous presser, car il fauldra assigner les logis. Je pense que dix personnes en feront la raison, entre lesquels je me compte. Pour ce que mon frère n'est pas icy, je ne sçay si on pourra faire tenir lettres à Dôle et Basle. Je croy bien que ouy, quand elles seroient icy pour tout le jour de demain.

J'avoye oublié du voiageur de France[2]. C'est de vous dire que je ne le trouve point hastif; et encore ce n'est poinct pour ce qu'il a de liquide, mais pour soliciter quelque advantaige par-dessus. Je désire bien qu'il plaise à Dieu de vous amener pour boire du vin sur le lieu, et bien tost. Si le porteur fust party plus matin, vous en eussiez eu un flascon. S'il y avoit un moyen de vous en

---

[1] Le contrat de mariage de Mademoiselle de Wilergy.
[2] M. de Montmor. Voir la note, p. 224.

départir la moitié, il ne seroit poinct épargné, mais quant j'en ay prins conseil, j'ay trouvé que non.

Sur ce, Monsieur, après vous avoir faict mes recommandations à vostre bonne grâce, et de Madamoiselle et de toute la maison, je prieray à nostre Seigneur vous avoir en sa garde. De Genesve, ce 17 de juillet. (1548).

Vostre humble frère et serviteur,

JÉHAN CALVIN, couché.

M. de Ballesan m'avoit requis par lettres, de regarder s'il pourroit estre secouru par vous. Luy faisant des excuses plus que à demy pour vous, j'avois toutesfois esté contrainct de luy promettre vous en escrire. Ce que j'avois délibéré de faire hier par Monsieur de Parey. Mais il oublia de venir, tant il estoit hasté de faire la journée.

A UN SEIGNEUR FRANÇAIS [*]

Copie. Bibl. de Genève. Vol. 107.

Monsieur, j'ay entendu une partie de vostre intention par le sieur François de la Rivière, et loue nostre Seigneur du bon couraige qu'il vous a donné de le servir

---

[*] ... Peut-être Charles de Jonvillers qui devint, quelques années après, le secrétaire et l'ami du réformateur. Ce fut en effet en 1549, et d'après les conseils de Calvin, que ce seigneur quitta Chartres, sa patrie, pour se rendre à Genève, où il fut reçu habitant en 1550, et bourgeois en 1556.

jusques au bout. Comme nous devons entièrement nous adonner à luy et sans réserve, si nous voulons estre recongneus des siens, il reste à sçavoir comment vous pourrez deuement vous employer à son service. Il est vray que la terre est sienne, et que partout il nous est licite d'habiter, moyennant que nous ayons le soing de nous conserver impollus, pour l'honorer tant de corps comme d'esprit. Quand il nous est dict que toute la terre est saincte, cela nous admoneste que nous ne la devons nullement souiller en mal vivant. Il n'y a maintenant qu'à regarder si en simulant, comme vous faictes, vous n'estes point participant des pollutions que vous condamnez à bon droict aux infidelles. J'entens bien que vostre cœur est bien loing d'y consentir, mais en monstrant signe d'y communiquer, il n'y a doubte que vous ne faciez profession d'y consentir. Et comme devant Dieu nous devons détester l'idolâtrie, aussi devant les hommes il nous convient abstenir de ce qui peult donner à congnoistre que nous l'approuvons. C'est bien raison que le corps soit gardé à Dieu tout pur, comme l'âme, puisque est temple du Sainct-Esprit, et a la promesse de la gloire immortelle qui sera révélée au dernier jour. Or est-il si possible d'employer entièrement au service de Dieu corps et âme, et ce pendant faire semblant de convenir avec les idolâtres, en ung acte que nous congnoissons estre au déshonneur de Dieu? Il ne suffit pas de respondre icy que vous n'en faictes nulle déclaration de bouche, plus tost que vous seriez prest à protester le contraire, si vous en estiez requis, car vous sçavez bien que vous n'y allez à aultre intention, sinon pour montrer aux ennemys de Dieu que vous ne rejectez point ce qu'ils font, car si ce n'estoit pour leur gratiffier, et par ce moyen éviter l'opinion d'estre répugnant à leurs sacriléges, jamais vous n'en approcheriez. Et cela n'est aultre chose, sinon faire hommage à leur idole par faintise, combien que l'affection n'y soit pas. S'il vous semble que j'espluche les faultes de trop près, je vous prie d'entrer en vous-mesmes, et vous trouverez que je ne vous mects rien en avant, de quoy vostre conscience ne vous rédargue. De là jugez si Dieu n'y trouve pas encores à redire beaucoup plus, car il y voit bien plus cler que nous. Parquoy de conseiller à ung homme chrestien de continuer en tel estat, je ne puis selon le jugement que Dieu m'a donné, et ne sçay que dire pour toute résolution, sinon que celuy qui est hors d'une telle contrainte est bien heureux. Ainsi quiconque a le moyen de s'en retirer, ne le doibt nullement mespriser à mon advis. Vray est que jamais homme n'aura les choses tant à souhet, qu'il ne soit sans difficulté, voire mesme sans beaucoup de fascheries, sans dommaige et perte de ses biens. Mais apprenons de préférer l'honneur de Dieu à tout. Quant à vous j'entens que vostre bon Dieu vous a amené jusques là, que vous estes résolu de ne croupir en lieu où vous l'offensiez à vostre escient, qui est cause que je me déporte de plus longues exhortations. Seulement advisez de ne point suffoquer ceste bonne volunté qu'il vous a donnée, mais plus tost vous inciter, faisant office de solliciteur pour vous réduire en mémoire de mettre en exécution vostre bon propos. Car je sçay, et l'expérience vous monstrera, combien il y aura de distractions pour le vous faire oublier, ou tant délayer qu'il se refroi-

disse. Quant est des moyens que le sire François m'a
mis en avant, je luy en ay répondu ce qu'il vous en
mandera, comme je pense. Cependant il fauldroit que
le partement fust tel comme d'Egypte, troussant vos
hardes avec vous. En cela je croy qu'il est mestier
d'ung ferme couraige et bien constant. Mais vous pourrez tout en celuy qui vous fortifie. Quant il vous auroyt
conduict jusques icy, vous verrez l'addresse qu'il vous
donnera. De mon costé je m'y vouldrois employer de
bon cueur et bonne âme, selon comme j'y suis tenu.
J'espère que vous ayant tenu la main en plus grandes
choses, qu'il ne vous deffauldroit pas en cest article.
Mais il lui plaist quelquesfois d'exercer et esprouver
nostre foy, en telle sorte qu'en laissant ce que nous
tenons en main, nous ne sachions ce que nous devons trouver. Nous en avons exemple en nostre père
Abraham. Après luy avoir commandé d'abandonner le
pays, son lignage, et tout le reste, il ne luy monstra
présentement rien pour récompense, mais le remect à
ung aultre terme. *Viens*, dict-il, *en la terre que je te
monstreray*. Si luy plaist aujourd'huy de faire le semblable envers nous, que nous quittions le lieu de nostre
naissance pour nous transporter en pays incongneu,
sans sçavoir comme nous y devons trouver, rendons-
nous à luy, qu'il gouverne nos pas, et faisons-luy cest
honneur d'espérer qu'il nous conduira à bon port.
Mesme il faut que vous soiez tout adverty que vous
n'entrerez pas en ung paradis terrestre, pour vous resjouir en Dieu sans aulcune moleste; vous trouverez ung
peuple assez rude; vous y aurez des tentations assez
fascheuses. Bref, ne prétendez de méliorer vostre condi-

tion, sinon en tant qu'estant délivré de ceste malheureuse captivité de corps et d'âme, vous aurez congé de servir Dieu purement. Vous aurez la pure doctrine de sa parolle; vous invocquerez son nom en la compaignie des fidelles, vous jouirez du vray usaige de ses sacremens. Mais cela vous doibt bien suffire pour le tout, si nous le prisons comme il appartient. Du reste des commodités, vous en prendrez ce que Dieu vous donnera, vous passant de ce dont il vouldra que soyez privé. Préparez-vous donc, en suivant Jésus-Christ, de ne point fuir la croix, car aussy vous n'y gaingneriez rien en la fuiant, pource qu'elle vous trouverra néantmoins. Mais contentons-nous de ce bien inestimable, qu'il nous soit licite non-seulement de vivre en repos de conscience, mais de nous exercer journellement en la doctrine du salut et en l'usaige des sacremens, pour nostre confirmation. Qui bastira sur ce fondement, fera ung bon édifice, et de faict aultrement ne pourriez vous monstrer si vous prisez Jésus-Christ ou non, sinon en estimant auprès de luy tout le monde comme fiante.

Sur ce, après m'estre recommandé affectueusement à vostre bonne grâce, je prieray nostre bon Dieu de vous remplir d'esprit de conseil et prudence pour juger ce qui sera bon et expédient, et vous fortifier en vraye constance, pour exécuter ce qui sera selon sa volunté; ce faict qui luy playse vous conduire par la main, bénir vostre issue et vostre entrée, pour faire [tourner] le tout à bonne prospérité. Ce 18 d'octobre 1548.

Vostre humble frère et serviteur en nostre Seigneur,

CHARLES D'ESPEVILLE.

AU PROTECTEUR D'ANGLETERRE [*]

Copie. Bibl. imp. Coll. Dupuy, vol. 102.

Monseigneur, combien que Dieu vous ait proveu d'une singulière prudence, magnanimité et aultres vertus requises à l'estat où il vous a constitué, et aux affaires qu'il vous a mises en main, toutesfois d'aultant que vous me tenez pour serviteur de son Fils auquel vous désirez surtout d'obéir, je me tiens asseuré que pour l'amour de luy vous recevrez humainement ce que je vous escris en son nom, comme de faict je ne prétends à aultre fin, sinon qu'en suivant ce que vous avez commencé de plus en plus, vous advanciez son honneur jus-

---

[*] Edouard Seymour, comte de Hertford, duc de Sommerset, régent d'Angleterre, sous la minorité d'Edouard VI. Ce fut sous son administration que la Réforme s'établit victorieusement en Angleterre. Appuyé sur le parlement, il comprima les troubles survenus dans le royaume après la mort de Henri VIII, confirma la suprématie du roi, abolit le culte des images, les messes privées, et rétablit la communion sous les deux espèces. Il entretint une correspondance avec Calvin, qui lui dédia, le 24 juin 1548, son Commentaire sur la première épitre de saint Paul à Timothée, et, docile aux conseils du réformateur, il offrit un asile aux bannis religieux du continent, Bucer, Fagi, Ochino et Pierre Martyr. Aimé du peuple, haï des grands, il se rendit impopulaire par l'insuccès de la guerre qu'il soutint contre Henri II en Ecosse et en France, fut renversé du pouvoir par un complot de la noblesse, emprisonné à la Tour de Londres (octobre 1549) et ne recouvra sa liberté, l'année suivante, que pour périr, en 1552, sur l'échafaud, victime de l'ambition de Warvick, comte de Northumberland, son parent.

ques à ce que vous aiez establi son règne en telle perfection comme il se peult voir au monde. Et aussi vous congnoistrez par la lecture, que sans advancer rien du mien, le tout sera tiré de sa pure doctrine. Si je ne regardois que la dignité et grandeur où vous estes, il n'y auroit point accès pour un homme de ma qualité. Mais puisque vous ne refusez point d'estre enseigné du Maistre auquel je sers, mais que plus tost préférez à tout le reste la grâce qu'il vous a faicte d'estre de ses disciples, il me semble que je n'ay besoing de vous faire longue excuse ne préface, pource que je vous tiens assez disposé à recepvoir tout ce qui procèdera de luy.

Nous avons tous à rendre grâces à nostre Dieu et Père de ce qu'il s'est voulu servir de vous en œuvre tant excellente, que de remettre au-dessus la pureté et droicte reigle de son service en Angleterre par vostre moien, et faire que la doctrine de salut ayt lieu, et y soit fidellement publiée pour tous ceux qui la vouldront escouter; de ce qu'il vous a donné une telle vertu et constance à poursuyvre jusques icy contre tant de tentations et difficultés; de ce qu'il vous a tenu la main forte en bénissant tous vos conseils et labeurs pour les faire prospérer. Ce sont choses qui incitent tous vrays fideiles à magnifier son nom. Mais cependant pource que Sathan ne cesse d'eslever tousjours nouveaulx combats, et que c'est une chose de soy difficile tant que rien plus, de faire que la vérité de Dieu domine paisiblement entre les hommes qui de leur naturel sont adonnés à mensonge; d'aultre part qu'il y a [tant] de circonstances qui empeschent aujourd'huy le cours d'icelle, et surtout que les superstitions de l'Antechrist aians prins racine de si long temps ne se peuvent aisément oster des cœurs, il me semble que vous avez bon mestier d'estre confermé par sainctes exhortations. Et je ne doubte point que l'expérience ne le vous face sentir, qui sera cause de m'y faire procéder plus franchement, pource que ma délibération, comme j'espère, respondra à vostre désir. Quant mes exhortations seroient superflues, si supporteriez-vous le zèle et sollicitude qui m'a induict à les faire. Par plus forte raison je crois que la nécessité que vous en sentez, fera qu'elle soit encores mieux receue. Quoy qu'il en soit, Monseigneur, qu'il vous plaise me donner audience en quelques advertissemens que j'ay proposé de vous desduyre icy en brief, espérant que quant vous les aurez escoutés, pour le moins vous y trouverez goust pour en estre consolé, et prendre tant meilleur couraige à continuer la saincte et noble entreprise où Dieu vous a voulu employer jusques icy.

Je ne doubte pas que les grands troubles qni sont advenus depuis quelque temps, ne vous aient esté bien durs et fascheux, et surtout que plusieurs en ont peu prendre occasion de scandalle; d'aultant qu'ils estoient esmeus en partie soubs umbre du changement de la religion. Parquoy il ne se peult faire que ce ne vous ait esté un assault bien rude, tant pour les pensées qu'il vous en pouvoit venir à l'esprit, que pour les murmures des malins et ignorans, et aussy pour l'estonnement des bons. Certes le bruict que j'en ay ouy de loing me cause grande angoisse en mon cœur, jusques à ce que j'ay sceu que Dieu avoit commencé d'y mettre quelque remède. Toutesfois pource qu'ils ne sont possible encores du tout appaisés, ou que le diable les pourroit renouveller, qu'il vous souvienne de ce que l'histoire saincte récite du bon roy Ezéchias (2 Chroniques, XXXII), assavoir quant il eust aboly les superstitions en Judée, réformé l'estat de l'Eglise selon la loy de Dieu, que alors il est tellement pressé de ses ennemys qu'il semble bien qu'il soit homme perdu et désespéré. Ce n'est pas sans cause que le Sainct-Esperit notamment exprime qu'une telle affliction luy est advenue, incontinent après avoir restably la vraye religion en son ordre. Car il sembloit bien puisqu'il s'estoit efforcé de faire régner Dieu, qu'il dust avoir de son costé son royaume paisible. Ainsi tous princes fidelles et gouverneurs de païs sont advertys par cest exemple, que d'aultant plus qu'ils mettront peine à chasser les idolâtries, et procurer que Dieu soit vrayement adoré, comme il doibt, leur foy pourra estre examinée par diverses tentations. Dieu le permet et veult ainsi, pour déclairer la constance des siens, et les exercer à ce qu'ils ayent à regarder plus hault que le monde. Cependant le diable aussy faict son office, taschant à ruiner la bonne doctrine par moiens obliques, comme par dessoubs terre, d'aultant qu'il n'en peult ouvertement venir à bout. Mais suivant l'admonition de sainct Jaques (Jaques, V), qui nous dit qu'en considérant la patience de Job, il nous fault regarder l'issue, il nous convient aussy, Monseigneur, jeter les yeux sur l'issue qui a esté donnée à ce bon roy. C'est que Dieu luy a secouru en toutes ses perplexités, et qu'il est demeuré à la fin victorieux. Sur cela puisque sa main n'est point accourcie, et qu'il a aujourd'huy en aussy grande recommandation la deffense de sa vérité et le salut des siens, comme il eust jamais, ne doubtez point qu'il ne vous veuille subvenir, et non pas seulement pour ung coup, mais en aultant de tentations qu'il vous envoiera.

Si la plus grant part du monde résiste à l'Evangile, et mesmes s'efforce avec toute raige et violence d'empescher qu'il ne vienne en avant, nous ne le debvons pas trouver estrange. C'est l'ingratitude des hommes qui a tousjours esté et sera de reculer, quand Dieu approche d'eulx, et mesmes de regimber contre luy, quant il leur veult imposer son joug. D'advantage pource que de nature ils sont adonnés à hipocrisie, ils ne peuvent souffrir d'estre amenés à la clarté de la parolle de Dieu qui descouvre leur turpitude et honte, ne d'estre tirés hors des superstitions qui leur servent comme de cachette pour leur donner umbre. Ce n'est doncques rien de nouveau, s'il y a contradiction, quand on tasche de réduyre les hommes à la pure obéissance de Dieu. Et aussi nous avons l'advertissement de nostre Seigneur Jésus, lequel nous dict qu'il a apporté le glayve avec son Evangile. Mais si ne fault-il pas que cela nous estonne, ou nous rende lasches et craintifs, car en la fin quand les hommes se seront bien mutinés, et auront jetté tous leurs bouillons, ils seront confus en un moment, et se rompront avec leur impétuosité. Vray est, comme il est dict au pseaulme second : *Que Dieu ne se fera que rire de leur esmotion*, c'est-à-dire qu'en dissimulant, il les laissera tempester comme si la chose ne luy attouchoit point. Mais si est-ce qu'en la fin ils seront tousjours rembarrés par sa vertu, de laquelle si nous sommes armés, nous avons une bonne munition et invincible, quelques conspirations que le diable dresse

contre nous, et en la fin congnoistront par expérience
que tout ainsi que l'Evangile est le message de paix et
de réconciliation entre Dieu et nous, qu'il nous servira
à pacifier aussy les hommes et par ce moyen sentiront
que Esaïe n'a point dict en vain (Esaïe II) que quand
Jésus-Christ règnera entre nous par sa doctrine, que *les
espées seront converties en charrues et les lances en faulx.*

Cependant jaçoit que la malice et rébellion des hommes soit cause des séditions et mutineries qui s'eslèvent
contre l'Evangile, si est-ce qu'il nous fault regarder à
nous et congnoistre que Dieu chastie nos fautes par
ceulx qui aultrement ne veullent servir que Sathan. Ça
esté une complainte ancienne que l'Evangile estoit cause
de tous les maux et calamités qui adviennent aux hommes. De faict nous voyons par les histoires que quelque
temps après que la Chrestienté fust espandue partout, il
n'y eust quasi angle de la terre qui ne fust horriblement
affligé. L'esmotion des guerres estoit comme un feu
universel allumé en tous païs. Les déluges d'un costé,
les pestes et famines de l'aultre, une confusion énorme
d'ordre et de police, en sorte qu'il sembloit que le
monde se deust plainement renverser. Nous avons pareillement veu de nostre temps, depuis que l'Evangile a
commencé d'estre remis au-dessus, beaucoup de pouvretés, tellement que chacun se plainct que nous sommes en ung siècle malheureux, et y en a bien peu qui
ne gémissent soubs ce fardeau. Or en sentant les coups,
nous debvons regarder à la main de celuy qui nous
frappe, et debvons aussi penser pourquoy. La cause qui
le meust à nous faire ainsi sentir ses verges, n'est pas
trop obscure, ne difficile à entendre. Nous sçavons que

sa parolle par laquelle il nous veult guyder à salut est un trésor inestimable; en quelle révérence est-il receu de nous, quand il le nous présente? Puis donc que nous ne tenons pas grand compte de ce qui est tant précieux, à Dieu est bien raison qu'il se venge de nostre ingratitude. Nous oyons aussi ce que Jésus-Christ prononce (Luc XII, 47), que *le serviteur sachant la volunté de son maistre, et ne la faisant point, est digne de double chastiment.* Puisque nous sommes si lasches à obéyr à la volunté de nostre Dieu, qui nous a esté déclairée plus que cent fois cy-debvant, ne trouvons point estrange s'il se courrouce plus asprement contre nous, veu que nous sommes plus inexcusables. Quant nous ne faisons point profiter la bonne semence, c'est bien raison que les chardons et espines de Sathan croissent pour nous poindre et piquer. Puisque nous ne rendons point à nostre Créateur la subjection qui luy est deue, ce n'est point merveille que les hommes s'eslèvent contre nous.

A ce que j'entends, Monseigneur, vous avez deux espèces de mutins qui se sont eslevéz contre le roy et l'estat du royaume : Les uns sont gens fantastiques, qui soubs couleur de l'Evangile vouldroient mettre tout en confusion. Les aultres sont gens obstinés aux superstitions de l'Antéchrist de Rome. Tous ensemble méritent bien d'estre réprimés par le glayve qui vous est commis, veu qu'ils s'attachent non-seulement au roy, mais à Dieu qui l'a assis au siége royal, et vous a commis la protection tant de sa personne comme de sa majesté. Mais le principal moyen est de faire tant qu'il sera possible que ceulx qui prennent goust à la doctrine de l'Evangile pour y adhérer, la reçoivent avec telle humilité et craincte qu'ils renoncent à eux-mêmes pour servir à Dieu. Car ils doibvent penser que Dieu les veult tous resveiller à ce qu'ils proffitent mieulx à bon escient à sa Parolle, qu'ils n'ont pas faict. Ces forcenés qui vouldroyent que tout le monde se revirast en une licence confuse, sont subornés par Sathan pour diffamer l'Evangile, comme s'il n'engendroit que révolte contre les princes, et toute dissipation en la vie humaine. Parquoy tous fidelles en doibvent souspirer. Les papistes voullant soubstenir les ordures et abominations de leur idole romain, se monstrent ennemys manifestes de la grâce de Jésus-Christ et de toutes ses ordonnances. Cela aussi doibt faire grand mal au cœur à tous ceulx qui ont quelque goutte de bon zelle. Parquoy ils doivent penser tous ensemble que ce sont verges de Dieu s'adressant à eulx. Et pourquoy? Sinon d'aultant qu'ils ne font valoir la doctrine de salut, comme il appartient. Ainsi le principal remède pour amortir telles séditions, est quant ceulx qui font profession de l'Evangile, sont vrayement réparéz à l'image de Dieu, pour monstrer que nostre chrestienté ne cause nulle dissipation en la vie humaine, de donner bonne approbation par leur modestie et attrempance qu'estans gouvernéz par la Parole de Dieu, nous ne sommes point gens desbordéz, ne sans bride; et, par leur bonne saincte vie, clorre la bouche à tous mesdisans. Car, par ce moyen, Dieu estant appaisé, retirera sa main, et au lieu qu'aujourd'huy il punit le mépris qu'ils ont faict à sa Parolle, il bénira leur obéissance en toute prospérité. Mesme que toute la noblesse et gens de justice se rengent droictement et en toute humilité à la subjection de ce grand Roy Jésus-Christ, luy faisant entier hommage et sans feintise d'âme, de corps et de tout, afin qu'il corrige et abatte l'arrogance et témérité de ceulx qui se vouldroient eslever contre eulx. Voylà comment les princes terriens doibvent gouverner et régner, servant à Jésus-Christ et faisant qu'il ayt son authorité souveraine sur tous, tant petits que grands. Parquoy, Monseigneur, en tant que vous avez l'estat du roy vostre nepveu cher et en recommandation, comme vous le monstrez bien, je vous supplye au nom de Dieu d'appliquer ici vostre principal soing et vigilance, que la doctrine de Dieu soit prêchée en efficace et vertu pour produire son fruict, et ne vous lasser point, quoy qu'il en soit, à poursuyvre une plaine et entière réformation de l'Eglise. Pour vous mieulx exprimer mon intention, je distingueray le tout en trois points.

Le premier sera de la façon de bien endoctriner le peuple. Le second sera de l'extirpation des abus qui ont régné par cy-devant. Le troisième, de corriger soigneusement les vices, et tenir la main à ce que les scandalles et dissolutions n'ayent point la vogue, tellement que le nom de Dieu en soit blasphémé.

Quant au premier poinct, je n'entends point vous déclairer quelle doctrine doibt avoir lieu. Plus tost je rends grâces à nostre bon Dieu qu'après vous avoir illuminé en sa pure congnoissance, il vous a donné conseil et discrétion pour faire que sa pure vérité soit preschée. Ainsi loué soit Dieu, vous n'estes pas à enseigner quelle est la vraye foi des chrestiens et la doctrine qu'ils doibvent tenir, veu que par vostre moyen la vraye pureté de la foy est restituée. C'est que nous tenions Dieu pour le seul gouverneur de nos âmes, que nous tenions sa loy pour la seule reigle et régime spirituel de nos consciences, pour ne le point servir selon les folles inventions des hommes. Item que selon sa nature, il veult estre servy en esprit et en pureté de cœur. D'aultre part que congnoissant qu'il n'y a que toute malheureté en nous, et que nous sommes corrompus en tous nos sens et affections, tellement que c'est ung abyme d'iniquité que nos âmes, estans désespéréz en nous, ayans aussi anéanty toute présumption de nostre sagesse, dignité ou pouvoir de bien faire, nous recourions à la fontaine de tous biens qui est Jésus-Christ, recepvant ce qu'il nous donne, assavoir le mérite de sa mort et passion, afin que par ce moyen nous soyons réconciliés à Dieu; qu'estans lavés de son sang, nous ne craignions point que nos macules nous empeschent de trouver grâce au throsne céleste; qu'estans certains que nos péchés nous sont pardonnés gratuitement en la vertu de son sacrifice, nous mettions là nostre repos et appuy, pour estre asseurés de nostre salut; que nous soyons sanctifiés par son Esprit, pour nous consacrer à l'obéissance de la justice de Dieu; qu'estans fortifiés par sa grâce nous soyons vaincqueurs de Sathan, du monde et de la chair; finalement, qu'estans membres de son corps, nous ne doubtions pas que Dieu ne nous répute de ses enfans, et que nous n'ayons la confiance de l'invoquer comme nostre père; que nous soyons advertis de réduyre à ce but tout ce qui se dict et faict en l'Eglise; c'est qu'estans retirés du monde nous soyons eslevéz au ciel avec nostre Chef et Sauveur. Puis donc que Dieu vous a faict la grâce de rétablir la congnoissance de ceste doctrine qui avoit esté si longtemps ensepvelie par l'Antechrist, je me déporte de vous en tenir propos.

Ce que j'ay touché de la façon d'enseigner, est seulement que le peuple soit instruit pour estre touché au vif, et qu'on sente ce que dict l'apostre (Héb. IV), que *la Parolle de Dieu est un glayve trenchant des deux costés, transperçant les pensées et affections jusques à la moelle des os.* Je dy cecy, Monseigneur, pource qu'il me semble qu'il y a bien peu de prédication vive au royaume, mais que la pluspart se récite comme par lecture. Je voy bien les nécessités qui vous contraingnent à cela : car en premier lieu vous n'avez pas, comme je croy, bons pasteurs et idoynes, comme vous le souhaitez. Parquoy il vous est besoing de suppléer à ce deffault. Secondement il y pourroit avoir beaucoup d'esprits volaiges qui sortiraient hors des gons, semant de folles fantaisies, comme souvent il se fait en nouveaultés. Mais toutes ces considérations n'empeschent point que l'ordonnance de Jésus-Christ ne doibve avoir son cours, quant à prescher l'Evangile. Or ceste prédication ne doibt point estre morte, mais vive, pour enseigner, exhorter et rédarguer, comme sainct Paul en parle à Timothée (2 Tim. III). Voyre que si ung infidelle entre, qu'il soit naivré et convaincu pour donner gloyre à Dieu, comme il dict en ung aultre passage (1 Cor. XIV). Vous sçavez aussy, Monseigneur, comment il parle de la vivacité qui doibt estre en la bouche de ceulx qui se veullent approuver bons et fidelles ministres de Dieu, qui ne doibvent point avoir une parade de rhétorique pour se faire seulement valoir; mais que l'Esprit de Dieu doibt résonner en leur voix, pour besoigner en vertu. Tous les dangiers qu'on peult craindre ne doibvent empescher que l'Esprit de Dieu n'aye sa liberté et son cours en ceulx auxquels il a distribué ses grâces pour édifier l'Eglise.

Vray est cependant qu'il est bon et expédient d'obvier à la légèreté des esprits fantastiques qui se permettent trop de licence, de fermer aussi la porte à toutes curiosités et doctrines nouvelles; mais le moyen y est bon et propre tel que Dieu nous l'a monstré. C'est premièrement qu'il y aict une somme résolue de la doctrine que tous doibvent prescher, laquelle tous prélats et curés jurent de suyvre, et que nul ne soit receu à charge ecclésiastique, qui ne promette de garder telle union. Après qu'il y ayt ung formulaire commun d'instruction pour les petits enfans et les rudes du peuple, qui soit pour leur rendre la bonne doctrine familière, en sorte qu'ils la puissent discerner d'avec les mensonges et corruptions qu'on pourroit introduyre au contraire. Croyez, Monseigneur, que jamais l'Eglise de Dieu ne se conservera sans catéchisme, car c'est comme la semence pour garder que le bon grain ne périsse, mais qu'il se multiplie d'aage en aage. Et pourtant si vous désirez de bastir ung édifice de longue durée, et qui ne s'en aille point tost en décadence, faictes que les enfans soyent introduicts en ung bon catéchisme qui leur monstre briesvement et selon leur petitesse où gist la vraye chrestienté. Ce catéchisme servira à deux usages, assavoir d'introduction à tout le peuple pour tous proffiter à ce qu'on preschera, et aussi pour discerner si quelque présumptueux avançoit doctrine estrange. Cependant je ne dy pas qu'il ne soit bon et mesme nécessaire d'astreindre les pasteurs et curés à certaine forme escripte, tant pour suppléer à l'ignorance et simplesse d'aulcuns, que pour mieulx monstrer la conformité et concorde entre toutes les églises; tiercement pour couper la broche à toute curiosité et invention nouvelle de ceulx qui ne demandent qu'à extravaguer, comme j'ay desjà dict que le catéchisme doibt servir de bride à telles gens. Autant en est-il de la façon et manière d'administrer les sacremens; item des prières publiques. Mais cependant, quoy qu'il en soit, que telle police ne soit point pour amortir l'efficace qui doibt estre à la prédication de l'Evangile. Et que vous mettiez péine, tant qu'il vous sera possible, qu'on ayt des bonnes trompettes qui entrent jusques au profond des cœurs. Car il y a danger que vous ne voyez pas grant proffit de toute la réformation que vous aurez faicte, quelque bonne et saincte qu'elle soit, sinon que ceste vertu de prédication soit desployée quant et quant. Ce n'est pas sans cause qu'il est dict que Jésus-Christ *frappera la terre par le sceptre de sa bouche, et occira le meschant par l'esprit de ses lèvres* (Esaïe XI, 4). C'est le moyen par lequel il nous veult dompter en destruisant tout ce qui luy est contraire. Et voilà pourquoy aussi l'Evangile est appelé le Règne de Dieu. Ainsi combien que les édicts et statuts des princes soient bonnes aydes pour advancer et maintenir l'estat de la chrestienté, si est-ce toutefois que Dieu veult déclarer sa vertu souveraine en ce glayve spirituel de sa parolle, quand elle est annoncée par les pasteurs.

Pour ne vous point ennuyer, Monseigneur, je viendray au second point que j'ay proposé de vous toucher: c'est d'abolir et extirper plainement les abus et corruptions que Sathan a meslé cy-devant parmy les ordonnances de Dieu. Nous sçavons que soubs le pape il y a une chrestienté bastarde, et que Dieu la désadvouera au dernier jour, puisqu'aujourd'huy il la condamne par sa parolle. Si nous désirons de retirer le monde d'un tel abyme, il n'y a rien meilleur que de venir à l'exemple de sainct Paul, lequel voulant corriger ce que les Corinthiens avoient mal adjousté à la Cène de nostre Seigneur, leur dict (1 Cor. 11) *J'ay receu du Seigneur ce que je vous ay baillé.* De là il nous fault recueillir ung enseignement général de retourner au droict commandement de Dieu et naturel, si nous voulons avoir une bonne réformation et approuvée de luy. Car tant de meslanges que les hommes ont advancé de leur esprit, autant sont-ce de pollutions qui nous destournent du sainct usaige de ce que Dieu nous a donné pour nostre salut. Ainsi d'esbrancher à demy tels abus ne sera poinct réduyre les choses en pur estat, car nous aurons tousjours une chrestienté déguisée. Je dy cecy pource qu'aucuns, soubs umbre de modération, sont d'advis qu'on espargne beaucoup d'abus sans y toucher, et leur semble que c'est assez d'avoir déraciné le principal. Mais au contraire nous voyons combien la semence des mensonges est fertile, et qu'il n'en fault qu'un grain pour remplir le monde au bout de trois jours, selon que les hommes y sont enclins et adonnéz. Nostre Seigneur enseigne bien une aultre façon de faire, car quand David parle des idoles il dict (pseaume 16) : *Que leur nom ne passera point par sa bouche,* pour signifier en quelle détestation nous les debvons avoir. Surtout si nous regardons comment nous avons offensé Dieu du temps de nostre ignorance, nous debvons estre doublement touchés pour fuir les inventions de Sathan qui nous ont induicts à mal faire, comme de macquerellages qui ne servent qu'à séduire les âmes. D'aultre costé nous voyons, encores qu'on remonstre aux hommes leurs faultes et erreurs, qu'on les advertisse des objects tant qu'on peult, que néanmoins ils sont si endurcys qu'on n'en peult venir à bout. Quand doncques on leur laissera quelques reliques, ce sera une nourriture de tant plus grande obstination, et un voile pour leur obscurcir toute la doctrine qu'on leur pourra proposer. Je confesse bien qu'il fault tenir modération, et que trop grande extrémité n'est pas bonne, ne utile; mesmes qu'il fault accommoder les cérémonies à la rudesse du peuple. Mais il ne fault point que ce qui est de Sathan et de l'Antechrist passe soubs ceste couleur-là. C'est pourquoy l'Escripture saincte louant les roys qui avoient abatu les idolâtres, n'ayant point raclé tout entièrement, leur donne une notte que toutesfois ils n'ont point abatu les chappelles et lieux de folle dévotion. Parquoy, Monseigneur, puisque Dieu vous a amené si avant, faites, je vous prie, que sans exception il vous approuve pour réparateur de son temple, en sorte que le temps du Roy vostre nepveu puisse estre acomparé à celuy de Josias, et que vous luy mettiez les choses en tel estat, qu'il n'ait qu'à maintenir le bon ordre que Dieu luy aura préparé par vostre moyen. Je vous allègueray un exemple de telles corruptions qui pourroient rester, pour estre comme ung peu de levain qui en la fin aigrira la paste. Il se faict de par delà quelque oraison pour les trespassés, quant on communique à la cène de nostre Seigneur. Je sçay bien que ce n'est pas pour advouer le purgatoire du pappe. Je sçay aussy qu'on peult alléguer la coustume ancienne, de faire quelque mémoyre des trespassés, afin de unir ensemble tous les membres du corps. Mais il y a un argument péremptoire contraire, que la cène de Jésus-Christ est un acte si sacré qui ne doibt estre souillé par nulles inventions humaines. D'avantaige en priant Dieu, il ne fault point lascher la bride à nos dévotions, mais tenir la reigle que sainct Paul nous donne (Romains XX). C'est que nous soyons fondés en la parolle de Dieu. Ainsy telle mémoyre qui emporte recommandation, n'est convenable à la forme de bien et duement prier, est une addition mauvaise à la saincte cène de nostre Seigneur. Il y a d'aultres choses qui possible seroient moins à reprendre, qui toutesfois ne sont à excuser comme la cérémonie du chresme et onction. Le chresme a été inventé d'une phantasie frivolle par ceux qui ne se contentoient point de l'institution de Jésus-Christ, et qui ont voulu contrefaire le Saint-Esperit par un signe nouveau, comme si l'eau n'eust point suffy à cela. L'extrême-onction qu'on appelle a esté retenue par un zèle inconsidéré de ceux qui ont voulu ensuyvre les apostres, n'ayans pas le mesme don qu'iceux avoient. Car quant les apostres ont usé d'huile sur les malades, c'estoit pour les guérir miraculeusement. Quand le miracle est cessé, la figure ne doibt plus estre en usage. Parquoy il seroit beaucoup meilleur que ces choses fussent retranchées, tellement que vous n'eussiez rien qui ne fust conforme à la parolle de Dieu, et qui ne servit à l'édification de l'Eglise. Vray est qu'on doibt supporter les infirmes, mais c'est pour les fortifier, et les amener à plus grande perfection. Cela n'est pas à dire cependant qu'il faille complaire aux fols qui appètent cecy ou cela, sans sçavoir pourquoy. Je sçay la considération dont plusieurs sont retenus, c'est qu'ils craignent qu'un trop grand changement ne se puisse porter. Mesmes quand on a esgard aux voisins avec lesquels on désire de nourrir amitié, on leur veult bien gratifier en callant beaucoup de choses. Cela seroit à supporter en affaires mondains où il est licite de concéder l'un à l'autre, et de quitter de son droict pour racheter paix ; mais ce n'est pas tout un du régime spirituel de l'Eglise, lequel doibt estre ordonné selon la parolle de Dieu. Icy il n'est point à nostre liberté de rien octroyer aux hommes, ne de fleschir en leur faveur. Mesmes il n'y a rien qui desplaise plus à Dieu, que quand nous voulons par nostre prudence humaine modérer ou retrancher, ou advancer ou reculer, oultre sa voulunté. Parquoy si nous ne voulons luy desplaire, il nous fault fermer les yeux au regard des hommes. Quant aux dangers qui peuvent advenir, nous les debvons bien éviter en tant qu'en nous est, mais non pas en déclinant du droict chemin. Nous avons sa promesse qu'il nous assistera quant nous irons droict. Ainsi il ne nous reste sinon de faire nostre office, en luy recommandant ce qui en adviendra. Et voilà pourquoy les sages de ce monde sont souventes fois frustrés de leur espérance pource que Dieu n'est point avec eux, quant en se défiant de luy et de son secours ils cherchent des moyens obliques et lesquels il condamne. Voulons-nous doncques sentir la puissance de Dieu de nostre costé? Suyvons simplement ce qu'il nous dit. Surtout il nous fault tenir ceste maxime que la réformation de son Eglise est œuvre de sa main. Parquoy il fault qu'en cest endroict les hommes se laissent conduyre par luy. Qui plus est soit en restaurant son Eglise, soit en la gardant, il y veult le plus souvent procéder d'une façon admirable et incongneue aux hommes. Parquoy de restraindre ceste restauration qui doibt estre divine à la mesure de nostre sens, et assubjectir ce qui est céleste à la terre et au monde, il n'y a point de propos. Par cela je n'exclus point la prudence qui est fort requise à tenir tous bons moyens et propres à ne point excéder ne çà ne là en quelque extrémité, à gaigner tout le monde à Dieu, si possible estoit. Mais il fault que la prudence de l'Esperit domine, non point de la chair, et qu'ayant interrogué la bouche du Seigneur, nous luy demandions qu'il nous guide et conduise, plus tost que de suyvre nostre sens. Quand nous en ferons ainsy, il nous sera aisé de coupper broche à beaucoup de tentations qui nous pourroient arrester au milieu du chemin. Parquoy, Monseigneur, comme vous avez commencé à réduyre la chrestienté en son estat par les païs d'Angleterre, non point en confiance de vousmesmes, mais d'estre soustenus par la main de Dieu, comme jusques icy vous avez senty ceste main puissante, ne doubtez point qu'elle vous sera telle jusques au bout. Si Dieu maintient les royaulmes et principaultés des infidelles qui luy sont ennemys, par plus forte raison il aura en sa sauve garde ceux qui se rengent à luy, et le cherchent pour leur supérieur.

Je viens maintenant au dernier article qui est de chastier les vices, et réprimer les scandalles. Je ne doubte point qu'il n'y ait loix et statuts bons et louables au royaume, pour tenir le peuple en honesteté de vie. Mais les grands desbauchemens et énormes que je voy par le monde, me contraignent de vous prier à prendre aussy ceste sollicitude que les hommes soient tenus en bonne et honneste discipline. Surtout que l'honneur de Dieu vous soit recommandé, pour punir les crimes dont les hommes n'ont point accoustumé de faire grand cas. Je le dy pource que quelquefoys les larrecins, batteries et extorsions seront asprement punis, pource que les hommes y sont offensés. Cependant on souffrira les paillardises et adultères, les ivrongneries, les blasphesmes du nom de Dieu, quasy comme choses licites ou bien de petite importance. Or nous oyons au contraire en quelle estime Dieu les a. Il nous déclaire combien son nom luy est précieux. Cependant il est comme déchiré par pièces et foullé aux pieds. Il ne se peult doncques faire qu'il laisse tels opprobres impunis. Qui plus est l'Escripture nous monstre que par les blasphesmes tout un païs est infecté. Quant aux adultères ce nous doibt estre une grande honte à nous qui nous réclamons chrestiens, que les payens y ayent tenu plus grande rigueur à les punir que nous, et mesmes quelques fois qu'on ne faict que s'en rire. Quant le sainct mariage, qui doibt estre une imaige vive de l'union sacrée que nous avons avec le Fils de Dieu, est pollu, que l'alliance qui doibt estre la plus ferme et indissoluble de ce monde, est desloyaument rompue, si nous ne prenons point cela à cœur, c'est signe que nous n'avons guères zèle de Dieu. Touchant la paillardise, il nous doibt bien suffire que sainct Paul la compare à sacrilége, d'autant que par icelle les temples de Dieu, qui sont nos corps, sont prophanés.

Item que les paillards et ivrognes sont bannis du royaume de Dieu, tellement qu'il nous est deffendu de converser avec eulx, dont il s'ensuit bien qu'ils ne doibvent point estre endurés en l'Eglise. Or, voylà qui est cause de tant de fléaux qui sont aujourd'huy sur la terre. Car d'autant que les hommes se pardonnent telles énormités, il fault que Dieu en face la vengeance. Parquoy afin de prévenir son ire, je vous prie, Monseigneur, d'y tenir la bride royde, et faire que ceulx qui oyent la doctrine de l'Evangile, s'approuvent estre chrétiens par saincteté de vie. Car comme la doctrine est l'âme de l'Eglise pour la vivifier, aussy la discipline et correction des vices sont comme les nerfs pour maintenir le corps en son estat et vigueur. L'office des évesques et curés est de veiller sur cela, afin que la Cène de nostre Seigneur ne soit point polluée par gens de vie scandaleuse. Mais en l'authorité où Dieu vous a mis, la principalle charge revient sur vous, voyre de mettre les aultres en train, afin que chacun s'acquitte de son debvoir, et faire que l'ordre qui aura esté establi soit deument observé.

Or, Monseigneur, suyvant la protestation que j'ay faicte cy-dessus, je ne m'excuseray point plus au long, ne de la prolixité de mes lettres, ne de ce que je vous ay librement exposé ce que j'avois sur le cœur. Car je me confie que mon affection vous est congneue, selon vostre prudence, et comme vous estes exercé en l'Escripture saincte, vous voyez de quelle fontaine j'ay puisé tout ce qui est icy contenu. Parquoy je ne crains point de vous avoir esté fascheux et importun, en vous monstrant, selon que je puis, le bon désir que j'ay que le nom de Dieu soit tousjours plus amplement glorifié par vous, dont je le supplye journellement, le priant qu'il luy plaise vous augmenter ses grâces, vous confermer par son esprit en une vraye constance invincible, vous soubstenant contre tous ennemis, vous ayant avec toute vostre maison en sa saincte protection, faisant que heureusement vous administriez la charge qui vous est commise, tellement que le roy aye de quoy louer ce bon Dieu d'avoir eu un tel gouverneur en son enfance, tant pour sa personne, que pour son royaume. Sur quoy je feray fin, Monseigneur, après m'estre très humblement recommandé à vostre bonne grâce. Genesve, ce 22 d'octobre 1548.

A MADAME DE CANY *

Copie. Bibl. de Genève. Vol. 107 *a*.

Madame, je n'eusse pas entreprins de vous escrire, si un homme auquel je me dois fier entre les aultres

---

* Péronne de Pisseleu, femme de Michel de Barbançon, seigneur de Cany, un des personnages les plus importants de la Picardie. Cette dame, instruite dans la foi réformée par Laurent de Normandie, lieutenant du roi à Noyon, et ami de Calvin, eut longtemps à souffrir des rigueurs de son mari qui devait plus tard partager ses croyances. Bèze, *Hist. eccl.*, t. II, p. 244. De Thou, L. XXV. Madame de Cany, sœur de la duchesse d'Etampes, favorite du dernier roi, jouissait à la cour d'un crédit dont elle usa toujours noblement. Elle habitait d'ordinaire le château de Varannes, situé sur l'Oise, près de Noyon.

ne m'en eust donné la hardiesse, m'asseurant que mes lettres vous seroient agréables. C'est Monsieur de Normandie, lequel se sentant obligé envers vous, pour l'affection que vous luy avez monstrée, auroit un singulier désir de vous faire service, quant il en auroit le moyen, et pourtant a tel soing de vostre salut que doibt avoir celuy qui se congnoist avoir esté aymé de vous, en tiltre et qualité de chrestien. A ceste cause il m'a incité à vous escrire, pensant que non-seulement vous prendriez plaisir à mes lettres, mais qu'elles vous seroyent aulcunement profitables, tant à vous consoler aux extrémités où vous povez estre, que vous exhorter à persévérer, comme il en est bien mestier au milieu de tant de tentations. Et pleust à Dieu que j'eusse plus ample moyen à m'y employer. Mais puisque son plaisir est que nous soyons séparéz par si longue distance de lieux, laquelle ne permect plus grande communication entre nous, je vous prie, Madame, de prendre ce que j'en fais comme ung tesmongnage de la solicitude que j'ay de procurer vostre salut. Si pour la confession que vous faictes de vostre chrestienté, il se dresse entre vous des murmures et des menaces, qu'il vous souvienne à quoy nous sommes appelléz, c'est que nonobstant toutes contradictions de ce monde, nous facions l'hommage au Fils de Dieu qui luy appartient. Mesme ce vous doibvent estre aultant d'advertissemens pour vous préparer à plus grandes choses, car il n'y a ne grand ne petit qui se doibve exempter de souffrir pour la querelle de nostre souverain Roy, en laquelle gist tant son honneur que nostre salut. Surtout puisque luy-mesme a commencé par nous monstrer le chemin, qui sera celuy de nous

qui osera refuser de l'ensuyvre? Quelle sera la grandeur
ou haultesse qui nous pourra donner plus grant privilége que luy? Qui plus est, si nous pouvons gouster
quel honneur il nous faict, se. voulant servir de nous
à maintenir sa vérité qui est si précieuse, nous pren-
drons cela à un singulier advantage, plus tost que d'en
estre faschéz. Vray est que le sens de l'homme ne le
peult apréhender, mais puisque la sagesse infaillible
de Dieu prononce que ceux qui sont persécutéz pour le
tesmongnage de l'Evangile sont bien heureux, quoy
qu'il en soit, il nous fault acquiescer à ceste sentence.
Et de faict, qui sommes-nous pour dire que nous dé-
fendions la querelle de Dieu? Quelle est nostre suffi-
sance à ce faire, veu que (nous) sommes du tout encleins
à mensonges? Comment serions-nous tesmoings de sa
vérité, sinon qu'il nous y reçust par une grâce singulière? D'aultre part, au lieu que nous méritons de souffrir à cause de nos péchés toute vergongne et ignominie,
toutes misères et tourmens, voire cent mille morts, si
possible estoit, avons-nous à nous plaindre et non plus
tost à nous resjouir, quant, en oubliant nos fautes, il
veult que nous souffrions pour son nom? Au reste,
d'autant que nous sommes si rudes et charnels que nous
ne parvenons point jusques-là, prions ce bon Dieu qui
luy plaise imprimer en nos cueurs ce que nous trouvons si estrange. Oultre plus conservons-nous en
l'exemple des apostres qui ont réputé à grand honneur
l'opprobre du monde, et s'y sont glorifiéz. Brief, ne
pensons jamais avoir bien profité si nous ne préférons à
tous les triomphes du monde, de combattre soubs l'enseigne de nostre Seigneur Jésus, assavoir portant sa croix.

Ainsy, Madame, advisez, je vous prie, si jusques icy vous avez mis peine de servir et honorer un si bon maistre, de vous y efforcer plus que jamais, vous armer contre toutes résistances, prendre courage contre toutes difficultés pour les surmonter, car puisque les mondains ont souvent une constance invincible à la poursuyte de leurs vanités, endurant patiemment tant de travaux, molestes et dangers, ce seroit trop grand honte à nous de nous lasser au milieu du chemin du salut ; combien que ce n'est pas encores le tout de se montrer vertueux és persécutions, car quand il n'y auroit nuls ennemiz qui nous fissent guerre ouverte, nous trouvons assez de répugnance en nous-mesme et tout à l'entour, pour nous empescher de suivre nostre vocation, ce que tous ceux qui ont un vray zèle de se dédier à Dieu, expérimentent mieulx qu'on ne leur sçauroit dire. Or, pource que je vous tiens du nombre, je vous prie de vous exercer continuellement en ceste doctrine de renoncer de plus en plus au monde, afin d'approcher de nostre Seigneur Jésus qui nous a une fois acquis pour nous en retirer. J'entens le monde tel que nous le portons en nous, jusques à ce que nous soyons réforméz à son image. Et puisque toute nostre nature, selon que par la corruption de peste elle a esté dépravée, est ennemie à Dieu, le royaulme de nostre Seigneur Jésus-Christ ne peult estre deuement estably, jusques à ce que tout ce qui est du nostre soit abbatu. Et non-seulement les vices patens qui sont condamnéz des hommes, mais aussy jusques à nostre raison et sagesse. Je sçay que je ne vous parle point de choses nouvelles, et que par la grâce de Dieu vous avez commencé de longtemps à suivre ce chemin de la saincte vocation céleste. Mais c'est une estude où il nous fault profiter jusques à la fin. Et comme j'ay ample matière de louer Dieu des grâces qu'il vous a données, et dont il se magnifie en vous en y faisant reluyre sa gloire, aussy attendu nostre fragilité que nous sentons tous, je pense que n'est pas peine superflue de vous exhorter à poursuivre, comme vous faictes. Et selon que le propre des chrestiens est de se submettre en toute humilité à recevoir les admonitions qui leur sont faictes au nom de Dieu, mesmes que les plus sçavans se rendent voluntairement dociles, j'espère que vous recevrez le tout d'ung cueur bening et humain. Or pour vray quant j'entens que Dieu a besongné si puissamment en vous, et qu'il vous a donné des vertus tant singulières, je suis d'aultant plus esmeu à désirer qu'il augmente son œuvre en vous, jusques à ce qu'il ait du tout achevé, et voylà qui m'a poussé à vous déclarer plus librement mon désir et affection.

Sur ce, Madame, après m'estre humblement recommandé à vostre bonne grâce, je supplie nostre bon Dieu vous tenir en sa saincte protection, vous guider par son Sainct-Esprit en toute prudence et force, vous faire la grâce de servir à son honneur, jusques à ce qu'il nous recueille tous à soy. Ce 8 de janvier (1549).

Vostre serviteur et humble frère,

CHARLES D'ESPEVILLE.

A MADEMOISELLE DE .....

Copie. Bibl. de Genève. Vol. 108.

Madamoiselle ma seur, je suis bien aise que vos lettres m'ont donné occasion de vous escrire, afin que, sans autre excuse, l'accès et liberté m'en soyent donnéz, et ne fût-ce que pour vous déclarer l'affection que j'ay envers vous, desquelles j'en apperçois quelques bons signes et assez évidens en vos dites lettres, et je ne doubte point que le cueur ne parle là autant ou plus que la bouche. Or vous monstrez bien que vous n'avez point une congnoissance volage de Dieu, comme ont aujourd'huy beaucoup de gens, mais que vous estes touchée au vif, et esmue d'un désir de vous desdier du tout à luy et à sa volonté. Vray est, comme vous dites, qu'en adhérant pour la crainte du monde aux superstitions qui règnent là, vous estes encore loin de la perfection où ce bon Dieu nous appelle. Mais encore est-ce avoir bien profité à nous de recognoistre nos vices et nous y desplaire. Il reste de passer plus oultre, c'est qu'en condamnant vostre infirmité, vous mettiez peine à vous en retirer, et si vous n'en pouvez venir à bout si tost, si faut-il persister à y chercher remède, jusques à ce que vous soyez venue à pleine guérison. Pour ce faire il vous est expédient de vous rédarguer par chacun jour, et en recongnoissant vos fautes, gémir et soupirer devant Dieu, afin que la desplaisance du mal croisse, tant que vous soyez pleinement confermée et résolue à le renoncer comme il faut, ainsy que de faict je me tiens asseuré que vous y travaillez. Et ce n'est pas en vain que vous me priez de conjoindre mes oraisons avec les vostres, afin d'impétrer de Dieu qu'il luy plaise avoir pitié de vous, et vous délivrer de ceste malheureuse captivité. Continuons donc à luy faire d'un commun accord ceste requeste, et en la fin il vous monstrera que vous n'aurez point perdu vostre temps. Vray est qu'il nous laisse souvent languir, et devant que déclarer par effet qu'il nous a exaulcéz, il se tient comme éloigné, tant pour aiguiser nostre désir, que pour esprouver nostre patience, parquoy il ne vous faut pas estimer que jusques icy vous l'ayez prié en vain, mais plus tost prenez courage à vous efforcer de plus en plus, sachant que si la persévérance est requise en toute nostre vie, elle est singulièrement recommandée en oraison. Et pourtant il vous faut aussi mettre peine d'enflammer à bon escient le feu que Dieu a desjà commencé d'allumer en vous, car toutes les bonnes affections qu'il nous inspire sont autant d'étincelles lesquelles nous ne devons pas laisser éteindre ne assoupir par nostre nonchalance. Ainsi donc, puisque Dieu vous a desjà ouvert les yeux, tellement que vous congnoissez qu'il nous faut estre siens et desdiéz à sa justice pour le glorifier tant en nos corps qu'en nos âmes ; puisqu'il vous a aussi touché le cueur, que vous sentez combien nous sommes malheureux en nous aliénant de luy, il n'est pas question de vous endormir ne abuser à vostre escient, mais comme on attise le feu, quand il ne brûle pas, comme il doibt, aussi vous convient-il vous inciter de plus en plus jusque à ce que l'affection de vous adonner du tout à luy et à sa justice, surmonte tous les empeschemens de vostre chair et de ce monde. Je voy ou pour le moins je considère assez les grandes difficultés où vous estes, mais puisque cela ne vous excuse point devant Dieu, quand il est question de suivre sa Parole, et mesme en chose si grande comme est de luy rendre la gloire qui luy apartient, et faire confession de vostre chrestienté, si je désire vostre salut, comme je doibs, et que Dieu m'est tesmoing que je le fais, mon office est de vous réveiller tant qu'il m'est possible, non pas que je vous enseigne rien de nouveau, mais pour aider de ma part à faire valoir ceste congnoissance que Dieu vous a donnée, assavoir que c'est bien raison que son honneur soit préféré à nostre vie, et aussi que nous taschions d'oster tous ces subterfuges que nostre chair nous met au-devant, pour nous divertir du chemin qu'il nous monstre. Pour ce faire, il nous faut apprendre en général de nous oublier nous-mesme, car les alleschemens de ce monde ne sont pas moins dangereux que les combats manifestes. Les plus petis en sentent leur part. Vous, selon la qualité où Dieu vous a mise, en pouvez expérimenter davantage. Mais pensez que ce vous est autant d'exercice que Dieu vous donne, afin que tant mieux on congnoisse quelle vertu et vigueur a le goust que nous avons de la vie céleste, quand vous aurez surmonté ces grands empeschemens, poursuivant néantmoins vostre vocation. Cependant, Madamoiselle, puisque vous sentez une telle infirmité en vous qu'au milieu des dangers vous ne pouvez donner gloire à Dieu, ne mesprisez point le remède qui est de vous retirer à l'enseigne, où vous soyez conjoincte avec le troupeau pour suivre la voix du pasteur, et quoy qu'il en soit, desplaisez-vous d'estre comme brebis esgarée par les déserts. Quand vous aurez telle affection, il n'y a doubte que Dieu n'ait pitié de vous, et qu'il y pourverra, quand vous n'y verrez nul moyen, car c'est ainsi qu'il retire les siens, non-seulement de la gueule des loups, mais du gouffre d'enfer.

J'ay receu les dix escus que vous avez icy envoyéz pour subvenir aux pauvres fidèles qui ont nécessité [1]. Je les ay mis en bonne main pour les distribuer selon vostre intention. Dieu vueille accepter ceste aumosne de vos mains comme un sacrifice de bonne odeur, et face que vous jouissiez quelque jour des biens spirituels dont il a fait participans ceux auxquels vous secourez en leur pauvreté terrienne.

Sur ce, Madamoiselle, après m'estre recommandé humblement à vostre bonne grâce et avoir prié nostre bon Dieu de vous maintenir en sa protection, vous gouverner tousjours par son Esprit, et vous assister en tout et partout, je feray fin à la présente. Ma femme aussy désire d'estre recommandée humblement à vostre bonne grâce. Ce 12 de janvier 1549.

Vostre serviteur et humble frère,

CHARLES D'ESPEVILLE.

---

[1] Les dons qu'une pieuse libéralité multipliait chaque jour à Genève, furent l'origine des fondations connues sous le nom de Bourses française, allemande, italienne. Au premier rang, sur la liste des donateurs étrangers, brillaient les noms de Marguerite de Valois et de la duchesse de Ferrare. Bolsec, *Vie de Calvin*, C. XI.

A MONSIEUR DE SAINT-LAURENS [*]

Copie. Bibl. de Genève. Vol. 107 a.

Monsieur, combien que je vous soye homme incogneu, toutesfois je croy que vous ne trouverez pas estrange que je prenne la hardiesse de vous escrire, estant requis de ce faire par deulx personnes qui me doyvent donner assez d'accès, assavoir Monsieur de Saint-Martin et vostre fille, qui sera aussi la raison qui me déporte de vous en faire plus longues excuses, et aussy que j'ay entendu que mes lettres ne seroyent mal venues envers vous, mais que vous auriez la patience de les lire et penser au contenu, ce qui me donne bonne espérance qu'il y a bonne semence de Dieu en vous, laquelle n'a besoin sinon d'estre cultivée pour la faire germer et produire son fruict. Or pource que c'est le but où je prétens, afin d'y parvenir, je vous prie devant toutes choses, premièrement de considérer que c'est l'office de tous chrestiens de ne point consentir aux abus qui règnent au monde, mais plus tost s'enquérir de la pure vérité de Dieu pour y adhérer, puis me vouloir escouter touchant la doctrine que nous tenons, non pas que je vous en face déclaration ample et entière, mais seulement je vous toucheray en peu de mots la somme de tout, tellement que par cela il vous

[*] *En titre:* Au père de Mademoiselle de Saint-Lorrans. Sans date. (1549?)

sera facile de juger quel est notre principal but. Quant au premier il y en a beaucoup qui demeurent en leur ignorance et superstition, par faulte de vouloir seulement ouvrir les yeulx, quand la clarté leur est présentée. Pource que je vous tiens de ce nombre-là, sans user de plus longues exhortations, il me suffira de vous avoir adverty. C'est bien raison que tous chrestiens prennent garde comme ils doyvent vivre selon Dieu, pour n'estre pas abuséz à leur escient, voire en une chose de telle importance qui est le salut de l'âme. C'est chose notoyre que la chrestienté a esté fort corrompue et abatardie, tant par la négligence des prélats que (celle des) gouverneurs, et par leur bestise ou avarice et ambition. Je n'entens pas que ceste corruption soit seullement aux mœurs, mais que pis est la doctrine et vérité a esté tournée en mensonge. Le service de Dieu a esté pollué par superstitions infinies. L'ordre de gouverner l'Eglise a esté renversé, l'imaige des sacrements barbouillé, tellement que tout y est confus. Si chacun ne s'en aperçoit pas, c'est d'autant qu'on ne réduyt pas le tout à la droicte reigle; mais si on fait comparaison de la religion et doctrine qu'on tient en la papaulté avec la pure ordonnance de Dieu, on y trouvera plus de contrariétés qu'entre le jour et la nuit. Ainsi, pour en bien juger, il ne se fault pas tant arrester, ny à l'authorité des princes, ny à la coustume ancienne, ny à son sens propre, qu'on regarde devant tout à ce que Dieu a commandé ou défendu, car il n'a point parlé en cachette, mais a voulu que sa vollunté fust congnue des grands et des petits. Quand vous aurez seullement ce point résolu de vous rendre docile à Dieu pour acquiescer à ce que sa parole contient, désirant de savoir quel est le droit chemin de salut, ce sera desjà une bonne entrée pour parvenir à la pleine congnoissance de ce qui nous est expédient de savoir.

La seconde requeste que j'ay dit que j'avoys à vous faire, est de considérer paisiblement la somme de nostre doctrine, quand je la vous auré touschée en brief, car il y en a beaucoup qui la rejectent et la condamnent sans l'avoir ouye, pource qu'ils sont préoccupéz de mauvaise opinion contre nous, qui destourne leur jugement. Je laisse les blasmes et crimes que l'on nous impose, pour nous rendre odieux à tout le monde, mais tant y a que l'on ne nous peult reprocher que nous prétendions autre fin que de ramener le peuple qui a esté esgaré longtemps, et le réduyre à son enseigne qui est la pure parolle de Dieu. Cependant nous demandons que tous différens soyent désignés par là, et que chascun se renge à ce que nous savons estre veu de Dieu. Nos adversaires font un bouclier du nom d'Eglise, lequel ils prétendent faussement. Et c'est le mesme combat qu'ont eu de leur temps les prophestes et apostres, avec ceux qui usurpoient la prééminence en l'Eglise, faisant tout le contraire de leur office. Mais quoy, nous savons que l'Eglise est fondée sur la doctrine des prophestes et apostres, et qu'elle doibt estre unie à Jésus-Christ son chef, qui n'est point variable. Ainsy ce n'est qu'une Eglise bastarde où la doctrine de Dieu ne règne pas. Suivant cela nous désirons que Dieu soit servy selon ses commandemens, et rejectons toutes fasçons de faire inventées à l'appétit des hommes, car il n'est pas licite aux hommes d'imposer loix ny statuts sur les consciences, et Dieu aussy s'est réservé ce privilége de nous ordonner ce que bon luy semble. Voylà pourquoy c'est qu'on nous accuse d'avoir aboly et mis bas les ordonnances de nostre mère saincte Eglise, assavoir pource que nous disons avec Esaïe et Jésus-Christ, *que c'est en vain qu'on pense trouver Dieu par traditions humaines.* Item, que nous disons avec S. Jaques, *qu'il n'y a qu'un seul législateur qui puisse sauver et damner.* Or quand vous auriez bien cherché, vous trouveriez que tout ce qui est appelé de par delà service de Dieu, n'est que pure invention forgée à playsir. Semblablement pource que l'Ecriture saincte traictant de nostre salut, et où gist toute nostre fiance d'iceluy, nous renvoye à la seule grâce de nostre Seigneur Jésus-Christ, nous déclarant povres pécheurs, du tout perdus et inutiles à bien faire, nous taschons d'amener tout le monde à ceste grace, et qu'elle soit congneue et magnifiée comme il appartient, ce qui ne se peult faire sans abattre la fausse opinion qu'on a de pouvoir mériter paradis. Par cela on prend occasion de nous accuser comme si nous ne tenions compte de faire bonnes œuvres, en quoy on nous fait tort, car nous sommes plus diligens beaucoup à recommander qu'on vive sainctement que ne font tous nos adversaires. Mais afin que les hommes ne s'abusent point à une folle outrecuydance, (nous) enseignons que nous ne pouvons rien de toute nostre vertu, sinon en tant que Dieu nous conduict par son Sainct-Esprit, et encore que nous aurions tout faict, que ce seroit un appuy trop débile de fonder là nostre justice, mais qu'il nous convient avoir tousjours nostre recours à la miséricorde de Dieu, et au mérite et passion de Jésus-Christ, et que c'est là que nous devons estre arrestés, ne réputant rien tout le reste. De là vient que nous disons aussy qu'on se doit adresser à Dieu en toutes prières, car il nous appelle à soy, et d'autant que nous sommes trop malheureux et indignes d'en approcher, il nous donne son Fils Jésus-Christ pour nostre advocat. C'est pourquoy on nous reproche que nous sommes ennemis des saincts et sainctes, et que nous deffendons de leur porter honneur. Mais c'est sans propos, car nous rendons aux saincts l'honneur que Dieu leur attribue. Seulement nous ne pouvons souffrir que l'on en face des ydolles, les constituant au lieu de Dieu, ou de son Fils nostre Sauveur, ce qu'ils ne demandent pas aussy, mais au contraire le prennent à grande injure; et quelque chose que soubs ombre de dévotion on leur pense faire plaisir, ils en demandent vengeance devant Dieu.

Les sacremens qui nous doyvent servir pour nous confermer en la vérité de Dieu, et à le craindre, ont esté renversés à merveille. Quand nous mectons peine de les réduyre à leur vray usage et première origine, on nous veult faire accroire que nous les destruisons. Mais quand on voudra regarder à ce qui a esté ordonné par le Maistre, il sera tout évident que nostre observation que nous tenons ne déroge en rien à ce qu'il en a dit. Vray est que nous n'avons pas la messe comme par delà, mais nous avons la Cène telle que Jésus-Christ la nous a laissée, et nos adversaires ne peuvent dire le contraire, seulement ils nous objectent leur coustume pour toute raison, mais nous avons bien un aultre bouclier qui est le commandement qui doibt estre inviolable jusques à la fin du monde. *Faites cecy*, dit le texte, *jusques à ce que je vienne.* Parquoy quiconques attentent de rien changer jusques à l'avénement de nostre Seigneur Jésus, se monstrent rebelles à luy. Je seroys trop long si je poursuyvois les autres choses que je laisse à vous toucher pource qu'il me suffira bien qu'il plaise à Dieu de vous donner goust à ce que je vous en ay touché, espérant que par lecture plus ample vous pouvez estre encore plus confermé des mesmes propos. Ainsi, Monsieur, après m'estre humblement recommandé à vostre bonne grâce, je prie nostre bon Dieu de vous guider par son Esprit, vous rendre du tout conforme à sa volunté, et vous envoyer ce qu'il congnoist vous estre bon et salutaire. De Genesve . . . . (1549?).

Vostre serviteur,

Charles d'Espeville.

A MADAME DE CANY *

Copie. Bibl. de Genève. Vol. 107.

Madame, combien que les nouvelles que je vous mande sont tristes, et pour contrister celuy auquel je vous prieray les communicquer, toutesfois j'espère que mes lettres ne laisseront pas d'estre bien receues de vous. Il a pleu à mon Dieu de retirer de ce monde la femme de

* Voir la lettre et la note, page 284.

mon bon frère, M. de Normandie[1]. La consolation est pour nous qu'il l'a recueillie à soy; car il l'a conduicte jusques au dernier soupir, comme s'il luy eust visiblement tendu la main. Or pource qu'il fault que le père d'elle[2] en soit adverty, nous avons pensé qu'il n'y avoit moyen plus propre que de vous requérir qu'il vous plaise prendre ceste peine de l'appeller à vous, affin que la douleur soit adoulcie par vostre moyen. Ce que nous a escrit le gentilhomme qui vous présenta naguères nos lettres, nous a donné hardiesse de ce faire. C'est qu'aviez introduict le bon homme, dont est question, au droit chemin du salut, et lui aviez donné goust de la pure et saine doctrine à laquelle il nous fault tenir. Ainsi nous ne doubtons point que vous ne soyez preste à continuer, et mesme en telle nécessité comme cestecy. Car nous ne pourrions mieux nous employer qu'à porter ce message au nom de Dieu, pour consoler celuy auquel vous avez desjà faict tant de bien, à ce qu'il ne soit desconforté oultre mesure. Or, Madame, je vous

---

[1] Laurent de Normandie, issu d'une famille noble de la Picardie, compatriote et ami de Calvin, exerçait les fonctions de maître des requêtes et de lieutenant du roi à Noyon, avant de se retirer à Genève. Reçu habitant de la ville, le 2 mai 1547, bourgeois, le 25 avril 1555, il y vécut dans l'intimité de Calvin, qui lui dédia, en 1550, son *Traité des scandales*. Il avait épousé en premières noces Anne de la Vacquerie, d'une famille noble éteinte dans celle des ducs de Saint-Simon, et illustrée, sous le règne de Louis XI, par le premier président Jacques de la Vacquerie. Peu de temps après son arrivée à Genève, il perdit sa femme, dont la mort édifiante est le sujet de la lettre de Calvin à Madame de Cany, et il épousa en secondes noces (14 septembre 1550) Anne Colladon. Galiffe, *Notices généalogiques sur les familles de Genève*, t. II, p. 527.

[2] Eloi de la Vacquerie.

laisseray à luy amener les arguments et raisons que vous congnoissez estre propres à l'exhorter à patience. Seulement je vous réciteray en brief l'histoire qui vous donnera assez ample matière de lui faire telle remonstrance qu'il aura de quoi se contenter. Et selon vostre prudence et la grâce que Dieu vous a faicte, vous en puyserez ce que l'opportunité requerra.

Ayant entendu l'indisposition de la bonne femme, nous fûmes esbahis comment elle avoit pu si bien porter le travail du chemin, car elle vint toute fresche, et sans monstrer signe de lassitude. De faict elle recongnoissoit bien que Dieu lui avoit singulièrement aidé depuis ce temps-là. Selon sa débilité, elle se portoit assez bien jusques un peu devant Noël. Toutesfois le désir et zelle qu'elle avoit d'ouïr la parolle de Dieu la soutint jusques au moys de janvier. Alors elle commença à tenir la couche, non pas qu'on estimast encores le mal estre mortel, mais afin de prévenir le danger qu'on y jugeoit estre à la longue. Tant y a qu'attendant bonne issue, et espérant de recouvrer santé, elle se disposoit néantmoins à mourir, disant souvent que si ce n'estoit pour le coup, elle ne pouvoit tarder longtemps. Quant aux remèdes, on n'y a faict ce qu'on a peu. Et si elle a esté servie de ce qui concernoit le soullagement de son corps, ce qu'elle prisoit le plus ne luy a pas deffailli, assavoir sainctes admonitions pour la confermer en la crainte de Dieu, en la foi de Jésus-Christ, en patience, en espoir de son salut. De sa part elle a bien monstré tousjours qu'on ne travailloit pas en vain, car en tous ses propos, vous eussiez veu qu'elle avoit le tout imprimé au profond de son cœur. Bref, en tout le cours de sa maladie, elle s'est monstrée une vraye brebis de nostre Seigneur Jésus, se laissant paisiblement mener à ce grand pasteur. Deux ou trois jours devant la mort, comme elle avoit le cœur plus eslevé à Dieu, aussy parloit-elle d'une plus véhémente affection que jamais. Mesme le jour devant, comme elle exhortoit ses gens, elle dict au serviteur qu'il se gardast bien de jamais retourner en lieu où il se polluast à l'idolâtrie; et puisque Dieu l'avoit conduit en une église chrestienne, qu'il advisast d'y vivre sainctement. La nuyt suyvante elle fut pressée de grandes douleurs et continuelles. Toutesfois jamais on n'ouït aultre complainte d'elle qu'en priant Dieu qu'il eust pitié et qu'il la délivrast de ce monde, luy faisant grâce de persévérer tousjours en la foy qu'il luy avoit donnée. Environ cinq heures du matin, je vins à elle. Après qu'elle eust ouy fort patiemment la doctrine que je luy proposay, selon que le temps le requéroit, elle dict : — « L'heure approche, il faut que je parte du monde; ceste chair ne demande que de s'en aller en pourriture; mais je me tiens certaine que mon Dieu me retire en son roiaume. Je congnois combien je suis pauvre pécheresse, mais je me confie en sa bonté et en la mort et passion de son Fils. Ainsy je ne doute point de mon salut puisqu'il m'en a asseuré. Je m'en vais à luy comme à un Père. » — Comme elle tenoit ces propos, il arriva bonne compagnie. J'entrelaçois parfois quelques mots, selon qu'il me sembloit estre expédient. Et aussi nous faisions prières à Dieu selon l'exigence de sa nécessité. Après avoir monstré derechef congnoissance qu'elle avoit de ses péchés pour en demander pardon à Dieu, et la certitude qu'elle avoit de son salut, mettant sa fiance en un seul Jésus, et ayant à luy tout son refuge, sans estre incitée de nul, elle commença à prononcer le *Miserere*, comme nous le chantons à l'église, et continua à haulte voix et forte, non sans grand peine, mais elle pria qu'on lui permist de continuer. Sur ce je lui feis un brief recueil de l'argument du pseaume, voiant le goust qu'elle y prenoit. Elle après, me prenant par la main, me dist : — « Que je suis heureuse, et que je suis bien tenue à Dieu, de ce qu'il m'a icy amenée pour y mourir. Si j'estois en ceste malheureuse prison, je n'oserois ouvrir la bouche pour faire confession de ma chrestienté. Icy non-seulement j'ay liberté de glorifier Dieu, mais j'ay tant de bonnes remonstrances pour me conferrer en mon salut. » Quelquesfois elle disoit bien : « Je n'en puis plus. » Quand je lui répondois : « Dieu pourra pour vous, il vous a bien monstré jusques icy comme il assiste aux siens ; » elle disoit tantost : « Je le croy, et me faict bien sentir son aide. » Son mary estoit là, s'esvertuant en sorte qu'il nous faisoit pitié à tous, et cependant nous faisoit esbaïr de sa constance. Car-menant un deuil tel que je sçay, et estant pressé d'extrêmes angoisses, il avoit gaigné ce point sur soy d'exhorter sa bonne partie, aussy franchement comme s'ils eussent deu faire un voiage bien joieux ensemble. Les propos que j'ay récitéz estoient au milieu des grands tormens d'estomac qu'elle enduroit. Environ les neuf ou dix heures ils s'appaisèrent. Cependant comme aiant plus de relâche, elle ne cessoit de glorifier Dieu, s'humiliant tousjours pour chercher son salut et tout son bien en Jésus-Christ. Quand la parole luy fut faillie, elle ne laissa pourtant de parler de son visaige, combien elle étoit ententive tant aux prières qu'aux admonitions qu'on faisoit. Au reste elle estoit si paisible qu'il n'y avoit que la veue qui donnast apparence de vie. En la fin, pensant qu'elle fust passée, je dis : « Or prions Dieu qu'il nous face la grâce de la suyvre. » Comme je me levois, elle tourna ses yeux sur nous, comme se recommandant à ce qu'on persévérast à prier et la consoler. Depuis n'apperceusmes nul mouvement, et trespassa aussy paisiblement, comme si elle se fust endormie.

Je vous prie, Madame, de m'excuser si j'ay esté trop long. Car j'ay pensé que le père seroit tant mieux contenté, estant pleinement informé de tout, comme si luy-mesmes eust esté sur le lieu. Et j'espère que pour une œuvre si saincte, vous ne trouverez rien fascheux. Sainct Paul traictant la charité, n'oublie point qu'il nous fault pleurer avec ceux qui pleurent, c'est-à-dire que si nous sommes chrestiens, nous debvons avoir telle compassion et tristesse de nos prochains, que nous prenions voluntiers une partie de leurs larmes, pour les soulager d'aultant. Il ne se peult faire que le bon homme ne soit de prime face navré de grand deuil. Toutesfois il doibt estre préparé de longue main à recevoir les nouvelles, attendu la maladie qui avoit desjà tant gaigné en la personne de sa fille, que les remèdes en estoient désespérés. Mais le principal est de l'exemple qu'elle luy a monstré, et à nous tous, de nous ranger à la volunté de Dieu. Ainsy puisqu'elle s'est offerte si paisiblement à la mort, suyvons-la en cest endroit, acquiesçans à ce que Dieu en a disposé, et si le père l'a aymé, qu'il déclare son amour en se conformant au désir qu'elle a eu de s'assubjectir à Dieu. En voiant que son issue a esté si heureuse, qu'il se resjouisse en la grâce que Dieu luy a faicte, laquelle surmonte tous les biens que nous pouvons avoir en ce monde.

Sur quoy, Madame, après m'estre humblement recommandé à vostre bonne grâce, je supplie nostre bon Dieu de vous estre tousjours protecteur, de vous augmenter en tous ses biens spirituels, et se servir de vous à glorifier son nom jusques à la fin. Ce penultième d'apvril 1549.

Vostre humble serviteur et frère,

CHARLES D'ESPEVILLE.

A MADAME DE LA ROCHE-POSAY [*]

Copie. Bibl. de Genève. Vol. 107.

Madame et bien-aimée sœur, comme nous debvons estre joieulx quand le règne du Fils de Dieu nostre Sauveur se multiplie, et que la bonne semence de sa doctrine est espandue partout, j'ay esté fort resjouy

---

[*] *Au dos :* On pense que ceste lettre est escrite à Madame de la Roche-Posaz, abbesse de Thouars. — Un seigneur de ce nom joua un rôle important dans les guerres religieuses du Poitou, mais il figurait dans les rangs de l'armée catholique. Bèze, *Hist. eccl.*, t. II, p. 588. Il existe (Bibl. de Genève, vol. 107[a]) une lettre de l'Eglise réformée de la Roche-Posay à Calvin, du 27 mai 1564.

voyant par vos lettres sa grâce et bonté estre parvenue jusqu'à vous, pour vous attirer en la connaissance de sa vérité, en laquelle gist nostre salut et tout bien. Et de faict c'est comme un miracle quand il lui plaist de faire luire sa clarté au lieu de si profondes ténèbres, ce que je dis afin que vous et vos compagnes soyez tant plus incitées à priser le bien inestimable qu'il vous a faict. Car si les mensonges de Sathan par lesquels il a aveuglé et ensorcelé le pauvre monde règnent aujourd'huy partout, ils ont principalement leur siége en ces malheureuses prisons qu'il a basties pour y tenir les âmes doublement captives. Congnoissez donc que nostre bon Dieu vous a tendu la main jusques aux abysmes, et qu'en cela il a déclaré une miséricorde infinie envers vous. Parquoy vostre office est, suivant ce que nous dict sainct Pierre, de vous employer à magnifier son sainct nom. Car en nous appelant à soy, il nous desdie afin que toute nostre vie serve à son honneur, ce qui ne se peult faire sans nous retirer des pollutions de ce monde. Et de faict c'est bien raison qu'il y ait différence entre ceux qui sont illuminés par Jésus-Christ, et les pauvres aveugles qui ne sçavent où ils vont. Ainsi mettez peine que la congnoissance qu'il vous a donnée ne soit point oysive, de peur qu'il ne vous soit reproché au grand jour que vous aurez anéanty sa grâce. Mais pource que je me confie que vous le faictes, tant qu'il vous est possible, je ne vous en tiendray point plus long propos. Vray est que nous ne pouvons estre trop sollicitéz en cest endroit. Pourtant je crois que vous recevrez ceste exhortation comme vous devez, ne l'estimant point superflue, d'aultant qu'elle vous peult servir contre beaucoup d'assaulx que Sathan ne cesse de faire à tous enfans de Dieu. Or s'il a beaucoup de moyens en ce monde pour nous desbaucher du droict chemin, nous sommes tant fragiles que c'est pitié pour estre tantost vaincus. Pourtant nous avons bon mestier de nous armer de toutes pièces. Au reste, sentant l'infirmité qui est en nous, laquelle nous faict souvent défaillir il nous fault conjoindre avec les exhortations qui nous sont faites au nom de Dieu, oraisons et prières, afin qu'il plaise au Père céleste nous fortifier par sa vertu, et suppléer à nostre défaut. Quoy qu'il en soit, que nous ne cherchions nulles excuses pour nous flatter en nos vices, comme font la plus part; mais que nous soyons tous résolus que son honneur mérite d'estre préféré à toutes choses, voire à nostre vie mesme. Et ne trouvons point estrange, s'il fault que pour son nom nous soyons chassés de lieu à aultre, et qu'il nous faille abandonner le lieu de nostre naissance, pour nous transporter en lieu incongnu; car mesmes il nous fault estre prests de sortir de ce monde, toutesfois et quantes qu'il nous appellera. J'entens bien qu'en telle servitude où vous estes, vous ne pouvez purement servir Dieu, que la rage et cruauté des iniques ne s'élève incontinent contre vous, et que le feu ne soit allumé. Voyant cela quand vous devriez circuir mer et terre, ne vous lassez jamais de chercher le moyen de vous pouvoir régler du tout à la volonté de ce bon Père céleste. Toutesfois qu'il vous souvienne cependant que partout où nous irons, la croix de Jésus-Christ nous suivra; mesmes au lieu que vous pouvez avoir là vos aises et commodités. Faictes vostre compte qu'estant venues en pays où vous aurez liberté tant d'honorer Dieu que d'estre confirmées par sa parolle, vous aurez à endurer beaucoup de fascheries. Car voylà comment Dieu veut esprouver nostre foy, et sçavoir si nous le cherchons renonçant à nous-mêmes. Il est bon que vous soyez advertie de cela, afin que vous ne le trouviez point nouveau, quand ce viendra à la pratique, comme je ne doubte point que vous et vos compagnes ne vous y soyez desjà préparées. Mais le principal est de prier Dieu qu'il vous prenne en sa conduitte, tant pour vous guider que pour vous tenir la main forte, afin comme il a commencé en vous, qu'il continue jusques à ce qu'il vous ait amenées à la perfection à laquelle il nous fault aspirer, tant que nous soyons sortis de ce monde. Et pour vous confermer à ce, réduisez tousjours à mémoire quel malheur c'est d'estre en perpétuelle inquiétude et tourment de conscience. Sur quoy il vous sera facile de détester ceste condition tant misérable en laquelle vous estes, et tenir pour fiente toutes délices et tous biens qu'il vous fault acheter par un si grand mal que d'offenser Dieu journellement. Quand vous penserez que nostre vie est maudite et par conséquent pire que nulle mort, si nous ne sommes en estat approuvé de Dieu, il n'y aura liens si fermes de toutes commodités terriennes, qui ne vous soyent aiséz de rompre pour vous retirer d'une façon de vivre que Dieu condamne, mesme pour vivre en lieu où non-seulement il vous soit licite de suivre une vocation saincte et chrestienne, mais aussi où vous aurez moyen de vous exercer tous les jours en bonne doctrine, comme il nous est bien monstré de profiter. Une telle récompense nous doibt bien suffire pour n'avoir nul regret aux friandises et voluptés d'Egypte, et nous donner courage de suivre plustost Dieu au désert, que de nous amuser à tout ce que nostre chair souhaitte et désire.

Cependant, Madame et bonne sœur, après m'estre affectueusement recommandé à vostre bonne grâce et de vostre compagnie, je prieray nostre bon Dieu de vous augmenter de plus en plus ses bénédictions spirituelles, vous tenir du tout en son obéissance, et vous avoir en sa protection et défense contre toutes les embuches de Sathan et des siens. Ce 10 de juin 1549.

Vostre humble serviteur et frère,

Charles d'Espeville.

AU PROTECTEUR D'ANGLETERRE *

Minute originale. Bibl. de Genève. Vol. 107 a.

Monseigneur, ce que j'ay si longtemps différé à vous escrire, n'a pas esté par faulte de bon désir, mais je m'en suis abstenu à mon grand regret, craignant que

---

* *Au dos*, de la main de Calvin : A Monsieur le Protecteur d'Angleterre. — Remise.

Cette lettre fut adressée au comte de Sommerset après sa première disgrâce (voir la lettre du 22 octobre 1548 et la note, p. 264). Rendu à la liberté, le 6 février 1550, par la faveur du roi son neveu, il reprit sa place dans le conseil de la couronne, mais en perdant le titre et la dignité de protecteur. La lettre de Calvin est sans nul doute de février ou mars 1550.

durant les troubles qui ont esté, mes lettres ne vous fussent occasion de fascheries. Maintenant je rends grâces à mon Dieu de ce qu'il m'a rendu l'opportunité que j'ay attendue jusques icy. Je ne suis pas seul qui me suis esjouy de la bonne issue que Dieu a donnée à vostre affliction, mais tous vrays fidèles désirant l'advancement du royaulme de nostre Seigneur Jésus-Christ, d'aultant qu'ils sçavent la peine et solicitude que vous avez prinse à ce que l'Evangile fust restitué en son entier par delà, et que toutes superstitions fussent abbatues. Et ne doubte pas que vous ne soyez prest à faire le semblable pour l'advenir, en tant que vous en aurez le moyen. Quant à vous, Monseigneur, non-seulement vous avez à recongnoistre le bien que Dieu vous a faict en vous tendant la main pour vous délivrer, mais aussy avoir souvenance de sa visitation pour en faire vostre proficit [1]. Je sçay les regrets que vous pouvez avoir, et comment vous pouvez estre solicité de rendre la pareille à ceux que vous estimez avoir pensé plus grand mal contre vous qu'il n'est advenu. Mais vous sçavez la remonstrance que sainct Paul nous faict sur cela, à sçavoir que nous n'avons point à batailler contre la chair et le sang, mais

---

[1] Durant sa disgrâce qui fut regardée comme une calamité publique par le parti de la Réforme en Angleterre et en Europe, le duc de Sommerset avait cherché des consolations dans les lectures et les méditations pieuses. Il fit traduire en anglais un ouvrage sur la patience, auquel il ajouta une préface contenant l'expression des sentiments les plus élevés. Il reçut aussi les exhortations de Pierre Martyr, et ne se montra pas moins constant dans son attachement à l'Evangile que résigné à la perte de sa fortune et de son crédit. Voir : Burnet, *Histoire de la Réformation en Angleterre*. Edit. de Genève, 1686, t. III, p. 350.

contre les astuces cachées de nostre ennemy spirituel. Parquoy ne nous amusons point aux hommes, mais plus tost addressons-nous à Sathan pour résister à tout ce qu'il machine contre nous, comme il n'y a nul doubte qu'il n'ayt esté autheur du mal qui a esté dressé contre vous, affin que par ce moyen le cours de l'Evangile fust empesché, et mesmes que tout vint en confusion. Ainsy, Monseigneur, oubliant et pardonnant les faultes de ceux que vous pourriez juger avoir esté vos ennemys, applicquez tous vos sens à repousser la malice de celuy qui s'est servy d'eulx pour les ruyner, quand ils ont tasché à vostre ruyne. Ceste magnanimité non-seulement plaira à Dieu, mais elle vous rendra tant plus amyable aux hommes, et je ne doubte pas que vous n'y ayez tel esgard que vous devez. Mais si vostre humanité s'estend jusques là, tant plus me dois-je confier que vous recevrez bénignement ce que (je) vous en dis, sachant qu'il n'y a rien qui m'incite à vous faire telles exhortations, sinon l'amour et soin que j'ay de vostre bien et honneur. Et aussy c'est une vertu si difficile de surmonter nos passions, jusques à rendre le bien pour le mal, que nous n'en pouvons estre trop exhortéz. Mesmes puisque le Seigneur a conduict la chose mieulx que beaucoup ne pensoyent, qu'il vous souvienne, Monseigneur, de l'exemple de Joseph. A grand peine trouveroit-on aujourd'huy au monde un tel mirouer d'intégrité. Toutesfois voyant que Dieu a converty en bien ce qu'on avoit brassé de mal contre luy, il s'efforce à se monstrer ministre de la bonté de Dieu envers ses frères qui l'avoient persécuté. Ceste victoire sera plus excellente que celle que Dieu vous a desjà donnée, quand il a saulvé et garenty vostre personne, et vos biens, et vos honneurs. Cependant, Monseigneur, vous avez aussy à penser que si Dieu vous a voullu humilier pour un peu de temps, ce n'a pas esté sans cause. Car combien que vous fussiez innocent quant aux hommes, vous sçavez que devant ce grand juge céleste il n'y a celuy qui ne s'y trouve redevable. Voylà comment tous les saincts ont faict valoir les verges de Dieu, ployant le col et baissant la teste sous sa discipline. David avoit cheminé bien droict, mais encore confesse-il qu'il luy a esté bon d'estre humilié par la main de Dieu. Parquoy si tost que nous sentons quelque chastiment que ce soit, le premier est d'entrer en nous-mesmes, et bien examiner nostre vie, pour congnoistre les biens qui nous estoient cachés. Car aucunes foys la prospérité trop grande nous esbloyt les yeux, mesmes que nous n'appercevons pas pourquoy Dieu nous chastie. C'est bien raison que nous luy facions pour le moins aultant d'honneur qu'à ung médecin, car c'est à luy de guérir nos maux intérieurs qui nous sont incongneus, et procedder à la guérison non pas selon nostre souhet, mais comme il sçait et juge qu'il est à propos. Qui plus est, il fault quelques foys qu'il use des remèdes préservatifs, n'attendant pas que nous soyons desjà tombés au mal, mais pour y obvier avant coup. Dieu, oultre vostre estat ordinaire, vous ayant colloqué en une haulte dignité, a faict de grandes choses par vous, et qui possible seront plus louées après vostre mort, qu'elles ne sont prisées vostre vie durant. Sur tout il a faict que son nom ayt esté magnifié par vous. Or les plus vertueux et excellens sont en plus grand danger que nuls aultres, d'estre tentés à s'oublier. Vous sçavez, Monseigneur, ce qui est escript de ce sainct roy Ezéchias, qu'après avoir faict des actes si mémorables, tant pour la religion et service de Dieu que pour le bien commun du pays, son cueur s'est eslevé. Si Dieu a voulu prévenir cela en vous, c'est un bien singulier qu'il vous a faict. Quant il n'y auroit aultre cause sinon à ce qu'il fust glorifié en vostre délivrance, et qu'il fust congnu tant de vous que de tous en vostre personne vray protecteur des siens, cela seul vous doit bien suffire.

Il reste, Monseigneur, puisqu'il vous a mis au-dessus, que vous luy faciez hommage de ce bénéfice, tel qu'il apartient. Si nous sommes relevéz d'une maladie périlleuse, nous devons estre songneux au double, et honorer ce bon Dieu, comme s'il nous avoit donné une seconde vie. Vous n'en devez pas moins faire en cest endroict. Vostre zèle à exalter le nom de Dieu, et restaurer la pureté de son Evangile a esté grand. Mais vous sçavez, Monseigneur, qu'en une chose si digne, quand nous aurons estendu toutes nos forces, nous n'y pourrons satisfaire à beaucoup près. Pourtant si Dieu en vous obligeant à soy de nouveau, a voulu par ce moyen vous inciter à faire mieulx que jamais, vostre office est de vous esvertuer et applicquer toutes vos estudes à ce que l'œuvre tant saincte qu'il a commencée par vous, soit advancée. Je ne doubte pas que vous le faciez; mais aussy je me confie que sachant de quelle affection je suys induict à vous y exhorter, vous recevrez le tout bénignement, comme vous avez accoustumé. Quand l'honneur de Dieu vous sera ainsy recommandé sur tout, il est certain qu'il veillera sur vous et sur toute vostre maison, pour y espandre ses grâces plus amplement, et vous fera sentir que c'est que vault sa bénédiction. Car ceste promesse ne vous peult faillir : *qui me honnorera, je le rendray honnorable.* Vray est que ceulx qui feront le mieulx leur debvoir, seront souventesfois les plus molestés de plusieurs assaults. Mais ce leur est bien assez que Dieu soit à leur secours pour les relever. Or combien qu'il vous convient regarder à Dieu, et vous contenter entièrement de ce qu'il a vostre service aggréable, toutesfoys, Monseigneur, ce vous est une grande consolation de veoir le Roy si bien affectionné qu'il préfère la restauration de l'Eglise et de la pure doctrine à tout le reste, comme c'est une vertu admirable en luy, qu'en telle jeunesse les vanités de ce monde n'empeschent point que la crainte de Dieu et la vraye religion ne domine en son cueur, et ung don singulier pour le royaume [1]. Aussy ce vous doibt estre une ayde et confirmation grande, que vous luy faictes le principal service qu'il désire et demande, en servant au Roy céleste, le Fils de Dieu.

Monseigneur, après m'estre très humblement recommandé à vostre bonne grâce, je supplie nostre bon Dieu qu'en vous maintenant en sa saincte garde, il vous aug-

---

[1] Le jeune roi Edouard VI. Instruit par les maîtres les plus habiles, ce prince manifesta de bonne heure une raison forte et une vive piété. A peine âgé de quatorze ans, il exposa dans un discours dont un fragment nous a été conservé, le plan de la Réforme en Angleterre. Il rédigeait avec beaucoup de soin un journal des événements accomplis sous son règne. Enfin il composa un recueil de passages de l'Ancien Testament condamnant l'idolâtrie et le culte des images. Ce recueil, écrit en français, était dédié par le jeune roi au duc de Sommerset, son oncle. Burnet, *Histoire de la Réformation*, t. II, p. 396 à 398.

mente de plus en plus les dons de son Sainct Esprit, et les face servir à sa gloire, tellement que nous ayons tous de quoy nous esjouyr. (1550.)

Vostre très humble serviteur,

JÉHAN CALVIN.

AUX SEIGNEURS DE GENÈVE *

Orig. autographe. Collection de M. le chevalier Eynard, à Genève.

Puisqu'il a pleu à messieurs me demander mon advis quant au livre de Gruet, il me semble avant toutes choses qu'ils doibvent par voye juridique faire recongnoistre la main, non pas tant pour la condamnation de l'homme qui desjà est assez condamné, que pour la conséquence, tant affin qu'on ne pense pas qu'ils se soyent esmus légièrement pour un livre incertain, que pour le regard des adhérents et complices.

Cela fait, il me semble que l'abolition du livre ne

* Trois ans après la mort de Gruet, décapité pour crime de rébellion et de blasphème (voir la note p. 242), on découvrit, dans un galetas de sa maison, un écrit de sa main, en 26 pages, qui fut déféré aux seigneurs de Genève. Ceux-ci le soumirent à Calvin, qui formula son jugement dans le Mémoire que nous reproduisons ici comme un irrécusable document des doctrines religieuses et morales professées par quelques-uns des chefs du parti des libertins.

L'écrit en question fut condamné, le 23 mai 1550, comme rempli de détestables blasphèmes, et il fut brûlé de la main du bourreau devant la maison de Gruet.

doibt pas estre comme sépulture, mais avec tesmongnage qu'ils l'ont eu en telle détestation, comme il mérite, et ne fust que pour l'exemple.

Vray est que puisqu'il nous convient abstenir de toutes paroles déshonnestes, et ne doibvent sortir de nostre bouche, que tels blasphesmes et si exécrables ne doibvent estre récitéz, comme si nous n'en avions nul horreur; mais suyvant la reigle que nostre Seigneur a donnée en sa loy, il est expédient que magistrats fidèles spécifient les impiétés qu'ils punissent. Dadvantage, messieurs sçavent qu'il est nécessaire pour beaucoup de raysons lesquelles je leur laisse à considérer, combien que ce qui en a esté ordonné de Dieu nous doibt bien suffire.

La forme, sous correction, nous sembleroit bonne, telle qu'il y eust un dicton ou narré semblable à ce qui s'en suit.

Comme ainsy soit que tel an et tel jour Jacques Gruet tant pour blasphesmes énormes contre Dieu et mocquerie de la religion chrestienne que pour meschantes conspirations contre l'estat public de ceste cité, mutineries et aultres maléfices et crimes, eust esté condamné à telle punition, depuis il est advenu qu'on a trouvé un livre escrit de sa propre main, comme il a esté recongnu suffisamment, auquel sont contenus plusieurs blasphesmes si exécrables qu'il n'y a créature humaine qui ne doibve trembler à les ouyr, comme en général de se mocquer de toute la chrestienté jusques à dire de nostre Seigneur Jésus-Christ le Fils de Dieu et Roy de gloire, devant la majesté duquel les diables sont contraints de s'humilier, qu'il a esté un bélitre, un menteur, un folz, un séducteur, un méchant et misérable, malheureux fantasticque, un rustre plein de présumption glorieuse et maligne qui a bon droit a esté crucifié ; que les miracles qu'il a faits ne sont que sorcelleries et singeries, et qu'il cuidoit estre Fils de Dieu comme les Hireges cuident estre en leur synagogue, qu'il faisoit de l'hypocrite ayant esté pendu comme il l'avoit mérité, et mort misérablement en sa follie, follatre insensé, grand yvrongne, détestable traître, et meschant pendu, duquel la venue n'a apporté au monde que toute meschanceté, malheureté et baroche ; et tous opprobres et outrages qu'il est possible d'inventer.

Des Prophestes que ce n'ont esté que fols, rêveurs, fantasticques ; des Apostres qu'ils ont esté des maraux, et coquins, apostats, lourdaux, escervelés ; de la vierge Marie qu'il est plus à présumer qu'elle fust une paillarde ; de la loy de Dieu qu'elle ne vaut rien, ni ceux qui l'ont faicte ; de l'Evangile que ce n'est que menterie ; que toute l'Escripture est fausse et meschante, et qu'il y a moins de sens qu'aux fables d'Esope, et que c'est une faulse et folle doctrine.

Et non-seulement se desborde ainsi villainement contre nostre saincte et sacrée religion chrestienne, mais aussy renonce et abolit toute religion et divinité, disant que Dieu n'est rien, faisant les hommes semblables aux bestes brutes, nyant la vie éternelle, et dégorgeant telles exécrations dont les cheveux doibvent dresser en la teste à tous, et qui sont infections si puantes pour rendre tout un pays mauldict, tellement que toutes gens ayant conscience, doibvent requérir pardon à Dieu de ce que son nom a esté ainsy blasphémé entre eux.

Sur ce, il me semble qu'il se doibt donner sentence en telle ou semblable forme :

Comme ainsi soit que l'escrivain du livre ait esté par jugement condamné et exéquuté, affin toutesfois que la vengence de Dieu ne demeure point sur nous pour avoir enduré ou dissimulé une impiété si horrible, et aussi pour donner exemple à tous complices et adhérents d'une secte si infecte et plus que diabolicque, mesme pour fermer la bouche à tous ceux qui vouldroient excuser ou couvrir telles énormités, et leur monstrer quelles condamnations ils méritent, que Messieurs ont ordonné . . . etc. . .

Le plus tost sera le meilleur, car desjà ce malheureux livre n'a que trop esté entre les mains de ces messieurs...
(Mai 1550.)

A MONSIEUR DE FALAIS *

Orig. autographe. Bibl. de Genève. Vol. 194.

Monseigneur, je vous remercie au nom de tous, de la poine qu'il vous a pleu prendre à nous ayder, si d'advanture le maulvais train qui s'est mené en cachète

---

* Depuis son départ de Bâle et son établissement à Genève (juillet 1548), ce seigneur habitait le village de Veigy, situé à quelques lieues de la ville, entre Hermance et les Voirons.

se pourra corriger[1]. Toutefois je trouve que l'examen ne suffira pas pour en venir à bout. Nous avons bien deffendu au garson et à ceste malheureuse de hanter ensemble pour l'advenir. Mais si on les veult convaincre du temps passé, il seroit mestier de les serrer de plus près. Mesme il n'y a qu'un tesmoin qui dépose que le frère s'en est courroucé. Or il nous a nyé que jamais il s'en fust apperçu.

Hier je fus tiré du consistoire par quelque affaire extraordinaire, tellement que je ne peus voir comme on traicta ce gallant. Et mes frères sont à ceste heure empeschéz à la *Visitation*[2], où il me fault aussi bien aller. Cependant j'espère que ce que nous avons, servira beaucoup pour entrée. De ce qu'il deffauldra, je vous en advertiray de bouche au plaisir de Dieu, vous remerciant humblement de vostre convy tant libéral, combien que je me tiens tousjours asseuré du bon vouloir, encor que vous ne m'en eussiez dit mot.

Sur quoy, Monseigneur, estant contrainct de faire fin, je supplye nostre bon Dieu vous avoir en sa saincte garde et vous guider par son Esprit à ce qui luy est agréable pour glorifier son nom en vous jusque à la fin. J'espère qu'il nous fera la grâce de faire la Cène ensemble, combien que nous soyons séparéz de lieu. Ainsi je me recom-

---

[1] Allusion à la mauvaise conduite d'un serviteur de M. de Falais.

[2] On lit dans la chronique manuscrite de Michel Roset, L. V, ch. XXVII : « Sur l'advis des ministres il fut ordonné, le 3 avril 1550, une visitation annuelle de maison en maison, pour interroger hommes et femmes de leur foy, pour discerner les ignorans et endurcis d'avec les chrétiens, laquelle a produit avec le temps un grand profit. »

manderay à la bonne grâce de vous et de Madamoiselle. Ce 24 de décembre. (1550.)

Vostre humble frère et serviteur,

JÉHAN CALVIN.

A RICHARD LE FÈVRE *

Imprimée. *Histoire des martyrs*, Edit. de 1597, L. V, p. 265.

Très cher frère, comme Dieu vous a appelé pour rendre tesmoignage de son Esvangile, ne doutez point aussi qu'il ne vous fortifie par la vertu de son Esprit; et que, comme desjà il a commencé, il ne parface, se monstrant victorieux en vous contre ses ennemis. Il est vrai

* Richard Le Fèvre, natif de Rouen, un des martyrs de l'Eglise réformée de Lyon. Saisi dans cette ville en 1551, et condamné à mort, il en appela au parlement de Paris, et fut délivré, durant le trajet, par des amis inconnus. Surpris, deux ans après, à Grenoble, il fut ramené dans les cachots de Lyon, vit sa première sentence confirmée par le parlement de Paris, et monta joyeusement sur le bûcher, 7 juillet 1554. Il écrivait le 3 mai à Calvin : « La présente est pour vous faire sçavoir que j'espère aller faire la Pentecoste au royaulme des cieux et aller aux nopces du Fils de Dieu..., si plus tost ne suis appelé de ce bon Seigneur et Maistre auquel je suis prest d'obéyr à sa voix, quand il dira : *Venez, les bénicts de mon Père; possédez le royaulme qui vous est appareillé devant la fondation du monde...* » (Lettre originale autographe. Bibl. de Genève. Vol. 109.) Durant sa première captivité à Lyon, Richard Le Fèvre avait consulté Calvin sur quelques points de doctrine, et en avait reçu de pieuses exhortations.

que les triomphes de Jésus-Christ sont mespriséz du monde ; car cependant que nous sommes en opprobre, les meschants se glorifient en leur orgueil ; mais tant y a qu'ils ne laissent point d'estre confus par la puissance de ceste vérité que Dieu nous a mis en la bouche, et aussy nous sommes soustenus en nos cœurs pour nous glorifier contre Sathan et tous ses suppôts, en attendant le jour que la gloire de Dieu sera pleinement révélée à la confusion des méchants et incrédules. Ce que vous avez senti et expérimenté jusques aujourd'hui de la bonté de Dieu, vous doit confermer en certaine espérance qu'il ne vous défaudra non plus à l'avenir; cependant priez-le qu'il vous face sentir tousjours mieux quel thrésor c'est que la doctrine pour laquelle vous combattez, afin qu'au regard d'icelle vostre vie ne soit point précieuse. Ayez tousjours aussy les yeux levéz en haut à ce bon Seigneur Jésus, lequel sera vostre garant, puisque vous n'estes persécuté que pour son Nom. Pensez à ceste gloire immortelle laquelle il nous a acquise, afin de pouvoir endurer en patience les afflictions où vous estes. Priez ce bon Dieu continuellement qu'il vous donne telle issuë qu'il a promis à tous les siens ; et selon qu'il a voulu tirer vostre foy à l'examen, qu'il vous face pratiquer la vertu de ses promesses. Et comme il est le Père de lumière, qu'il vous esclaire tellement que toutes les fumées que les malins vous mettront au-devant ne vous puissent esblouir les yeux, et que toutes leurs finesses et cautelles ne vous puissent obscurcir l'entendement, que tousjours vous ne contempliez le vray Soleil de justice, qui est le vray Fils de Dieu.

Quant est de respondre aux arguments, vous faites

bien de respondre en toute simplicité, parlant selon la mesure de vostre foy, comme il est escrit : *J'ay creu, pourtant je parleray*. Vray est que toutes les subtilitéz qu'ils cuident avoir ne sont que sottises ridicules; mais contentez-vous de ce que Dieu vous a départi de sa connoissance, pour rendre pur tesmoignage et sans feintise à la vérité. Car quelque risée qu'ils en facent, ce leur sera comme une foudre à leur confusion, quand ils n'orront que ce qui est fondé en Dieu et en sa parole. Au reste vous savez qui est celui qui a promis de donner bouche et sagesse aux siens à laquelle ses adversaires ne pourront résister. Demandez-lui qu'il vous conduise, selon qu'il connaistra estre bon. Ils ne laisseront pas pour cela de vous tenir convaincu d'hérésie, mais autant en a-t-il esté fait à tous les apostres et prophètes, et à tous les martyrs. Le greffier n'escrira sinon ce qui luy viendra à plaisir; mais vostre confession ne laissera pas d'estre enregistrée devant Dieu et ses anges, et il la fera profiter aux siens selon qu'il est à désirer.

Je toucheray en brief quelques poincts sur lesquels ils ont tasché de vous molester. Pour vous donner à entendre que nous ne sommes point justifiéz par la seule grâce de Dieu, ils vous ont allégué que Zacharie et plusieurs autres sontномméz justes. Or, sur cela il vous convient regarder comment Dieu les a acceptéz pour tels. S'il se trouve que c'est par sa bonté gratuite, en leur pardonnant tout ce qui étoit à redire en eux, et ne leur imputant point leurs fautes et vices, voilà tout le mérite exclud, car en disant que la seule foy en Christ nous justifie, nous entendons en premier lieu que nous sommes tous maudits, et qu'il n'y a que péchés en nous;

et que nous ne pouvons penser ne faire aucun bien, sinon autant que Dieu nous gouverne par son Saint-Esprit, comme membres du corps de son Fils. Davantage encores que Dieu nous face la grâce de cheminer en sa crainte, que nous sommes bien loin de nous acquitter de nostre debvoir. Or il est escrit : *Que quiconque n'accomplira tout ce qui est commandé, sera maudit;* et ainsy nous n'avons autre refuge qu'au sang de nostre Seigneur Jésus-Christ qui nous purge et lave au sacrifice de sa mort, qui est nostre sanctification. Par ce mesme moyen Dieu reçoit pour agréable les bonnes œuvres que nous faisons par sa vertu, combien qu'elles soient toujours entachées de quelques povretés. Ainsy quiconque se voudra appuyer sur ses mérites, il sera comme pendu en l'air pour bransler à tous vents. Bref ceux qui pensent mériter aucune chose, se font Dieu redevable, au lieu de quoy il nous faut tenir le tout de sa pure bonté. Nous serons riches et abondans en mérites, estans en Jésus-Christ; estans hors de sa grâce, ne pensons point avoir une goutte de bien. Si les ennemis vous allèguent ce mot de loyer, n'en soyez point troublé, car Dieu rend aux siens loyer, combien qu'ils n'en soyent point dignes; mais d'autant qu'il accepte les œuvres qu'il a mis en eux, les ayant consacréz au sang de son Fils Jésus-Christ, afin que de là ils prennent leur valeur. Parquoy le loyer que Dieu promet à ses fidèles, présuppose la rémission de leurs péchéz, et le privilége qu'ils ont d'estre supportéz comme ses enfans. Et de faict ce mot de justifier emporte que Dieu nous tienne comme justes, afin de nous aimer, ce que nous obtenons par la seule foy; car Jésus-Christ seul est la cause de nostre salut. Vray est que saint Jacques le prend en autre signification quand il dit : *Que les œuvres aydent la foy pour nous justifier;* car il l'entend pour approuver par effect que nous le sommes; comme aussy il ne dispute point sur quoy nostre salut est fondé, et en quoy il nous faut mettre nostre confiance, mais seulement comment est connue la vraye foy, afin que nul n'en abuse, se glorifiant en vain du titre seulement. S'ils retournoient à vous plus importuns sur ce poinct, j'espère que Dieu vous donnera de quoy pour les vaincre.

Quant à l'intercession de la vierge Marie et des saincts trespassez, revenez tousjours à ce principe, que ce n'est point à nous à faire des advocats en paradis, mais à Dieu, lequel a ordonné Jésus-Christ un seul pour tous. Item, que nos prières doivent estre faites en foy, et par conséquent reiglées par la parole de Dieu, comme dit sainct Paul au 10 des Romains. Or est-il ainsy qu'en toute la parole de Dieu il n'y a point une seule syllabe de ce qu'ils disent; parquoy toutes leurs prières sont prophanes et desplaisantes à Dieu. S'ils vous répliquent plus qu'il ne nous est pas desfendu, la responce est facile. Qu'il nous est défendu de nous ingérer à rien faire de nostre propre sens, voire en chose beaucoup moindre; mais sur tout que l'oraison est une chose beaucoup privilégiée, et trop sacrée pour nous y gouverner en nostre fantasie. Qui plus est, ils ne peuvent nier que ce qu'ils ont recours aux saincts, ne vienne d'une pure défiance que Jésus-Christ seul ne leur soit assez suffisant.

Quant à ce qu'ils vont répliquant que la charité des saincts n'est point diminuée, la responce est facile :

que la charité se range et limite à ce que Dieu requiert d'un chascun. Or il veut que les vivans s'exercent à prier les uns pour les autres. Des trespasséz il n'en est nulle mention et en si grandes choses, il ne nous faut rien imaginer de nostre cerveau, mais nous tenir à ce qui nous est récité en l'Escriture.

Quant à ce que les adversaires allèguent, qu'il est dit en Genèse que le nom d'Abraham et Isaac doit estre invoqué après leur trespas; vray est que le texte le porte; mais c'est une pure moquerie de l'amener à ce propos. Cela est écrit au quarante-huitiesme de Genèse, où il est dit que Jacob bénissant Ephraïm et Manassé les enfans de Joseph, prie Dieu, que les noms de ses pères Abraham et Isaac et le sien soyent invoquéz sur ces deux enfans, comme sur les chefs des lignées descendantes de luy. Or c'est autant comme s'il disoit, qu'ils soyent réputéz et contéz au nombre des douze lignées, et qu'ils facent deux testes comme s'ils estoyent ses enfans en premier degré; joinct aussi qu'ils estoient néz en Egypte. Il les joinct par sa prière au lignage que Dieu avoit béni et sanctifié, pource que de ce temps-là, ils en estoyent comme séparéz, selon l'apparence extérieure. Ainsy ceste façon de parler ne signifie sinon de porter le nom d'Abraham, et d'estre réclaméz de son lignage, comme il est dit au quatrième d'Esaïe : *Que le nom du mari est réclamé sur la femme*, d'autant que la femme est sous l'ombre et conduite de son mari.

Sur ce qu'on vous allègue sainct Ignace, vous n'avez point à faire grande responce. Il y a une sentence là où il dit : *Que Jésus-Christ luy est pour toute ancienneté.*

Armez-vous donc de ce seul mot, pour les ramener à la pure doctrine de l'Evangile.

Pource que j'ay usé de ce terme-là contre les papistes, ils prenent couleur de dire que j'aprouve et prise ce livre-là. Or afin que vous n'en soyez point estonné, je vous asseure qu'il y a un amas de badinages si lourds, que les moines d'aujourd'hui n'escriroient point plus sottement. Mais pource que n'avez point connaissance de la langue latine, encores moins de la grecque en laquelle sainct Ignace a escrit (si nous avons quelque chose de luy à la vérité), vous n'avez que faire d'entrer en ceste dispute. Contentez-vous de leur respondre que ne pouvez faillir en suyvant Jésus-Christ, qui est la Lumière du monde. Quant aux docteurs anciens, ceux qui sont plus excitéz leur en pourront dire assez pour leur clorre la bouche. Que ce vous soit assez d'avoir vraye foy asseurée en la seule parole de Jésus-Christ lequel ne peut faillir ne mentir. Et mesme que c'est où les renvoyent tous les docteurs anciens, protestans de ne vouloir estre creus, sinon entant que leur dire sera trouvé conforme à ce qui nous est enseigné de Dieu, et qui est contenu en sa parole.

Sur la matière du sacrement de la Cène, quand ils vous parleront de leur transsubstantiation, il y a responce propre : que toutes ces sentences qu'ils ameinent, encores qu'elles deussent estre entendues à leur sens, ne se peuvent appliquer à la messe. Car, comme il est dit : *Cecy est mon corps et mon sang;* il est aussy quand et quand adjousté : *Prenez, mangez et beuvez tous de ce calice.* Or entre eux, il n'y en a qu'un qui mange tout ; et encores à Pâques, il n'en donne que la moitié au peuple. Mais qu'il y a encores un plus grand mal, qu'au lieu que Jésus-Christ dit : *Prenez;* ils présument de faire un sacrifice qui doit estre unique et perpétuel. Et ainsy pour s'ayder de ces paroles, il faudroit qu'ils eussent l'usage de la Cène, ce qu'ils n'ont pas. Au reste, vous avez tousjours à protester que vous ne niez pas que Jésus-Christ ne nous donne son corps, moyennant que nous le cherchions au ciel. Sur toutes les cavillations qu'ils vous pourroyent amener, vous n'avez sinon à leur déclarer ce que vous avez veu et ouy, sachant bien que c'est Dieu de qui vous le tenez; car nostre foy seroit bien maigre, si elle estoit fondée sur les hommes. Il n'y a donc rien meilleur, sinon de méditer continuellement la doctrine où gist la vraye substance de nostre chrestienté, afin qu'en temps et lieu vous puissiez monstrer que vous n'avez point creu en vain. Et comme j'ay dit du commencement, si les ennemis de vérité combattent par ambition, de vostre part montrez qu'il vous suffit de donner gloire à Dieu contre leurs ruses et sophisteries. Contentez-vous d'avoir pour vostre bouclier une simple confession de ce que Dieu a imprimé en vostre cœur. Tant moins vous faut-il tourmenter, s'ils usent de calomnies impudentes contre moy ou contre d'autres, puisqu'ils ont licence de mesdire sans raison ne propos. Portons patiemment tous les opprobres et vilenies, qu'ils nous jetteront dessus; car nous ne sommes pas meilleurs que saint Paul, qui disoit qu'il nous faut cheminer par blasmes et par vitupères. Moyennant que nous facions ce qui est bon, quand on dira mal de nous, c'est assez pour nous descharger. Mais encores quand ils nous imposent telles calomnies, nous avons bien à rendre grâces à Dieu, quand nous avons nostre conscience pure devant luy et devant les hommes, et que nous sommes hors de toute suspicion mauvaise. Et d'autre part combien que nous soyons povres pécheurs, si pleins de povreté que nous avons à en gémir continuellement, toutesfois qu'il ne permette aux méchants de mesdire de nous, sinon en mentant; voire pour les condamner de leur propre bouche, d'avoir controuvé de nous ce qu'ils ne doyvent point chercher loin, d'autant qu'il est en eux. Glorifions-nous donc en la grâce de Dieu avec toute humilité, quand nous voyons que ces povres malheureux, comme yvrongnes, se glorifient en leur turpitude. S'il vous fait mal de les ouyr détracter ainsy frauduleusement de moy, vous devez estre bien plus marri de les ouïr blasphémer contre nostre Sauveur et Maistre, auquel tout honneur apartient, quand avec toute l'innocence qui sera en nous, nous sommes dignes d'estre accabléz en toute confusion.

Or cependant consolez-vous en nostre bon Dieu, qui nous a fait la grâce de nous conjoindre totalement avec son Fils et que tous les diables d'enfer et tous les iniques du monde ne nous en peuvent séparer. Esjouissez-vous en ce que vous soutenez sa querelle, en bonne conscience, espérant qu'il vous donnera la force pour porter ce qui luy plaira que vous souffriez. Nous avons telle souvenance de vous en nos prières, comme nous devons, en suppliant ce bon Dieu, puisqu'il luy a pleu vous employer à maintenir sa vérité, qu'il vous donne tout ce qui est nécessaire à un office tant honorable; qu'il vous fortifie en vraye persévérance; qu'il vous donne vraye prudence spirituelle, pour ne chercher sinon l'avancement de son nom, sans avoir égard à vous, et qu'il se montre tellement vostre protecteur, que vous le sentiez à vostre consolation, et que les autres aussy l'aperçoivent pour estre esdifiéz. Tous les frères de par deçà vous saluent en nostre Seigneur, s'esjouissans de ce qu'il a besongné si puissamment en vous, ayans aussi compassion de vostre captivité, et désirant qu'il plaise à ce bon Dieu desployer sa bonté et mercy sur vous. De Genesve, ce 19 de janvier 1551.

Vostre frère en nostre Seigneur,

JÉHAN CALVIN.

AU ROI D'ANGLETERRE *

Copie. Bibl. de Genève. Vol. 107.

Sire, si j'avois à m'excuser vers vostre majesté de la hardiesse que j'ay prise en vous desdiant ces livres que

---

* Edouard VI, fils d'Henri VIII et de Jeanne Seymour, roi d'Angleterre en 1547, mort, dans sa seizième année, le 8 juillet 1553. Doué d'une raison précoce et d'une vive sensibilité, instruit dans les langues anciennes et dans les littératures étrangères, ce jeune prince ne vécut pas assez pour réaliser les espérances que son avénement au trône avait fait naître. — « Ses vertus, dit l'historien Hume, le rendirent l'objet des plus tendres affections de son peuple. Il unissait à un caractère plein de douceur, une grande application à l'étude et aux affaires, avec une extrême facilité pour apprendre, un esprit très droit et un vif amour de la justice. » — Les lectures pieuses avaient un attrait particulier pour ce prince, dévoué de cœur

je vous fais présenter maintenant, il me faudroit trouver advocat qui portast la parole pour moy. Car tant s'en fault que mes lettres eussent assez de crédit pour ce faire, qu'elles auroient mesme besoing d'excuse nouvelle. Et de faict comme jamais je ne me fusse ingéré de vous adresser les Commentaires que j'ai publié en vostre nom, aussy n'oseroy-je pas maintenant vous escrire, n'estoit la confiance que j'avois desjà conceue que tous les deux seroient bien receus. Car puisque me tenant du nombre de ceux qui mettent peine d'advancer le royaume du Fils de Dieu, vous n'avez point desdaigné de lire ce que je n'avois pas nommément présenté à vostre majesté, j'ay pensé que si en servant à Jésus-Christ mon maistre, je rendoye pareillement tesmoignage de la révérence et affection singulière que je vous porte, je ne pourrois faillir de troubler bon accueil et humain.

Qui plus est, Sire, comme me tenant asseuré que mes lettres auront accès tel que je désire envers vous, je ne feray difficulté de vous prier et exhorter au nom de Celuy auquel vous donnez toute authorité et puissance, de prendre couraige à poursuivre ce que vous avez si bien et si heureusement commencé, tant en vostre personne qu'en l'estat de vostre royaume. C'est que le tout soit consacré à Dieu et à nostre bon Sauveur qui nous a si chèrement acquis. Car quant à la réformation com-

à la cause de la Réforme. Calvin lui dédia deux de ses Commentaires : *Joannis Calvini Commentarii in Isaiam prophetam, Eduardo VI, Angliæ Regi*, 8 cal. januarii 1551. — *Joannis Calvini Commentarii in epistolas canonicas*. La dédicace du premier de ces Commentaires (25 décembre 1550) nous fournit la date de la lettre de Calvin, écrite au mois de janvier 1551, et portée au roi par le ministre Nicolas des Gallars.

muné, elle n'est pas encore si bien establie qu'il ne soit bon mestier de passer oultre. Et de faict il seroit bien difficile de purger en un jour un si grand abisme de superstition qui est en la papaulté. La racine en est trop profonde, et s'est de longue main tant estendue, pour en venir si tost à bout. Mais quelle difficulté ou longueur qu'il y ait, l'excellence de l'ouvrage est bien digne que jamais on ne se lasse à la poursuite.

Je ne doubte pas, Sire, que Sathan ne vous mette beaucoup d'empeschemens au-devant pour vous retarder et refroidir. Vos subjects, pour une grande partie, ne cognoissent pas le bien que vous leur procurez. Les grans qui sont eslevés en honneur, sont quelquefois trop saiges pour spéculer au monde, sans regarder à Dieu. Et journellement il s'eslève de nouveaux combats lesquels on n'avoit point prémédités. Or j'espère bien, Sire, que Dieu vous a garni d'une telle magnanimité et constance que vous ne serez point lassé ni affoibli pour tout cela. Mais la chose est en soy de si grande importance qu'elle mérite bien qu'on s'y employe par-dessus toutes forces humaines. Et puis quand on s'y sera esvertué jusques au bout, encore y reste-il tousjours besongne taillée.

Nous voyons comment du temps du bon roi Josias qui a singulier tesmoignage du Sainct-Esprit d'avoir faict tout devoir d'un prince excellent en foy, en zèle et en toute saincteté, néantmoins le prophète Zophonie monstre qu'il y avoit encore quelque résidu des superstitions passées, voire en la ville de Jérusalem. Ainsy quoyque vous travaillez avec vostre conseil, à grand peine, Sire, pourrez-vous jamais déraciner entièrement tout le mal qui mériteroit bien d'estre corrigé. Mais ce vous doibt estre une grande confirmation à vous animer et inciter, et encore que vous ne vinssiez pas à bout de tout, comme il seroit à désirer, ce vous est une consolation très ample, quand vous oyez que la peine qu'a prinse ce bon Roy est un service agréable à Dieu, tellement que le Sainct Esprit magnifie la réformation faicte par luy, comme s'il n'y avoit que redire. Seulement doncq, Sire, tendez au but qui vous est proposé, en exemple de ce sainct roy, afin que vous ayez le tesmoignage non-seulement d'avoir abatu les impiétés répugnantes à l'honneur et service de Dieu, mais aussi d'avoir aboli et raclé tout ce qui ne sert qu'à nourrir superstition. Car quand Dieu veult louer comme à pleine bouche les princes fidèles qui ont restauré et remis audessus la pureté de son service, notamment il adjouste ce mot qu'ils ont aussy *rasé les haults lieux* afin que la mémoire des folles dévotions s'anéantist.

Vray est, Sire, qu'il y a des choses indifférentes qu'on peult licitement souffrir. Mais si nous fault-il tousjours garder ceste reigle qu'il y ait sobriété et mesure aux cérémonies, en sorte que la clarté de l'Evangile n'en soit obscurcie, comme si nous estions encores soubs les umbres de la loy ; et puis qu'il n'y ait rien sinon accordant et conforme à l'ordre establi par le Fils de Dieu, et que le tout serve et soit propre à l'édification de l'Eglise. Car Dieu ne permect pas qu'on se joue soubs son nom, meslant choses frivoles parmi ses sainctes et sacrées ordonnances. Or il y a des abus manifestes qui ne sont à supporter, comme de prier pour les âmes des trespassés, comme de mectre en avant à Dieu l'intercession des saincts en nos prières, comme de les adjoindre à Dieu en jurant. Je ne doubte pas, Sire, que vous ne soyez adverty que ce sont aultant de corruptions de la vraye chrestienté. Je vous suplie au nom de Dieu qu'il vous plaise y tenir la main, à ce que le tout soit réduict à sa droicte intégrité.

Il y a un autre poinct, Sire, qui doibt vous estre en singulière recommandation, à sçavoir que les paoures trouppeaux ne soient destitués de pasteurs. L'ignorance et barbarie a esté si lourde en ceste mauldite papaulté, qu'il n'est pas aysé de recouvrer du premier coup gens propres et idoines à faire cest office. Toutesfois la chose vault bien qu'on y prengne peine, et que vos officiers, Sire, ayent l'œil dessus, comme il apartient. Sans cela toutes les bonnes et sainctes ordonnances que vous pourrez faire ne profiteront guères pour réformer les cœurs à bon escient.

Au reste d'aultant que les escholes sont la semence des pasteurs, il est bien besoing de les tenir pures et nettes de toutes mauvaises herbes. Je dis cecy, Sire, pource qu'en vos universités, à ce qu'on dit, il y a plusieurs jeunes gens nourris de bourses fondées, lesquels au lieu de donner bon espoir de servir à l'Eglise, monstrent plus tost signe d'y vouloir nuire et la ruiner, ne dissimulant pas qu'ils ne soyent contraires à la vraye religion. Parquoy, Sire, je vous supplie de rechef au nom de Dieu qu'il vous playse y donner quelque ordre, à ce que le bien qui doibt estre comme sacré ne soit converty à usage profane, et tant moins à nourrir bestes venimeuses qui ne demanderoient qu'à tout infecter à l'advenir. Car par ce moyen l'Evangile seroit tousjours reculé par les eschules qui en doibvent estre comme les piliers.

Cependant, Sire, tous bons cueurs louent Dieu et se sentent grandement obligés à vous de ce qu'il vous a pleu de vostre grâce octroyer églises à vos subjects qui sont de langue française et allemande [1]. Quant à l'usage des sacremens et ce qui concerne l'ordre spirituel, j'espère que la permission qu'il vous a pleu leur en faire aura son effect. Toutesfois, Sire, je ne me puis tenir de vous en prier encores, sçachant combien cela est nécessaire, non-seulement pour le repos et contentement des bons qui désirent de servir à Dieu, et vivre paisiblement en vostre obéissance, mais aussi pour tenir en bride gens vagabonds et desbauchés, s'il s'en retiroit en vostre royaume.

Je sçay bien, Sire, que vous avez gens de sçavoir exquis à vostre commandement qui vous pourront déclairer ces choses de bouche beaucoup mieulx que moy par lettres; aussy qu'en vostre conseil vous avez gens de

[1] « Le privilége octroyé par le roi Edouard VI à l'église des protestants étrangers instituée à Londres, 1550. » La patente royale s'exprimait ainsi : — «...Considérant que c'est l'office d'un prince chrétien, pour bien administrer son royaume, de pourvoir à la religion et aux malheureux affligés et bannis à cause d'elle, nous vous faisons savoir que, ayant pitié de la condition de ceux qui depuis assez longtemps demeurent dans notre royaume, et y viennent journellement, de notre grâce spéciale... voulons et ordonnons qu'il y ait dorénavant dans notre cité de Londres un temple appelé le temple du Seigneur Jésus, où l'assemblée des Allemans et des autres étrangers puisse se tenir et se célébrer, dans le but que par les ministres de leur Eglise, le saint Evangile soit interprété purement, et les sacremens administrés selon la parole de Dieu et l'ordonnance apostolique. »

prudence et de zèle pour advancer tout ce qui est expédient. Entre les aultres, je ne doubte pas que Monsieur le duc de Sommerset ne mecte peine de poursuyvre ce à quoy il s'est fidèlement employé jusques icy. Mais je croy, Sire, que tout cela n'empeschera pas que ne receviez humainement ce que vous congnoistrez estre procédé d'une mesme source.

Au reste, Sire, pource que je crains de vous avoir desjà ennuyé par ma trop grande prolixité, je vous prie qu'en cest endroit comme au reste il vous plaise m'excuser et pardonner de vostre bénigne grâce, à laquelle très humblement je supplie estre recommandé, après avoir supplié nostre bon Dieu et Père de vous mainctenir en sa saincte protection, vous guider par son Esprit et faire que son nom soit de plus en plus glorifié par vous. De Genève (Janvier 1551).

A MONSIEUR DE FALAIS *

Orig. autographe. Bibl. de Genève. Vol. 194.

Monseigneur, je vous prye qu'il vous plaise me mander en un mot si je dois consentir à Monsieur de Paray, qu'il retourne en Italie. De sa commission, je le despescheray comme impossible. Mais la difficulté est, s'il doit faire le messaige ou non, craignant qu'il ne s'esgare

* Voir la note de la lettre du 24 décembre 1550, p. 314.

par les chemins; toutefois il ne semble pas qu'il veuille faire que bien. Mais je vous prye m'en mander vostre advis. Quant au passé, ayant ouy tout ce qu'il allègue, je n'y trouve pas grant raison, tellement qu'il a besoing d'estre tenu de près, de peur de ses mélancholies. Au reste, s'il vous en souvient, il semble que je feusse devin en disant comme il se porteroit à son arrivée. Pource que j'ay haste, après m'estre affectueusement recommandé à la bonne grâce de vous, de Madamoiselle, je supplieray nostre bon Dieu vous avoir en sa protection, et vous faire sentir en toutes sortes qu'il a soing de vous. De Genesve, ce 22 mars 1551.

Vostre serviteur et humble frère,

JÉHAN CALVIN.

A MONSIEUR LE DUC DE SOMMERSET *

Copie. Bibl. de Zurich. Coll. Simler, vol. 75.

Monseigneur, je ne vous sçaurois assez remercier du recueil tant humain que mon homme a trouvé envers

---

* Voir la lettre au roi d'Angleterre, du mois de janvier, p. 325. Le ministre Nicolas des Gallars, chargé d'offrir au roi les lettres et les Commentaires de Calvin, avait trouvé l'accueil le plus flatteur à la cour. On lit dans une lettre de Calvin à Farel : « Rediit tamen ex Anglia *Nicolaus*... Se tam amanter ac benigne exceptum fuisse narrat, ut jure mihi gratular laborem optime collocatum. Quum duci Sommerseti literas meas dedisset, atque alteras quoque ad regem dixisset se habere, ipse offerendi partes ultro suscepit, ac

vous, non-seulement à ce qu'il vous a pleu prendre la peine d'offrir mes livres au roy, mais de tout le reste, en quoy vous pouviez déclairer une singulière affection d'amitié, que, de vostre grâce, vous aviez desjà assez monstrée cy-devant. Quant à l'enfant que vous avez receu à vostre service, je n'eusse point prins la hardiesse de vous en escrire; sinon que j'eusse pensé qu'il avoit adresse de plus grand bien, comme aussy on s'y attendoit. Mais d'autant plus en suis-je obligé à vous, quand je voy que ma faveur a valu quelque chose en cest endroit. Mais pource que tout ce que j'en sçaurois escrire seroit bien maigre auprès de ce qui est en mon cœur, et aussy que vos bienfaits méritent, j'ayme mieulx me déporter de vous en faire plus long propos. Seulement je vous prie, Monseigneur, de me tenir tellement du tout vostre, que si j'avois moien de vous faire de bons services, il ne tiendroit pas à m'y employer que vous n'eussiez approbation d'un meilleur vouloir que je ne le puis exprimer. Je vous eusse fait ces excuses plus tost, ou bien ces remerciemens, s'il vous plaît les tenir pour tels, n'eust esté le désir que ce gentil homme avoit de vous présenter mes lettres. En quoy aussy j'aperçois l'amitié qu'il vous plaît monstrer envers moy, quant ceulx qui méritent bien d'avoir accez envers vous, espèrent d'estre très bien venus par le moien de mes lettres.

Cependant, Monseigneur, je ne cesseray de vous re-

postridie in aulam profectus est. *Nisi mihi verba dantur, cum regio consilio perplacuit munus, tum vero regem ipsum mira perfudit lœtitia...* Hoc mihi longe gratius quam si ingenti pecuniæ summâ ditatus forem. » Calvinus Farello, 15 junii 1551.

commander ce qui vous est de soy assez cher et précieux. C'est que vous procuriez tousjours et mectiez peine que Dieu soit droictement honoré et servy; surtout qu'il se dresse meilleur ordre en l'Eglise qu'il n'y est pas encores. Combien qu'il ne soit pas aisé de recouvrer gens propres et idoynes pour faire cest office, toutesfois, à ce que j'entens, il y a deux grands empeschemens auxquels il seroit nécessaire de proveoir : l'un est que les revenus des universités qui ont esté fondés pour nourrir les escholiers sont mal distribués en partie. Car plusieurs sont nourris de bourses, qui font profession manifeste de résister à l'Evangile; tant s'en fault qu'ils donnent espérance de maintenir ce qui aura esté là édifié, à grande peine et travail.

Le second mal est que le revenu des cures est distraict et dissipé, ensorte qu'il n'y a point pour nourrir gens de bien qui seroient propres à faire l'office de vrays pasteurs. Et par ce moien on y mect prestres ignorans, qui emporte une grande confusion. Car la qualité des personnes engendre un grand mespris de la Parole de Dieu; et puis quand ils auroient toute l'authorité du monde, il ne leur chault guères de s'acquiter. Je vous prie doncques, Monseigneur, de faire tousjours advancer en mieulx la réformation, et luy donner fermeté permanente à ce qu'elle tienne; qu'il vous plaise employer toutes vos forces à la correction de cest abus. Je croy bien qu'il n'a pas tenu à vous que les choses n'ayent esté mieulx réglées de prime face. Mais puisqu'il est bien difficile d'avoir du premier coup un estat si bien dressé qu'il seroit à désirer, il reste de tousjours insister pour parfaire avec le temps ce qui est bien commencé.

Il ne doibt pas faire mal à ceux qui tirent aujourd'huy profit du bien des églises, que les pasteurs aient nourriture suffisante, veu que chascun se doibt efforcer de les nourrir du sien propre, quand il n'auroit point de quoy du publicq. Mesmes ce sera leur profict de s'en acquiter, car ils ne pensent pas prospérer en fraudant le peuple de Dieu de la pasture spirituelle, en ce qu'ils privent les églises de bons pasteurs. Et de vostre part, Monseigneur, je ne doubte pas, quand vous aurez fidellement travaillé à réduire ces choses en ordre, que Dieu ne multiplie d'autant plus ses bénédictions en vous. Mais pource que je me tiens assouré que vous estes si bien affectionné de vous-mesme qu'il n'est jà besoing en faire plus longue exhortation, je feray fin, après avoir supplié nostre bon Dieu qu'il luy plaise vous conduire tousjours par son Esprit et vous augmenter en tout bien, et faire que son nom soit de plus en plus glorifié par vous. Ainsy, Monseigneur, je me recommande bien humblement à vostre bonne grâce. De Genesve, ce 25 de juliet 1551.

JÉHAN CALVIN.

A MADAME DE CANY [*]

Copie. Bibl. de Genève. Vol. 107a.

Madame, il me faict bien mal que l'acte si louable que vous feistes il y a environ demy an, n'a mieulx

[*] Sans date. La fin manque. Nous croyons que cette lettre se rapporte aux premiers mois de l'an 1552.

rencontré. C'est que quelque bon et vray serviteur de Dieu ne s'estoit trouvé à l'endroit d'un tel secours qu'a receu une aussy meschante et malheureuse créature qu'il y en ayt au reste du monde. Sçachant en partie quel homme c'estoit, j'eusse voulu qu'il fust pourry en quelque fosse, si ce eust esté à mon souhait, et sa venue me resjouit autant, comme qui m'eust navré le cœur d'un poignart. Mais jamais je ne l'eusse cuydé un monstre si exsécrable en toute impiété et mespris de Dieu, comme il s'est icy déclairé. Et vous asseure, Madame, s'il ne fust si tost eschappé, que, pour m'acquitter de mon debvoir, il n'eust pas tenu à moy qu'il ne fust passé par le feu [1]. Toutesfois si le bien que nous taschons de faire n'adresse comme il seroit à désirer, c'est bien assez que Dieu accepte nostre service. Il nous commande de subvenir à tous ceux qui sont en nécessité, et surtout qui endurent pour son nom. Si les

[1] Quel est le personnage auquel se rapportent ces paroles, empreintes à la fois de l'esprit inflexible du temps et de l'âpre rigueur du réformateur? L'historien n'a que des conjectures : Est-ce Jérôme Bolsec? Mais un jugement régulier l'avait banni de Genève, et Calvin lui-même ne paraît pas avoir invoqué une sentence plus sévère contre ce novateur que le ressentiment devait transformer en un vil pamphlétaire. — « *Hyeronimus iste in perpetuum exilium publico judicio ejectus est. Atrociorem pœnam nos expetere falso quidam maledici sparserunt, et stulte creditum est..* » Calv. Bullingero, mense januarii 1552. Dans ce siècle inexorable pour les témérités de la foi, Servet ne paraît à Genève que pour expirer sur le bûcher, et Gentilis n'échappe pour un temps à l'échafaud que par la rétractation volontaire de ses opinions. Nommer Gentilis, Servet, Bolsec, c'est rappeler les principales victimes de l'intolérance calviniste au XVIme siècle, mais ce n'est pas dissiper le mystère qui s'attache au personnage désigné dans la lettre de Calvin à Madame de Cany.

hommes se trouvent souventesfois indignes d'avoir esté aydéz, contentons-nous que le Maistre advoue le tout comme faict à sa propre personne. Et mesme quand les hommes seront ingrats, qu'il en fera une récompense si ample de laquelle nous ne pouvons estre frustréz. Et en cela nous avons un beau privilége par-dessus ceux qui en servant à leurs phantasies, se font à croire qu'ils servent à Dieu. Car quand nous suivons ce qu'il approuve, nous ne sommes point en danger de perdre nostre peine. Parquoy ne nous lassons point en bien faisant, comme aussi sainct Paul nous exhorte, signifiant que nous ne pourrons trouver beaucoup de choses aux hommes qui nous feroient incontinent perdre courage, si nous ne jections nostre veue plus loing. Et de faict il n'y a doubte que nostre Seigneur ne vueille esprouver nostre constance quand il permet que telles tentations nous adviennent. Aussy celuy qui vouldra faire bouclier de l'ingratitude des hommes, ne sera pourtant à excuser. De nostre part il est bon mestier que nous soions conferméz contre tels scandalles, car nous en sommes tous les jours battus. Et je ne doubte pas que nostre Seigneur ne vous ait tellement confermée, que vous ne laissiez de vous employer envers les siens quand l'opportunité s'y offre, et vous avez le moien de ce faire selon que vous y estes tenue. Car puisque Dieu accepte et alloue en ses comptes ce qui est faict aux siens, c'est à luy que nous défaillons, non pas aux hommes, ne faisant point nostre office en cest endroit. Or nostre Seigneur vous présente par nous un moien pour monstrer vostre persévérance, combien qu'il me suffit de vous avoir exhortée en général.

Quant à l'affaire présente, j'ayme mieulx vous supplier comme je vous en supplie autant affectueusement qu'il m'est possible. C'est pour Monsieur de Besze [1], contre lequel plaidoit un nommé Monsieur de Sunistan pour le prieuré de Longemeau. Depuis qu'il s'est retiré par deçà, il ne pouvoit faillir d'estre condamné, comme vous sçavez que les choses se meuvent à nostre faveur. Tant y a que Monsieur de Sunistan se fust bien contenté à beaucoup moins, et a plus obtenu qu'il n'eust osé souhaister. Car le sieur de Besze a esté condamné envers luy à tous despens, avec restitution des fruicts. Sur quoy il moleste les commissaires qui les ont receus au nom du dit de Besze. Pour remédier à ce mal, nous avons advisé, Madame, de nous retirer vers vous comme à un refuge que Dieu nous donne. Nous espérions bien que Madame [2] vouldra beaucoup faire en nostre faveur. Et puisque c'est par le moien d'elle que le dit Sunistan a le bénéfice, c'est bien raison que pour le faire déporter de la poursuitte des despens, elle ayt toute authorité envers luy. Je vous assure bien sans feintise, quand il aura fait tous ses effors, il ne trouvera pas où prendre ce qu'il cherchera. Ainsi, Madame, je vous supplie derechef que vostre plaisir soit d'en escripre si affectueuse-

---

[1] Théodore de Bèze, alors professeur de littérature grecque à l'académie de Lausanne. Né le 24 juin 1519 à Véselay en Bourgogne, il avait quitté Paris après une jeunesse brillante et dissipée, et s'était retiré, le 24 octobre 1548, à Genève, abandonnant la possession des riches bénéfices qu'il tenait de son oncle, l'abbé de Froidmont. De ce nombre était le prieuré de Londjumeau, qui devint la matière d'un long procès entre Bèze et le nouveau titulaire, M. de Sunistan, protégé de la duchesse d'Etampes.

[2] Anne de Pisseleu, duchesse d'Etampes. Elle était sœur de Madame de Cany.

ment à la dite dame, qu'elle prengne la chose à cœur pour faire contenter le dit de Sunistan de la (présente?). Combien que je ne vous fay pas tant ceste requeste en mon nom qu'en celuy de nostre Maistre qui a tout crédit et puissance envers vous, comme il le mérite. Ce que je dys, non-seulement pour excuser la hardiesse que je prens, mais aussi pour obtenir plus facilement de vous ce que je demande. Cependant je proteste en vérité, si je ne faisois ce qu'en moy est pour délivrer de fascherie l'homme pour lequel je parle, je ferois tort à Jésus-Christ et à son Eglise. Nostre Seigneur a besongné en luy, en ce qu'il s'est retiré, veu les ayses qu'il avoit, de l'espérance de venir plus oultre. Mais je laisse cela pour parler de ce que je ay congneu. Mesmes je ne toucheray point beaucoup de vertus qui le vous feroyent aymer singulièrement, si vous les aviez aperceues comme moy. Seulement je vous diray qu'il a receu des grâces excellentes de Dieu, et les faict tellement valloir au profict commun de l'Eglise que c'est vrayement une perle. Voilà pourquoy j'ay dit que je n'ay pas tant esgard à un homme privé, qu'au debvoir que j'ay à mon Maistre et à toute sa maison, laquelle auroit grand intérest si un tel esprit estoit desbauché par vexations et molestes. Et ne suis point seul qui en ay ce jugement. Mais tous ceulx qui ont en recommandation l'honneur de Dieu, ayment et prisent l'homme comme un thrésor. Je croy que mon frère de Normandie ne vous en escrit pas de moindre affection que moy. Et aussi nous accordons bien en cest endroit comme en tout le reste, tellement que je croy que l'amour des deux est pareille envers luy.

Laurent de Normandie. Voir la note 1, p. 296.

Vous pourrez avoir quelque goust de son Esprit par quelques passages qu'il a translatéz, combien qu'il a d'aultres dons qui surmontent et sont beaucoup plus à priser. Mais j'espère, Madame, que la seule lecture des pseaulmes que vous recepvrez par le porteur[1], m'excusera envers vous de ce que je vous requiers si instamment qu'il vous plaise d'estre moien de luy donner repos, à ce qu'il poursuyve cest ouvrage et choses meilleures ; et en le faisant vous obligerez plusieurs bons personnages à vous auxquels je sçay que désirez faire plaisir....... (1552.)

AUX CINQ PRISONNIERS DE LYON

MARTIAL ALBA, PIERRE ESCRIVAIN, CHARLES FAURE, PIERRE NAVIHÈRES, BERNARD SEGUIN [*]

Imprimée. *Histoire des Martyrs*, L. IV, p. 225.

Mes très chers frères, j'ay différé de vous escrire

[1] Ce passage semble indiquer une édition des Psaumes, traduits en vers français par Théodore de Bèze, antérieure à celle dont il est fait mention par Senebier, *Histoire littéraire de Genève*, t. I, p. 289 : *Septante-neuf pseaulmes mis en rithme française, quarante-neuf par Clément Marot, avec le cantique de Siméon et les dix commandements*, in-24, Genève, chez Simon de Bosc, 1556. M. Picot, *Hist. de Genève*, t. II, p. 7, mentionne une édition des Psaumes, publiée en 1551. On sait que la première édition complète, à l'usage des églises réformées, parut à Lyon, en 1562, avec privilége du roi.

[*] Au mois d'avril 1552, cinq jeunes Français, instruits à l'école de

jusques icy, craignant que si les lettres avaient quelque mauvaise rencontre, ce ne fust occasion nouvelle aux ennemys de vous affliger plus durement. Et aussi j'estoys bien adverty que Dieu besongnoit tellement en vous par sa grâce, que vous n'aviez pas grande nécessité de mes lettres. Cependant nous ne vous avons point oublié, ne moy ne tous les frères de par deçà, en tout ce que nous avons peu faire pour vous. Si tost que vous fustes prins, nous en eusmes les nouvelles, et sceusmes comment et par quel moyen cela estoit advenu. Nous avons procuré qu'en diligence on envoyast au secours; maintenant nous attendons response de ce qu'on aura impétré. Ceux qui peuvent quelque chose envers le prince ès mains duquel Dieu a mis vostre vie, s'y sont fidèlement employéz, mais nous ne sçavons encore combien la poursuite aura profité. Cependant tous les enfants de Dieu prient pour vous, comme ils y sont

---

théologie de Lausanne et voués aux fonctions du ministère, se disposaient à retourner dans leur patrie. C'étaient Martial Alba, de Montauban, Pierre Ecrivain, de Gascogne, Charles Faure, de Blanzac en Angoumois, Pierre Navihères, du Limousin, et Bernard Seguin, de la Réole. Après avoir passé quelques jours à Genève, ils prirent le chemin de Lyon et rencontrèrent au bourg de Colonges, près de L'Ecluse, un étranger qui s'offrit à faire route avec eux. Ils y consentirent sans concevoir aucun soupçon. Arrivés à Lyon, ils se séparèrent de leur compagnon de voyage, qui les pressa de le visiter dans son logis d'Ainay. Ils s'y rendirent sans défiance, furent arrêtés et conduits dans les prisons de l'officialité. Telle fut l'origine d'un long et douloureux procès, qui tint longtemps les Eglises de la France et de la Suisse en suspens, et durant lequel l'acharnement des juges ne fut égalé que par la constance des victimes. Au premier bruit de l'arrestation des cinq étudiants, l'Eglise de Genève s'émut et prodigua aux captifs, par la voix de Calvin, les témoignages de la plus vive sympathie.

tenus, tant pour la compassion mutuelle qui doit estre entre lès membres du corps, que pource qu'ils savent bien que vous travaillez pour eux, maintenant la cause de leur salut. Nous espérons quoy qu'il en soit, que ce bon Dieu donnera heureuse issue à vostre captivité, en sorte que nous aurons de quoy nous resjouir. Vous voyez à quoy il vous a appelés; ne doutez pas, selon qu'il vous employera, qu'il ne vous donne force d'accomplir son œuvre, car il l'a promis, et nous avons assez d'expérience, comme il n'a jamais deffailli à ceux qui se sont laissé gouverner par luy. Mesme vous en avez desjà approbation en vous, car il a déclaré sa vertu en ce qu'il vous a donné une telle constance pour résister aux premiers assauts. Confiez-vous donc qu'il ne laissera point l'ouvrage de sa main imparfait. Vous savez ce que l'Ecriture nous met au-devant, pour nous donner courage de batailler pour la querelle du Fils de Dieu; méditez ce que vous en avez ouy et vu par cy-devant pour le mettre en pratique. Car tout ce que je vous en sçauroys dire, ne vous pourroit guères servir, s'il n'estoit puysé de ceste fontaine. Et de faict il faut bien un plus ferme appuy que les hommes, pour nous rendre victorieux par-dessus des ennemis si robustes, comme sont le diable, la mort et le monde; mais la fermeté qui est en Jésus-Christ est assez suffisante à cela, et tout ce qui nous pourroit esbranler, si nous n'estions fondéz en luy. Sachans donc à qui vous avez cru, montrez quelle authorité il mérite qu'on luy donne.

Pource que j'espère vous escrire encore cy-après, je ne vous ferai à présent plus longue lettre. Seulement je respondray en bref aux articles, dont le frère Bernard m'a demandé résolution. Touchant des vœux, nous avons à tenir ceste règle qu'il n'est pas licite de vouer à Dieu, sinon ce qu'il approuve. Or est-il ainsy que les vœux monastiques ne tendent qu'à une corruption du service d'iceluy. Pour le second, nous avons à tenir que c'est présomption diabolique à un homme de vouer outre la mesure de sa vocation. Or l'Escriture nous déclare que *le don de continence est particulier*, tant au dix-neuviesme de saint Matthieu qu'au septiesme de la première aux Corinthiens. Il s'ensuit donc que ceux qui se mettent en lieu et nécessité de renoncer au mariage pour toute leur vie, ne peuvent estre excuséz de témérité, et qu'en ce faisant, ils tentent Dieu. La chose se pourroit bien desduire plus au long, en disant qu'il faut considérer qui est celuy auquel on voue, quelle est la chose, et tiercement qui est le vouant. Car Dieu est trop grand Maistre pour se jouër à luy, et l'homme doit regarder sa faculté ; et de présenter sacrifice sans obéissance, ce n'est que toute pollution. Toutesfois ce seul point vous pourra suffire, de leur remontrer que c'est un don spécial de se pouvoir contenir, et tellement spécial qu'il n'est que temporel à beaucoup. Parquoy celuy qui l'aura eu pour trente ans, comme Isaac, ne l'aura point pour le reste de sa vie. De là vous pouvez conclure que les moines s'obligeant à ne se marier jamais, attentent sans foy de promettre ce qui ne leur est point donné. Quant à leur pauvreté, elle est du tout contraire à ce que nostre Seigneur Jésus commande aux siens.

Touchant de la nature d'un corps glorifié, vray est que les qualitez y sont changées, mais non pas toutes. Car il convient distinguer entre les qualitéz qui procèdent de la corruption du péché, et celles qui sont propres et inséparables à la nature du corps. Sainct Paul au 3me des Philippiens dit : *Que nostre corps abject ou infirme, sera rendu conforme au corps glorieux de Christ*. Par ce mot d'humilité ou *Tapinosis*, il marque quelles qualités nous portons aujourd'hui en nos corps, lesquelles seront changées ; assavoir, celles qui seront de l'estat corruptible et caduque de ce monde. Et à ce propos S. Augustin dit, *In epistola ad Dardanum*, qui est en nombre, la 57 : *Venturus est in eadem carnis forma atque substantia ; cui profectò immortalitatem dedit, naturam non abstulit. Secundum hanc formam non putandus est ubique diffusus*. Il poursuit cest argument plus au long, déclarant que le corps de Christ est contenu en ses dimensions. Et de faict nos corps ne seront poinct glorifiéz pour estre par tout, lesquels toutefois auront ceste conformité dont parle sainct Paul. Quant au passage de l'Apocalypse, les mots sont tels au chapitre cinquième : *Audivi omnem creaturam quæ in cœlo est, et super terram, et sub terra, et quæ sunt in mari, omnes audivi dicentes : Sedenti in throni et Agni benedictio, honor et gloria*. Or, vous voyez que c'est une cavillation puérile d'appliquer cela aux âmes du Purgatoire. Car plus tost sainct Jean entend par figure qui se nomme *Prosopopœia*, que les poissons mesmes bénissoyent Dieu. Quant aux passages des Docteurs, renvoyez vos gens à l'Epistre vingt-septième de S. Augustin *Ad Bonifacium*, où il traite en la fin : *Quòd Sacramenta similitudinem quamdam habeant earum rerum quas figurant. Quò fit, ut, secundum aliquem modum, Sacramentum corporis Christi, corpus Christi sit.* Item ce qu'il traita au livre troisième, *De Doctrina christiana*, où il dit entre autres choses au chapitre cinquième : *Ea demum miserabilis est animæ servitus, signa pro rebus accipere, et supra creaturam corpoream oculum mentis ad hauriendum æternum lumen non levare.* Item, chapitre neuvième : *Agnoscit fidelis quo referantur mysterium Baptismi, et corporis et sanguinis Domini celebratio, ut ea non carnali servitute sed spirituali potius libertate veneretur. Ut autem literam sequi et signa pro rebus signatis accipere, servilis infirmitatis est, ita inutiliter signa interpretari, male vagantis erroris est.* — Je ne vous en amasse point d'autres, pource que ceulx-là vous pourront bien suffire. Faisant donc fin, je prye nostre bon Dieu qu'il luy plaise vous faire sentir en toustes manières que vaut sa protection sur les siens, vous remplir de son Sainct-Esprit qui vous donne prudence et vertu, et vous apporte paix, joye et contentement; et que le nom de nostre Seigneur Jésus soit glorifié par vous à l'édification de son Eglise. De Genesve ce 10ᵐᵉ de Juin 1552.

AU ROI D'ANGLETERRE [*]

Orig. autographe. British Musæum. Fonds Harley, n° 6989, art. 83.

Sire, combien que je doibs craindre d'importuner vostre majesté, et que pour cela aussi je m'abstiens de vous escrire plus souvent, toutesfois j'ay prins la hardiesse

[*] Calvin écrivit cette lettre au roi Edouard VI en lui dédiant

de vous envoier avec mes lettres une briesve exposition que j'ay faicte sur le psaulme 78[1], espérant que vous y prendriez plaisir, et que la lecture aussi vous en profitera beaucoup. Comme je l'exposois quelque jour au peuple en sermon, l'argument me sembla tant propre pour vous, que je feuz incontinent esmeu d'escrire la somme telle que vous verrez, quand il plaira à vostre majesté d'y employer seulement une heure de temps. Vray est que je traicte la matière en général, sans l'adresser à vostre personne. Mais si n'ay-je eu esgard qu'à vous en l'escrivant, comme de faict en l'appropriant selon vostre prudence à vostre usaige, vous trouverez qu'il contient une leçon et doctrine bien utile à vostre majesté.

Vous sçavez, Sire, combien il est dangereux aux Roys et aux princes que la haultesse en laquelle ils sont eslevéz ne leur esbloisse les yeux et ne les amuse icy-bas, en leur faisant oublier le royaulme des cieux, et je ne doubte pas que Dieu ne vous ayt tellement adverty de ce mal pour vous en préserver, que vous le considérez cent fois mieux que ceux qui en font l'expérience sans le sentir. Or au pseaulme présent, il est parlé de la noblesse

---

l'opuscule suivant : *Quatre sermons de M. Jéhan Calvin traitans des matières fort utiles pour nostre temps, avec briesve exposition du psaume LXXXVII*. Genève, 1552, in-8°; inséré au *Recueil des Opuscules*, p. 824. Ces quatre sermons ont été traduits à plusieurs reprises en anglais. Dans le premier, Calvin exhorte les fidèles à fuir l'idolàtrie; dans le deuxième, il les encourage à tout souffrir pour Jésus-Christ; dans le troisième, il leur représente combien ils doivent s'estimer heureux de servir Dieu purement; dans le dernier, il leur montre que cette liberté ne peut s'acheter à un trop haut prix.

[1] Erreur dans l'original : c'est 87 qu'il faut lire.

et dignité de l'Eglise, laquelle doibt tellement ravir à soy et grans et petits, que tous les biens et honneurs de la terre ne les retiennent, ny empeschent qu'ils ne prétendent à ce but d'estre enrolléz au peuple de Dieu. C'est grand chose d'estre Roy, mesme d'un tel païs; toutefois je ne doubte pas que vous n'estimiez sans comparaison mieux d'estre chrestien. C'est doncq un privilége inestimable que Dieu vous a faict, Sire, que vous soyez Roy chrestien, voire que vous luy serviez de lieutenant, pour ordonner et maintenir le royaulme de Jésus-Christ en Angleterre. Voilà comme en recongnoissant le bien tant singulier que vous avez receu de sa bonté infinie, vous debvez bien estre incité à emploier toutes vos forces à ce qu'il soit honoré et servy, donnant exemple à vos subjects de faire hommage à ce grand Roy, auquel vostre majesté n'a point honte de s'assubjectir en toute humilité et révérence, soubz le sceptre spirituel de son Evangile. Si jusques icy vous l'avez faict tellement que nous avons de quoy en glorifier ce bon Dieu, le pseaulme présent vous servira tousjours de confirmation et de bouclier. Cependant je vous supplie, Sire, que ce peu d'escrit me serve de protestation et tesmoignage envers vostre majesté, du bon désir que j'aurois à m'emploier à faire mieux, quant le moien m'en seroit donné.

Sire, après m'estre très humblement recommandé à vostre bonne grâce, je supplie nostre bon Dieu de vous remplir des dons de son Sainct-Esprit, vous guider en toute prudence et vertu, vous faire prospérer et fleurir à la gloire de son nom. De Genesve, ce 4 de Juliet 1552.

Vostre très humble et obéissant serviteur,

JÉHAN CALVIN.

A JEAN LINER *

Copie. Bibl. de Genève. Vol. 107.

Très cher seigneur et frère, nous avons tous à rendre grâces à Dieu de ce qu'il vous a choisy pour aider à nos pauvres frères qui sont là détenus en prison par les ennemys de la foy, et vous a tellement fortifié par la vertu de son Esprit que vous n'y espargnez rien. Je dy que nous avons de quoy luy rendre grâce, car il fault congnoistre que ceste œuvre est sienne et que c'est luy seul qui vous y a conduict et gouverné. Vous avez aussy à vous resjouyr de l'honneur qu'il vous a faict en vous emploiant à ung service tant digne et honorable, et vous donnant grâce d'y fournir. Car combien que les pauvres fidelles qui sont persécutéz pour l'Evangile, soient mespriséz et rejectéz des hommes, si sçavons-nous que Dieu les tient comme des perles; ainsi qu'il n'y a rien qui luy vienne plus à gré que quant nous mettons peine à

---

* Lettre sans adresse, mais évidemment relative, comme le prouvent sa date et son contenu, au procès des cinq étudiants de Lausanne. — Voir la lettre du 10 juin et la note p. 340. — Le personnage auquel écrit Calvin est sans nul doute Jean Liner, riche marchand de Saint-Gall, fixé à Lyon, qui visita souvent les écoliers dans leur cachot, entreprit pour eux plusieurs voyages, et leur prodigua, durant tout leur procès, les témoignages de la plus vive affection. *Histoire des Martyrs*, L. IV, p. 230, 231. Jean Liner, retiré dans sa patrie, y vécut jusqu'à un âge très avancé et entretint avec Charles de Jonvillers, secrétaire de Calvin, une correspondance conservée de nos jours à la Bibliothèque de Saint-Gall.

les soulager et secourir en tant qu'en nous est. Le Seigneur Jésus déclare que tout ce que l'on aura faict à l'ung des plus petits des siens, il l'advoue comme faict à sa propre personne. Que sera-ce doncques quand nous aurons subvenu à ceux qui travaillent pour sa querelle? Car ce sont comme ses procureurs qu'il nomme et ordonne pour la défense de son Evangile. Pourtant il déclaire qu'un verre d'eau qu'on leur aura donné, ne sera point perdu. Si doncques jusques icy vous avez eu courage de faire ung si beau sacrifice à Dieu, efforcez-vous à continuer. Je sçay bien que le diable ne fauldra point à vous souffler dedans l'aureille de beaucoup de costés pour vous en divertir, mais faictes que Dieu soit le plus fort comme il en est bien digne. Il est dit que ceux qui soulagent les enfans de Dieu en leurs persécutions qu'ils endurent pour l'Evangile, sont coadjuteurs pour la vérité. Contentez-vous de ce tesmongnage-là, car ce n'est point peu de chose que Dieu nous tienne et advoue pour ses martyrs, encores que nous ne souffrions point en nos personnes, seulement pource que ses martyrs sont aidéz et soulagéz de nous. Et ainsy quoy que plusieurs vous disent au contraire, ne désistez point d'une si bonne œuvre, et ne monstrez point que vous soiez las au milieu du chemin. Je me tiens asseuré que vous n'avez point regardé les hommes en commençant; poursuyvez doncq comme en servant à Celuy auquel il fault tenir bon jusques en la fin. Au reste pensez combien il y auroit de bons frères qui glorifient Dieu en ce que vous faictes, lesquels seroyent scandalisés, s'il vous adressoit de changer propos. Quant aux dangiers qu'on vous propose, je ne crains pas qu'ils adviennent, car les bons frères pour lesquels vous avez tant faict, se sentent obligés à vous jusques là qu'estans en pleine liberté, ils se vouldroient exposer à la mort pour vous; tant s'en fault qu'ils fussent si lasches de vous frauder par leur maulvaise foy. Il vous fault aussy considérer que par le support qu'ils ont de vous, ils sont tant mieux conferméz, car ils ne doubtent point que Dieu ne vous ait adressé à eulx, comme il a faict. Et en cela ils ont de quoy s'appuyer tant mieulx sur luy, attendu le soing paternel qu'il leur monstre. Prenez doncq bon courage en ceste œuvre tant saincte en laquelle vous servez non-seulement à Dieu et à ses martyrs, mais à toute son Eglise.

Sur quoy, très cher seigneur et frère, après m'estre de bon cuëur recommandé à vous, je supplieray nostre bon Dieu qu'il vous augmente de plus en plus les dons et richesses de son Esprit, et les face valoir à son honneur, et cependant qu'il vous maintienne en sa garde. Ce 10 d'aoust 1552.

A L'EGLISE FRANÇAISE DE LONDRES *

Copie. Bibl. de Genève. Vol. 107.

Très chers et honorés frères, comme je désire vostre repos, afin qu'estans paisibles vous ayez meilleure op-

---

* Aux frères de..... sans autre indication. Le nom du noble Polo-

portunité de servir à Dieu, et le faictes de meilleur courage, j'ay esté marry du trouble que vous ont donné quelques gens inconsidérés, et fasché au double de ce qu'ils se couvroient de moy et de ceste Eglise pour vous molester. Or comme ils nous faisoient tort en cela, aussy il me semble que vous deviez avoir ceste raison et humanité en vous de ne souffrir que nous ne fussions meslés ny enveloppés en leurs follies. L'ung de ceux desquels j'avois ouy faire plainte, me sera bon tesmoing que je ne l'ay pas nourry en sa faulte depuis qu'il est retourné, mais plus tost que j'ay tasché de luy faire sentir son mal, combien que M. A Lasco m'avoit escrit que tout luy estoit pardonné entre nous. Je dy cecy pource que j'ay entendu qu'on leur a reproché qu'ils vouloient faire ung idole de moy, et de Genève une Jérusalem. Je n'ay pas mérité de vostre Eglise qu'on me y traicte ainsy, et quand il y auroit deux fois plus d'ingratitude,

nais, Jean A Lasco, modérateur de la Congrégation des Protestants étrangers à Londres, nous apprend à quelle église cette lettre était adressée.

L'Eglise réformée française de Londres, la plus ancienne du refuge, après celle de Strasbourg, se forma pendant les premières années du règne d'Edouard VI, obtint sa reconnaissance légale en 1550, eut pour ministres François Péruçel, dit la Rivière, et Richard Vanville, et pour modérateur un illustre seigneur étranger, dévoué à la cause de la Réforme, Jean A Lasco. Dispersée, en 1553, sous le règne intolérant de Marie, elle se reconstitua sous le règne réparateur d'Elisabeth, et compta parmi ses pasteurs un des ministres les plus distingués de Genève, Nicolas des Gallars. Les commencements de cette église qui s'est perpétuée jusqu'à nos jours, et à laquelle la plupart des églises françaises d'Angleterre, d'Ecosse, d'Irlande et même d'Amérique, doivent leur origine et leur organisation, furent troublés par des discordes théologiques qui rendirent nécessaire l'intervention de Calvin.

je ne laisseray point de pourchasser vostre bien. Mais je suis contraint de vous en advertir, pource que telles fasçons de faire ne sont que pour ruiner plus tost que pour édifier. Et puis combien que j'ensevelisse telles choses, je ne puis empescher que beaucoup de gens de bien n'en soient offensés. Si ceux qui vous ont esmeu ces combatz ont prins occasion sur la diversité des cérémonies, comme M. A Lasco m'a mandé [1], ils ont mal entendu en quoy consiste la vraye unité des chrestiens, et comme chacun membre se doibt conformer au corps de l'Eglise en laquelle il vit. Vray est que si on a veu quelque forme diverse qu'on trouve meilleure, qu'il sera bien licite en devisant premièrement avec le pasteur, de luy en dire ce qu'on en pense, moiennant qu'on s'accommode à l'usaige du lieu auquel on est, sans appeler nouveauté, mais gardant paisiblement tout ordre qui n'est point répugnant à la parolle de Dieu. Or comment y ont procédé les deux dont il est question, je ne sçay sinon que je tiens bien au tesmoignage qui m'en a esté rendu. C'est qu'il y a eu de l'inconsidération par trop, et qu'ils n'y ont tenu ne mesure ny modestie telle qu'ils debvoient. Mais je dy cecy pource qu'il est bon de redresser telles gens par douceur, plus tost que d'augmenter le mal par remèdes trop violents. Non pas que je veuille dire qu'ils ayent esté trop aigrement traités, mais pource qu'il m'a esté rapporté, encores que je n'y adjouste point de foy. Je croy que vous ne prendrez point

---

[1] A Lasco avait composé un livre intitulé : *Toute la forme et matière du ministère ecclésiastique en l'église des étrangers, dressée à Londres par le prince très fidèle Edouard VI.*

mal que je vous en advertisse veu que cela ne vous porte nul préjudice.

Quant aux autres points qu'ils ont débatu, je ne doubte pas qu'il n'y ait eu de l'ignorance en ce qu'ils ont réprouvé ceste façon de parler que la vierge Marie soit mère de Dieu, et avec l'ignorance il se peut faire qu'il y ait eu témérité et audace trop grande, comme le proverbe ancien dit que les plus ignorans sont les plus hardis. Cependant pour aller en rondeur fraternelle avec vous, je ne puis dissimuler qu'on trouve mauvais que ce tiltre soit ordinairement attribué aux sermons à ceste vierge, et de ma part je ne sçaurois trouver tel langage ne bon, ne propre, ne convenable. Aussy le feront toutes gens de sens rassis, parquoy je ne me puis persuader qu'il y ait un tel usage en vostre Eglise, car cela seroit autant comme de parler du sang, de la teste, de la mort de Dieu. Vous sçavez que l'Escriture nous accoustume à ung aultre stile, mais il y a pis en cecy pour le scandale, car de dire la mère de Dieu pour la vierge Marie, ne peut servir qu'à endurcir les ignorans en leurs superstitions. Et celuy qui se plairoit en cela, monstreroit bien qu'il ne sçait que c'est d'édifier l'Eglise.

Quant au nom d'évesque de Rome, c'est chose frivole de s'y amuser. Nous faisons trop d'honneur à ces bestes cornues de les appeler évesques, veu que c'est ung mot trop honorable pour eux. Le tiltre de pape ne convient non plus à ce brigant qui a occupé le siége de Dieu. Je vouldrois en cela, sans quelque affection, suivre ce qui seroit communément receu. Le principal du différent est de la prière formelle. Je sçay qu'il fault bien distinguer entre la personne et le siége abominable et mauldit.

Mais il me semble que ceux qui prient nommément pour celuy qui porte une telle marque de réprobation, sont de grand loisir. Je n'impose loy à nul, mais il seroit bien à désirer que la sobriété de nos prières monstrast quelle révérence nous portons au nom de Dieu. Je parle en telle liberté, comme vous le devez souffrir en vostre frère, et aussy j'espère que le souffrirez. Car je seray bien prest d'estre admonesté de vous, quand vous ne trouverez pas bon ce que je vous en escris. Au reste quant vous y aurez bien pensé, et que chascun se voudra ranger à la vérité sans contention, l'accord, comme j'espère, sera bien facile entre nous. Au reste si ceste fascherie vous a esté dure, aiez compassion de nous qui avons icy journellement de bien plus rudes alarmes à soustenir. Et de mon costé je prieray nostre bon Dieu, comme je fays, qu'il luy playse vous augmenter de plus en plus les grâces de son Esprit, faire profiter vos labeurs, et vous tenir la main forte au régime qu'il vous a commis. Autant en feront mes frères, comme je sçay qu'ils y sont affectionnés. De Genesve, ce 27 septembre 1552.

AUX SEIGNEURS DE GENÈVE *

Minute originale corrigée par Calvin. Bibl. de Genève. Vol. 145.

Response de Jéhan Calvin ministre de la parolle de Dieu en l'Eglise de Dieu, présentée ce jeudy 6 d'octobre

* *Au dos*, de la main de Calvin : La cause contre Trolliet.
Trolliet, de Genève, esprit inquiet et frondeur, se fit d'abord er-

1552 à nos magnificques seigneurs messieurs les syndicques et conseil, contre l'escript produict lundy prochainement passé par le seigneur Troullet.

Premièrement, Messieurs, quant à ce qu'il appelle son escript soustènement de la dispute qu'il a euc contre moy, je ne sçay à quoy il prétend ni à quel à propos il dict cela, sinon pour acquérir réputation envers les ignorans de ce qu'il aura disputé contre Jéhan Calvin. Et vos Excellences sçavent quelle fut toute la procédure, c'est qu'il demeura confus, n'ayant que répliquer, sinon qu'il ne l'entendoit pas. Parquoy il seroit bon qu'il se déportast de ceste gloire laquelle l'a incité desjà par trop à donner trouble et fascherie sans raison, tant à luy qu'aux aultres. Car s'il eust cheminé en modestie telle qu'il devoit selon sa mesure, jamais n'eust esmeu ceste contention.

Mais le principal est de ce qu'il faict semblant de soustenir ce qu'il a amené contre moy, et toutesfois des-

---

mite en Bourgogne, et vécut en affectation de sainteté. Lassé bientôt de ce rôle, il reparut à Genève et sollicita les fonctions du ministère, dont il fut écarté par l'influence de Calvin auquel il voua une haine irréconciliable. Il se fit dès lors remarquer, dans les rangs du parti des libertins, par la violence de ses attaques contre le réformateur. Il incrimina ses écrits et s'offrit à prouver que, dans le livre de l'*Institution chrétienne*, Calvin avait fait Dieu *auteur du péché*. Ces accusations répétées à l'envi par les adversaires de la Réforme, et spécieusement revêtues de l'autorité de Mélanchthon, provoquèrent de vifs débats qui ne furent apaisés qu'à demi par la sentence des seigneurs de Genève, qui approuvèrent l'*Institution chrétienne*, tout en déclarant Trolliet « homme de bien, » par ménagement pour le parti auquel il appartenait. Toutes les pièces relatives à la controverse de Calvin avec Trolliet se trouvent réunies au vol. 145 des Mss. de la Bibl. de Genève.

guise le tout. Car le différent lequel fut débattu, le premier jour de septembre, estoit qu'il m'imposoit que je fais Dieu autheur de péché, ce que je niois, voire avecques telle protestation qu'un tel crime méritoit, car c'est un blasphème par trop exécrable. Sur quoy il s'efforça de le prouver, alléguant les passages qu'il récite en son escript. Par quoy le poinct de nostre cause gist en cela, si j'ay faict Dieu cause de mal et de péché, ou non, comme il l'a maintenu en vostre présence plus de dix fois. Et sans cela il n'y avoit nulle difficulté quant au premier poinct. Car je ne désadvoue point ce que j'ay escript. Mais je dy que nous devons avoir en horreur d'appliquer le mot de péché à Dieu, veu qu'en luy il n'y a rien que toute équité et justice, mesme qu'il en est la reigle et la fontaine. Parquoy je m'esbays qu'il n'a point eu honte de le nyer. Quoy qu'il en soit s'il est obstiné en sa négative, je requiers, comme le droict et la raison le veult, qu'il vous plaise devant que passer oultre, commander à vostre secrétaire de m'en donner acte. Car je ne puis et ne doibs souffrir qu'un tel blasme m'aict esté (improperè?), sans que j'en sois purgé comme il apartient.

Au reste aux sentences qu'il mect en son récit extraictes de mon *Institution,* il me faict grand tort, pour ce que ce sont propos couppéz et rompus. Et mesmes il fourre et mesle parmy la doctrine qui est de moy, les objections qui sont là faictes en la personne des blasphémateurs. Desjà il devoit avoir grand'honte quand je remonstray que par ce moyen on pourroit imputer à sainct Paul qu'il a appellé Dieu injuste. Mais ce qu'il persiste en une telle façon de faire, n'est nullement à supporter.

Parquoy ce qu'il amène du feuillet 461 en la première page, est mal couché, et contre la vérité de mon intention, veu qu'il entasse là ce que je récite des meschans, lesquels je réprouve et condamne [1].

Cependant je confesse assez que j'ay escript que Dieu non-seulement a préveu, mais aussy a ordonné la cheute d'Adam, ce que je maintiens estre vray [2], non sans bonnes raisons et tesmoignages de l'Escripture saincte. Partie adverse, sans toucher aux preuves que j'amène, dict que j'ay mal parlé, et n'amène rien pour monstrer qu'ainsy soit, sinon qu'il luy plaist d'en conclurre ainsy. Advisez, Messieurs, si cela est équitable.

[1] « Puisque nous sommes tous corrompus et contaminéz en vices, il ne se peult faire que Dieu ne nous ait en haine, et ce non pas d'une cruaulté tyrannique, mais par une équité raisonnable..... Que tous les enfans d'Adam viennent en avant pour contendre et débattre contre leur Créateur, de ce que par sa Providence éternelle, devant leur nativeté, ils ont esté dévouez à calamité perpétuelle. Quand Dieu au contraire les aura amenez à se recongnoistre, que pourront-ils murmurer contre cela? S'ils sont tous prins d'une masse corrompue, ce n'est donc point de merveille s'ils sont assubjettis à damnation. Qu'ils n'accusent donc point Dieu d'iniquité, d'autant que par son jugement éternel ils sont ordonnez à damnation, à laquelle leur nature mesme les mène. » *Institution de la religion chrétienne*, édit. de 1554, p. 461.

[2] » Le premier homme est cheu, pource que Dieu avoit jugé cela estre expédient. Or pourquoi il l'a jugé, nous n'en savons rien. Si est-il néantmoins certain qu'il ne l'a pas jugé, sinon pour ce qu'il voyait qu'il faisoit à la gloire de son nom... L'homme donc trébusche, selon qu'il avoit esté ordonné de Dieu, mais il trébusche par son vice. » *Instit. de la relig. chrét.*, édit. de 1554, p. 463.

« Combien que par la Providence éternelle de Dieu l'homme a esté créé pour venir en ceste misère en laquelle il est, il a néantmoins pris la matière d'icelle de soy-mesme, et non pas de Dieu. Car il n'est péri pour aultre cause, sinon pource qu'il a dégénéré de la pure nature que Dieu lui avoit donnée, en perversité. » *Ibidem* p. 464.

Sur la seconde proposition.

Quant à ce qu'il m'accuse d'avoir escript que l'homme est par l'ordonnance et volunté de Dieu nécessité à péché, je vouldrois bien comme j'ay tant de fois dict, qu'on ne m'imposast point ce jargon de moynes, duquel je n'ay jamais usé. Et de faict il n'y a eu que les caffars qui aient ainsi gazouillé, selon leur barbarie. Que la doctrine donc soit considérée, comme je la mect. Et je confesse bien que les meschans pèchent de nécessité, et que telle nécessité est de l'ordonnance et volunté de Dieu ; mais j'adjouste aussi cependant que telle nécessité est sans contrainte, tellement que celuy qui pèche ne peult pas dire pour son excuse qu'il y soit forcé. Et je prouve si bien et deuement ceste doctrine par l'Escriture saincte qu'il est impossible à homme vivant d'y résister. Et je m'esbay que partie adverse ne monstroit sa subtilité à me rédarguer en ce que j'en dy devant vous, et mesmes, comme il dissimule les probations que j'en mectz plus qu'évidentes en mes livres. Il dict qu'il a soustenu le contraire sans vouloir ny pouvoir approuver mon opinion. Quant il seroit le plus sçavant personnage du monde, encores seroit-ce trop d'usurper d'authorité à luy de vouloir estre creu en respondant simplement qu'il ne veult et ne peult consentir à ce qu'on luy propose. Tant moins y a-il de raison qu'un homme qui n'est guères exercé en l'Escriture saincte, et n'est pas juge compétent en matières de théologie, vueille qu'à sa simple fantasie on réprouve ceux auxquels Dieu aura faict la grâce d'y estre un peu plus entendus. Or, magnifiques seigneurs, si les probations que vous avez ouyes ne vous suffisent, je m'offre à en faire de plus amples, toutesfois et quantes qu'il vous plaira. Et au reste je me remets à ce qui en est contenu au Livre de la prédestination et prudence de Dieu [1].

Sur les contredicts que le seigneur Trouillet a imaginés.

Partie adverse pense que je me contredise quant j'enseigne que l'homme doit plus tost chercher la cause de sa damnation en sa nature corrompue qu'en la prédestination de Dieu, et ne voit point que je dy là expressément qu'il y a deux causes, l'une qui est cachée au conseil éternel de Dieu, et l'aultre qui est toute patente, au péché de l'homme. Or puisqu'il confesse que cela est vray, il se condamne par sa propre bouche et signature. Et quant à moy j'accepte voluntiers ceste confession laquelle monstre que jamais il n'a entendu un seul poinct de la cause dont il débat si hardiment. Voicy doncques, Messieurs, le nœud de toute la question : c'est que je dy que tous réprouvéz seront convaincus par leurs consciences propres d'estre coulpables, et ainsi que leur damnation est juste, et qu'ils font mal de laisser ce qui est tout évident pour entrer au conseil estroit de Dieu, lequel nous est inaccessible. Cependant l'Escriture nous monstre bien que Dieu a prédestiné les hommes à telle fin qu'il a voulu qu'ils vinssent. Mais pour quoy et comment cela se faict, il le nous fault ignorer, pource qu'il ne nous est point déclairé.

Touchant le contredict que partie adverse cuide amener de la seconde page du feuillet 463 ; c'est merveilles qu'après avoir esté débouté avec si grand vergongne d'une objection si frivolle, il y retourne de nouveau. Je

---

[1] C'est le livre : *De æterna Dei prædestinatione et providentia*, Genève, 1550, in-8°; traduit en français la même année.

dy là : que c'est perversement faict d'entrer aux secrets de Dieu où on ne peult atteindre, pour chercher l'origine de la damnation des hommes, et laisser derrière la corruption de leur nature dont elle procède notoirement. Cependant ce n'est pas à dire que le conseil de Dieu ne domine en degré souverain pour disposer de toutes choses, combien que les causes prochaines nous apparaissent devant les yeux. C'est aultant comme si quelqu'un vouloit trouver contradiction en ces propos qui sont tous de l'Escriture saincte : Que l'homme n'est point nourry de son labeur, ne de son industrie, mais de la seulle grâce de Dieu. Que ce n'est pas la vertu ou influence du soleil qui faict fructifier la terre, mais la pure grâce de Dieu. Que ce n'est pas le pain qui nous sustente et nourrit, mais la vigueur que Dieu nous inspire par sa bonté. Et à l'opposite que l'homme paresseux sera à bon droict affamé. Item, que la terre nous desniera pasture. Item, que nous sommes soustenus et confermés par le pain. Or la solution est par trop facile, quand on sçaura distinguer entre la cause souveraine et celles qui sont inférieures, et plus prochaines au sens humain.

Sur les sentences extraictes du livre de Mélanchthon [1], je confesse que Dieu n'est point autheur du péché. Mesmes j'ay maintenu par livres exprès cest article de foy aussy visvement qu'on sçauroit requérir d'un fidelle serviteur de Dieu. C'est donc chose superflue de mettre ceste proposition en dispute entre nous. Ce pendant je

---

[1] C'est le fameux livre des *Lieux communs* (*Loci theologici*) traduit en français par les soins de Calvin : *La somme de théologie ou lieux communs de Mélanchthon*, traduits du latin par Jean Calvin, avec une préface. 1546, in-8°.

confesse, comme j'ay desjà déclairé par cy-devant, que la façon d'enseigner que tient Mélancthon est diverse de la mienne. Je vous ay aussy remonstré, magnifiques seigneurs, d'où cela venoit. C'est que Mélancthon, estant homme craintif, pour ne point donner occasion à gens curieux de trop s'enquérir des secrets de Dieu, s'est voulu par trop accommoder au sens commun des hommes. Et par ce moyen a plus parlé en philosophe qu'en théologien, quant à la cause présente, ce qu'il monstre en la fin, n'ayant point meilleure authorité pour s'arrester que celle de Platon. Et puis notamment il appelle son opinion moyenne qu'il veult, aultant comme s'il confessoit qu'il nage entre deux eaux, ce que partie adverse devoit un peu mieulx priser [1].

Au demeurant, magnifiques seigneurs, celluy qui nous veult mettre en combat Mélancthon et moy, faict

---

[1] Il n'est pas sans intérêt de rapprocher ce jugement de Calvin sur Mélanchthon, du jugement si remarquable que renferme la préface des *Lieux communs* : — « Je voy que l'auteur estant homme de profond savoir, n'a pas voulu entrer en disputes subtiles, ne traiter les matières d'un artifice tant haut qu'il luy eust esté facile de faire. Mais il s'est abaissé tant qu'il a pu, n'ayant esgard qu'à la seule édification. C'est certes la fasçon et style que nous aurions à tenir, sinon que les adversaires nous contraignissent par leurs cavillations à nous destourner de ce train..... Aultant est-il de la prédestination, pource qu'il voyt aujourd'huy tant d'esprits volages qui ne s'adonnent que trop à curiosité, et ne tiennent nulle mesure en ceste matière. Voulant prévoir ce dangier, il a mieux aymé toucher seulement ce qui estoit nécessaire à congnoistre, laissant le reste comme ensepvely, qu'en desduisant tout ce qu'il eust bien peu, lascher bride à beaucoup de disputes perplexes et confuses, desquelles cependant il ne revient nul fruict de bonne instruction. *Je confesse que le tout ce qu'il a pleu à Dieu nous révéler par l'Escriture ne doit estre supprimé, quoy qu'il advienne;* mais celuy qui

grand tord à l'un et à l'aultre, et en général à toute l'Eglise de Dieu. J'honore Mélancthon tant pour le sçavoir excellent qui est en luy, que pour ses vertus, et surtout qu'il a fidèlement travaillé à soustenir l'Evangile. Si je trouve à redire en luy, je ne luy dissimule pas, comme il me donne bien liberté de le faire. De son costé, il y a des tesmoings tant et plus qui sçavent combien il m'ayme. Et je sçay qu'il aura en détestation ceux qui prendront couverture de luy pour dénigrer ma doctrine en façon que ce soit. Et aussi telles gens ne cherchent qu'à mettre zizanies et scandales pour empescher le cours de l'Evangile. Je ne m'amuse point à réprouver les propositions amenées par partie adverse, où Mélanchthon ne satisfaict à nulles gens sçavans, pource qu'il fleschit d'une prudence trop humaine, n'osant point dire ce qu'il congnoist estre vray, pource qu'il craint que tous ne fussent point capables de l'ouyr. Tant y a que je vous ay produict lettres de sa main, où ce que je dy apparoist. Mais encores quand ceste licence seroit donnée à partie adverse de conclurre du costé que bon lui semble, et faire des résolutions telles quelles sur les escripts des gens doctes, vous seriez en sa miséricorde de recevoir trois sacrements entre lesquels sera la confession, pource que Mélanchthon lo tient ainsi. Ce que je dy seullement affin qu'il appreigne de se mieux congnoistre, pour n'estre point si excessif à se jecter aux champs.

Quant à moy, magnifiques seigneurs, estant asseuré en ma conscience que ce que j'ay enseigné et escript

cherche d'enseigner au profict des lecteurs mérite bien d'estre excusé s'il s'arreste à ce qu'il congnoit estre le plus expédient, passant légèrement ou laissant derrière ce dont il n'espère pas tel profit. »

n'est point creu en mon cerveau, mais que je le tiens de Dieu, il fault que je le maintienne, si je ne voulois estre traistre à la vérité, comme je pense en avoir desjà suffisamment respondu. Et en cas que bon vous semble, je m'offre derechef à y respondre plus amplement, jusques à ce que partie adverse soit convaincue de m'avoir mal accusé contre toute vérité et raison [1]. (6 oct. 1552.)

A MONSIEUR DE FALAIS [*]

Minute autographe. Bibl. de Genève. Vol. 107 *a*.

Monseigneur, puisque vous pensez avoir bonne cause par devers moy, je ne vous puis satisfaire en confessant

[1] Voici la sentence prononcée par les seigneurs de Genève :

« Mercredy neufz novembris 1552. Estans ouyz en conseil les spectables et savans ministres de la parolle de Dieu, maistre Guillaume Farel et maistre Pierre Viret, et après eulx spectable monsieur Jéhan Calvin, ministre de ceste cité de Genève, et noble Jéhan Troillet, aussi de Genève, en leurs dires et réplicques jà souvent débattues de l'Institution chrestienne du dict monsieur Calvin, et le tout bien considéré, le Conseil a arresté et conclud que, toutes choses bien ouyes et entendues, il a prononcé et déclairé et prononce et déclaire le dict livre de l'Institution du dict Calvin estre bien et sainctement faict, et sa saincte doctrine estre doctrine de Dieu, et que l'on le tient pour bon et vray ministre de ceste cité, et que dès icy à l'advenir personne ne soit ausé parler contre le dict livre ne la dicte doctrine. Commandons aux ambes parties et à tous qu'ils se doivent à cela tenir. »

Mes dits seigneurs syndics et Conseil.   ROSET.

[*] Cette lettre, la dernière de Calvin à M. de Falais, répand une

que j'aye tort, ce qui ne seroit qu'hypocrisie. Car je sçay que moy-mesme desjà de long temps vous ay déclairé de l'homme ce qui en estoit, et ça esté chose trop commune des actes qu'il a faicts. Depuis ce temps-là vous l'avez tellement loué, que celluy qui me le récitoit usast de ces mots, qu'il n'avoit ouy jamais faire si grand cas d'homme du monde. Quant vous en veniez jusques là, estant desjà adverty par moy, il falloit bien que vous le missiez si hault pour nous faire condamner avec toute nostre doctrine, de laquelle il s'est monstré si mortel ennemy, voire enragé et démoniaque, qu'il n'a pas eu honte d'escrire : *Deus Calvini est hypocrita, mendax, perfidus, injustus, fautor et patronus scelerum, et Diabolo ipso pejor.* Ainsi il fauldroit que pour vous qualifier je

vive lumière sur les circonstances de leur rupture, dont le procès de Jérôme Bolsec fut l'occasion. Banni de Genève pour ses attaques contre la prédestination et ses invectives contre Calvin, Bolsec avait su intéresser à sa cause M. de Falais, dont il était le médecin, et qui intercéda vainement auprès de ses juges : — « Maistre Hierosme congnoit mon naturel plus à mon apaisement que nul aultre des médecins que je congnoisse... *C'est celuy après Dieu, duquel je tiens la vie.* » — Arch. de Genève. Lettres du 9 et du 11 novembre 1551. Ces démarches, dictées par un sentiment d'humanité, n'auraient pas sans doute indisposé Calvin, si M. de Falais n'avait pris trop ouvertement le parti de Bolsec contre le réformateur. Calvin s'en plaignit avec amertume : — « Scribat Fallesius hominem esse non malum, et in gratiam ignoti nebulonis famam suam ludibrio prostituat... » — Lettre aux ministres de Bâle, janvier 1552. Expulsé de Genève et retiré à Thonon, Bolsec sut envenimer ce dissentiment que les souvenirs d'une longue amitié devaient apaiser, et qui se termina par une douloureuse rupture. Dans une lettre véhémente, Calvin, alors malade et souffrant, prit congé de son ancien ami, dont il raya le nom, quatre ans après, de la préface de son Commentaire sur la première épître aux Corinthiens, pour y substituer celui du marquis de Vico.

renonçasse à Dieu et à sa vérité, et au salut que j'en espère. Vostre intention n'est pas telle, je le croy ; mais si pour l'humanité et mansuétude de vostre esprit, vous estes content d'ignorer quel est celluy qui faict la guerre à Dieu, et non-seulement cela, mais n'adjoustant nulle foy à nostre tesmoignage, donnez occasion de nous rendre détestable, souffrez, je vous prie, que j'aye quelque zèle de maintenir l'honneur de mon maistre. Mais c'estoit pour le moins de vous en advertir : à quoy je responds qu'après avoir ainsi esté obliquement dégradé de vous, je me voulois garder de m'exposer à mocqueries. Si j'eusse esté adverty du propos que j'ay récité dix heures devant, ce m'eust esté assez que vous en eussiez entendu ce que j'en avois sur le cueur. L'occasion s'adonna que vostre amy tantost après, ou le lendemain, me demanda si je vous avois veu. Je dy que ouy, dont je me repentois, et que si vous passiez cent fois, j'aurois moins d'accointance avec vous qu'avec tous ennemis manifestes, puisqu'en vous monstrant ainsi familliers, vous estiez, selon qu'on m'avoit rapporté depuis, les prescheurs des louanges de Castalio[1], lequel est si pervers en toute impiété, que j'aimerois cent fois mieux estre papiste, comme la vérité est. Vostre amy lors me demanda si je vouldrois bien que vous le sceussiez. Je luy respondy que c'estoit à ceste intention que je luy en avois parlé, puisque je ne l'avois pas sceu assez à temps. S'il l'a divulgué plus oultre, ça esté contre mon opinion et vouloir, et sa promesse mesme. D'avoir dict que vous estiez tout infesté

---

[1] Sébastien Castalion, ancien régent au collége de Genève, professeur à l'université de Bâle. Il avait élevé des doutes sur la divinité des Ecritures, et attaqué la doctrine de la prédestination.

des erreurs de ce monstre, cela tendoit à l'opposite de mon propos, car je luy dy qu'il falloit bien que vous nous haïssiez *gratis*, de louer en despit de nous un tel monstre. La somme estoit que j'eusse porté plus douloureusement une telle injure de tous aultres que de vous, attendu la fiance que j'avois en vostre intégrité ; mais que j'estois encores plus fasché de vous voir adhérer, ne sçachant pourquoy, à celuy qui est plus détestable que tous les papistes du monde. Et de faict je luy dy plusieurs fois que je ne sçavois comment et pourquoy, ne que cela vouloit dire. Et puisqu'encores à ceste heure vous aimez de suivre une leçon toute contraire à celle que j'ay apprins en l'eschole de mon Maistre, (Car vous dictes que vous estes bien ayse d'oublier le mal qui pourroit estre en luy; et il nous est dict : *Videte canes, observate, notate, fugite, cavete...*) je vous laisse vos délices! — Si j'ay esté trop aspre et lourd, pardonnez-moy, vous m'y avez contrainct. Et affin que vous sçachiez qu'il n'y a ne colère, ne malveillance, je vous escrits la présente comme m'apprestant de comparoistre devant Dieu, lequel m'afflige de rechef d'un mal qui m'est comme un mirouer de la mort devant les yeulx. Je le supplieray, Monseigneur, qu'en aiant pitié de moy et me recevant à mercy, il vous conserve et guide par son Esprit, et vous augmente en toute prospérité avec Madamoiselle et toute vostre famille [1]. (1552.)

  Vostre serviteur,

JÉHAN CALVIN.

---

[1] L'histoire de M. de Falais, depuis sa rupture avec Calvin, demeure environnée d'une profonde obscurité. Il quitta Genève pour aller s'établir à Berne, perdit sa femme en 1557, et contracta un

A MATHIEU DIMONET *

Imprimée. *Histoire des Martyrs*, L. IV, p. 247.

Très cher frère, combien que je n'aye pas à soustenir pour ceste heure tels combats que vous, si est-ce que vous ne laisserez de recevoir aussy bien mon exhortation comme si j'estoye prisonnier avec vous, et de faict le zèle qui m'esmeut à vous escrire ne procède point d'ailleurs. Cependant je vous prie de considérer que nous devons remettre tout à la volonté et disposition de nostre bon Père céleste, qui appelle chacun de nous en tel rang

---

second mariage. On ignore la date et le lieu de sa mort. Est-il vrai, comme l'affirme Bayle, que ce seigneur, attristé par le spectacle des divisions dont il avait été témoin à Genève, finit par rentrer dans l'Eglise catholique? Nous croyons plutôt, en nous fondant sur les témoignages de Calvin et de Bèze, indirectement confirmés par le silence des historiens brabançons, que tout en se séparant sur quelques points de la théologie calviniste, l'arrière-petit-fils de Philippe de Bourgogne n'abjura pas les croyances auxquelles il avait fait le sacrifice de sa fortune et de sa patrie. Voir Bayle, *Dict.*, art. Philippe de Bourgogne, remarque G.; Calvin, *Comment. sur la 1re épître de saint Paul aux Corynthiens*, dédicace au marquis de Vico, 24 janvier 1556; et la préface du *Commentaire* de Calvin *sur Josué*, par Théodore de Bèze.

* Mathieu Dimonet, religionnaire de Lyon, arrêté dans cette ville, le 9 janvier 1553. Il a raconté lui-même, dans ses lettres aux ministres de Genève, les détails de son procès : « — Le lundy, 9 janvier, estant en ma maison devant le lieutenant du roy et l'official, après qu'ils eurent cherché et visité mes livres, ne trouvèrent rien sinon un petit livre de chansons spirituelles en musique... » — Di-

qu'il lui plaist. Quelquefois il espargne ses enfans jusques à ce qu'il les ait conduits et forméz de longue main, comme nous oyons qu'il est dict à sainct Pierre par la bouche du Maistre : *Quand tu seras vieil, on te mènera où tu ne voudras point.* Mais il adviendra aussy parfois qu'il en prend des novices, pour le moins qui n'avoient pas esté exercéz de longtemps à batailler. Quoy qu'il en soit il y a un bien, qu'il n'est pas moins puissant à desployer sa vertu sur les débiles pour les rendre invincibles en un moment, comme pour la continuer à ceux qui l'ont desjà sentie par long espace de temps. A ce que j'entends vous n'avez pas esté appellé des premiers à sa congnoissance ; mais Dieu néantmoins vous a mis en avant pour estre de ses tesmoings. Il vous a donné telle vertu et constance au premier assaut, que les ennemis de vérité ont congneu la marque de Jésus-Christ laquelle ils ne peuvent souffrir. Je sens bien par la compassion que j'ay de vous, comme je dois, que Sathan ne cesse pas de vous faire nouveaux alarmes ; mais il faut recourir à celuy qui a si bien commencé, le priant qu'il parachève son œuvre. Si vous avez beaucoup de tentations, ne vous en esbahissez pas ; mesme si vous sentez

---

monet subit un premier interrogatoire et fut conduit dans les prisons de l'officialité. « — J'ay eu, dit-il de grands assauts et tentations... car, d'un costé, l'on me mettoit les tourmens et la mort, puis la honte et déshonneur de moy et de mes parens, la mélancolie de ma mère, laquelle ils disent mourir de regret, et tant d'autres choses... lesquelles m'eussent esté fortes à porter, si le Seigneur ne m'eust fortifié par son Sainct-Esprit. » — Le prisonnier résista courageusement aux menaces de l'inquisiteur Ory et aux instances de sa famille. Le 15 juillet 1553, « tout joyeux et priant le Seigneur, il endura le tourment de la mort. » *Histoire des Martyrs*, p. 247.

telle fragilité en vous que vous soyez comme prest à estre esbranlé. Plustost congnoissez que par ce moyen Dieu vous veut humilier, affin que son aide soit mieux congnue par la nécessité ; et puis, qu'il vous sollicite à invoquer son nom, et avoir tout vostre recours à sa grâce, selon qu'il est besoin que nous soyons pousséz à cela comme par force. Je ne doute point qu'il n'y ait aussi des boutefeux par dehors, lesquels, sous ombre d'amitié et parentage, vous seront les pires ennemys et les plus mortels, car pour sauver le corps, ils tascheront en tant qu'en eux il sera de mener l'âme en perdition. Et puis la fantaisie de l'homme est une merveilleuse boutique pour forger des folles imaginations, qui ne sont que pour troubler le vray repos que nous devons avoir en la saincte vocation de nostre Dieu, lequel nous commande de regarder simplement à soy, comme aussy c'est bien raison. Parquoy il est besoin d'estre armé et muny de tous costéz. Mais vous n'avez point occasion d'estre estonné puisque Dieu a promis d'équipper les siens, selon qu'ils seront assaillis de Sathan. Seulement remettez-vous à luy en vous deffiant de tout ce qui est en vous ; espérez qu'il sera assez suffisant luy seul pour vous soustenir. Au reste, vous avez à regarder surtout à deux choses : quelle querelle vous défendez, et quelle couronne est promise à ceux qui se seront constamment portés en la confession de l'Evangile. C'est une chose tant précieuse que le service de Dieu, la grâce infinie qu'il nous a monstrée en son Fils, et toute la gloire de son royaume, qu'il ne doit pas faire mal à un homme mortel d'employer sa vie pour combattre contre les vilaines corruptions qui règnent partout au monde pour anéantir tout cela. Et puis nous sçavons quelle sera l'issue de nos combats, et que celuy qui nous a rachetéz, ne souffrira qu'un prix si cher comme son sang soit perdu, quand nous en aurons la signature. Or nous sçavons comme il advoue pour siens, et proteste de les advouer au dernier jour, tous ceux qui l'auront confessé icy-bas. Nous ne savons pas encore qu'il a délibéré de faire de vous, mais il n'y a rien meilleur que de luy sacrifier vostre vie, estant près de la quitter, quand il voudra, et toutesfois espérant qu'il la préservera autant qu'il congnoist estre utile pour vostre salut. Combien que ce soit chose difficile à la chair, si est-ce le vray contentement des fidèles, et vous faut prier qu'il plaise à ce bon Dieu le vouloir tellement imprimer en vostre cœur que jamais il n'en soit effacé. Nous le prions aussy de nostre costé qu'il vous face sentir sa vertu, et vous rende pleinement asseuré qu'il vous a en sa garde, qu'il bride la rage de vos ennemis, et en toute sorte se monstre vostre Dieu et Père.

Pource que j'entends que nostre frère Pierre Berger[1] est en une mesme prison avec vous, je vous prieray de le saluer de par moy, et que ces lettres lui soyent communes. Marchons jusques à ce que nous soyons venus à nostre but, pour estre recueillis au royaume éternel. Le dixième de janvier 1553.

[1] Pierre Berger, de Bar-sur-Seine, bourgeois de Genève, fut pris à Lyon, trois jours après les écoliers de Lausanne, qu'il rejoignit dans les cachots et précéda au martyre. « — Estant monté sur le bois, il dit : Seigneur, je te recommande mon âme. Depuis, en regardant au ciel d'une vue immobile, et s'écriant, il dit : Aujourd'huy je voy les cieux ouverts. — Et incontinent après ce sainct personnage rendit l'esprit à Dieu. » *Hist. des Martyrs*, p. 234.

J'avoye oublié un point, c'est que vous respondiez aux ennemis avec révérence et modestie, selon la mesure de foy que Dieu vous donnera. Je dy cecy pource qu'il n'est pas donné à tous de disputer, comme aussi les martyrs n'ont pas estés grans clers, ne subtils, pour entrer en disputes profondes. Ainsy en vous humiliant sous la conduite de l'Esprit de Dieu, respondez sobrement, selon vostre congnoissance, suyvant la reigle de l'Escriture : *J'ay cru, pourtant je parleray*. Et toutesfois que cela n'empesche pas que vous procédiez franchement et en rondeur, estant tout résolu que celuy qui a promis de nous donner bouche et sagesse à laquelle tous adversaires ne pourront résister, ne vous défaudra point.

AUX CINQ PRISONNIERS DE LYON *

Imprimée. *Hist. des Martyrs*, L. IV, p. 247.

Mes frères, nous avons esté ces jours passéz en plus grande solicitude et tristesse que jamais, ayans entendu

---

* Déclarés coupables du crime d'hérésie et livrés au bras séculier par l'officialité de Lyon, les cinq étudiants firent appel au parlement de Paris, pendant que messieurs de Berne multipliaient vainement les démarches pour sauver « leurs escholiers. » Transférés de cachots en cachots, durant un procès qui dura plus d'un an, ramenés enfin de Paris à Lyon pour y attendre la sentence de leurs juges, la constance de ces jeunes hommes ne se démentit pas un seul jour. Enfin, le 1er mars 1553, ils reçurent communication de l'arrêt du

la conclusion prinse par les ennemys de vérité. Quand le seigneur que vous sçavez passa par icy¹, pendant qu'il disnoit bien en haste pour éviter tout retardement, je lui fis telle forme de lettres qu'il me sembloit estre expédient d'escrire. Dieu a donné tant à vous qu'à tous les siens encore quelque respit; nous attendons l'issue telle qu'il lui plaira d'envoyer, le priant toujours de vous tenir la main forte, et ne permettre que vous défailléz, au reste vous avoir en sa garde. Je me tiens bien asseuré que rien n'esbranle la vertu qu'il a mise en vous. Desjà de longtemps vous avez médité le dernier combat que vous aurez à soustenir, si son bon plaisir est de vous amener jusques-là. Mesme vous avez tellement bataillé jusques icy, que la longue pratique vous a endurcy à poursuyvre le reste. Cependant il ne se peut faire que vous ne sentiez quelques poinctes de fragilité; mais confiez-vous que celuy au service duquel vous estes, dominera tellement dans vos cœurs par son Sainct-Esprit, que sa grâce viendra bien à bout de toutes tentations. S'il a promis de fortifier en patience ceux qui souffrent quelques chastimens pour leurs péchéz, tant moins encore défaudra-t-il à ceux qui soutiennent sa

---

parlement de Paris, qui les livrait au bûcher. *Hist. des Martyrs*, L. IV, p. 230. Cette triste nouvelle bientôt répandue, porta le deuil à Lausanne et à Genève.

¹ C'était le pieux marchand, Jean Liner, de Saint-Gall. Voir la lettre du 10 août, p. 348. Il se trouvait auprès des prisonniers, au parquet de Roanne, quand ils reçurent leur sentence de mort. Il partit aussitôt pour Berne, afin de provoquer une dernière instance des seigneurs de cette ville auprès du roi de France. *Hist. des Martyrs*, p. 230 à 231. Mss. divers de la Bibliothèque de Saint-Gall.

querelle, lesquels il employe à une chose si digne que d'estre tesmoings de sa vérité. Ainsy qu'il vous souvienne de ceste sentence : *Que celuy qui habite en vous est plus fort que le monde.* Nous ferons icy nostre devoir de le prier qu'il se glorifie de plus en plus en vostre constance, et que par la consolation de son esprit il adoucisse et rende amiable tout ce qui est amer à la chair, et tellement ravisse vos sens à soy qu'en regardant à ceste couronne céleste, vous soyez prests de quitter sans regret tout ce qui est du monde.

J'ai receu un certain papier contenant des argumens bien subtils de ceste malheureuse beste Orry [1], pour prouver qu'il est licite de faire des idoles. Je ne sçay si vous me l'avez envoyé, et si vous entendez que j'y face response. Je n'y ay point voulu toucher, pource que je en estoye en doubte, et de faict je croy que vous n'en avez pas grant besoin de vostre costé. Mais si vous le désirez, vous en aurez response par le premier. Il y a une chose dont j'ay à vous requérir : Vous avez naguères veu lettres d'un petit moqueur de Dieu qui est icy, lequel ne fait que troubler l'Eglise, et n'a cessé de faire ce métier passé à cinq ans. Je voudroye bien donc que par le premier vous fissiez un mot d'advertissement pour descouvrir sa malice, puisqu'ainsy est qu'il continue sans fin. Et de cela je vous prie, comme vous aimez le repos de ceste Eglise, laquelle est plus vexée que vous ne sçauriez croire par les ennemis domestiques.

---

[1] L'inquisiteur Nicolas Oritz, préposé au procès des cinq écoliers. La pièce dont il est ici fait mention existe encore à la Bibliothèque de Genève, 113, avec ce titre : « *Copie d'un papier de l'inquisiteur Houriz, donné aux prisonniers pour la parolle à Lyon, pour faire tenir à M. Calvin.* »

Sur quoy, mes frères, après avoir supplié nostre bon Dieu de vous tenir en sa garde, vous assister en tout et par tout, vous faire sentir par expérience quel père il est, et combien il est songneux du salut des siens, je prie aussy d'estre recommandé à vos bonnes prières. Du septième de mars 1553.

AU ROI D'ANGLETERRE

Copie. Bibl. imp. Coll. Dupuy, vol. 102.

Sire, combien que si j'avoye à vous requérir pour moy-mesme, je n'aurois pas la hardiesse de le faire, toutesfois je crois que vous ne prendrez pas mal que je vous face une requeste pour aultruy, ayant entendu la nécessité qui m'y contrainct, et le mérite de la cause, laquelle ne vous est pas moins recommandée qu'à moy. C'est, Sire, qu'il y a un gentilhomme français détenu prisonnier à Paris [1], pour quelques lettres qu'on a sur-

---

[1] Ce seigneur, dont on ignore le nom, entretenait un commerce épistolaire avec Calvin, son compatriote et son ami. Peu de temps avant son arrestation, il écrivait à Calvin au sujet d'un incendie qui avait détruit presque entièrement la ville de Noyon, en épargnant la maison du réformateur : « Je ne doute pas, disait-il, que Dieu n'ait voulu laisser ce tesmoignage contre ceux de vostre ville, lesquels huit ou dix jours auparavant, avoyent bruslé en peinture Monsieur de Normandie et le reste... » Lettre latine de Calvin, du 15 février 1553.

prinses escriptes de luy à l'un de nos amis, lequel estoit lieutenant roial en la ville de Noyon, dont je suis natif, et s'est retiré par deça [1]; joinct aussy que le dict gentilhomme estoit desjà tenu pour suspect quant au faict de la religion. Et pource qu'il estoit homme de quelque qualité, on veilloit sur luy, qui a esté cause de sa prinse. Or si mon tesmongnage a quelque poix envers Vostre Majesté, je vous puis asseurer, Sire, que c'est un homme d'aussy bon esprit, excellent en toute honnesteté et vertu, et doué de grâces qui méritent d'estre aimées et prisées, et surtout confermé en la craincte de Dieu, qu'on en sçauroit rencontrer. Je sçay bien que ceste louange est grande, mais quant vous l'auriez congnu, Sire, je ne doubte pas que vous le jugeriez tel, et sçauriez que je ne passe point mesure. Or estant aimé de tous grans et petits, mesme de monsieur de Vendosme et aultres princes, il n'y a que la querelle de Jésus-Christ, par laquelle il soit hay ou rejetté, laquelle vous est tant favorable, Sire, que j'espère bien que vous ne refuserez point à le secourir, s'il y a moyen. Je sçay que Vostre Majesté ne peult pas aider, comme il seroit à souhaitter, à tous ceulx qui travaillent et sont persécutéz pour l'Evangile. Mais quant vostre bon plaisir sera vous employer pour celuy dont il est question, soyez certain, Sire, qu'en la personne d'un homme vous en soulagerez beaucoup, lesquels sont maintenant fort estonnéz, comme aussy les ennemis de vérité en cuident bien faire leurs triumphes, quand ils en seroyent venus à bout. Mais pour ne point importuner Vostre Majesté d'advantaige je ne vous feray plus long récit du

---

[1] Laurent de Normandie.

faict lequel vous pourrez, si bon vous semble, entendre mieulx par ce que le gentilhomme présent porteur en déclarera. Seulement je vous supplie au nom de Dieu, le plus affectueusement qu'il m'est possible, voire d'aussy grand désir que je vouldrois faire pour ma propre vie, qu'il vous plaise m'octroier ceste requeste, de le faire demander au roy de France, affin qu'il le laisse aller hors de son païs avec sa femme aussy bien détenue, et ce qu'il pourra retirer de son bien. En ce faisant, non-seulement vous m'obligerez à prier Dieu pour vostre prospérité de plus en plus, mais un nombre infiny de bons fidelles.

Sire, après m'estre recommandé tant humblement que je puis à vostre bonne grâce, je supplie nostre bon Dieu de vous tenir en sa saincte protection, et vous gouverner par son esprit en toute prudence, droicture et force, et faire florir vostre couronne de plus en plus. De Genesve, ce 12 de mars 1553.

Vostre très humble et obéissant serviteur,

Jéhan Calvin.

A CHRISTOPHE ET A THOMAS ZOLLICOFFRE [*]

Orig. autographe. Bibl. de Saint-Gall. Vol. VII, p. 211.

Très chers Messieurs et frères, je vous escris la présente fort en haste, ne faisant que d'arriver en la ville

[*] *Au dos :* A mes bons frères et amis les frères Christophle et

de Lausane. La cause est que Messieurs de Berne escrivent au Roy lettres si affectueuses, que, si jamais ils doivent rien impétrer de luy, nous espérons qu'il n'y fauldra plus retourner. Or les prisonniers ont mandé que pour les despens du voyage on s'adressast à vous. Nous vous prions donc d'aviser et conclurre en diligence ce qui sera de faire. Si vous avez aultre messager plus propre à envoier en cour, nous vous prions de luy rembourser les frès de Berne et Lion. Si vous estes d'advis qu'il passe oultre, qu'il vous plaise donner ordre qu'on luy fournisse argent sans qu'il soit retardé. Dieu par sa bonté infinie vueille faire profiter la despesche, comme nous espérons. Je me suis adressé privément vers vous, suivant ce qu'ils ont mandé, et je croy que vous ne prendrez point mal d'estre emploiéz en telle affaire. Sur quoy après m'estre affectueusement recommandé à vous, je supplie nostre bon Dieu vous avoir en sa saincte protection, vous conduire par son Esprit et vous faire prospérer. De Lausane en l'hostellerie le 28 de mars 1553.

Vostre humble frère et entier amy,

JÉHAN CALVIN.

Vous pourrez voir les doubles des deux lettres que Messieurs de Berne ont escrit. Il seroit quasi à désirer que les premières de date du 15 mars eussent esté rete-

Thomas Sollicoffres, marchands de Sainct-Galle, demourans à Lyon. Pardonnez à l'erreur des noms et à la haste.

Le 24 mai 1552, les seigneurs de Berne, informés de l'arrestation des cinq écoliers de Lausanne, avaient écrit au roi de France pour solliciter la délivrance de leurs « pensionnaires. » Le bourgmestre de Zurich, Jean Hab, obtint une audience de ce prince et le trouva inflexible. L'année suivante, mars 1553, les Bernois sollicitèrent de nouveau la grâce des cinq prisonniers, condamnés par

nues ¹. Mais c'en est faict. Le remède est bon en ce que les dernières sont aussi pleines qu'on les sçauroit souhaiter. Ayant veu le tout, nous vous prions le faire tenir auxdits prisonniers. Nostre frère Pierre Viret se recommande de bon cœur à vous.

A MONSIEUR DE MAROLLES *

Copie. Bibl. de Genève. Vol. 107.

Monsieur, je ne doubte pas que vous ne soiez à présent en grandes perplexités, veu que la raige des ennemis

l'officialité de Lyon et le parlement de Paris. C'est à cette dernière intercession, provoquée par Calvin et Viret, que se rapporte la lettre du réformateur aux frères Zollicoffre.

¹ Dans une lettre au roi, du 15 mars, Messieurs de Berne s'étaient plaints vivement de la conduite du cardinal de Tournon, qui, après leur avoir promis de s'intéresser au sort des cinq étudiants, avait fait instruire leur procès avec une extrême rigueur. Dans une seconde lettre, écrite trois jours après, ils représentaient à ce prince l'innocence de leurs écoliers, arrêtés à Lyon avant qu'ils y fussent demeurés un seul jour, et condamnés à mort, quoiqu'ils n'eussent ni prêché, ni dogmatisé, ni excité aucun trouble dans le royaume. Ils terminaient en disant : « Vostre Majesté très humblement prions les nous donner en pur, royal, gratuit et libéral don, lequel tiendrons si grand et précieux, comme s'il nous eût fait présent d'inestimable somme d'or et d'argent. » Ces prières furent inutiles. Inspiré par le fatal génie des cardinaux de Tournon et de Lorraine, Henri II confirma la sentence du parlement de Paris.

* ...Seigneur de Picardie, sans doute un des ancêtres de cet il-

s'enflambe journellement, et les dangers croissent de plus en plus. Ainsi vous avez bien besoing de recourir à Celuy qui ne s'attribue pas en vain l'office de consoler les siens en leurs afflictions. Combien que ce soit chose difficile à l'infirmité de nostre chair de persister constamment, encore que nous ne voions nulle fin aux combats, mesme que le mal empire, quant nous serons munis des armes que Dieu nous donne, il ne fault point craindre que nous ne venions à bout de tout ce que Sathan pourra machiner. J'appelle les armes de Dieu, non-seulement les promesses et sainctes exhortations par lesquelles il nous fortifie, mais les prières qui sont pour obtenir la vertu laquelle nous deffault. Ainsi, Monsieur, selon que la nécessité vous presse, réduisez en mémoire ce que l'Escriture nous monstre tant de la condition présente des Chrestiens, et des misères auxquelles il fault qu'ils soient subjects, que de l'issue heureuse et désirable qui leur est promise, et aussi comme jamais ne seront abandonnés au besoing. Je sçay, comme les longues maladies sont plus fascheuses, qu'il vous est bien dur de languir si longuement. Mais si les ennemis de vérité sont si obstinés en leur raige, nous devons avoir honte de n'estre

---

lustre confesseur Louis de Marolles qui expia aux galères de Marseille le crime de sa résistance au zèle convertisseur de Louis XIV et aux pressantes sollicitations de Bossuet. « L'heure de la liberté, dit M. Charles Weiss, ne sonna point pour cet infortuné. Il mourut en 1692, à l'hôpital des forçats de Marseille et fut enterré au cimetière des Turcs, sépulture ordinaire des réformés qui mouraient aux galères, fidèles jusqu'au bout à la religion pour laquelle ils avaient souffert. *Histoire des réfugiés protestants de France*, t. I, p. 101. Voir également le livre intitulé : *Histoire des souffrances du bienheureux martyr M. Louis de Marolles*. La Haye, 1699.

pour le moins aussi constans à bien faire, surtout quand il est question de la gloire de nostre Dieu et Rédempteur, laquelle, par sa bonté infinie, il a conjoinct avec nostre salut. Et je ne doubte pas que vous ne practiquiéz ce que dict l'Apostre, d'affermir les genouils tremblans et remettre en vigueur les mains faibles. Car il ne se peult faire qu'on ne se trouve estonné aux premiers coups, sinon qu'on éveille vertu pour résister aux tentations. Et pource que je me tiens bien persuadé que vous n'estes point lasche à vous solliciter, voylà qui me faict estre plus bref. Car ce m'est assez de vous avoir adverti en peu de mots, et cependant vous asseurer que vous n'estes point oublié icy, mais que sentant en quelles difficultés vous travaillez, nous en avons compassion. Je ne dy pas telle que nous devons, mais pour le moins qui est tesmoignage de la vraye amour fraternelle que nous sommes tenus vous porter. Au reste en priant Dieu qu'il vous augmente le couraige et vous maintienne en sa protection, vous aurez aussi à le requérir qu'il vous adresse en conseil, et vous donne les ouvertures propres. Si peu de moiens qu'il vous offrira, vous estes délibéré de les prendre, comme je croy, et en user promptement, de peur qu'ils ne vous eschappent. Quant au chemin qu'il sera meilleur de prendre, je ne sçay que vous en dire. Combien que je serois bien joieux de vous veoir, et jouir de vostre bonne compaignie, si est-ce que je ne seray pas marri, sçachant que pour tendre à Dieu et vous approcher tant mieulx de luy, vous serez eslongné de moy au double. Je ne sçay pas les commodités de l'aultre lieu. Des nostres je ne vous dissimule pas qu'elles sont tant maigres que j'ay honte d'en parler. Je vouldrois bien qu'il y eust de quoy pour vous attirer icy, et seroit à souhaitter. Mais je ne vous doibs point allécher par vaine espérance, ne désirant sinon que vous soiez bien, quelque part que ce soit. Vray est que ce qu'aulcuns se promettent en se retirant par delà, n'est que frivole, ce me semble. Tant y a que les Chrestiens y ont liberté de servir purement à Dieu, qui est le principal. Maintenant il vous fauldra remettre à Celuy qui a l'esprit de prudence, pour estre conduict par Luy.

Sur quoy faisant fin, Monsieur, après m'estre affectueusement recommandé à vostre bonne grâce et prières, je supplie nostre bon Dieu de vous augmenter les dons de son Esprit, vous tenir la main forte pour ne jamais deffaillir, brider Sathan et tous ses supposts, à ce qu'ils ne puissent rien contre vous, et faire que son nom soit glorifié par vous jusques en la fin. Je désire aussi que Madame ait sa part des recommandations. Mesme si l'occasion s'offroit, je vous prie bien fort d'en présenter aussi bien à Madame vostre voisine [1]. Je prie de rechef ce bon Père de vous avoir en sa garde non-seulement pour préserver les corps, mais aussi maintenir les âmes impollues. Ce 12 d'apvril 1553.

Vostre humble frère et serviteur,
CHARLES D'ESPEVILLE.

---

[1] Sans doute Madame de Cany. Voir la note, p. 284.

AUX CINQ PRISONNIERS DE LYON [*]

Copie. Bibl. de Genève. Vol. 107a.

Mes très chers frères, nous avons sçeu en la fin pourquoy l'hérault de Berne n'estoit point retourné par là. C'est qu'il n'avoit pas telle responce comme nous eussions bien désiré; car le Roy a refusé plat et court toutes

---

[*] Cette lettre dut précéder de quelques jours le dernier combat des cinq prisonniers. Pressentant leur fin prochaine, ils écrivirent, le 5 mai, aux seigneurs de Berne pour les remercier des témoignages d'affection qu'ils en avaient reçus. « S'il n'a pas plu à Dieu, disaient-ils, de nous conserver la vie par vostre moien, cependant elle a été prolongée par là... malgré la fureur de tous ceux qui auraient voulu depuis longtemps nous exécuter à mort. Puis doncques qu'il luy plaist que nostre sang soit bientost répandu pour la confession de son sainct nom, nous nous estimons encore beaucoup plus heureux que si nous sortions en liberté. Car, comme il est véritable et tout-puissant, il nous fortifiera et ne permettra pas que nous soyons tourmentés au delà de nos forces, et après que nous aurons souffert un peu de temps, il nous recevra dans son royaulme céleste et nous fera reposer éternellement auprès de luy... » — Ce fut le 16 mai que les cinq écoliers furent avertis de se préparer à la mort; ils reçurent cette nouvelle avec une pieuse sérénité. Le bûcher était dressé sur la place des Terreaux; ils s'y rendirent en chantant des psaumes et en répétant des versets des saintes Ecritures. — « Estans venus au lieu du supplice, ils montèrent d'un cœur alaigre sur le monceau de bois, les deux plus jeunes les premiers... Le dernier qui monta fut Martial Alba, le plus âgé des cinq, lequel avait esté longtemps à deux genoux priant le Seigneur. Il demanda instamment au lieutenant Tignac de luy octroyer un don. Le lieutenant luy dit : Que veux-tu? Il luy dit : Que je puisse baiser mes frères, devant que mourir. Le lieutenant le luy accorda. Lors

les requestes que luy ont faict Messieurs de Berne, comme vous le pourrez voir par le double des lettres, en sorte que de ce costé-là il n'y a plus d'attente. Mesmes quelque part que nous regardions icy-bas, Dieu nous a coupé la broche partout. Il y a ce bien que nous ne pouvons jamais estre frustréz de l'espoir que nous avons en Luy et ses sainctes promesses. Vous y avez esté tousjours fondéz, du temps qu'il sembloit bien que vous peussiez bien estre aydéz des hommes, et que nous le pensions ainsy, et quelque apparence que vous ayez eu d'eschapper par moyens humains, si n'avez-vous point eu les yeux esblouis pour escarter vostre cœur et fiance ne çà ne là. Or à ceste heure la nécessité vous exhorte plus que jamais d'adresser tous vos sens au ciel. Nous ne sçavons pas encores quelle sera l'issue. Mais pource qu'il semble que Dieu se veuille servir de vostre sang pour signer sa vérité, il n'y a rien meilleur que de vous disposer à ceste fin, le priant de vous assujettir tellement à son bon plaisir que rien ne vous empesche de suyvre où il vous appellera. Car vous sçavez, mes frères, qu'il nous fault estre ainsy mortifféz pour luy estre offerts en sacrifice. Il ne se peult faire que vous ne sousteniez de durs combats, affin que ce qui a esté dict à Pierre ne s'accomplisse en vous, qu'on vous tirera où vous ne vouldrez point. Mais vous sçavez en quelle vertu vous avez à ba-

---

le dit Martial baisa les quatre estans jà liéz, leur disant à chacun : *Adieu, adieu, mon frère.* » Le feu fut allumé. On entendit la voix des cinq confesseurs s'exhortant encore l'un l'autre au milieu des flammes : « *Courage, mes frères, courage...* qui furent les dernières paroles ouyes des dits cinq vaillants champions et martyrs du Seigneur. » *Hist. des Martyrs*, L. IV, p. 231.

tailler, sur laquelle tous ceulx qui seront appuyéz, ne se trouveront jamais estonnéz et encores tant moins confus. Ainsy, mes frères, confiez-vous que vous serez fortifiéz au besoing de l'Esprit de nostre Seigneur Jésus, pour ne défaillir sous le faix de tentations, quelque pesant qu'il soit, non plus que luy qui en a eu la victoire si glorieuse qu'elle nous est un gain infaillible de nostre triomphe au milieu de nos misères. Puisqu'il lui plaist vous employer jusques à la mort à maintenir sa querelle, il vous tiendra la main forte pour batailler constamment, et ne souffrira pas qu'une seule goutte de vostre sang demeure inutile. Et combien que le fruict ne s'en aperçoive pas si tost, si en sortira-t-il avec le temps plus ample que nous ne sçaurions dire. Mais d'autant qu'il vous a faict ce privilége que vos liens ont esté renomméz, et que le bruict en a esté espandu partout, il fauldra, en dépit de Sathan, que vostre mort retentisse encores plus fort, à ce que le nom de nostre bon Dieu en soit magnifié. Quant à moy je ne doubte, s'il plaist à ce bon Père de vous retirer à soy, qu'il ne vous ayt conservé jusques icy, affin que vostre longue détention soit un préparatif pour mieulx esveiller ceulx qu'il a délibéré d'édifier par vostre fin. Car quoy que les ennemys facent, jamais ils ne pourront ensevelir ce que Dieu a faict reluyre en vous pour estre contemplé de bien loing.

Je ne vous console point ny ne vous exhorte plus au long, sçachant que le Père céleste vous faict sentir que valent ses consolations, et que vous estes assez songneux à méditer ce qu'il vous propose par sa parolle. Il a desjà tant monstré par effect comme sa vertu habitoit en vous, que nous debvons bien nous asseurer qu'il achèvera jusques au bout. Vous sçavez qu'en partant de ce monde nous n'allons point à l'adventure, non-seulement pour la certitude que vous avez qu'il y a une vie céleste, mais aussy pource qu'estant assurés de l'adoption gratuite de nostre Dieu, vous y allez comme à vostre héritage. Ce que Dieu vous a ordonnéz martyrs de son Fils, vous est comme une marque de surabondance. Reste le combat auquel l'Esprit de Dieu non-seulement nous exhorte d'aller, mais aussy de courir. Ce sont tentations dures et fascheuses de voir l'orgueil des ennemys de vérité si énorme, sans qu'il soit réprimé d'en hault; leur raige si desbridée, sans que Dieu pourveoye aux siens pour les soulager. Mais s'il nous souvient quand il est dict que nostre vie est cachée, et qu'il nous convient ressembler à trespasséz, ce n'est pas une doctrine pour un jour mais permanente, nous ne trouverons pas estrange que les afflictions continuent. Pendant qu'il plaist à Dieu de lascher si longtemps la bride à ses ennemys, nostre debvoir est de nous tenir quoys, combien que le temps de nostre rédemption targe. Au reste s'il a promis d'estre juge de ceulx qui auront asservy son peuple, ne doubtons pas qu'il y ayt une horrible punition apprestée à ceulx qui auront despicté sa majesté avec un orgueil si énorme, et qui auront cruellement persécuté ceulx qui invocquent purement son nom. Praticquez donc, mes frères, ceste sentence de David que vous n'avez point oublié la loy du Seigneur, combien que vostre vie soit en vos mains pour la quitter à toute heure. Et puisqu'il employe vostre vie à une cause si digne qu'est le tesmoignage de l'Evangile, ne doubtez pas qu'elle ne luy soit prétieuse. Le temps est prochain que la terre descouvrira le sang qui aura esté caché, et que nous, après avoir esté dépouilléz de ces corps caducques, serons pleinement restauréz. Cependant que par nostre opprobre le Fils de Dieu soit glorifié, et nous contentons de ce tesmoignage qui nous est bien asseuré que nous ne sommes persécutéz ne blasméz, sinon que pource que nous espérons au Dieu vivant. En cela nous avons de quoy despiter tout le monde avec son orgueil, jusques à ce que nous soyons recueillis en ce royaulme éternel, auquel nous jouirons pleinement des biens que nous ne possédons que par espérance.

Mes frères, après m'estre humblement recommandé à vos bonnes prières, je supplieray nostre bon Dieu vous avoir en sa saincte protection, vous fortifier de plus en plus en sa vertu, vous faire sentir quel soing il a de vostre salut, et augmenter en vous les dons de son Esprit pour les faire servir à sa gloire jusques à la fin. De Genesve, (mai) 1553.

Vostre humble frère,

JÉHAN CALVIN.

Je ne fay point mes recommandations en particulier à nos frères, pource que je croy que la présente leur sera commune[1]. J'avois jusques icy différé de vous escrire pour l'incertitude de vostre estat, de peur de vous ennuyer en vain. Derechef je prieray nostre bon Dieu avoir sa main espandue pour vous confermer.

---

[1] Calvin désigne ici plusieurs autres prisonniers de Lyon, Mathieu Dimonet et Denis Peloquin, qui entretenaient dans les cachots un pieux commerce épistolaire avec les écoliers de Lausanne.

A MONSIEUR D'AUBETERRE [*]

Minute. Bibl. de Genève. Vol. 107.

Monsieur, je vous prie qu'il vous plaise m'excuser en ce que je vous déclare mon intention par escrit, plus tost que de bouche. Il y a deux raisons qui m'y contraignent, car je craindrois en une chose odieuse ou estrange de prime face n'avoir pas telle audience qu'il seroit à souhaitter, et puis la révérence que je vous porte m'a tousjours fermé la bouche jusques icy. En la fin je me suis advisé d'essayer si je vous pourrois appaiser en ce dont vous estes mal content de moy, ou pour le moins tellement adoulcir l'offense que vous pourriez avoir conceue, que j'eusse cy-après meilleure entrée à vous en satisfaire du tout. Vous estes marry que je ne me con-

---

[*] En note de la main de Charles de Jonvilliers : « Monsieur Calvin escrivit cette lettre pour un gentilhomme nommé Aubeterre, pour envoyer à son père lequel estoit contraire à la parolle, et fut au moys de may 1553. »

Du Bouchard, vicomte d'Aubeterre, un de ces nombreux réfugiés de France que reçut Genève durant les persécutions. « Il était, dit Brantôme, fugitif à Genève, faiseur de boutons de son métier, comme estoit la loi là introduite, que un chacun d'eux eût un métier et en vécût, tel gentilhomme et seigneur qu'il estoit. Et le dit Aubeterre, bien qu'il fût de bonne maison, estoit de celui de faiseur de boutons. Moi, en passant une fois à Genève, je l'y vis fort pauvre et misérable. » — Ce fut sans doute par les soins de ce seigneur, rentré en France après l'édit de janvier, que se forma l'église réformée d'Aubeterre. Voir une lettre de cette église à Calvin, du 8 janvier 1565. Mss de la Bibl. de Genève, vol 197ᵈ.

forme avec vous au service de Dieu, tel que vous l'estimez. Si je le faisois par mespris, comme beaucoup de gens vollages ne tiennent guères de compte de Dieu, et n'ont nulle dévotion à le servir, je ne serois pas digne que cela me fust pardonné. Mais si la crainte de Dieu me contraint à faire ce que je fais, et ma conscience m'y induit, je croy que pour le moins je vous seray un peu plus supportable en cest endroit. Pour ne vous point fascher par trop long propos, il est bien certain, Monsieur, qu'il règne beaucoup de lourdes corruptions et abus en l'Eglise aujourd'huy, soubs couverture du nom de Dieu. On dira bien que c'est à bonne intention qu'on y va, mais en se faisant à croire qu'on faict bien sans avoir tesmoignage de la volunté de Dieu, on compte sans son hoste. Il fault en somme que Dieu soit servy à son gré, non pas à nostre appétit. Je confesse que ce seroit trop grande présomption à moy de me fier à mon sens propre, cuidant avoir meilleur jugement que les aultres. Mais il n'est pas icy question lequel sera le plus sage en soy. Ceste règle est notoire à tous, jusques aux plus rudes et idiots du monde, que Dieu prise plus obéissance que tous sacrifices qu'on luy sçauroit faire, parquoy sans grande subtilité nous pouvons bien conclurre qu'il désavoue tout ce qui ne s'accorde point à son plaisir. Et où est-ce que nous devons chercher le bon plaisir de Dieu, sinon en l'Escriture saincte? Maintenant si je voy une chose contraire à l'Escriture, ne la dois-je point fuir, si je ne veux offenser Dieu à mon escient? Vous trouverez estrange que cecy se dise des choses qui sont tant receues par tout le monde sans contredit. Mais je vous prie, Monsieur, combien que je sois jeune homme et possible trop facile, qu'en une chose de telle importance je ne me fusse jamais laissé transporter si légèrement sans estre convaincu par bon tesmoignage et suffisant. Et quant Dieu m'a faict la grâce de lire et escouter patiemment, il a fallu que je me sois rangé. Puisqu'ainsy est, vous sçavez, Monsieur, que de communiquer aux choses mauvaises, il ne me seroit pas licite; de ne m'en pouvoir pas abstenir sans vous desplaire, ce m'est une merveilleuse angoisse. Car si jamais j'ay désiré de vous obéyr, je m'y vouldrois efforcer maintenant plus que je ne fis oncques, pour m'acquitter mieux de mon devoir. Il ne reste que ce moien que je vous supplie qu'il vous plaise me pardonner si je n'ose pas faire ce qui seroit damnable en moy. Et en cela je ne doibs estre accusé de présumption, comme si je cuidois estre plus sage que les aultres. Car puisque Dieu m'a faict la grâce de me déclairer ce qui est bon ou maulvais, il fault que je me règle à ceste mesure. Il est dict que *chacun portera son fardeau*. Pourtant il n'y auroit nulle excuse pour moy, quand mesme les aultres seroient excuséz, puisque nous devons cheminer selon la mesure de la congnoissance que Dieu nous a donnée. Je ne disputeray pas subtilement sur quoy je fonde, et comment ou pourquoy je congnois les choses qu'on tient pour bonnes estre mauvaises, mais pource que ma capacité ne le porte point, et que je sçay aussy que cela ne vous seroit agréable. Tant y a que les contrariétés qu'a la messe avec ce que toute l'Escriture nous déclare de la rémission des péchés qui nous a esté acquise par la mort du Fils de Dieu, et aussy avec le sainct sacrement de la Cène qu'il a institué, sont tant notoires qu'il vous sera facile d'en juger, moiennant que vous ne refusiez point d'ouvrir les yeux.

(Si bon vous semble vous pourrez icy coucher ce qui en est simplement et en peu de parolles.)

Monsieur, je considère assez que ces choses vous seront estranges, et que je ne mérite pas d'estre escouté en choses si grandes. Mais s'il vous plaist... et cœtera... luy faisant offre de communiquer plus à plain en la présence de l'oncle, afin que la chose ne soit éventée plus loing. (May 1553.)

A UN RECEVEUR DES DÉCIMES [*]

Minute. Bibl. de Genève. Vol. 107.

Très cher frère, j'ay devisé avec monsieur d'Espeville de l'affaire de laquelle m'aviez escrit pour en avoir son conseil. Après avoir entendu de moy quelle est la charge, il m'a respondu, soit que le roy face bien ou mal levant tribut sur le temporel des prestres, vostre conscience n'en est point chargée. Quant à la taxe, elle est faicte par l'évesque avec les commis du clergé, qu'ils appellent. Parquoy vous n'avez sinon à recevoir ce qui vous est ordonné, sans que vous soiez meslé parmy mille or-

---

[*] En note, de la main de Charles de Jonvilliers : « Copie d'un conseil que donna M. Calvin à un receveur des décimes que le roy levoit sur le temporel des prestres. »

dures. Vray est qu'il dict bien, quand un amy luy demanderoit s'il devroit prendre telle charge, qu'il n'en seroit point d'advis ; mais qu'il n'oseroit point condamner la chose comme mauvaise. A ce que j'ay pu recueillir de ses propos, celuy qui seroit à sa liberté de s'en abstenir, fera bien. Mais si un homme ne s'en peult bonnement exempter, il n'en doit pas faire trop grand scrupule, moiennant qu'il s'aquite fidèlement de son devoir, et qu'il n'y ait point de mauvais accessoire ; de quoy vous pouvez mieux juger par expérience. May 1553.

A MADAME DE CANY [*]

Copie. Bibl. de Genève. Vol. 107.

Madame, combien que je ne sois pas tellement desprouveu de compassion que je ne sente mon cœur enserré, oyant la captivité plus estroicte que jamais où

---

[*] Il existe dans les *Registres* de la Compagnie de Genève, vol. A, p. 110, une pièce intitulée : *Lettre d'une dame persécutée par son mari papiste*, de France, 24 juin 1552. Cette dame était de haute naissance, comme l'indiquent ces mots : « *Sachant la maison dont elle est, et grans seigneurs du royaulme auxquels elle appartient, et qui ont grand faveur du roy...* » Ce passage nous semble désigner Madame de Cany. Voir la note, p. 281. Persécutée par son mari à cause de ses croyances, cette dame ne trouvait de consolation que dans les lettres et les exhortations qu'elle recevait en secret de Genève.

vous estes maintenant tenue, si ne laisseray-je à vous
exhorter de vous munir de vertu et constance, selon que
vous sentez la tentation fascheuse et dure à soustenir.
Car c'est allors que nous devons faire valoir la grâce de
Dieu, quand nous sommes pressés de Sathan et des ennemis de la foy jusques au bout. Sainct Paul se glorifie que combien qu'il soit lyé et enchaîné en la
prison, toutesfois la doctrine qu'il a preschée n'est pas
lyée, mais aiant son cours elle profitte puissamment.
Et de faict puisque c'est la vérité de Dieu qui oultrepasse le monde, et atteint par-dessus les cieulx, ce n'est
pas raison qu'elle se puisse opprimer à l'appétit des
hommes, ne par leur tyrannie. Par quoy, selon que le
diable machine à nous anguoisser (par) les destresses,
efforçons-nous à l'opposite de bien eslargir nos cueurs
par foy, pour résister à tous assaults. Nostre Seigneur
vous a donné par delà naguères des exemples, et nous
en donne journellement à tous en divers lieux qui nous
doivent faire grande honte, si nous n'en sommes fortifiéz. Car si nous deffaillons aux coups de verges, quand
les aultres ne s'estonnent nullement de la mort, quelle
excuse aurons-nous en nostre lascheté? Vous n'aviez
pas attendu possible d'avoir de si rudes combats en la
maison. Mais vous sçavez de quoy nous advertit le Fils
de Dieu, affin que rien ne nous trouble, quand nous y
serons préparéz de longue main. Plustost pensez que ce
n'est pas la fin, mais que Dieu vous essaie bien doulcement, supportant vostre faiblesse jusques à ce que vous
soiez plus robuste à soustenir les coups. Cependant
quoy qu'il en soit, gardez de vous laisser abattre ny par
nonchalance, ny par désespoir. Plusieurs sont vaincus,

pour ce qu'ils laissent refroidir et escouler leur zèle en se flattant. Les aultres au contraire, sont tellement effraiéz, ne trouvans pas en eux la vertu qu'ils vouldroient, qu'ils en sont confus, et par ce moien quittent là tout. Qu'est-il donq de faire? Esveillez-vous à méditer tant les promesses de Dieu qui nous doivent estre comme eschelles affin de nous eslever au ciel, pour nous faire mespriser ceste vie transitoire et caduque, que les menaces qui nous doivent bien induire à craindre son jugement. Quant vous ne sentirez pas vostre cœur esmeu, comme il seroit besoing, recourez, comme au remède singulier, à requérir l'ayde de celuy sans lequel nous ne pouvons rien. Cependant esvertuez-vous, redarguant vostre froidure et débilité, jusques à ce que vous y voiez quelque amendement. Et en cest endroit il est requis une grande prudence à tenir moien : c'est de gémir sans fin, et mesme vous solliciter à tristesse et ennuy de vostre condition, à une telle desplaisance de vos misères que vous n'ayez point de repos, sans toutefois vous deffier que Dieu besongnera avec le temps à vous fortifier tant qu'il en sera mestier, encor que cela n'apparoisse pas du premier coup. Ce ne vous doit estre chose nouvelle de veoir la paoure Eglise de Dieu si misérablement affligée, de veoir l'orgueil des ennemis croistre de plus en plus avec la cruaulté. Si vostre esprit est en trop grande perplexité, c'est ce que vous devez trouver nouveau, comme ayant oublié ce que nous devons avoir enraciné au profond du cœur, de nous conformer à l'image du Fils de Dieu, portant patiemment l'ignominie de sa croix jusques à ce que le jour de nostre triumphe sera venu. Toutefois que cela ne vous empesche point, mais plustost vous incite à poursuyvre vostre train, car il nous fault encore passer par d'aultres estamines.

Quand j'auroy entendu qu'estant privée de si peu de liberté que vous aviez, vous ne laissez point d'avoir le cœur droict et de persister à servir à Celuy qui mérite bien que son honneur soit préféré à tout, j'auray de quoy me resjouir plus à plain. Si est-ce que je me resjouis, quoy qu'il en soit, en la bonne confiance que j'en ay ; parquoy ne me faictes pas ce tort que j'en sois frustré. Combien que vous aiez surtout à regarder que vous devez à nostre bon Dieu et au Seigneur Jésus lequel a monstré comment nous luy estions chers, quand il ne s'est pas espargné pour nous, aussy advisez de rendre Sathan et ses supposts confus, lesquels ont pensé mettre vostre foy soubs les pieds. Mais pource que telle victoire requiert une plus grande force que la vostre, aiez vostre refuge à ce bon Seigneur Jésus lequel nous a esté faict vertu de Dieu son Père, affin qu'en luy nous puissions tout. Et de ma part je le prieray qu'il luy plaise desploier sur vous un tel secours de son Esprit, que vous congnoissiez par expérience que c'est d'estre sousteneu de luy, et qu'il en soit glorifié, le priant aussi vous avoir en sa saincte garde contre la rage des loups et les embusches des renards. Sur quoy, Madame, après m'estre humblement recommandé à vostre bonne grâce, aussy à vos prières, je feray fin. Ce 7me de juing 1553.

Vostre humble frère et serviteur,

J. DE BONNEVILLE [1].

[1] Pseudonyme du réformateur.

AUX PRISONNIERS DE LYON *

Imprimée. *Histoire des Martyrs*, L. IV, p. 252.

Mes frères, je crois qu'avez esté advertis que j'estoye absent de la ville, quand les nouvelles vindrent de vostre prison, et ne suis pas retourné de huit jours après. Pourquoy il n'est jà besoin que je m'excuse de ce que j'ay tant différé à vous escrire. Or combien que ce nous ait esté un message triste selon la chair, mesme selon le juste amour que nous vous portons en Dieu, comme nous y sommes tenus, si nous faut-il néantmoins renger

* Les cachots où languissait encore Mathieu Dimonet renfermaient plusieurs autres prisonniers, Denis Peloquin, de Blois, Louis de Marsac, gentilhomme du Bourbonnais, et un de ses cousins. C'est à ces deux derniers, récemment arrêtés à Lyon, qu'est adressée la lettre du réformateur.

Les prisonniers entretenaient une pieuse correspondance hors de leurs cachots. Peloquin écrivait à ses parents : « — Très chers frères et sœurs..... ne vous arrêtez point, je vous prie, aux jugemens du monde, lequel est tant aveugle qu'il ne peut trouver vie en la mort, ne bénédiction en malédiction, sachans que le moyen pour nous conformer à Jésus-Christ... c'est que nous portions la croix avec luy, car le serviteur n'est pas plus que le maistre... » — Louis de Marsac écrivait à Calvin : « — Monsieur et frère... Je ne vous pourrois réciter la grande consolation que j'ay receue... des lettres qu'avez envoyées à mon frère Denis Peloquin, lequel trouva moyen de la bailler à un de nos frères qui estoit en un croton au-dessus de moy, et m'en fit la lecture, pource que je ne les pouvois lire, d'autant que je ne voyois rien en mon croton. Je vous prie donc de persévérer pour nous assister tousjours de semblable consolation, car icelle nous invite à pleurer et prier. » *Hist. des Martyrs*, p. 236, 254.

à la volonté de ce bon Père et Seigneur souverain, et non-seulement trouver juste et raisonnable ce qu'il dispose de nous, mais l'accepter de cœur benin et amiable, comme bon et propre pour nostre salut, attendant patiemment qu'il monstre par effect qu'ainsy soit. Au reste nous avons au milieu de nostre tristesse de quoy nous esjouyr, en ce qu'il vous a si puissamment assistéz, car il a bien esté requis qu'il vous fortifiast par son Esprit, à ce que la confession de sa sacrée vérité vous fust plus précieuse que vostre vie. Nous savons tous, voire par trop, combien il est difficile aux hommes de s'oublier. Ainsy il faut bien que ce bon Dieu desploye son bras fort, quand, pour le glorifier, nous ne craignons point ne tourments, ne honte, ne la mort mesme. Or comme il vous a muny de sa vertu pour soustenir le premier assaut, il reste de le prier qu'il vous renforce de plus en plus selon que vous aurez à combattre. Et puisqu'il nous a promis la victoire finale, ne doutez point que s'il vous a fait sentir une partie de sa vertu, vous aurez plus ample tesmoignage pour effect et expérience à l'advenir, qu'il ne commence pas pour laisser son ouvrage imparfait, comme il est dit au pseaume; sur tout quand il faict cest honneur aux siens, de les employer pour maintenir sa vérité, et qu'il les amène au martyre comme par la main, il ne les laisse jamais dépourvus des armes qui y sont requises. Mais qu'il vous souvienne cependant de lever les yeux à ce royaume éternel de Jésus-Christ, et de penser pour quelle querelle vous bataillez; car ce regard non-seulement vous fera surmonter toutes tentations qui vous pourront survenir de l'infirmité de vostre chair, mais aussy vous rendra invincible contre toutes les cautelles de Sathan, et ce qu'il pourra brasser pour obscurcir la vérité de Dieu. Car je sçay bien que par sa grâce vous estes si bien fondéz, que vous n'y allez point à l'adventure; mais que vous pouvez dire avec ce vaillant champion de Jésus-Christ : *Je sçay de qui je tiens ma foy.*

C'est la cause pourquoy je ne vous envoye point une telle confession de foy que m'avoit requise nostre bon frère Peloquin, car Dieu fera beaucoup mieux profiter celle qu'il vous donnera de faire selon la mesure de vostre esprit qu'il vous a desparty, que tout ce qui vous seroit suggéré d'ailleurs. Mesme estant prié par aucuns de nos frères qui ont naguères espandu leur sang pour la gloire de Dieu, de revoir et corriger leur confession qu'ils avoyent faite, j'ai esté bien aise de la voir pour en estre édifié, mais je n'ay voulu y adjouter, ne y diminuer un seul mot, pensant que ce qui auroit été changé, ne feroit que diminuer l'authorité et efficace que mérite la sagesse et constance qu'on voit clairement estre venue de l'Esprit de Dieu. Soyez donc asseuré que ce bon Dieu qui se monstre au besoin, et accomplit sa vertu en nostre faiblesse, ne vous délaissera point que vous n'ayez de quoy magnifier puissamment son nom. Seulement procédez-y en sobriété et révérence, sachans que Dieu n'acceptera pas moins le sacrifice que vous luy ferez selon vostre portée et faculté que vous avez receuë de luy, que si vous compreniez toutes les révélations des anges, et fera valoir ce qu'il vous aura mis en la bouche, tant pour confermer les siens, que pour confondre les adversaires. Car comme vous estes assez advertis que nous avons à résister constamment aux abominations de la Papauté, si nous ne voulons renoncer le Fils de Dieu qui nous a tant chèrement acquis à soy, aussy méditez ceste gloire et immortalité céleste à laquelle nous sommes conviéz et sommes certains de parvenir par la croix, ignominie et mort. C'est chose estrange au sens humain que les enfans de Dieu soyent saouléz d'angoisses, cependant que les meschants s'égayent en leurs délices; mais encore plus que les esclaves de Sathan nous tiennent les pieds sur la gorge, comme on dit, et facent leur triomphe de nous. Si est-ce que nous avons à nous consoler en toutes nos misères, attendans ceste heureuse issue laquelle nous est promise, que non-seulement il nous délivrera par ses Anges, mais aussy luy-mesme torchera les larmes de nos yeux. Et par ce moien à bon droict nous avons de quoy despiter l'orgueil de ces pouvres aveugles, qui à leur ruyne eslèvent leur rage contre le ciel. Cependant combien que nous ne soyons pas à présent en pareille condition que vous, si ne laissons-nous à batailler quant et quant, par prière, solicitude et compassion, comme vos membres, puisqu'il a pleu au Père céleste par sa bonté infinie de nous unir en un corps, sous son Fils, nostre chef.

Sur quoy je le supplierai vous faire (ceste) grâce qu'estans appuyéz sur luy, vous ne chanceliez nullement, mais plus tost croissiez en vertu; qu'il vous tienne en sa protection et vous en donne telle certitude que vous puissiez mespriser tout ce qui est du monde. Mes frères vous saluent très affectueusement, et plusieurs autres. Ce 7me de Juillet 1553.

Vostre frère,

JEAN CALVIN.

Pource que ceste lettre, comme j'espère, sera commune à vous deux, seulement j'adjousteray ce mot qu'il n'est jà besoin que je vous face longue exhortation, car c'est assez que je prie Dieu qu'il luy plaise de continuer à vous imprimer de mieux en mieux au cœur ce que j'ay congneu, par vos lettres, que vous goustez très bien. Combien que ce soit chose fascheuse de languir si longtemps, quand il n'y auroit que le fruict que Dieu vous montre qu'il ne vous a pas réservéz jusques icy sans cause, vous avez juste occasion de ne vous lasser, ny ennuyer pour la longueur. Et quant à la maladie, c'est prudemment considéré à vous, que Dieu par ce moyen vous veut mieux préparer à plus grand combat, afin que la chair estant bien domptée puisse mieux se résigner. Voilà comme nous devons convertir à nostre profit tout ce que le Père céleste nous envoye. Si vous pouvez communiquer avec les autres frères, je vous prie les saluer aussi de par moy. Ce bon Dieu vous tienne à tous main forte, vous garde et vous conduise, et face de plus en plus reluyre sa gloire en vous.

A DENIS PELOQUIN ET A LOUIS DE MARSAC [*]

Imprimée. *Histoire des Martyrs*, L. IV, p. 244

Très chers frères, combien qu'en escrivant vostre lettre vous pensiez que les ennemis de vérité vous deus-

[*] Réunis dans un même cachot, durant les derniers jours de leur

sent sacrifier bientost, je n'ay poinct laissé de vous escrire la présente, afin que s'il plaist à Dieu qu'elle vienne à temps, vous ayez encore quelques mots de consolation de moy. C'est très bien et très prudemment considéré à vous les grâces de Dieu, quand vous connoissez qu'il a encore mieux confermé en vous ses promesses, vous donnant une telle constance, comme vous l'avez senti naguères en vos dernières responses. C'est bien de luy à la vérité, qu'estes demeuréz ainsi fermes pour ne point fleschir. Ainsy je me tiens bien asseuré que ce sceau qui porte la vraye marque du St-Esprit ne sera jamais effacé. D'autre part il a si puissamment besongné en Michel Girard[1] que la foiblesse qui avoit esté en luy par cydevant, donne tant plus grand leustre à ceste vertu la-

captivité, les deux prisonniers ne furent séparés que pour mourir. Denis Peloquin fut tiré de sa prison le 4 septembre, et conduit à Villefranche où sa constance héroïque sur le bûcher excita l'admiration et l'attendrissement des spectateurs. Louis de Marsac, associé à deux autres victimes, Etienne Gravot, de Gyen, et Marsac, son cousin, qui l'avait suivi dans les cachots, « rendit grâces à Dieu de l'honneur inestimable qu'il leur présentoit de souffrir pour son nom. » — Au moment où les trois condamnés allaient être conduits au supplice, on leur mit une corde au cou, selon l'usage : « Voyant (Louis de Marsac) qu'on l'espargnoit en cest endroit pour quelque respect de sa qualité, il demanda à haute voix si la cause de ses deux frères estoit différente d'avec la sienne, adjoustant ces mots : *Hélas! ne me refusez point le collier d'un ordre tant excellent.* » Le lieutenant se rendit à ce vœu, et les trois martyrs, entonnant d'une même voix le cantique de délivrance, montèrent peu après sur le bûcher, dressé à la place des Terreaux, et expirèrent au milieu des flammes. *Hist. des Martyrs*, L. IV, p. 254. *Hist. eccl.*, t. I, p. 92.

[1] En note, dans l'*Histoire des Martyrs :* Ce Michel Girard n'a persévéré.

quelle il a receuë d'en haut. Je ne doute pas que les ennemis mesmes ne soient convaincus que ce changement n'est pas procédé de l'homme. Ainsy par plus forte raison nous devons bien avoir les yeux ouverts pour contempler la main de Dieu, laquelle s'est icy estendue d'une façon admirable, pour retirer sa pauvre créature de l'horrible confusion où elle estoit tombée. Du temps qu'il a esté conduit de son sens, il cuidoit avoir beaucoup gagné, ayant racheté quelque peu de temps ceste vie caduque et misérable, et s'estant plongé aux abysmes de mort éternelle. C'est donques une œuvre divine, que de son bon gré il soit rentré en la mort pour parvenir à la droite vie, de laquelle non-seulement il s'estoit eslongné, mais du tout forclos, en tant qu'en luy estoit. Car la bonté de Dieu s'est tant plus richement desployée en cest endroit, qu'il a relevé sa créature d'une chuste, qui pouvoit sembler mortelle, voire pour triompher en icelle, et magnifier sa gloire comme il a commencé, et j'espère qu'il le parfera.

J'ai veu la confession qu'il a faite, laquelle est pure et franche, et digne d'un homme chrestien. Toutesfois, il est bon, il me semble, qu'il soit adverti de quelques poincts, afin que les adversaires soient tant plus confus, quand il leur fera response plus distincte. Non pas que ce qu'il a dit ne soit vrai, mais pource que les malins, prennent tousjours des occasions bien légères de calomnier et pervertir le bien.

Estant interrogué, si le corps de Jésus-Christ n'est pas sous l'espèce du pain, il a respondu que c'estoit un pur blasphème anéantissant la mort de Jésus-Christ. Or, il faloit qu'il réprouvast notamment deux choses en la messe : l'une est une idolâtrie, en ce qu'ils font une idole d'un morceau de pain, l'adorant comme Dieu ; la seconde est qu'ils en font un sacrifice pour réconcilier les hommes à Dieu. Or comme Jésus-Christ est le seul sacrificateur ordonné de Dieu le Père, aussy lui-mesme s'est offert une fois pour toutes, et sa mort a esté le sacrifice unique et perpétuel pour nostre rédemption. Mesme sur le premier article, il eust esté bon de protester qu'il croit bien qu'en la Cène nous communiquons au corps et au sang de Jésus-Christ, mais que c'est en montant en haut au ciel par la foy, et non pas le faisant descendre icy-bas, adjoustant toutesfois que cela ne fait rien pour leur messe, veu que c'est un acte du tout contraire à la Cène de Jésus-Christ.

Estant interrogué si la vierge Marie et les saincts intercèdent pour nous, il a respondu qu'il n'y a qu'un seul ésus-Christ intercesseur et advocat, ce qui est vray, car il n'y a ni hommes, ni anges qui ayent accès à Dieu le Père que par ce Médiateur unique. Mais il eust esté bon d'adjouster pour déclairation, que l'office d'intercéder n'est point donné aux morts, comme Dieu nous commande d'intercéder les uns pour les autres en la vie présente. Cependant pource qu'il n'est licite de prier Dieu qu'en certitude de foy, qu'il ne nous reste sinon d'invoquer Dieu au nom de Jésus-Christ, et que tous ceux qui cherchent la vierge Marie et les saincts pour leurs advocats, extravaguent et se destournent du chemin.

Estant interrogué du franc arbitre, pour monstrer qu'il n'y a en nous aucun pouvoir de bien faire, il allègue le dire de sainct Paul au 7 des Romains : *je ne fay pas le bien que je veux*, etc. Or il est certain que S. Paul ne parle point là des incrédules qui sont du tout despuéz de la grâce de Dieu, mais de luy et des autres fidèles, auxquels Dieu auroit desjà fait la grâce d'aspirer à bien faire. Sur cela, il confesse qu'il sent en soy une telle répugnance, qu'il ne peut venir à bout de s'acquitter pleinement. Il faloit doncques adjouster pour déclairation : Si les fidèles sentent toute leur nature contraire à la volonté de Dieu, que sera-ce de ceux qui n'ont que pure malice et rébellion? Comme il dit au 8ᵉ chap. que *toutes les affections de la chair sont autant d'inimitiéz contre Dieu*. Et au 2ᵉ des Ephésiens, il monstre bien que c'est qu'il y a en l'homme. Item au 1ᵉʳ et 2ᵉ chap. de la première aux Corinthiens, et au 3ᵉ chap. des Romains ; dont il s'ensuit que *c'est Dieu qui fait en nous et le vouloir et le parfaire selon son bon plaisir*, comme il est dit au 2ᵉ chap. des Ephésiens.

Estant interrogué sur les vœux, il a respondu que toutes nos promesses ne sont que menteries. Or il eust été bon de spécifier qu'une partie de leurs vœux estans impossibles, ne font que despiter Dieu, comme quand les moines et prestres renoncent au mariage, et que tous en général ne sont que fausses inventions pour abastardir le service de Dieu ; et qu'il ne nous est permis de lui promettre ou offrir sinon ce qu'il aprouve par sa parole. Je croy que le dit frère sera bien ayse d'estre adverty de ces choses, afin que la vérité de Dieu soit tant plus victorieuse en luy.

Au reste, comme au milieu de ceste vie nous sommes en la mort, aussy maintenant il vous faut estre résolus qu'au milieu de la mort vous estes en la vie. Et en cela voyons-nous qu'il n'est poinct question de nous gouverner selon nostre sens, pour suivre Jésus-Christ, car il n'y a rien qui nous soit plus estrange que de nous plonger en opprobre, et nous abatre jusques à la mort, pour estre eslevéz à la gloire des cieux. Mais nous sentirons en la fin par effect que le Fils de Dieu ne nous a point frustréz en nous promettant que *quiconque quittera sa vie en ce monde, la recouvrera pour en jouir à jamais.* Parquoy, mes frères, si jusques icy, vous avez connu par expérience que valent les consolations que ce bon Seigneur Jésus donne aux siens, pour leur faire trouver doux et amiable tout ce qu'ils souffrent pour sa querelle, et que vaut l'aide de son Esprit pour leur donner courage à ce qu'ils ne défaillent point, priez-le qu'il continue l'un et l'autre, et en le priant reposez-vous en luy, qu'il accomplira vostre sainct désir. De nostre part, cependant que vous serez au combat, nous ne vous mettrons point en oubli. Tous mes frères vous saluent. Ce bon Dieu et Père de miséricorde vous ait en sa protection, et, s'il lui plaist que vous enduriez la mort pour le tesmoignage de son Evangile, comme l'apparence y est, qu'il monstre qu'il ne vous a point abandonnéz, mais plus tost qu'en vous ordonnant ses martyrs, il habite et règne en vous, voire pour triompher en vous à la confusion de ses ennemis, et pour esdifier la foy de ses esleus, et qu'il nous conduise tous jusques à ce qu'il nous recueille ensemble en son royaume. Ce 22me d'aoust 1553.

Excusez-moy, si je ne vous ay pas plus tost respondu, car je receus seulement hier vostre lettre, laquelle estoit dattée du douzième.

Vostre humble frère,

JÉHAN CALVIN.

A UNE DAME CAPTIVE *

Copie. Bibl. de Genève. Vol. 107.

Mademoiselle et très chère sœur, il me faict bien mal de l'affliction où vous estes, non-seullement pource que les enfans de Dieu doibvent porter les fascheries les uns des aultres, mais d'aultant que la cause pour laquelle vous endurez m'est commune avec vous. Car, à ce que j'entens, on vous afflige et vous tient-on comme captive pour avoir voullu suyvre Jésus-Christ. Cependant vous avez à vous resjouir pour le bon tesmoignage que vous rend vostre conscience devant Dieu. C'est que vous ne souffrez point pour vos maléfices, mais pource que Sathan ne peult souffrir que vous sortiez des liens de la servitude en laquelle vous avez langui jusques icy. Cependant vous avez à invoquer Dieu, le priant qu'il luy plaise avoir pitié de vous, et vous remettre du tout en sa main, pour espérer telle délivrance qu'il luy plaira de vous envoyer. Toutesfois s'il y avoit remède bon et licite pour eschapper des mains de celuy qui vous tient,

---

* *En note* de la main de Charles de Jonvillers : « Il escrivit ceste lettre à une bonne demoiselle laquelle il ne cognoissoit, qui estant en chemin pour venir à Genève fut accostée par un sien parent, lequel ne la vouloit point laisser en sa liberté. Deux des frères d'icelle vindrent icy pour avoir ses lettres. Mais craignant qu'ils la demandassent à leur advantage, et pour leur en servir au dommage de la demoiselle, il l'escrivit et usa de ce stile tout expressément. »

il fauldra demander conseil à Dieu, affin que par son Esprit il vous enseigne d'en bien user. Pource que je ne suis pas informé du faict, mesmes que je ne congnois ne vostre personne ne vostre qualité, j'en escriray selon le rapport des gentilshommes présens porteurs. Ils m'ont dit, comme vous estes en train de venir par deçà, voire mesmes en chemin, que la chose estant descouverte, quelque prestre, qui est de vos parens, vous a saisie et vous tient comme en prison, dont il n'y a moien de sortir que vous ne faciez semblant d'habiter encores quelque peu de temps par delà. Or il promect de vous retirer en leur maison où vous aurez liberté de servir purement à Dieu, sans vous mesler parmy les idolastries qui règnent au pays. Devant que vous donner conseil là-dessus, je proteste que je ne vouldroys nullement vous donner occasion de fleschir, ou chercher quelque voie oblique qui fust pour vous destourner du droit chemin, lequel Dieu vous monstre par sa parolle. Combien que j'aye entendu que Dieu vous a donné une constance admirable, dont je bénis et magnifie son nom, toutesfois je me vouldroys plus tost efforcer à vous augmenter de plus en plus un tel courage et vertu, que d'en rien amoindrir. Car quant nous sommes en ceste extrémité-là de n'avoir moien de nous deslivrer de la tyrannie des ennemys de vérité, sinon par subterfuges qui nous recullent et esloignent du bon chemin, il n'y a nul doubte que Dieu ne nous appelle à signer de nostre sang la confession de foy que nous luy devons. Parquoy s'il estoit question de vous faire décliner ne çà ne là, plus tost mourir. Et affin de ne point estre esbranlé ny par menaces, ny par rien qui soit, regardez au Fils de Dieu, lequel n'a point espargné sa vie pour nostre salut, affin que nous ne tenions point la nostre trop prétieuse, quand il est besoing de servir à sa gloire, Regardez à ceste couronne-céleste laquelle est apprestée à ceux qui auront vertueusement bataillé. Et surtout gardez de ne reculler, au lieu que nous devons faire tous nos efforts pour nous avancer au but que Dieu nous propose. Mais si ce moien vous est offert de vous retirer avec vos frères qui désirent de servir à Dieu d'un mesme accord avec vous, je ne suis point d'advis que vous le refusiez. Au reste vous avez à prier Dieu, ce que je feray avec vous, qu'il vous donne esprit de conseil et prudence pour juger ce qui sera bon et expédient de faire, esprit de discrétion pour ne vous point tromper en prenant le mal pour le bien, esprit de vertu pour estre constante à suyvre du tout sa volunté. De Genesve ce 13 de septembre 1553.

AUX FIDÈLES DES ILES *

Copie. Registres de la Compagnie de Genève, Vol. A.

Très chers frères, nous avons à louer Dieu de ce que en la captivité où vous estes, il vous donne ceste vertu

---

* « Aux fidèles dispersés en aucunes isles de France. — La presqu'île d'Arvert, sur les côtes de la Saintonge, peuplée de pêcheurs et de pirates, reçut les premières semences de l'Evangile de quelques

que vous demandez à le servir purement, craignans plus d'estre privéz de sa grace que de vous exposer au danger qui va peut-être advenir par la malice des adversaires, car le frère présent porteur [1] nous a déclairé que vous l'avez requis de retourner vers vous quand il pourroit, et que vous désirez par tous moyens, estre solicités à bien et confirmés en la foy de l'Evangile; et de faict il en est aujourd'hui plus grand besoing que jamais. Il reste que ce bon zèle soit ferme en vous, afin que poursuiviez constamment de vous advancer au chemin du salut. Quand à l'homme, vous le cognoissez, et, de nostre part, selon qu'il s'est monstré icy homme craignant Dieu, et a conversé avec nous sainctement et sans reproche, et aussy qu'il a tousjours suivi bonne doctrine et saine, nous ne doutons pas qu'il ne se porte fidèlement par delà, et ne mette peine à vous édifier. Quant

---

réfugiés chassés par la persécution des villes voisines. Ces semences « furent depuis fécondées par quelques moines preschans à demy la vérité, quant à la doctrine, et reprenant les vices; de sorte qu'en peu de temps on vit (en ce païs) un estrange changement. » Bèze : *Hist. eccl.*, t. I, p. 101. De la pointe d'Arvert, la Réforme se répandit dans les îlots voisins, et y fit de nombreux disciples, malgré les rigueurs du parlement de Bordeaux. Un grand missionnaire, Philibert Hamelin, régularisa ce mouvement. Originaire de Tours, il prêcha d'abord avec succès la Réforme à Saintes. Arrêté dans cette ville, il échappa miraculeusement à la mort, et chercha un asile à Genève, où il exerça le métier d'imprimeur. Mais l'ardeur de son zèle lui fit reprendre bientôt le périlleux apostolat qu'il devait clore par le martyre. Il revit la Saintonge, visita ses frères dispersés dans les îles, organisa leurs églises, et, pris une seconde fois, il périt sur un bûcher à Bordeaux, le 18 avril 1557. On peut consulter sur le ministère et la mort de Hamelin le Journal d'un autre glorieux missionnaire de la Réforme, Bernard Palissy.

[1] Philibert Hamelin.

au conseil qu'il nous a demandé en vostre nom, voicy l'ordre qu'il nous semble que vous avez à tenir tant pour prier Dieu en commençant, que pour estre enseignéz et exhortéz tant par luy que par d'autres que Dieu vous donnera, et auxquels il aura faict la grâce de vous pouvoir servir. Sur cela que vous preniez courage de vous séparer des idolâtries, de toutes superstitions qui sont contraires au service de Dieu, et à la confession que luy doibvent tous Chrestiens, car nous sommes appeléz à cela. Quand Dieu avec le temps vous aura faict tellement profiter que vous serez comme un corps d'Eglise qui s'entretiendra en l'ordre desjà dit, et qu'il y en aura quelques-uns qui seront résolus de se retirer des pollutions qui règnent là, alors vous pourrez avoir l'usage des sacrements. Mais nous ne sommes nullement d'advis que vous commenciez par ce bout, et mesme que vous soiez hatéz d'avoir la saincte Cène, jusques à ce que vous aiez un ordre establi entre vous. Et de faict il vous vault beaucoup mieulx de vous en abstenir, afin que vous soiez induits par cela à chercher les moiens qui vous en rendent capable. C'est, comme desjà nous avons dict, que vous soiez accoustuméz de vous assembler au nom de Dieu, estans comme ung corps, et que vous soiez séparéz des idolâtries qu'il n'est pas licite de mesler avec les choses sainctes. Mesmes il ne seroit pas licite à ung homme de vous administrer les sacremens, sans qu'il vous recognoisse comme ung troupeau de Jésus-Christ, et qu'il ne trouve entre vous une forme d'église. Cependant prenez courage à vous desdier du tout à Dieu lequel nous a si chèrement acquis par son propre Fils, et rendez ung hommage de corps et d'âme, monstrans que vous tenez sa gloire plus précieuse que tout ce qui est du monde, et que vous estimez plus le salut éternel qui vous est appresté au ciel que ceste vie caduque.

Sur quoy, très chers frères, faisans fin à la présente, nous prierons ce bon Dieu d'accomplir ce qu'il a commencé en vous, de vous augmenter en tous biens spirituels, et vous avoir en sa saincte protection. Ce 12me d'octobre 1553.

CHARLES D'ESPEVILLE,
Tant en son nom que de ses frères.

A MADEMOISELLE DE PONS *

Copie. Bibl. imp. Coll. Dupuy. Vol. 102.

Mademoiselle et bonne sœur, si Dieu vous eust donné un mary qui vous eust esté loyal, et eust vescu en bonne concorde avec vous, il seroit besoin de vous consoler maintenant, et vous exhorter à patience. Mais puisque celuy qui vous debvoit tenir aussy chèrement que la moytié de sa personne, vous a esté tant qu'il a vescu un fléau bien dur, il vous est plus tost besoing de congnoistre que nostre bon Dieu en le retirant vous a re-

* *En note :* « A Mademoiselle de Pons, demeurant en Bretagne, laquelle après avoir longtemps esté maltraictée de son mary à cause de la religion, Dieu l'avoit délivrée de la servitude de son mary, qui estoit mort. »

gardée en pitié. Au reste il faut que les fascheries que vous avez souffertes, vous servent tousjours d'instruction à vous humilier soubs la main de Celuy qui vous a ainsy voulu esprouver, pour vous faire aussy sentir que vaut son aide, et comme il est fidèle pour ne jamais défaillir aux siens. Mais tout le maulvais traictement soubs lequel vous avez langui, n'estoit rien auprès de ceste misérable captivité en laquelle vous estiez détenue pour ne pouvoir servir à Dieu, et que vous estiez distraicte du Fils de Dieu pour ne luy pouvoir garder la foy du sainct et sacré mariage qu'il a contracté avec vous; et aujourd'huy d'autant vous faut-il mieulx penser à quelle fin il vous a mise en telle liberté. Réduisez-donc, je vous prie, en mémoire les souspirs continuels que vous avez jetté si longtemps. Combien que vous eussiez beaucoup de sortes de tristesses, je ne doubte pas que vostre principal regret ne fust de ce qu'il ne vous estoit point permis de vous adonner purement au service de Dieu. Pensez bien si vous n'avez pas protesté journellement devant Dieu, que vous ne souhaittez sinon le moyen de sortir de la servitude où vous estiez. Maintenant qu'il vous est donné, n'attendez pas que Dieu vous somme de vostre promesse. C'est à vous de l'anticiper, ainsy que vostre conscience vous sollicite, sans qu'on vous picque d'ailleurs. Mesmes réduisez en mémoire que sainct Paul disant que les gens mariés sont comme partis, mais que les vefves n'ont qu'à s'applicquer du tout à Dieu, vous oste l'excuse que jusques icy vous eussiez peu prétendre. Il est certain que rien qui soit ne nous doibt empescher de nous acquitter vers nostre Père céleste, et ce bon Rédempteur qu'il nous a envoyé; mais selon l'opportunité que chasqu'un aura, tant plus est-il coulpable s'il ne s'employe tant plus franchement à faire son debvoir. Je sçay bien que vous avez esgard à vos enfans, et ne dis pas que ce ne soit à bon droict, moyennant que le Père souverain de vous et d'eulx ne soit laissé derrière. Mais pensez que le plus grand bien que vous leur puissiez faire, est de leur monstrer le chemin de suivre Dieu. Quoy qu'il en soit, il ne vous sera plus licite d'alléguer que vous offensez par force, puisque Dieu vous a ouvert la porte qui vous estoit close. Que reste-il donc sinon que vous preniez couraige, voire jusques à vous efforcer pour surmonter toutes les difficultés qui vous retiennent. Car je sçay bien que vous ne pouvez pas sans grande contradiction vous desdier pleinement à nostre Seigneur Jésus. Mais pour en venir à bout faites valoir la congnoissance qu'il vous a donnée desjà de long temps, et ne laissez point amortir le zèle qu'il vous a une fois imprimé en vostre cueur par son Sainct-Esprit, et n'estaignez point à votre escient le sainct désir duquel vous avez bruslé par cy-devant. Regardez comme Dieu laisse escouler ceulx qui se sont petit à petit annonchalis, et comme il permet facilement qu'estans du tout desbauchéz, ils s'en aillent à perdition. Et c'est bien raison que le Seigneur se vange ainsy de ceulx qui auront préféré les vanités de ce monde au thrésor de son Evangile. Or, au lieu que plusieurs se laissent séduire par tels exemples pour suivre un mesme train, que ce vous soit autant d'advertissement pour vous tenir tant plus serrée en crainte et sollicitude. Au reste, que le maulvais temps que vous avez enduré une partie de vostre vie, vous face tant mieulx penser à ceste vraye félicité et gloire parfaicte qui nous est apprestée aux cieulx, pour ne nous point amuser à quelque repos mondain, qui ne peut estre que caduque, et mesme confit en des troubles infinis, et qui pis est, nous aliène du repos de nos âmes qui est seul bénit. Mais affin qu'il ne semble pas que je me deffie de vostre bonne volonté, je feray fin à la présente après m'estre affectueusement recommandé à vostre bonne grâce et prières, et avoir supplié nostre bon Dieu que s'il a par cy-devant desployé sur vous les grâces et vertus de son Sainct-Esprit, que non-seulement il continue, mais qu'il vous y augmente, et ne permecte pas que jamais vous décliniez du droict chemin, et qu'il vous y advance de plus en plus; cependant qu'il vous contienne en sa protection.

Pource que je ne sçay où est monsieur vostre frère, et si je luy feroys plaisir en luy escripvant, cela m'en faict abstenir. Cependant je désire que Dieu luy tienne la main forte à ce qu'il ne s'aliène point de luy[1]. A ce que j'entens il s'est un peu trop escarté en aucunes choses, et auroit bon besoing d'estre ramené au droict chemin. Mais pource que je ne sçay par quel costé y arriver, je réserve cela à meilleure occasion. De rechef je vous remettray en la garde de nostre bon Dieu. Le 20 de novembre 1553.

Votre humble frère et serviteur,

Charles d'Espeville.

[1] Le personnage en question n'est-il pas Antoine de Pons, seigneur de Maremnes? Il avait épousé en premières noces Anne de Parthenay, fille de M. de Soubise, et embrassé la Réforme à la cour de Ferrare. Marié plus tard à la dame de Montchenu, il se détourna de la foi protestante, et devint même un de ses persécuteurs. Bèze, *Hist. eccl.*, T. I, p. 199.

A UN SEIGNEUR DU PIÉMONT *

Copie. Bibl. de Genève. Vol. 107.

Monsieur, combien que je vous suis incongneu de face, toutesfois estant asseuré par gens dignes de foy que mes lettres seroient bien receues de vous, je me suis enhardy de vous escrire, n'aiant autre accès que celuy que me donne l'authorité du Maistre auquel je sers, lequel, comme je croy, me suffira assez, veu la révérence que vous portez à luy et à sa doctrine. Comme aussy c'est bien raison que grans et petits s'assubjectissent à sa majesté, puisque le Père céleste luy a donné tout empire souverain, affin que tout genouil se ploye devant luy, et non-seulement des créatures humaines, mais

---

* Le nom de ce seigneur nous est inconnu. — Le Piémont, alors soumis à la domination française, n'était pas demeuré étranger à l'influence de la Réforme. Les doctrines évangéliques, fidèlement gardées par les Vaudois dans l'asile séculaire des Alpes, et ravivées par un esprit nouveau, se répandirent à Turin, et de là dans tout le pays, « en sorte, dit Bèze, qu'en peu de temps il y eut compagnie de ceux de la religion réformée dressée à Carignan, Pontcalier, Poyrin, Villefranche, Ville-neuve d'Ast et Castillon, lesquelles toutesfois ont esté dissipées par les persécutions. » Un courageux ministre, Alexandre Guiotin, fonda, en 1557, l'Eglise réformée de Turin. *Hist. eccl.*, t. III, p. 386 et suivantes. On lit dans les *Registres de la Compagnie de Genève*, 6 septembre 1557 : « Fut esleu pour Piémont maistre Pasquier Barnot, et partit le 14me jour de septembre. » — *Ibidem*, décembre 1558 : « Maistre Christofle, fils du médecin de Vevey (partit) pour aller administrer la parole de Dieu en la ville de Thurin. »

aussi des anges. Vray est que cela est bien mal congneu aujourd'huy de la plus part. Nous voions que le nombre de ceux qui s'accordent d'obéir en vérité à ce grand Roy, est bien petit. Mais j'ai entendu que Dieu par sa bonté infinie vous a touché le cœur, tellement que vous désirez d'estre chrestien de faict et non pas de tiltre. Je parle aussi à cause que ce nom de chrestienté volle bien en la bouche de tous, mais quand ce vient à s'humilier soubs l'Evangile qui est le sceptre par lequel Jésus-Christ veult régner sur nous, peu s'en fault que chacun ne recule, en quoy on veoit que c'est chose par trop commune de se couvrir du tiltre de chrestien par hypocrisie, et par ce moien le profaner. Ainsi ce n'est point une petite vertu ny vulgaire, d'approuver par effect que nous désirons estre disciples du Fils de Dieu, affin aussi qu'il nous advoue pour siens. Et d'aultant plus estes-vous obligé à recongnoistre la miséricorde qu'il vous a faicte en vous amenant jusques-là. Car ce n'est pas de nostre mouvement propre que nous y venons, mais d'aultant qu'il luy plaist nous y attirer. Et affin que ceste bonté ait tant plus de lustre pour estre mieulx congneue, il nous choisit et sépare du milieu de ceux auxquels aultrement nous sommes esgaux. Ainsi que tous les pauvres aveugles que nous voions errer nous soient aultant de mirouers de notre misérable condition, pour magnifier Celuy qui nous a retirés des horribles ténèbres de mort.

Au reste, Monsieur, congnoissez quelle est la valleur de ce thrésor infini de la vérité de Dieu, lequel vous a esté commis, afin que vous en faciez bonne garde et fidelle. Car de ceux-mesmes qui font profession de la pure doctrine de l'Evangile, on voit que la pluspart se contente d'en avoir quelque phantaisie ou opinion volante. Voilà pourquoy une grande partie de ceux auxquels Dieu avoit donné quelque goust de sa grâce, se desbordent au double, jusques à estre du tout abruty. Car Dieu ne veult point estre mocqué, ne mesprisé. Et voiant les corruptions qui règnent partout et les assaults que Sathan dresse aujourd'huy à ceux qui désirent de cheminer directement, nous avons bien mestier de lever les yeulx en hault pour demander force et constance, affin d'y résister. Et je croy que de vostre part vous en expérimenterez plus que je ne vous en sçaurois dire. J'entens des empeschemens qui vous destournent ou retardent de servir purement à Dieu. Surtout pource que soubs la tyrannie de l'Anté-Christ, si un homme veult vivre chrestiennement, il fault qu'il se dresse quant et quant à mourir. Si est-ce que nulle difficulté ne nous excuse, quand il est question de l'honneur de nostre Dieu. Et si Jésus-Christ ne s'est point espargné pour nostre salut, ce n'est pas raison que nostre vie nous soit plus prétieuse que luy. Combien doncques qu'il n'y aict chose plus odieuse que d'estre congneu vray chrestien, si nous fault-il pratiquer ceste leçon de S. Paul, de n'avoir point honte d'estre hays ne vilipendéz à ce tiltre. Et de faict si nous désirons d'estre eslevés en la gloire de nostre Seigneur Jésus-Christ, il nous fault porter l'opprobre de sa croix. Ainsi je vous prie, selon que la nécessité vous advertit, de vous aiguiser et solliciter à batailler constamment contre Sathan et le monde, désirant d'estre amorty quant à vous, pour estre pleinement renouvellé en Dieu. Et pource qu'il fault congnoistre devant qu'aymer, je vous prie aussi de vous exercer à lire les sainctes exhortations qui vous pourront aider à cela. Car la froidure qu'on voit en plusieurs procède de ceste nonchalance qu'il leur semble que c'est assez d'avoir gousté en passant quelque mot de l'Escriture, et ne tiennent compte d'y profiter, comme il seroit besoing. Au contraire nous avons à pratiquer ce que dict S. Paul, qu'en contemplant la face de Jésus-Christ au mirouer de son Evangile, nous soions conforméz à luy de gloire en gloire. En quoy il signifie que selon que nous approchons plus près de Jésus-Christ, et le congnoissons plus privément, la grâce et vertu de son esprit croist aussi et se multiplie en nous. Ainsi doncques que vous soiez soigneux à tousjours profiter de mieux en mieux. Qui plus est vous avez à penser à vos enfans, lesquels Dieu vous a commis à ceste charge, affin qu'ils luy soient desdiés, et qu'il en soit le père souverain comme de vous. Vray est que beaucoup sont empeschéz de s'aquiter de leur devoir pour le regard de leurs enfans, pource qu'ils n'ont aultre désir que de les avancer au monde. Mais c'est une pauvre considération et trop perverse. Ainsi je vous prie, d'aultant que Dieu vous a donné lignée et des enfans de bon esprit, qu'en réputant que c'est un thrésor précieux, vous donniez ordre qu'ils soient instruits de bonne heure en sa crainte, et qu'ils soient préservés des pollutions et ordures auxquelles nous avons esté plongés. Je sçay que vous n'avez pas attendu d'estre incité par moy à bien commencer, mais que vous les avez pourveu d'un homme qui a le sçavoir pour les bien instruire, et s'y emploie fidèlement. Mais pource qu'il fault que tant le père que les enfans soient plainement adonnéz à Dieu, et les destourbiers que Sathan mect par delà sont si difficiles à surmonter que rien plus, il est bien mestier que vous soiez exhorté à les dresser plus en l'héritage céleste qu'aux biens et honneurs caduques d'icy-bas.

Sur quoy, faisant fin, Monsieur, après m'estre recommandé à vostre bonne grâce, je supplieray nostre bon Dieu de vous avoir en sa saincte protection, vous augmenter ce qu'il vous a donné de la congnoissance de sa vérité, et vous gouverner tellement par son esprit qu'il soit servy et honoré de vous, jusques à ce que nous soions recueillis en la gloire de son royaulme immortel. De Genesve, ce 25me de febvrier 1554.

Vostre humble frère et serviteur,

JÉHAN CALVIN.

AUX FRÈRES DE WESEL *

Copie. Bibl. de Genève. Vol. 194 a.

La dilection de Dieu nostre Père et la grâce de nostre Seigneur Jésus-Christ soit tousjours sur vous par la communication du Saint-Esprit.

Très chers frères, nous avons à louer Dieu de ce que aux troubles qui règnent aujourd'huy par tout le monde,

* Chassés de l'Angleterre par l'intolérante politique de la reine Marie, les membres de la Congrégation étrangère de Londres se dispersèrent dans les Pays-Bas et en Allemagne. Quelques-uns se

il vous a donné quelque retraicte où vous le puissiez servir et adorer en liberté. Et non-seulement cela, mais aussy vous a donné le moyen de vous assembler en son nom, vous exercer à ouyr sa parolle, l'invocquer d'un commun accord, et faire confession pure de vostre foy. Ce n'est pas une petite grâce, attendu les horribles confusions qu'on voit par tout. Il reste que vous en faciez vostre profict, et que vous soyez tant plus ardents à glorifier Celuy qui vous a eslargy un tel don pour le faire fructifier. Quant à la forme d'user des sacremens, ce n'est pas sans cause que vous en avez quelque doubte et scrupule, car il n'y a rien meilleur que de nous tenir à la pure simplicité que nous tenons du Fils de Dieu, duquel l'ordonnance nous doibt estre pour reigle unique, comme aussy l'usaige des apostres, y a esté du tout conforme. Et de faict sitôt qu'on en décline tant peu que ce soit, le meslange qu'on y apporte du costé des hommes ne peult estre que corruption. Mais il nous semble que vostre condition est diverse de celle des pasteurs du lieu et de tout le corps du peuple. Si les pas-

retirèrent à Wesel, où d'autres réfugiés les avaient précédés, mais où l'intolérance luthérienne n'accueillit qu'à regret ces tristes victimes des révolutions religieuses de l'Europe (1554). Sommés, trois ans après, par les magistrats du pays, de signer un formulaire consacrant le dogme de la *présence réelle*, ces bannis préférèrent les douleurs d'un nouvel exil à l'abjuration de leur foi. Quelques-uns se retirèrent à Francfort, dont le sénat les reçut humainement et obtint de celui de Wesel une tolérance précaire pour le petit nombre de réfugiés qui n'avaient point encore quitté cet asile. L'Eglise réformée française de Wesel, composée d'éléments divers, s'était organisée en 1554, par les soins d'un habile ministre, François Péruçel, et sous l'inspiration de Calvin. Voir la correspondance latine du réformateur, et Ruchat, *Hist. de la Réformation en Suisse*, t. VI, p. 157 à 159.

teurs faisoyent leur debvoir, ils mettroyent peine de retrancher les superfluités qui ne servent rien à édifier, mesme plus tost obscurcissent la clarté de l'Evangile. Les gouverneurs aussy de leur costé y debvroyent bien avoir esgard. C'est doucques ung vice à condamner quant à eux, de ce qui nourrissent ces menus fatras qui sont comme un résidu des superstitions papales desquelles nous debvons tascher d'exterminer la mémoire en tant qu'en nous est. Mais pour aultant que vous n'estes qu'ung membre particulier, non-seulement vous pouvez licitement, mais aussy debvez supporter et souffrir telles infirmités qu'il n'est pas en vous de corriger. Nous n'estimons pas que d'avoir des chandelles allumées en la Cène et du pain figuré, soyent choses indifférentes pour y consentir ny les approuver, mais trop bien pour s'accommoder à l'usaige qui en sera desjà receu, quand nous n'aurons pas l'authorité pour y remédier. S'il estoit question de recevoir icy telles cérémonies, nous serions contraints et tenus selon le lieu auquel Dieu nous a constitués d'y résister jusques au bout, et de maintenir constamment la pureté dont l'Eglise qui nous est commise est desjà en possession. Mais quand nous viendrions en quelque lieu où il y auroit forme diverse, il n'y a celuy de nous qui par despit d'une chandelle ou d'une chasuble se voulut séparer du corps de l'Eglise, et par ce moien se priver de l'usaige de la Cène. Il nous fault garder de scandaliser ceulx qui sont encores destenus en telle infirmité, comme si vous les rejectiez par trop légière occasion. Et puis ce nous seroit un grand regret si l'Eglise françoise qui peut là estre dressée, estoit rompue par faulte de nous estre voulu accommoder à quelques cérémonies qui ne concernent point la substance de la foy. Car, comme nous avons dit, il est bien licite aux enfans de Dieu de s'absubjectir à beaucoup de choses lesquelles ils n'approuvent pas. Or le tout est de sçavoir jusqu'où telle liberté se doibt estendre. En quoy mintenons cest article pour résolu qu'il nous faut accommoder les ungs aux autres en toutes les cérémonies qui n'emportent point de préjudice à la confession de nostre foy, affin que l'unité de l'Eglise ne se dissipe par nostre trop grande rigueur ou chagrin. Vray est que vous debvez tascher par tous bons moyens de retenir la plus grande sobriété qu'il vous sera possible. Parquoy il sera bon de requérir modestement ceux qui ont la puissance de ne vous point estraindre en tout et partout à leurs façons de faire. Mais tant y a que nous ne vous conseillons pas de quicter la condition d'avoir Eglise chrestienne en ce lieu-là, par ce seul différent des cérémonies. Le principal est que vous ne fleschissiez point en la confession de vostre foy, et que vous demouriez en vostre entier quant à la doctrine. Vray est qu'il vous faut fuir contentions, et non-seulement y garder modestie, mais aussi déclairer que vostre intention n'est pas d'amoindrir la vertu des sacrements, mais plus tost de magnifier les biens spirituels que Dieu nous y eslargit. Mais quand vous confesserez qu'en la Cène nous sommes vrayement faits participans du corps et du sang de Jésus-Christ, et que nos âmes en sont repeues, advisez bien d'exclurre les erreurs dont possible aucuns pourroient estre enveloppés par delà. Pour le moins ne desguisez pas ce que Dieu nous en a donné à congnoistre, quand vous en serez requis. Combien que desjà l'ung de nos frères en avoit escrit à deux de vostre compaignie, toutesfois pource que nos très chers frères, les pasteurs et ministres de Lausanne, ont désiré que nostre conseil fust adjousté à celuy qu'ils vous veulent donner, nous n'y avons pas voulu espargner nostre peine, estans prests de vous servir en choses plus grandes quand Dieu nous en donnera la faculté, lequel nous supplions vous tenir en sa saincte garde, vous gouverner par son esprit, et vous augmenter en tout bien, après nous estre recommandés à vos bonnes prières. De Genève, ce 13 de mars 1554.

Vos très humbles frères en nostre Seigneur,

Les Ministres de l'Église de Genève.

AUX FIDÈLES DU POITOU [*]

Copie. Bibl. de Genève. Vol. 107.

La dilection de Dieu nostre Père, et la grâce de nostre Seigneur Jésus-Christ soit tousjours sur vous par la communication du Sainct-Esprit.

Très chers frères, combien que nous aions telle pitié que nous devons de vostre captivité, si est-ce que nous

---

[*] Aux frères de..... sans autre indication. La comparaison attentive de cette lettre avec celle du 3 septembre suivant, aux fidèles, du Poitou, nous porte à croire qu'elle était adressée aux congréga-

avons de quoy nous resjouir et louer nostre bon Dieu de la constance qu'il vous donne, tellement qu'il n'y a crainte ne menace qui vous empesche d'adhérer à luy et à sa vérité, comme aussy c'est bien raison que son honneur soit préféré à nostre vie propre, joinct aussy que nous sçavons qu'en quittant le monde pour parvenir à la gloire céleste, nous ne perdons rien, mais faisons ung eschange qui nous revient à ung profict inestimable. Parquoy, mes frères, prenez courage, comme vous avez faict jusques icy, à cheminer droictement tendant au but qui nous est proposé. Si une grande partie, mesme de ceux qui ont gousté la vérité de Dieu, s'esgare à sa perdition, ne soiez point desbauchés par leur exemple, car vous sçaviez que la voie de salut est nommée estroicte, pource qu'il y en a bien peu qui se rengent à s'humilier pour suyvre Jésus-Christ, en participant à sa croix, mais ayment mieux s'esgayer en leurs vanités. Vous faictes bien aussy de vous assembler, tant pour invocquer en commun le nom de Dieu que pour recevoir quelque instruction bonne et saincte, selon que Dieu donne la grâce aux uns pour édifier les aultres. Car, veu la foiblesse qui est en nous, tels exercices nous sont nécessaires, jusques à ce que nous soions sortis du monde. Surtout quand Sathan faict de grans efforts pour abattre nostre foy, il nous est besoing d'estre tant mieux confermez.

Touchant d'avoir l'usage des sacremens, il vous y fault procéder avec telle mesure que vous ne bastissiez point que sur ung fondement ferme. Quand vous estes

tions éparses de cette province, avant l'époque où elles se transformèrent définitivement en églises.

assembléz, chacung peult apporter ce qu'il luy est donné de Dieu, et selon que chacung a plus receu, il en doibt distribuer. Et ceux qui ne sont point encores tant avancéz, doibvent recevoir en toute humilité et modestie ce qui est mis en avant. Mais c'est aultre chose d'enseigner que d'administrer les sacremens. Car pour avoir homme qui vous distribue la saincte Cène de nostre Seigneur Jésus-Christ, il fault en premier lieu qu'il soit esleu et choisy pasteur par vous d'ung commun accord. Et pour ce faire, il est requis que vous aiez un corps d'Eglise estably. C'est que vous soiez résolus de suyvre le train et ordre de vous assembler, comme vous avez commencé. Non pas que nous requérions de vous une confession publique, car nous sçavons bien la servitude estroicte en laquelle vous estes détenus, et ainsi c'est bien assez que le petit troupeau s'assemble en cachète. Mais tant y a qu'il vous est besoing d'avoir ceste convenance et accord de continuer tant aux prières communes qu'à la prédication de la parolle, pour avoir forme d'Eglise. Cela présupposé, quand il se trouvera entre vous homme idoine qui soit appelé à l'office de pasteur, il sera tenu de vous estre ministre des sacremens. Mais advisez que ceux qui se recueillent ainsy à part, pour recevoir les sacremens en telle pureté que Dieu le commande, ne se meslent point parmy les superstitions papalles, mais que vous soiez vraiement séparéz de tout ce qui est contraire à nostre Seigneur Jésus. Oultre plus qu'il vous souvienne que ce n'est pas à nous de séparer ce que Dieu a conjoinct, et pourtant qu'avec l'usage de la Cène, il est requis d'avoir aussy le baptesme. Car si après avoir communiqué ensemble à la table de nostre Seigneur

Jésus, vous allez porter vos enfans aux prestres, c'est une pollution qui n'est point à souffrir. Nous ne disons point cecy pour vous retarder de ce qui est bon. Car nous désirons bien que vous jouissiez comme nous des moyens et aides que Dieu nous a ordonnéz pour fortifier nostre foy. Mais si vault-il mieux vous abstenir pour ung peu de temps de ce qui est bon et utile, que de profaner les choses sainctes par légèreté. Quant doncques vous verrez que vous ne pouvez obtenir ce qui est pour l'usage des sacremens, gémissez, prians Dieu qu'il vous avance et supplée à vos deffaux, affin que vous ne soiez point tousjours privéz des biens qu'il a laisséz à ses enfans, et taschez plustost de corriger les vices qui vous empeschent d'en user, que de vous nourrir en vostre infirmité.

Pource que je n'avois pas grant loisir, vous excuserez la briesveté de la lettre. Les frères vous saluent, sinon que je n'entens point quel est ce M. Richart que vous dictes, car nous n'avons nul en nostre compagnie de ce nom. Pour faire fin nous prions Dieu qu'il luy plaise augmenter ses grâces en vous, en vous conduisant par son Esprit en toute prudence et vertu, pour vous faire servir à sa gloire, et vous avoir en sa protection jusques à ce que nous soions tous recueillis en l'héritage éternel qui nous a esté acquis par son Fils unicque. De Genève, ce 19 de juing 1554.

A MADAME DE CANY [*]

Copie. Bibl. de Genève. Vol. 107.

Madame, j'espère qu'à ce coup Dieu vous aura touchée à bon escient, pour vous faire sortir de la captivité où vous avez langui trop longtemps. Non pas que je ne pense que par cy-devant l'affection y a esté bonne, mais pource que vous marchiez si laschement que ce n'estoit pas pour vous advancer fort. Si Dieu vous a donné quelques coups d'esperon, il ne vous en fault esbaïr. Car si Loth, qui avoit bon désir de sortir de ce gouffre de Sodome, a eu besoin que l'ange l'empoignant par le bras, le tirast quasi par force, plus est requis que ce bon Dieu aide à nostre paresse et froidure, et puisque maintenant vous estes au bout pour eschapper, soiez soigneuse de faire valloir ceste occasion. Je le dis pour ce qu'il semble que vous prétendiez faire encores quelques circuits, ce que je ne trouve nullement bon. Car vous n'avez que trop délayé jusques icy, et il y a danger que Dieu ne renverse vostre compte. Si vous attendez d'avoir issue en tous vos affaires, jamais vous n'en viendrez à la fin. Et aussy Dieu veult que nous quittions, pour l'amour de luy, non-seulement quelque portion, mais nostre vie propre. Parquoy estimez qu'il

---

[*] *Au dos* de la main de Charles de Jonvillers : « Il escrivit ceste lettre à Madame de Cany qu'on luy avoit dit estre sur le point de partir de France, et la luy porta un A. Dymonet. »

vous espargne tant et plus en vous donnant pour vous nourrir le reste de vostre vie, et contentez-vous de cela. Tant y a que si vous ne fermez les yeulx à ce que vous laissez, ne regrettant point ce qui vous tient empestrée, que vous ne serez jamais preste à chercher Jésus-Christ. Il y a encores un poinct, que Dieu nous veult apprendre de nous fier en sa providence. Ainsy voiant qu'il n'est possible de mettre ordre à tout, remettez entre ses mains ce qui vous pourroit longuement retarder. Je ne vous donne pas ce conseil pource que je preigne plaisir à vous appaourir, et si ne suis pas poulsé de quelque hastiveté trop grande. Parquoy je vous prie au nom de Dieu de coupper broche à toutes les entreprises qui vous recullent. Au reste quant, après vous être résolue, vous prendrez courage, je me tiens asseuré qu'en moins d'un mois vous viendrez à bout de ce que vous ne pensez faire en demy an. Mais il faut prendre le frain aux dens.

Au reste pource que nous avons pensé qu'il ne se pouvoit faire que ne fussiez fort empeschée, nous n'avons voulu faillir de vous prouveoir de quelques secours, mesmes devant qu'en estre requis. Nous avons donc prié ce porteur d'entreprendre le voiage, estimant qu'il vous délivrera de grandes fascheries, et Dieu nous l'a offert à soûhaict. Quant à la preudhommie, elle nous est congneue tellement que je n'en doubte nullement, et, quand j'aurois de grands biens, je m'en oseroys hardiment fier en luy. Oultre cela, il est homme entendu, et qui vous pourra ordonner vostre cas aussi bien ou mieux qu'on ne vous eust peu deviser par escrit. Pour le troisiesme, il est congneu et sur tous à toutes les bonnes adresses. Ainsy je vous prie de ne laisser passer ceste occasion que Dieu vous offre, car nous ne doubtons pas que l'advis ne soit venu de luy.

Madame, pour vous faire fin, après m'estre recommandé affectueusement à vostre bonne grâce, je supplie nostre bon Dieu de vous augmenter en prudence et vertu, vous gouverner du tout selon sa volonté, et vous avoir en sa protection. Ce 24 juillet 1554.

Vostre serviteur et humble frère,

CHARLES D'ESPEVILLE.

A MADAME LA DUCHESSE DE FERRARE [*]

Copie. Bibl. de Genève. Vol. 107.

Madame, l'inquiétude d'esprit où j'ay esté depuis que vostre ancien serviteur[1] passa par icy m'a faict en la fin changer de conseil; car si vous avez esté en grande perplexité, je vous asseure que j'en ay bien senty ma

---

[*] Voir la note, p. 43. — En tête de la lettre, on lit ces mots écrits de la main de Charles de Jonvilliers : « Il escrivit ceste lettre à Madame de Ferrare par un nommé Colonges, lequel alla vers elle durant que la paoure dame estoit bien affligée à la poursuite du roy de France son nepveu, et partit d'icy environ ung mois après que Lyon Jamet passa par ceste ville en poste, allant par devers elle pour la solliciter de ne plus faire aulcune profession de chrestienne. C'est luy qu'il nomme son ancien serviteur. »

[1] Lyon Jamet, ami de Clément Marot, et secrétaire de la duchesse de Ferrare.

part, et combien que de prime face j'avois pensé pour le mieux de suspendre le voiage de l'homme duquel je vous avois escrit, après avoir faict plusieurs discours, il m'a semblé que pour le moins il ne pourroit faillir de vous offrir son service en tel besoing, car si nous laissions passer l'occasion de vous secourir, il y auroit danger d'y venir trop tard, joinct aussy que le temps me dure fort, d'aultant que je n'ay nulles nouvelles de vostre estat. Et pleust à Dieu que j'eusse la liberté de m'y employer en personne, mais pource que Dieu me tient attaché, j'ay choisi le présent porteur [1], comme l'homme qui vous sera le plus propre à mon advis, en toutes sortes, et tant pour la doctrine que pour l'estat d'aumosnier. Je croy qu'il sera si suffisant que vous aurez de quoy louer Dieu. Pource qu'il est gentilhomme d'honneste maison, il en sera d'aultant plus mettable envers ceux qui ne cherchent qu'à reculler les bons, quand, selon le monde, ils sont contemptibles. Vray est qu'il nous faut arrester au principal, et mesmes que la noblesse ne seroit pas à désirer si ung homme s'en prisoit d'avantage, veu qu'il seroit empesché pour cela de servir à Dieu. Mais vous ne trouverez, comme j'espère, en l'homme ni vanité ni orgueil, non plus qu'en celuy qui congnoist que les enfans de Dieu doibvent estre menés d'esprit de modestie et humilité. Au reste combien qu'il soit humain et traictable envers les petits, humble envers ceux auxquels il doit honneur, modeste envers tous, si est-ce que sa bonne vie avec l'atrempance qui est en luy, et la grâce d'enseigner luy

---

[1] Le ministre François de Morel, surnommé Monsieur de Colonges.

donneroit authorité de s'acquiter de son debvoir en ce que vous désirez. Du bon zèle et dévotion qu'il a de vous faire service, vous en pouvez juger, Madame, par ce que de sa première entrée il a mieux aymé estre participant de vostre croix, et souffrir avec vous en la nécessité, que d'attendre qu'il y pust venir sans fascherie, parquoy il n'a jà mestier d'estre recommandé plus avant. Seulement je vous prie, Madame, le recevoir non pas comme vous estant envoié de par moy, mais plustost adressé de Dieu, comme de faict je ne doubte pas que vous ne sentiez par expérience que ce bon Père ne vous en aict voulu pourvoir. Cependant il vous portera aussy nouvelles qu'il y a une bonne damoyselle laquelle luy a promis de venir à vostre service, quand il vous plaira la mander[1]. Je sçay qu'en un tel lieu, non-seulement il y auroit envie sur une femme de petite condition, ou incongneue, mais aussy qu'elle seroit suspecte plustost, et qu'on la pourroit regarder de travers. Aussi je compte pour un advantage que la damoyselle dont il est question est de qualité honorable, et ce qu'elle cherche est d'avoir privilége de pouvoir servir à Dieu en vous servant. Combien que je ne l'aye jamais veuë, j'ay tant ouy priser ses vertus, passé a longtemps, à beaucoup de gens de bien, que j'espère que vostre maison sera bénicte grandement de l'avoir. Mais j'en laisse à dire au présent porteur avec

---

[1] La duchesse de Ferrare avait demandé à Calvin deux femmes veuves « pour avoir soing et gouvernement des filles » de sa maison. Cette demande est exposée dans une pièce intitulée : Mémoire de Louis de Mauray, maistre de nostre garde-robe et varlet de chambre à Ferrare, pour communiquer et monstrer à Monsieur d'Espeville.

lequel vous en pourrez deviser plus amplement, comme aussy je me remects à luy de tout le reste.

Parquoy, Madame, faisant fin après m'estre humblement recommandé à vostre bonne grâce, je supplie nostre bon Dieu de vous tenir en sa saincte protection, vous gouverner par son esprit, et vous augmenter en tout bien, à ce qu'il soit de plus en plus glorifié en vous. De Genève, ce 6 d'aoust 1554.

Vostre très humble serviteur,

CHARLES D'ESPEVILLE.

AUX FIDÈLES DU POITOU *

Copie. Bibl. de Genève. Vol. 107.

La dilection de Dieu nostre Père, la grâce de nostre Seigneur Jésus soit toujours sur vous par la communication du Sainct-Esprit.

Très chers seigneurs et frères, nous avons à louer nostre bon Dieu de ce que de nouveau il vous a fortifiéz, affin que vous prinssiez courage et vigueur pour vous exercer à son service, et non-seulement chacun en son

---

* L'introduction de la Réforme dans le Poitou paraît remonter au séjour de Calvin lui-même à Poitiers (1534). Les doctrines évangéliques trouvèrent alors de nombreux adhérents dans la magistrature et les écoles de cette ville savante et lettrée. On remarquait parmi eux le jurisconsulte Albert Babinot, Philippe Véron, procureur, l'avocat Jean Boisseau de Laborderie, et l'écolier Jean Vernou, martyr prédestiné de la nouvelle foi. Ces premiers disciples se réunis-

particulier, mais aussi tous en commun, comme de faict il nous est besoing de nous inciter par tel moien, attendu la faiblesse qui est en nous, et tant d'empeschements qui nous retardent à faire nostre debvoir. Vray est que ce n'est pas le tout de nous assembler pour prier Dieu et ouyr sa Parolle, mais cependant ce nous est une ayde tant et plus nécessaire, veu que de nous-mesmes nous sommes trop tardifs. Par quoy, mes frères, que vous ayez ce but de vous conferrer, en vous assemblant, en la foy de l'Evangile, et vous avancer en toute saincteté de vie. Mais, quoy qu'il en soit, ne vous privez pas de ce bien d'invoquer Dieu ensemble d'ung accord, et de recevoir quelque bonne doctrine et exhortation pour vous faire continuer au bon chemin. Car combien que chascun puisse et doibve aussy prier Dieu en secret, et s'estant retiré à part, et que chascun puisse lire en sa maison, si est-ce que ce sacrifice est agréable à Dieu de nous assembler pour le prier comme d'une bouche, et de luy faire hommage solennel de nos âmes et de nos corps. Il seroit bien à souhaitter que nous le peussions faire

---

saient dans un jardin de la rue des *Basses-Treilles*, et dans les grottes de *Saint-Béat*, non loin de la ville. Ils écoutaient Calvin discourant magnifiquement de la connaissance de Dieu, et prenant Dieu lui-même à témoin de la vérité de l'Evangile qu'il leur annonçait. Les germes déposés par le réformateur dans l'âme de quelques disciples se propagèrent dans le Poitou, et l'Eglise de Poitiers se forma, en 1554, d'après les instructions de Calvin lui-même. Elle reçut de Genève (mai 1555) le ministre Jacques Langlois, auquel fut adjoint (avril 1557) Claude Chevalier. Voir: Florimond de Rœmond, *Histoire de la naissance et du progrès de l'hérésie*, L. VII, c. 14; Pierre de Farnacè, *Vie de Pierre de la Place*, p. 11; les *Registres* de la Compagnie de Genève, et divers Mss. cités par M. Crottet, *Petite Chronique protestante*, p. 121 et suivantes.

devant tout le monde, mais quand par la malice des hommes et leur tyrannie nous sommes forcloz de telle liberté, c'est pour le moins que nous louions nostre Dieu avec son peuple, comme l'Escriture nous exhorte, et que pour ce faire les petits trouppeaux s'amassent çà et là, jusques à tant que tout le corps de l'Eglise soit recueilly au royaume des cieux. Je sçay bien que vous ne pouvez parfaire aulcune assemblée qu'en crainte et doubte. Je sçay aussi que vous estes guettéz des ennemys[1]. Mais si ne fault-il point que la crainte des persécutions nous empesche de chercher la pasture de vie, et de nous tenir soubs la conduitte de nostre bon Pasteur. Ainsy vous recommandant à luy, que vous preniez courage, car il monstrera qu'il a le soing de garder ses pauvres brebis, et que c'est de son vray office de les sauver, comme en la gueule des loups. Mesmes encores que les dangers soient apparents, si ne fault-il pas que nous soions par trop craintifs pour quitter la bergerie. De faict nous voions comment il en prend à ceux qui s'en escartent, car ils s'anonchalissent tellement avec le temps qu'ils perdent le goust de tout bien, et en la fin s'alliènent plainement de leur salut. Par quoy, mes

---

[1] Les progrès de la Réforme dans le Poitou donnèrent lieu aux mesures les plus rigoureuses contre les réformés. En 1542, pendant que les Grands Jours se tenaient à Poitiers, une commission présidée par le maire de la ville, Jean Estivalle, seigneur de la Gueffrie, fit les plus actives perquisitions dans les caves et les granges, où les protestants étaient soupçonnés de se réunir. Quelques-uns furent saisis et condamnés au supplice du feu. En 1544, on sévit contre plusieurs personnes *qui couraient le pays et prêchaient en chambre et en cachette.* Crottet, *Petite Chronique protestante,* p. 120, 124.

frères, soiez constans, et monstrez que le zèle qui vous a incitéz à bien commencer, n'a pas esté comme une bouffée de vent, et que chascun, selon qu'il aura plus de commodité, s'efforce à s'emploier d'avantage. Que ceux qui ont maisons propres, se sentent honorés qu'ils les puissent consacrer à Dieu pour temples. Que les aultres ne plaignent point leurs pas; que les grans attirent les petits, et que ceux auxquels on donne bon exemple, aient honte de ne le point suyvre. Cependant je ne dis pas que vous ne soiez sur vos gardes, pour ne vous point hasarder sans propos. Car Dieu nous supporte bien jusques-là que nous fuions la rage des iniques. Et voilà pourquoy je trouve l'accord que vous avez ensemble bon et licite. C'est que nul, sans congé de la compagnie, ne descouvre à créature vivante l'ordre que vous avez. Vous pouvez bien doncques, en tant qu'en vous sera, prévenir tous les dangers, moiennant que vous marchiez tousjours oultre, ne déclinant point du bon train auquel vous estes entréz. Car entre témérité et timidité il y a une crainte moienne laquelle n'amortit point la vertu du Sainct-Esprit, et ne vous destourne point des aydes que Dieu nous donne. Tenez-vous doncques, mes frères, tout coyement en vostre cachette, voiant l'imprudence et desloiaulté qui règnent aujourd'huy par le monde; mais que ce ne soit point pour fermer la porte à ceux qui désirent de venir au royaulme de Dieu comme vous. Que chascun s'efforce d'attirer et gaingner à Jésus-Christ ceux qu'il pourra, et après, que ceux que vous aurez par bon examen approuvéz capables, soient receus par advis de tous. Au reste que tel exercice soit pour induire chascun de vous à s'acquitter à gouverner mieux sa famille. Car estant retourné chez soy d'une telle compagnie, on doiht monstrer qu'on s'est renforcé pour mieux faire qu'auparavant, et raporter là quelque odeur qui s'espande par tous les membres de la maison ; finalement que tout le reste de la vie y responde. Monstrez que l'Evangile de nostre Seigneur Jésus vous éclaire, pour vous monstrer le droit chemin, affin que vous n'erriez point comme enfans de ténèbres. Et d'aultant qu'aujourd'huy le monde est si corrompu et perverty, gardez-vous tant plus soigneusement de vous picquer parmy les espines. Le temps de nostre pèlerinage est brief, tellement que si nous considérons ceste gloire immortelle où Dieu nous convie, nous n'aurons point occasion de nous lasser au milieu du chemin. D'aultre costé si nous pensons à la bonté inestimable que ce bon Père céleste nous a monstrée, et aux thrésors insignes qu'il nous a desploiéz en toutes espèces de grâces, nous serons bien lasches si nous ne sommes esmeus en son amour, pour oublier ou mespriser tout ce qui est du monde, rompre tous les liens qui nous retiennent, et nous desvelopper de tous les empeschements qui nous retardent.

Sur quoy, mes frères bien-aymés, après m'estre affectueusement recommandé à vos bonnes prières, je supplie ce bon Dieu de vous tenir en sa saincte protection, vous guider par son Esprit en toute prudence et droiture, vous confermer en plaine vertu et constance, et se servir tousjours plus amplement de vous, ne permettant poinct à ses ennemis de rien gaigner sur vous, quoy qu'ils machinent. Ce 3me jour de septembre 1554.

Vostre frère,

JEAN CALVIN.

A UN GENTILHOMME DE PROVENCE *

Copie. Bibl. de Genève. Vol. 107.

Monsieur et bien-aymé frère, j'ay entendu comme ces jours passés Dieu vous a affligé de double sorte, tant pour ce qu'il a retiré à soy l'enfant qu'il vous avoit donné, qu'aussi pour ce qu'aulcuns bons frères sont scandalisés de ce que vous ne l'avez point faict baptiser en temps, aiant moien de ce faire. Or je ne m'arresteray pas beaucoup à vous consoler de ce que Dieu vous a privé d'ung thrésor dont vous espériez jouir longuement. Car je croy que sans estre adverti d'ailleurs, vous prenez les remèdes qui sont propres pour adoulcir vostre tristesse. Mesmes que desjà vous en avez tellement faict vostre profict que vous pouvez en esprit paisible rendre grâces à ce bon Père, qui vous a faict sentir que nous ne pouvons mieux faire que de nous assubjectir à sa bonne volunté, surtout puisqu'il nous faict ceste grâce et honneur, de nous recongnoistre et advouer pour siens en la vie et en la mort, quant nous vivons et mourons à luy. Quant à ce que l'enfant est décédé sans estre baptisé, tous bons frères auroient bien occasion de s'en scandaliser, si cela estoit advenu par nonchallance ou mespris, car le baptesme est une chose trop sacrée pour

* *En titre* de la main de Charles de Jonvilliers : « Il escripvit ceste lettre à ung gentilhomme qui estoit à Thurin où ce cas est advenu, sur le scrupule d'un enfant mort avant que recevoir le baptesme »

le laisser ainsi en arrière. Pourtant non-seulement ceux qui n'en tiennent compte, mais aussy ceux qui le diffèrent par ambition pour y faire des pompes ou bravetés (*sic*), sont à condamner; et de faict vous avez à déclarer vostre intention aux fidèles, pour oster le scandalle qu'ils ont conceu. Mais quand ils auront entendu la vérité du faict, je croy qu'ils auront de quoy se contenter. Si vous eussiez eu vouloir de résider par delà, comme l'ung d'eux, vous ne pouviez pas sans offenser Dieu et vos prochains nourrir vostre enfant sans le faire baptiser. Non pas que ceux qui présentent leurs enfans pour estre souilléz aux superstitions papalles, soient à excuser, mais pource qu'ils ne peuvent pas rejecter la marque de la religion chrestienne que Dieu n'y soit vilipendé. Mais vostre intention a esté toute aultre, car prévoiant le mal vous désiriez bien, devant que vostre femme enfantast, vous retirer en l'Eglise chrestienne, ou pour le moins si vous estiez prévenu, vous pensiez bien, tantost après qu'elle auroit enfanté, amener l'enfant avec elle pour le faire baptiser selon l'ordre de Dieu, ce qui eust esté une déclaration toute patente que vous ne mesprisez pas le baptesme, mais pour la révérence que vous y avez, le voulez avoir pur et entier selon qu'il a esté institué de nostre Seigneur Jésus. Tel retardement estant une partie de la confession de vostre foy, ne doibt pas offenser les bons. Car si la chose fust advenue comme vous l'espériez, tel acte n'eust esté à blasmer, non plus que vostre partement. Je croy bien qu'il y en peult avoir qui seroient scandaliséz de ce qu'on quicte le pays où ils vivent, pource qu'ils se sentent condamnéz par ces exemple. Mais s'ils font mal, ce n'est pas raison qu'ils absubjectissent les aultres à se conformer à eux, ne qu'ils facent de leur vice une loy. Entre ceux qui approuvent le bien et ne consentent point au mal, je prens cela comme résolu que s'il est licite à ung homme chrestien de se retirer des ordures de la papaulté, qu'il pourra bien aussi et devra amener ung enfant qui luy sera nay, pour l'offrir purement à Dieu et le faire baptiser sans nulle superstition. Or il a pleu à Dieu de vous priver de ce bien. Il sçait pourquoy. Tant y a qu'il vous a voulu humilier en cest endroict ; mais ce n'est pas à dire pourtant que le faict soit à condamner, veu que vostre intention estoit saincte et louable.

Si quelqu'ung réplicque que vostre enfant a esté privé du baptesme qui est le signe de salut, je respons que sa condition n'est point pire pour cela devant Dieu. Car combien que le baptesme scelle nostre adoption, toutesfois nous sommes enrollés au registre de vie tant par la bonté gratuite de nostre Dieu, que par sa promesse qu'ainsi soit. En vertu de quoy nos enfans sont-ils saulvés, sinon pource qu'il est dict : *Je suis le Dieu de ta lignée?* Mesmes sans cela ils ne seroient point capables d'estre baptisés. Si leur salut est asseuré par la promesse, et que le fondement soit assez ferme de soy, il ne fault pas estimer que tous les enfans qui meurent sans baptesme périssent, car en voulant honorer le signe visible, on feroit grand injure et déshonneur à Dieu, desroguant à sa vérité, comme si nostre salut n'estoit pas bien appuyé sur sa simple promesse. Puis doncq qu'il n'y a eu de vostre costé nul mespris du sacrement, cela n'emporte nul préjudice au salut de vostre enfant, qu'il soit décédé devant que vous eussiez loisir et moien de le faire baptiser. Ainsi il n'y a nulle cause de scandalle à ceux qui ne se vouldront point fascher sans propos. Ce que vous pouvez remonstrer à tous fidèles, affin qu'ils en soient appaisés. Sur quoy je feray fin, après m'estre affectueusement recommandé à vous et à vostre bonne partie, et aux prières de tous deux, comme aussi de ma part, je prie nostre bon Dieu vous avoir en sa saincte garde, vous fortifier par son Sainct-Esprit, et vous avancer de plus en plus en tout bien. Ce 6 de septembre 1554.

Vostre humble frère,

JÉHAN CALVIN.

A MADAME ..... *

Copie. Arch. eccl. de Berne. Vol. VI, p. 186.

Madame, combien qu'à mon semblant ce soit quasy peine superflue de rien ajouster à ce que vostre frère vous pourra escrire, d'autant que luy seul est assez suffisant pour vous advertir de ce qu'il y a de faire, toutesfois le grand désir qu'il a de vous solliciter à faire vostre profit l'a incité à me requérir que de mon costé je m'y employasse, et j'ay esté bien content de luy aider en une chose si saincte. Il est question de vous exhorter, puisque vous avez esté endormie, quand on a tasché de vous

* Fragment sans adresse et sans date. 1554?

retirer de vostre captivité, maintenant vous advisiez de vous résouldre pour ne plus varier. Je sçay bien que ceux qui aiment de se tenir là, font tousjours ceste question s'il n'est pas possible d'y servir à Dieu aussy bien qu'ailleurs. Or de vous déduire ce propos, ce n'est pas matière d'une lettre. Je vous renvoye aux livres qui en sont escrits. Seulement, je vous prieray, en vostre conscience n'avez-vous pas de remords qui vous picquent? Qui plus est, d'où procèdent les doutes que vous faites, sinon que vous craignez en délogeant de quitter vos aises et commodités. Car si vous aviez conclu à bon escient de servir à Dieu sans nul autre regard, vous ne vous amuseriez plus en tels circuitz. Quand vous auriez ceste vertu de vous exposer plus tost à tous dangers que de fleschir de vostre devoir, vous pourriez dire que la terre est au Seigneur. Car c'est assez que nous lui fassions hommage de corps et d'esprit, quelque part qu'il nous nourrisse. Mais si vous estes convaincue, sans autre tesmoing que vous ne le glorifiez pas comme il appartient, mais tenez la clarté qu'il vous a donnée comme esteinte sous vos pieds, vous devez sentir que vostre estat est plus que misérable. Or combien que pour un temps les vains subterfuges qui trompent beaucoup de gens ayent aussi gagné sur vous, à ce que j'entens, Dieu vous a réduite à ce point de vous faire sentir vostre mal pour vous y déplaire. Or en cela il a bien monstré qu'il avoit pitié de vous. Aussy en tout ce qu'il a disposé de l'estat de vostre maison, il semble qu'à vue d'œil il vous ait tendu la main. De vostre costé je croy que vous ne serez pas marrie, si je vous remets en mémoire que vous avez fuy le bien qu'il vous offroit. Car vous sçavez quand il vous eust mis le premier coup en liberté, qu'en cherchant nouveau lien il n'avoit pas tenu à vous que vous ne fussiez comme plongée en l'abysme, sans espérance d'en sortir. Et de faict ce qu'après vous avez esté si froide et comme amortie, estoit un signe que son esprit estoit eslongné de vous, combien que mesme en cest endroict...

AUX SEIGNEURS DE BERNE *

Copie. Archives de M. le colonel Henri Tronchin à Lavigny.

Magnificques, puissans et très redoubtés seigneurs, après vous avoir présenté nos humbles recommandations et services, nous vous supplions de nous excuser de ce que nous recourrons à vous pour nous plaindre

---

* Pendant que Calvin avait à lutter contre le parti des libertins à Genève, il était en butte aux plus vives attaques de la part de quelques-uns des ministres du clergé bernois. Protecteurs de la double révolution qui avait donné l'indépendance et la Réforme à Genève, les seigneurs de Berne voyaient avec un extrême regret la diversité de cérémonies qui séparait les deux églises. Ils s'élevaient surtout contre la doctrine de l'excommunication, que maintenait énergiquement Calvin, et qui leur paraissait une atteinte portée au pouvoir civil. Par ces divers motifs ils fermaient volontiers les yeux sur les licences de quelques-uns de leurs ministres, et se montraient peu disposés à réprimer les attaques dirigées contre Calvin et les ministres de Genève. Mss. divers des Arch. eccl. de Berne. Ruchat, *Histoire de la Réformation en Suisse*, t. VI, p. 449 et suivantes.

des propos par trop outrageux et desbordés qui se tiennent en vostre pays contre nous, non pas tant pour diffamer nos personnes que pour exposer l'Evangile et toute chrestienté en opprobre et mocquerie. Vous sçavez, Messieurs, que jusques icy, nous ne vous avons jamais fasché ne importuné de nos querelles, non pas que nous n'ayons eu souvent juste occasion de vous advertir des injures qui ont esté semées à tort contre nous, mais nous aymions beaucoup mieulx nous taire que donner aulcung ennuy ne moleste à vos seigneuries. Maintenant que la nécessité nous contraint d'ouvrir la bouche, nous espérons d'avoir accès tant plus humain et facile, et que de vostre grâce, vous serez enclins non-seulement à nous prester l'oreille, mais aussy à rémédier au mal duquel nous avons advisé estre bon de vous advertir.

Il n'est pas icy question de nos personnes, car si nous avions esté injustement blasmés, la justice nous seroit ouverte par tout vostre pays comme à ung chascung ; mais pource que ceulx desquels nous avons à nous plaindre se dressent notamment contre la doctrine que nous portons, ce qui ne doibt point estre tiré en procez ne playdoyé, voylà pourquoy nous avons pensé d'avoir refuge à vos Excellences. Il n'est jà besoing, magnificques seigneurs, de vous remonstrer quel blasme et ignominie retourne au sainct Evangile, quand les prescheurs du pays de Berne et aultres soubjects appelleront les prescheurs de Genève hérétiques, car vous le voyez assez selon vostre prudence. Quand il y auroit quelque différent touchant la doctrine, voyant comme nous sommes tant espiéz et abboyéz des ennemys de la foy, encores fauldroit-il pour leur clorre la bouche user de prudence et de modération. Mais puisque Dieu nous a faict ceste grâce, d'ung costé et d'aultre, d'estre uniz de bon accord, ceulx qui crient et tempestent contre nous, non-seulement monstrent qu'ils ne demandent que troubles et scandales, mais aussy qu'ils sont comme bouttefeux pour rompre la saincte union que Dieu a mise entre nous. Vos'prescheurs, par la grâce de Dieu, sont ensemble de bon accord. Sçachez d'eulx comme ils en sont avec nous, car s'ils ne vous protestent qu'il y a une droicte fraternité et ung consentement aussy paysible qu'on le sçauroit demander, nous ne requérons point d'estre favorisés par vos Excellences. Mais s'ils vous déclairent, comme nous sommes bien asseuréz qu'ils le feront, qu'il n'y a nulle picque ne contradiction, ce vous doibt estre ung argument certain que ceux qui nous calumnient, ne cherchent ne vostre honneur, ne vostre proffit, ne vostre repos. De nostre part nous pouvons bien protester que nous avons tousjours tasché d'estre conjoints selon la vérité de Dieu avec tous vos ministres, tellement qu'en vous priant qu'il vous plaise prendre nostre cause en main, nous ne vous requérons sinon de maintenir tant l'honneur de Dieu que le vostre.

Or le cas auquel nous vous prions de pourvoir est tel. En une congrégation de la classe de Morges, en présence de grand nombre de gens, quelqu'ung a tellement diffamé nostre frère maistre Jéhan Calvin que le bruict est commun par le pays qu'il est condamné comme hérétique, comme aussy ce mot fut souvent réitéré. Depuis Zébédée, prescheur de Nyon, aux nopces du fils et de la fille du seigneur de Crans, parlant de la doctrine que nous tenons et sommes prêts de signer de nostre sang, dict en plain sermon que c'estoit une hérésie pire que toute papaulté et que ceulx qui la preschent sont d'icelle, et qu'il vauldroit mieulx maintenir la messe. Cependant un nommé Jérosme [1], lequel, comme vous sçavez, pour ses erreurs a esté banny de la ville de Genève, ne faict nulle difficulté (d'appeler) nostre dict frère Calvin hérétique et antéchrist. Regardez, magnificques seigneurs, si nous pouvons dissimuler telle chose sans estre traîtres à Dieu, lequel nous a commis, comme dict sainct Paul, non-seulement pour enseigner ceulx qui se rendent dociles, mais aussy pour résister à tous contredisans. Parquoy nous espérons bien que, comme princes fidelles et chrestiens, vous nous tiendrez la main en telle chose, et ne permettrez que l'Eglise de Dieu soit dissipée soubs vostre protection, et que l'Evangile soit en vitupère. Mesmes, puisque nous abstenant de faire troubles ny esmotion, nous avons paisiblement recours à vous, ce regard vous induira tant plus à donner si bon remède au mal que Dieu en sera gloriffié, le scandale aboly, l'audace de ceulx qui ne demandent qu'à

---

[1] Banni à perpétuité de Genève (voir la note, p. 363-364), Bolsec se retira sur le territoire de Berne, et vécut successivement à Thonon et à Lausanne. Mais la licence de ses opinions et la violence grossière de ses attaques contre les ministres de Genève attirèrent de nouveau sur lui la sévérité des magistrats. Expulsé du pays de Berne, comme il l'avait été de Genève, il retourna en France, erra de ville en ville et sollicita vainement le titre de ministre au synode d'Orléans (1562). Repoussé par les églises réformées, il rentra dans l'église catholique et se vengea des rigueurs qu'il avait encourues à Genève, en publiant un pamphlet outrageant contre la mémoire de Calvin. C'est le livre intitulé : *Histoire de la vie, mœurs, actes, doctrine et mort de Jean Calvin*, par M° Hérosme Bolsec. Lyon, 1577.

mettre tout en confusion sera réprimée, et serons obligéz de plus en plus, estans soulagéz par vostre équité et bonne justice, de prier Dieu pour vostre prospérité, comme de faict nous le supplions de vous avoir en sa saincte garde, vous gouverner par son Sainct-Esprit, en toute justice et droicture, faisant servir à sa gloire l'autorité qu'il vous a donnée. De Genesve, ce 4 d'octobre 1554.

Quant il vous plaira, magnificques seigneurs, ordonner d'estre plus à plain acertenéz du faict, nous sommes prests de tout vériffier selon qu'il est icy couché par escript, combien qu'il ne sera jà besoing d'en faire longue inquisition, veu que le bruict en vole partout.

Vos humbles serviteurs, les ministres de la parolle de Dieu en l'Eglise de Genesve,

JÉHAN CALVIN.
ABEL POUPPIN.
FRANÇ. BOURGOING.
RAYMOND CHAUVET.
MICHEL COP.
DE SAINCT-ANDRÉ.
JEAN FABRI.

A JEAN PAULE *

Copie. Bibl. de Genève. Vol. 145.

Sur le conseil que nous a demandé nostre bien-aymé

* A Messire Jéhan Paulo. — Alciat, Jean-Paule, de Savillian en

frère messire Jéhan Paule, nous avons pensé que le meilleur estoit luy donner response par escrit, affin que ceux auxquels le cas apartient en soient mieux certifiéz.

S'il y a homme vivant soubz la tyrannie du pape, lequel s'abstenant des idolâtries et pollutions qui y règnent, désire aussi d'offrir ses enfans purement à Dieu, et les faire baptiser selon la droicte reigle de l'Evangile, c'est ung zèle sainct et louable. Car de faict c'est une grande paoureté, quand un tel thrésor comme sont les enfans est donné de Dieu, si tost qu'on l'a receu, de le souiller aux superstitions que les hommes ont meslé au sainct baptesme. Mais devant toutes choses on doibt observer, puisque ce sacrement est une réception solennelle en l'Eglise de Dieu, ou bien ung tesmongnage de la bourgeoisie céleste en laquelle sont enroullés ceux que Dieu adopte pour ses enfans, n'est licite de l'administrer sinon en compagnie de gens fidèles. Non pas qu'il soit besoing d'avoir un temple publique, mais si fault-il qu'il y ait quelque trouppeau assemblé qui face corps d'Eglise, et que celuy qui baptise soit recongneu comme pasteur. Car si on baptisoit ung enfant en cachettes, sans tesmoings, cela ne répondroit nullement à l'ordre institué par Jésus-Christ, ny à la pratique des apostres. Il est doncques requis que l'enfant soit baptisé en compagnie qui continue à se séparer des pollutions de la papaulté.

Piémont, reçu bourgeois de Genève le 10 novembre 1555. C'était un des principaux membres de l'église italienne établie dans cette ville. Il eut plus tard des démêlés avec Calvin touchant le dogme de la Trinité.

Quant ceux dont on nous a parlé auront tel moien, et qu'ils seront disposts à s'assembler au nom de Dieu, encores que ce ne soit pas en grand trouppe, mais en petit nombre, nous prions Dieu qu'il les fortifie en ce bon zèle qu'il leur a donné, de se desdier avec leur lignée à Dieu nostre Père, et à nostre rédempteur Jésus-Christ. Et quant nous aurons congneu qu'ainsi est, nous mettrons peine, comme nostre debvoir est, de leur fournir ung homme propre et idoine à faire cest office. Le 11 d'octobre 1554.

Jéhan Calvin,
au nom de tous ses frères.

FIN DU PREMIER VOLUME.

TABLE DES MATIÈRES

CONTENUES DANS LE PREMIER VOLUME.

			Pages.
Préface			IX
Index historique			XXV

LETTRES.

A Louis du Tillet	31 janvier	1538	1
Au même	10 juillet	—	8
A l'Eglise de Genève	1er octobre	—	11
A Louis du Tillet	20 octobre	—	19
A Monsieur du Tailly	28 juillet	1540	24
Aux seigneurs de Genève	23 octobre	—	29
Aux mêmes	12 novembre	—	32
Aux mêmes	19 février	1541	36
Aux mêmes	7 septembre	—	38
Aux Seigneurs de Neuchatel	29 septembre	—	39
A la duchesse de Ferrare		—	48
Aux fidèles de Lyon	mai	1542	57
A Michel Varod		—	67
A Monsieur le curé de ***		—	68
Aux seigneurs de Genève	1er juillet	1543	80
Aux mêmes	24 juillet	—	84
Aux ambassadeurs de Genève	24 juillet	—	89
Aux seigneurs de Genève	13 août	—	91
A Monsieur de Falais	14 octobre	—	93
A Madame de Falais	14 octobre	—	98
A Monsieur de Falais		—	101
Au même	24 juin	1544	104
A Madame de Falais	24 juin	—	109
A la reine de Navarre	28 avril	1545	111
A Monsieur de Falais	31 mai	—	117
A Jean Cavent	juin	—	120
A Monsieur de Falais	22 juin	—	122
Au même	5 août	—	124
A Madame de Falais	15 août	—	127
A Monsieur de Falais		—	129
A Madame de Falais	18 septembre	—	133

			Pages.
A Monsieur de Falais	—		135
Au même	26 octobre	—	137
Au même	janvier	1546	138
A Jean Frellon	13 février	—	139
A Monsieur de Falais	avril	—	141
Au même	16 avril	—	147
Au même	11 mai	—	153
A Madame de Falais	21 juin	—	155
A Monsieur de Falais	4 juillet	—	157
Au même	4 octobre	—	158
A Madame de Falais	19 octobre	—	161
A Monsieur de Falais	19 octobre	—	163
A Monsieur de Falais	24 octobre	—	165
Au même	16 novembre	—	167
Au même	20 novembre	—	174
A Madame de Falais	20 novembre	—	176
A Monsieur de Falais	8 décembre	—	177
A Madame de Budé	20 ***		180
A l'avoyer Nægueli	12 janvier	1547	185
A Monsieur de Falais	25 février	—	187
Au même	7 mars	—	191
Au même	15 mars	—	194
Au même	1er mai	—	196
Au même	18 mai	—	198
Au même	26 mai	—	200
Au même	4 juin	—	202
Au même	6 juin	—	204
A Monsieur de Budé	19 juin	—	206
A Monsieur de Falais	14 juillet	—	209
Aux fidèles de France	24 juillet	—	213
A Monsieur de Falais	16 août	—	217
Au même	10 septembre	—	223
Au même	29 septembre	—	226
Au même	26 octobre	—	228
Au même	19 novembre	—	229
Au même	23 novembre	—	230
Au même	28 novembre	—	233
Au même	6 décembre	—	237
A la famille de Budé		—	239
A Monsieur de Falais	24 janvier	1548	244
Au même	27 février	—	246
Au même	3 avril	—	247
Au même		—	251
A un nouveau converti	13 juin	—	252
A Monsieur de Falais	17 juillet	—	254
A un seigneur français	18 octobre	—	256
Au protecteur d'Angleterre . . .	22 octobre	—	261

			Pages.
A Madame de Cany	8 janvier	1549	281
A Mademoiselle de ***	12 janvier	—	286
A Monsieur de Saint-Laurens	. . . .	—	290
A Madame de Cany	29 avril	—	295
A Madame de la Roche-Posay	10 juin	—	301
Au protecteur d'Angleterre	. . . .	1550	305
Aux seigneurs de Genève	mai	—	311
A Monsieur de Falais	24 décembre	—	314
A Richard Lefèvre	19 janvier	1551	316
Au roi d'Angleterre	janvier	—	325
A Monsieur de Falais	22 mars	—	331
Au duc de Somerset	25 juillet	—	332
A Madame de Cany	. . . .	1552	335
Aux cinq prisonniers de Lyon	10 juin	—	340
Au roi d'Angleterre	4 juillet	—	345
A Jean Liner	10 août	—	348
A l'Eglise française de Londres	27 septembre	—	350
Aux seigneurs de Genève	6 octobre	—	354
A Monsieur de Falais	. . . .	—	363
A Mathieu Dimonet	10 janvier	1553	367
Aux cinq prisonniers de Lyon	7 mars	—	371
Au roi d'Angleterre	12 mars	—	374
Aux frères Zollicoffre	28 mars	—	376
A Monsieur de Marolles	12 avril	—	378
Au cinq prisonniers de Lyon	mai	—	382
A Monsieur d'Aubeterre	mai	—	387
A un receveur de décimes	mai	—	390
A Madame de Cany	7 juin	—	391
Aux prisonniers de Lyon	7 juillet	—	395
Aux mêmes	22 août	—	399
A une dame captive	13 septembre	—	405
Aux fidèles des Iles	12 octobre	—	407
A Mademoiselle de Pons	20 novembre	—	410
A un seigneur du Piémont	25 février	1554	414
Aux fidèles de Wezel	13 mars	—	418
Aux fidèles du Poitou	19 juin	—	422
A Madame de Cany	24 juillet	—	426
A la duchesse de Ferrare	6 août	—	428
Aux fidèles du Poitou	3 septembre	—	431
A un gentilhomme de Provence	6 septembre	—	436
A Madame ***	. . . .	—	439
Aux seigneurs de Berne	4 octobre	—	441
A Jean Paule	11 octobre	—	445

www.ingramcontent.com/pod-product-compliance
Lightning Source LLC
Chambersburg PA
CBHW050243230426
43664CB00012B/1808